한국관광공사

NCS + 전공 + 최종점검 모의고사 4회

2024 최신판 SD에듀 한국관광공사
NCS + 전공 + 최종점검 모의고사 4회 + 무료NCS특강

Always **with you**

사람의 인연은 길에서 우연하게 만나거나 함께 살아가는 것만을 의미하지는 않습니다.
책을 펴내는 출판사와 그 책을 읽는 독자의 만남도 소중한 인연입니다.
SD에듀는 항상 독자의 마음을 헤아리기 위해 노력하고 있습니다. 늘 독자와 함께하겠습니다.

PREFACE

머리말

관광으로 행복한 나라를 만들기 위해 노력하는 한국관광공사는 2024년에 신입사원을 채용할 예정이다. 한국관광공사의 채용절차는 「입사지원서 접수 → 서류전형 → 필기전형 → 1차 면접전형 → 2차 면접전형 → 최종 합격자 발표」 순서로 이루어진다. 필기전형은 직업기초능력평가와 직무능력평가로 진행한다. 그중 직업기초능력평가는 의사소통능력, 수리능력, 문제해결능력, 자원관리능력 총 4개의 영역을 평가하며, 2023년에는 피듈형으로 진행되었다. 또한, 직무능력평가는 일반 부문의 경우 경영, 경제, 회계, 법 중 1개의 과목을 선택해 평가하므로 반드시 확정된 채용공고를 확인해야 한다. 따라서 필기전형에서 고득점을 받기 위해 다양한 유형에 대한 폭넓은 학습과 문제풀이능력을 높이는 등 철저한 준비가 필요하다.

한국관광공사 합격을 위해 SD에듀에서는 한국관광공사 판매량 1위의 출간 경험을 토대로 다음과 같은 특징을 가진 도서를 출간하였다.

도서의 특징

❶ 기출복원문제를 통한 출제 유형 확인!
- 2023년 주요 공기업 NCS&전공 기출문제를 복원하여 공기업별 필기 유형을 파악할 수 있도록 하였다.

❶ 한국관광공사 필기전형 출제 영역 맞춤 문제를 통한 실력 상승!
- 직업기초능력평가 출제유형분석&실전예제를 수록하여 유형별로 대비할 수 있도록 하였다.
- 직무능력평가 적중예상문제를 수록하여 전공까지 완벽히 대비할 수 있도록 하였다.

❸ 최종점검 모의고사를 통한 완벽한 실전 대비!
- 철저한 분석을 통해 실제 유형과 유사한 최종점검 모의고사를 수록하여 자신의 실력을 최종 점검할 수 있도록 하였다.

❹ 다양한 콘텐츠로 최종 합격까지!
- 한국관광공사 채용 가이드와 면접 기출질문을 수록하여 채용을 준비하는 데 부족함이 없도록 하였다.
- 온라인 모의고사를 무료로 제공하여 필기전형에 대비할 수 있도록 하였다.

끝으로 본 도서를 통해 한국관광공사 채용을 준비하는 모든 수험생 여러분이 합격의 기쁨을 누리기를 진심으로 기원한다.

SDC(Sidae Data Center) 씀

한국관광공사 이야기 INTRODUCE

설립 목적

관광을 통해 **국가경제 발전**을 선도하고 **국민복지 증진**에 기여한다.

미래상

여행으로 **국민**을 **행복**하게 하고, 관광으로 **국부**를 **증진**하는 공공기관

핵심가치

전략방향 및 전략과제

다양한 관광 매력으로 새로운 여행 경험을 제공합니다.

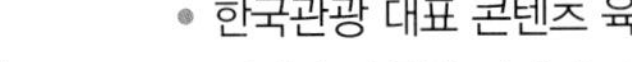

- 한국관광 대표 콘텐츠 육성
- 여행객 맞춤형 마케팅 강화
- 관광 부가가치 및 브랜드 제고
- 디지털 기반 관광 서비스 확산

민간이 주도하고 지역이 발전하는 관광산업 성장을 지원합니다.

- 지역관광 균형발전 촉진
- 관광업계 역량 강화 및 미래 인재 양성
- 관광 종합 플랫폼 기반 데이터 개방 및 협업 확대

지속가능 경영으로 국민의 신뢰를 제고합니다.

- 관광 생태계 ESG 실천 강화
- 내부통제 강화를 통한 윤리청렴 조직 구현
- 효율성 중심 경영체계 구축

인재상

열정

한국관광 미래를 열정적으로 기획하고 관광의 흐름을 주도하는 도전적인 인재

혁신

창의적이고 지속적인 변화에 유연하며 관광의 새로운 가치를 창출하는 인재

소통

도덕성과 신뢰성을 바탕으로 공감적 소통과 개방적 협력을 통해 공익을 추구하는 인재

전문성

세계 일류 경쟁력과 국제적 감각뿐만 아니라 국내 주요 지역에 대한 높은 이해도를 갖춘 인재

신입 채용 안내 INFORMATION

지원자격(공통)

❶ 한국관광공사 인사규정 제12조의 결격사유에 해당하지 않는 자
❷ 입사지원 마감일 기준 정년(만 60세)에 해당하지 않는 자
❸ 입사예정일부터 교육입소 및 근무가 가능한 자

필기전형

<table>
<tr><th>구분</th><th colspan="2">부문</th><th>내용</th></tr>
<tr><td rowspan="3">직업기초능력평가</td><td colspan="2">일반, 장애인, 취업지원대상자</td><td rowspan="3">의사소통능력, 수리능력,
문제해결능력, 자원관리능력</td></tr>
<tr><td rowspan="2">전문</td><td>데이터</td></tr>
<tr><td>개발</td></tr>
<tr><td rowspan="2">직무능력평가</td><td colspan="2">일반, 장애인, 취업지원대상자</td><td>경영, 경제, 회계, 법 중 택 1</td></tr>
<tr><td>전문</td><td>데이터</td><td>데이터분석, 통계</td></tr>
</table>

면접전형

<table>
<tr><th>구분</th><th colspan="2">부문</th><th>내용</th></tr>
<tr><td rowspan="4">1차 면접전형</td><td colspan="2" rowspan="2">일반, 장애인, 취업지원대상자</td><td>직무능력 면접</td></tr>
<tr><td>외국어 면접</td></tr>
<tr><td rowspan="2">전문</td><td>데이터</td><td>직무능력 면접</td></tr>
<tr><td>개발</td><td>기술 면접</td></tr>
<tr><td>2차 면접전형</td><td colspan="2">전 부문</td><td>역량 면접</td></tr>
</table>

❖ 위 채용안내는 2023년 채용공고를 기준으로 작성하였으므로 세부내용은 반드시 확정된 채용공고를 확인하기 바랍니다.

2023 기출분석 ANALYSIS

총평

2023년 한국관광공사의 필기전형은 피듈형으로 출제되었으며, 50문항을 50분 이내에 풀어야 했기 때문에 시간은 촉박했으나 비교적 쉬운 편이었다는 후기가 많았다. 의사소통능력의 경우 짧은 세트형 문제가 다수 출제되었으며, 관광 관련 지문의 비중이 높았다. 수리능력의 경우 표나 그래프를 해석하는 문제가 많았으며, 응용 수리 중 확률 문제가 출제되었다. 문제해결능력의 경우 주어진 조건이나 명제를 토대로 추론하는 문제가 다수였다.

의사소통능력

구분	내용
출제 특징	• 짧은 세트형 문제가 다수 출제됨 • 내용 일치 문제가 출제됨 • 주제 및 제목 문제가 출제됨 • 빈칸 삽입 문제가 출제됨 • 접속사 문제가 출제됨 • 어울리지 않는 문장 문제가 출제됨
출제 키워드	• 관광 등

수리능력

구분	내용
출제 특징	• 응용 수리 중 확률 문제가 출제됨 • 자료 계산 문제가 출제됨 • 자료 이해 문제가 다수 출제됨
출제 키워드	• 25% 등

문제해결능력

구분	내용
출제 특징	• 명제 추론 문제가 다수 출제됨 • SWOT 분석 문제가 출제됨
출제 키워드	• 범인 등

PSAT형

※ 다음은 K공단의 국내 출장비 지급 기준에 대한 자료이다. 이어지는 질문에 답하시오. **[15~16]**

〈국내 출장비 지급 기준〉

① 근무지로부터 편도 100km 미만의 출장은 공단 차량 이용을 원칙으로 하며, 다음 각호에 따라 "별표 1"에 해당하는 여비를 지급한다.
  ㉠ 일비
    ⓐ 근무시간 4시간 이상 : 전액
    ⓑ 근무시간 4시간 미만 : 1일분의 2분의 1
  ㉡ 식비 : 명령권자가 근무시간이 모두 소요되는 1일 출장으로 인정한 경우에는 1일분의 3분의 1 범위 내에서 지급
  ㉢ 숙박비 : 편도 50km 이상의 출장 중 출장일수가 2일 이상으로 숙박이 필요할 경우, 증빙자료 제출 시 숙박비 지급
② 제1항에도 불구하고 공단 차량을 이용할 수 없어 개인 소유 차량으로 업무를 수행한 경우에는 일비를 지급하지 않고 이사장이 따로 정하는 바에 따라 교통비를 지급한다.
③ 근무지로부터 100km 이상의 출장은 "별표 1"에 따라 교통비 및 일비는 전액을, 식비는 1일분의 3분의 2 해당액을 지급한다. 다만, 업무 형편상 숙박이 필요하다고 인정할 경우에는 출장기간에 대하여 숙박비, 일비, 식비 전액을 지급할 수 있다.

〈별표 1〉

구분	교통비				일비 (1일)	숙박비 (1박)	식비 (1일)
	철도임	선임	항공임	자동차임			
임원 및 본부장	1등급	1등급	실비	실비	30,000원	실비	45,000원
1, 2급 부서장	1등급	2등급	실비	실비	25,000원	실비	35,000원
2, 3, 4급 부장	1등급	2등급	실비	실비	20,000원	실비	30,000원
4급 이하 팀원	2등급	2등급	실비	실비	20,000원	실비	30,000원

1. 교통비는 실비를 기준으로 하되, 실비 정산은 국토해양부장관 또는 특별시장・광역시장・도지사・특별자치도지사 등이 인허한 요금을 기준으로 한다.
2. 선임 구분표 중 1등급 해당자는 특등, 2등급 해당자는 1등을 적용한다.
3. 철도임 구분표 중 1등급은 고속철도 특실, 2등급은 고속철도 일반실을 적용한다.
4. 임원 및 본부장의 식비가 위 정액을 초과하였을 경우 실비를 지급할 수 있다.
5. 운임 및 숙박비의 할인이 가능한 경우에는 할인 요금으로 지급한다.
6. 자동차임 실비 지급은 연료비와 실제 통행료를 지급한다.
   (연료비)=[여행거리(km)]×(유가)÷(연비)
7. 임원 및 본부장을 제외한 직원의 숙박비는 70,000원을 한도로 실비를 정산할 수 있다.

특징
▸ 대부분 의사소통능력, 수리능력, 문제해결능력을 중심으로 출제(일부 기업의 경우 자원관리능력, 조직이해능력을 출제)
▸ 자료에 대한 추론 및 해석 능력을 요구

대행사
▸ 엑스퍼트컨설팅, 커리어넷, 태드솔루션, 한국행동과학연구소(행과연), 휴노 등

모듈형

| 대인관계능력

60 다음 자료는 갈등해결을 위한 6단계 프로세스이다. 3단계에 해당하는 대화의 예로 가장 적절한 것은?

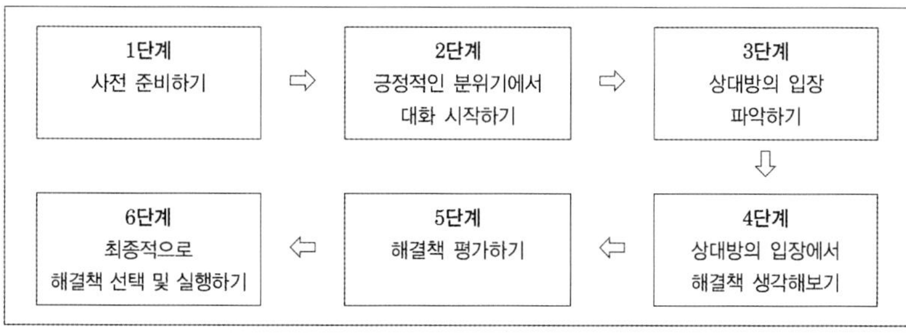

① 그럼 A씨의 생각대로 진행해 보시죠.

특징
- 이론 및 개념을 활용하여 푸는 유형
- 채용 기업 및 직무에 따라 NCS 직업기초능력평가 10개 영역 중 선발하여 출제
- 기업의 특성을 고려한 직무 관련 문제를 출제
- 주어진 상황에 대한 판단 및 이론 적용을 요구

대행사
- 인트로맨, 휴스테이션, ORP연구소 등

피듈형(PSAT형 + 모듈형)

| 문제해결능력

60 P회사는 직원 20명에게 나눠 줄 추석 선물 품목을 조사하였다. 다음은 유통업체별 품목 가격과 직원들의 품목 선호도를 나타낸 자료이다. 이를 참고하여 P회사에서 구매하는 물품과 업체를 바르게 연결한 것은?

〈업체별 품목 금액〉

구분		1세트당 가격	혜택
A업체	돼지고기	37,000원	10세트 이상 주문 시 배송 무료
	건어물	25,000원	
B업체	소고기	62,000원	20세트 주문 시 10% 할인
	참치	31,000원	
C업체	스팸	47,000원	50만 원 이상 주문 시 배송 무료
	김	15,000원	

〈구성원 품목 선호도〉

특징
- 기초 및 응용 모듈을 구분하여 푸는 유형
- 기초인지모듈과 응용업무모듈로 구분하여 출제
- PSAT형보다 난도가 낮은 편
- 유형이 정형화되어 있고, 유사한 유형의 문제를 세트로 출제

대행사
- 사람인, 스카우트, 인크루트, 커리어케어, 트리피, 한국사회능력개발원 등

주요 공기업 적중 문제 TEST CHECK

한국관광공사

여행 ▸ 키워드

※ 다음은 T주임의 해외여행 이동수단에 대한 설명이다. 자료를 읽고 이어지는 질문에 답하시오. [9~10]

- T주임은 해외여행을 가고자 한다. 현지 유류비 및 렌트카의 차량별 정보와 관광지 간 거리는 다음과 같다.
- 현지 유류비

연료	가솔린	디젤	LPG
리터당 가격	1.4달러	1.2달러	2.2달러

- 차량별 연비 및 연료

차량	K	H	P
연비	14km/L	10km/L	15km/L
연료	디젤	가솔린	LPG

※ 연료는 최소 1리터 단위로 주유가 가능하다.

- 관광지 간 거리

구분	A광장	B계곡	C성당
A광장		25km	12km
B계곡	25km		18km
C성당	12km	18km	

매슬로의 욕구 이론 ▸ 키워드

※ 다음은 매슬로의 인간 욕구 5단계 이론을 설명한 자료이다. 이어지는 질문에 답하시오. [15~17]

(가) 이러한 인간 욕구 5단계는 경영학에서 두 가지 의미로 널리 사용된다. 하나는 인사 분야에서 인간의 심리를 다루는 의미로 쓰인다. 그 예로는 승진이나 보너스, 주택 전세금 대출 등 사원들에게 동기부여를 위한 다양한 보상의 방법을 만드는 데 사용한다. 사원들이 회사 생활을 좀더 잘할 수 있도록 동기를 부여할 때 주로 사용한다 하여 '매슬로의 동기부여론'이라고도 부른다.

(나) 인간의 욕구는 치열한 경쟁 속에서 살아남으려는 생존 욕구부터 시작해 자아실현 욕구에 이르기까지 끝이 없다. 그런데 이런 인간의 욕구는 얼마나 다양하고 또 욕구 간에는 어떤 순차적인 단계가 있는 걸까? 이런 본질적인 질문에 대해 에이브러햄 매슬로(Abraham Maslow)는 1943년 인간 욕구에 관한 학설을 제안했다. 이른바 '매슬로의 인간 욕구 5단계 이론(Maslow's Hierarchy of Needs)'이다. 이 이론에 의하면 사람은 누구나 다섯 가지 욕구를 가지고 태어나며, 이들 다섯 가지 욕구에는 우선순위가 있어서 단계가 구분된다.

(다) 좀더 자세히 보자. 첫 번째 단계는 생리적 욕구이다. 숨 쉬고, 먹고, 자고, 입는 등 우리 생활에 있어서 가장 기본적인 요소들이 포함된 단계이다. 사람이 하루 세끼 밥을 먹는 것, 때마다 화장실에 가는 것, 그리고 종족 번식 본능 등이 이 단계에 해당한다. 두 번째 단계는 ㉠ 안전 욕구이다. 우리는 흔히 놀이동산에서 롤러코스터를 탈 때 '혹시 이 기구가 고장이 나서 내가 다치지는 않을까?' 하는 염려를 한다. 이처럼 안전 욕구는 신체적, 감정적, 경제적 위험으로부터 보호받고 싶은 욕구이다. 세 번째 단계는 사랑과 소속의 욕구이다. 누군가를 사랑하고 싶은 욕구, 어느 한 곳에 소속되고 싶은 욕구, 친구들과 교제하고 싶은 욕구, 가족을 이루고 싶은 욕구 등이 여기에 해당한다. 네 번째 단계는 존경 욕구이다. 우리가 흔히들 말하는 명예욕, 권력욕 등이 이 단계에 해당한다. 즉, 누군가로부터 높임을 받고 싶고, 주목과 인정을 받으려 하는 욕구이다. 마지막으로 다섯 번째 단계는 자아실현 욕구이다. 존경 욕구보다 더 높은 욕구로 역량, 통달, 자신감, 독립심, 자유 등이 있다. 매슬로는 최고 수준의 욕구로 이 자아실현 욕구를 강조했다. 모든 단계가 기본적으로 충족돼야만 이뤄질 수 있는 마지막 단계로 자기 발전을 이루고 자신의 잠재력을 끌어내어 극대화할 수 있는 단계가 존재한 것이다.

강원랜드

무지의 오류 ▶ 키워드

16 다음 (가) ~ (다)는 일상생활에서 자주 발견되는 논리적 오류에 대해 설명한다. (가) ~ (다)에 해당하는 논리적 오류 유형이 바르게 연결된 것은?

> (가) 상대가 의도하지 않은 것을 강조하거나 허점을 비판하여 자신의 주장을 내세운다. 상대방의 주장과 전혀 상관없는 별개의 논리를 만들어 공격하는 경우도 있다.
> (나) 적절한 증거 없이 몇몇 사례만을 토대로 결론을 내린다. 일부를 조사한 통계 자료나 대표성이 없는 불확실한 자료를 사용하기도 한다.
> (다) 타당한 논거보다는 많은 사람들이 수용한다는 것을 내세워 어떤 주장을 정당화하려 할 때 발생한다.

	(가)	(나)	(다)
①	인신공격의 오류	애매성의 오류	애매성의 오류
②	인신공격의 오류	성급한 일반화의 오류	과대 해석의 오류
③	허수아비 공격의 오류	성급한 일반화의 오류	대중에 호소하는 오류
④	허수아비 공격의 오류	무지의 오류	대중에 호소하는 오류

퍼실리테이션 ▶ 키워드

17 다음 (가) ~ (다)의 문제해결방법을 올바르게 연결한 것은?

> (가) 상이한 문화적 토양을 가지고 있는 구성원을 가정하고, 서로의 생각을 직설적으로 주장하고 논쟁이나 협상을 통해 서로의 의견을 조정해 가는 방법이다. 이때 논리, 즉 사실과 원칙에 근거한 토론이 중심적 역할을 한다.
> (나) 깊이 있는 커뮤니케이션을 통해 서로의 문제점을 이해하고 공감함으로써 창조적인 문제해결을 도모한다. 초기에 생각하지 못했던 창조적인 해결방법이 도출되고, 동시에 구성원의 동기와 팀워크가 강화된다.
> (다) 조직 구성원들을 같은 문화적 토양을 가지고 이심전심으로 서로를 이해하는 상황으로 가정한다. 무언가를 시사하거나 암시를 통하여 의사를 전달하고 기분을 서로 통하게 함으로써 문제해결을 도모하려고 한다.

	(가)	(나)	(다)
①	퍼실리테이션	하드 어프로치	소프트 어프로치
②	소프트 어프로치	하드 어프로치	퍼실리테이션
③	소프트 어프로치	퍼실리테이션	하드 어프로치
④	하드 어프로치	퍼실리테이션	소프트 어프로치

주요 공기업 적중 문제 TEST CHECK

코레일 한국철도공사 사무직

글의 제목 ▶ 유형

24 다음 글의 제목으로 가장 적절한 것은?

'5060세대', 몇 년 전까지만 해도 그들은 사회로부터 '지는 해' 취급을 받았다. '오륙도'라는 꼬리표를 달아 일터에서 밀어내고, 기업은 젊은 고객만 왕처럼 대우했다. 젊은 층의 지갑을 노려야 돈을 벌 수 있다는 것이 기업의 마케팅 전략이었기 때문이다.

그러나 최근 들어 상황이 달라졌다. 5060세대가 새로운 소비 군단으로 주목되기 시작한 가장 큰 이유는 고령화 사회로 접어들면서 시니어(Senior) 마켓 시장이 급속도로 커지고 있는 데다 이들이 돈과 시간을 가장 넉넉하게 가진 세대이기 때문이다. 한 경제연구원에 따르면 50대 이상 인구 비중이 30%에 이르면서 50대 이상을 겨냥한 시장 규모가 100조 원대까지 성장할 예정이다.

통계청이 집계한 가구주 나이별 가계수지 자료를 보면, 한국 사회에서는 50대 가구주의 소득이 가장 높다. 월평균 361만 500원으로 40대의 소득보다도 높은 것으로 집계됐다. 가구주 나이가 40대인 가구의 가계수지를 보면, 소득은 50대보다 적으면서도 교육 관련 지출(45만 6,400원)이 압도적으로 높아 소비 여력이 낮은 편이다. 그러나 50대 가구주의 경우 소득이 높으면서 소비 여력 또한 충분하다. 50대 가구주의 처분가능소득은 288만 7,500원으로 전 연령층에서 가장 높다.

이들이 신흥 소비군단으로 떠오르면서 '애플(APPLE)족'이라는 마케팅 용어까지 등장했다. 활동적이고(Active) 자부심이 강하며(Pride) 안정적으로(Peace) 고급문화(Luxury)를 즐기는 경제력(Economy) 있는 50대 이후 세대를 뜻하는 말이다. 통계청은 여행과 레저를 즐기는 5060세대를 '주목해야 할 블루슈머*7' 가운데 하나로 선정했다. 과거 5060세대는 자식을 보험으로 여기며 자식에게 의존하면서 살아가는 전통적인 노인이었다. 그러나 애플족은 자녀로부터 독립해 자기만의 새로운 인생을 추구한다. '통크족(TONK; Two Only, No Kids)'이라는 별칭이 붙는 이유이다. 통크족이나 애플족은 젊은 층의 전유물로 여겨졌던 자기주시

코레일 한국철도공사 기술직

도급 ▶ 키워드

01 K공사는 부대시설 건축을 위해 A건축회사와 계약을 맺었다. 다음의 계약서를 보고 건축시설처의 L대리가 파악할 수 있는 내용으로 가장 적절한 것은?

〈공사도급계약서〉

상세시공도면 작성(제10조)

① '을'은 건축법 제19조 제4항에 따라 공사감리자로부터 상세시공도면의 작성을 요청받은 경우에는 상세시공도면을 작성하여 공사감리자의 확인을 받아야 하며, 이에 따라 공사를 하여야 한다.

② '갑'은 상세시공도면의 작성범위에 관한 사항을 설계자 및 공사감리자의 의견과 공사의 특성을 감안하여 계약서상의 시방에 명시하고, 상세시공도면의 작성비용을 공사비에 반영한다.

안전관리 및 재해보상(제11조)

① '을'은 산업재해를 예방하기 위하여 안전시설의 설치 및 보험의 가입 등 적정한 조치를 하여야 한다. 이때 '갑'은 계약금액의 안전관리비 및 보험료 상당액을 계상하여야 한다.

② 공사현장에서 발생한 산업재해에 대한 책임은 '을'에게 있다. 다만, 설계상의 하자 또는 '갑'의 요구에 의한 작업으로 인한 재해에 대하여는 그러하지 아니하다.

응급조치(제12조)

① '을'은 재해방지를 위하여 특히 필요하다고 인정될 때에는 미리 긴급조치를 취하고 즉시 이를 '갑'에게 통지하여야 한다.

② '갑'은 재해방지 및 기타 공사의 시공상 긴급·부득이하다고 인정할 때에는 '을'에게 긴급조치를 요구할 수 있다.

국민건강보험공단

가중치 계산 ▶ 유형

55 국민건강보험공단은 직원들의 여가를 위해 하반기 동안 다양한 프로그램을 운영하고자 한다. 운영할 프로그램은 수요도 조사 결과를 통해 결정된다. 다음 〈조건〉에 따라 프로그램을 선정할 때, 운영될 프로그램으로 바르게 짝지어진 것은?

〈프로그램 후보별 수요도 조사 결과〉

분야	프로그램명	인기 점수	필요성 점수
운동	강변 자전거 타기	6	5
진로	나만의 책 쓰기	5	7
여가	자수 교실	4	2
운동	필라테스	7	6
교양	독서 토론	6	4
여가	볼링 모임	8	3

※ 수요도 조사에는 전 직원이 참여하였다.

조건

- 수요도는 인기 점수와 필요성 점수에 가점을 적용한 후 2 : 1의 가중치에 따라 합산하여 판단한다.
- 각 프로그램의 인기 점수와 필요성 점수는 10점 만점으로 하여 전 직원이 부여한 점수의 평균값이다.
- 운영 분야에 하나의 프로그램만 있는 경우, 그 프로그램의 필요성 점수에 2점을 가산한다.
- 운영 분야에 복수의 프로그램이 있는 경우, 분야별로 필요성 점수가 가장 낮은 프로그램은 후보에서 탈락한다.
- 수요도 점수가 동점일 경우, 인기 점수가 높은 프로그램을 우선시한다.
- 수요도 점수가 가장 높은 2개의 프로그램을 선정한다.

서울교통공사

보고서 작성법 ▶ 유형

27 다음 중 A대리가 메일에서 언급하지 않았을 내용은?

A대리 : ○○○씨, 보고서 잘 받아봤습니다.
B사원 : 아, 네. 대리님. 미흡한 점이 많았을 텐데…… 죄송합니다.
A대리 : 아닙니다. 처음인데도 잘했습니다. 그런데, 얘기해 줄 것이 있어요. 문서는 '내용'이 물론 가장 중요하긴 하지만 '표현'과 '형식'도 중요합니다. 앞으로 참고할 수 있게 메일로 유의사항을 보냈으니까 읽어보세요.
B사원 : 감사합니다. 확인하겠습니다.

① 의미를 전달하는 데 문제가 없다면 문장은 가능한 한 짧게 만드는 것이 좋다.
② 우회적인 표현은 오해의 소지가 있으므로 가능하면 쓰지 않는 것이 좋다.
③ 한자의 사용을 자제하되, 만약 사용할 경우 상용한자의 범위 내에서 사용한다.
④ 중요한 내용은 미괄식으로 작성하는 것이 그 의미가 강조되어 효과적이다.
⑤ 핵심을 담은 문장을 앞에 적어준다면 이해가 더 잘 될 것이다.

도서 200% 활용하기 STRUCTURES

1 기출복원문제로 출제 경향 파악

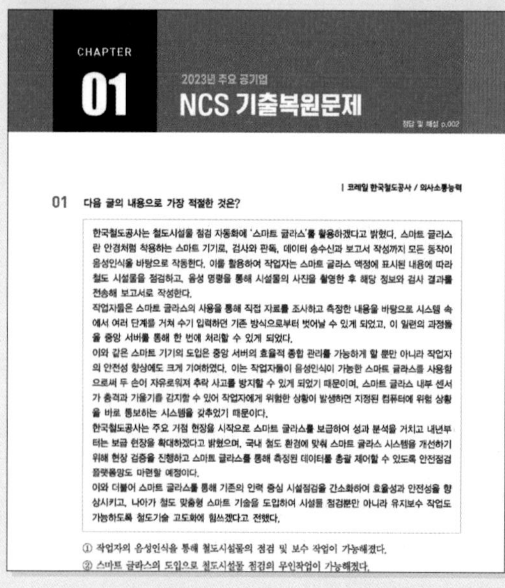

CHAPTER 01

2023년 주요 공기업

NCS 기출복원문제

정답 및 해설 p.002

| 코레일 한국철도공사 / 의사소통능력

01 다음 글의 내용으로 가장 적절한 것은?

한국철도공사는 철도시설물 점검 자동화에 '스마트 글라스'를 활용하겠다고 밝혔다. 스마트 글라스란 안경처럼 착용하는 스마트 기기로, 검사와 판독, 데이터 송수신과 보고서 작성까지 모든 동작이 음성인식을 바탕으로 작동한다. 이를 활용하여 작업자는 스마트 글라스 액정에 표시된 내용에 따라 철도 시설물을 점검하고, 음성 명령을 통해 시설물의 사진을 촬영한 후 해당 정보와 검사 결과를 전송해 보고서로 작성한다.
작업자들은 스마트 글라스의 사용을 통해 직접 자료를 조사하고 측정한 내용을 바탕으로 시스템 속에서 여러 단계를 거쳐 수기 입력하던 기존 방식으로부터 벗어날 수 있게 되었고, 이 일련의 과정들을 중앙 서버를 통해 한 번에 처리할 수 있게 되었다.
이와 같은 스마트 기기의 도입은 중앙 서버의 효율적 종합 관리를 가능하게 할 뿐만 아니라 작업자의 안전성 향상에도 크게 기여하였다. 이는 작업자들이 음성인식이 가능한 스마트 글라스를 사용함으로써 두 손이 자유로워져 추락 사고를 방지할 수 있게 되었기 때문이며, 스마트 글라스 내부 센서가 충격과 기울기를 감지할 수 있어 작업자에게 위험한 상황이 발생하면 지정된 컴퓨터에 위험 상황을 바로 통보하는 시스템을 갖추었기 때문이다.
한국철도공사는 주요 거점 현장을 시작으로 스마트 글라스를 보급하여 성과 분석을 거치고 내년부터는 보급 현장을 확대하겠다고 밝혔으며, 국내 철도 환경에 맞춰 스마트 글라스 시스템을 개선하기 위해 현장 검증을 진행하고 스마트 글라스를 통해 측정된 데이터를 총괄 제어할 수 있도록 안전점검 플랫폼망도 마련할 예정이다.
이와 더불어 스마트 글라스를 통해 기존의 인력 중심 시설점검을 간소화하여 효율성과 안전성을 향상시키고, 나아가 철도 맞춤형 스마트 기술을 도입하여 시설물 점검뿐만 아니라 유지보수 작업도 가능하도록 철도기술 고도화에 힘쓰겠다고 전했다.

① 작업자의 음성인식을 통해 철도시설물의 점검 및 보수 작업이 가능해졌다.
② 스마트 글라스의 도입으로 철도시설물 점검의 무인작업이 가능해졌다.

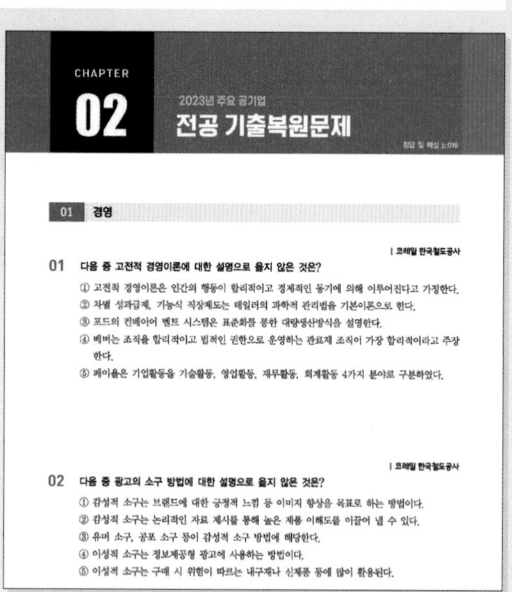

CHAPTER 02

2023년 주요 공기업

전공 기출복원문제

정답 및 해설 p.016

01 경영

| 코레일 한국철도공사

01 다음 중 고전적 경영이론에 대한 설명으로 옳지 않은 것은?

① 고전적 경영이론은 인간의 행동이 합리적이고 경제적인 동기에 의해 이루어진다고 가정한다.
② 차별 성과급제, 기능식 직장제도는 테일러의 과학적 관리법을 기본이론으로 한다.
③ 포드의 컨베이어 벨트 시스템은 표준화를 통한 대량생산방식을 설명한다.
④ 베버는 조직을 합리적이고 법적인 권한으로 운영하는 관료제 조직이 가장 합리적이라고 주장한다.
⑤ 페이욜은 기업활동을 기술활동, 영업활동, 재무활동, 회계활동 4가지 분야로 구분하였다.

| 코레일 한국철도공사

02 다음 중 광고의 소구 방법에 대한 설명으로 옳지 않은 것은?

① 감성적 소구는 브랜드에 대한 긍정적 느낌 등 이미지 향상을 목표로 하는 방법이다.
② 감성적 소구는 논리적인 자료 제시를 통해 높은 제품 이해도를 이끌어 낼 수 있다.
③ 유머 소구, 공포 소구 등이 감성적 소구 방법에 해당한다.
④ 이성적 소구는 정보제공형 광고에 사용하는 방법이다.
⑤ 이성적 소구는 구매 시 위험이 따르는 내구재나 신제품 등에 많이 활용된다.

▸ 2023년 주요 공기업 NCS&전공 기출문제를 복원하여 공기업별 필기 유형을 파악할 수 있도록 하였다.

2 출제유형분석 + 실전예제로 NCS 완벽 대비

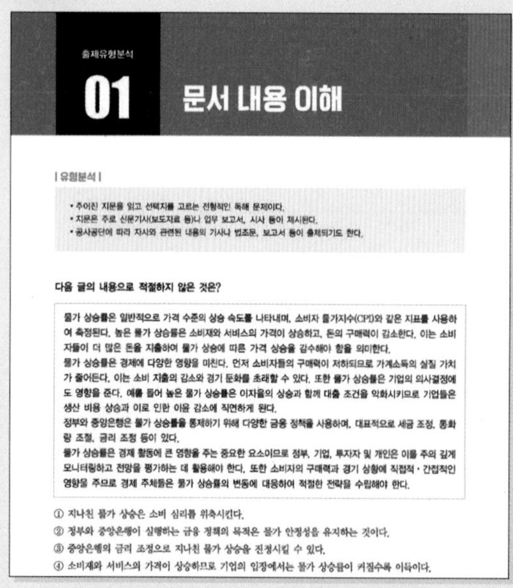

출제유형분석

01 문서 내용 이해

| 유형분석 |

- 주어진 지문을 읽고 선택지를 고르는 전형적인 독해 문제이다.
- 지문은 주로 신문기사(보도자료 등)나 업무 보고서, 시사 등이 제시된다.
- 공사공단에 따라 자사와 관련된 내용의 기사나 법조문, 보고서 등이 출제되기도 한다.

다음 글의 내용으로 적절하지 않은 것은?

물가 상승률은 일반적으로 가격 수준의 상승 속도를 나타내며, 소비자 물가지수(CPI)와 같은 지표를 사용하여 측정된다. 높은 물가 상승률은 소비재와 서비스의 가격이 상승하고, 돈의 구매력이 감소한다. 이는 소비자들이 더 많은 돈을 지출하여 물가 상승에 따른 가격 상승을 감수해야 함을 의미한다.
물가 상승률은 경제에 다양한 영향을 미친다. 먼저 소비자들의 구매력이 저하되므로 가계소득의 실질 가치가 줄어든다. 이는 소비 지출의 감소와 경기 둔화를 초래할 수 있다. 또한 물가 상승률은 기업의 의사결정에도 영향을 준다. 예를 들어 높은 물가 상승률은 이자율의 상승과 함께 대출 조건을 악화시키므로 기업들은 생산 비용 상승과 이로 인한 이윤 감소에 직면하게 된다.
정부와 중앙은행은 물가 상승률을 통제하기 위해 다양한 금융 정책을 사용하며, 대표적으로 세금 조정, 통화량 조절, 금리 조정 등이 있다.
물가 상승률은 경제 활동에 큰 영향을 주는 중요한 요소이므로 정부, 기업, 투자자 및 개인은 이를 주의 깊게 모니터링하고 전망을 평가하는 데 활용해야 한다. 또한 소비자의 구매력과 경기 상황에 직접적·간접적인 영향을 주므로 경제 주체들은 물가 상승률의 변동에 대응하여 적절한 전략을 수립해야 한다.

① 지나친 물가 상승은 소비 심리를 위축시킨다.
② 정부와 중앙은행이 실행하는 금융 정책의 목적은 물가 안정성을 유지하는 것이다.
③ 중앙은행의 금리 조정으로 지나친 물가 상승을 진정시킬 수 있다.
④ 소비재와 서비스의 가격이 상승하므로 기업의 입장에서는 물가 상승률이 커질수록 이득이다.

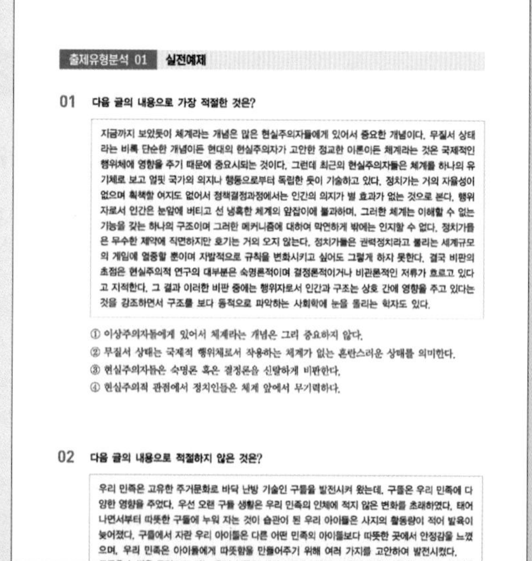

출제유형분석 01 실전예제

01 다음 글의 내용으로 가장 적절한 것은?

지금까지 보았듯이 체계라는 개념은 많은 현실주의자들에게 있어서 중요한 개념이다. 무질서 상태라는 비록 단순한 개념이든 현대의 현실주의자가 고안한 정교한 이론이든 체계라는 것은 국제적인 행위체에 영향을 주기 때문에 중요시되는 것이다. 그런데 최근의 현실주의자들은 체계를 하나의 유기체로 보고 얼핏 국가의 의지나 행동으로부터 독립한 듯이 기술하고 있다. 정치가는 거의 자율성이 없으며 획책할 여지도 없어서 정책결정과정에서는 인간의 의지가 별 효과가 없는 것으로 본다. 행위자로서 인간은 눈앞에 버티고 선 냉혹한 체계의 앞잡이에 불과하며, 그러한 체계는 이해할 수 없는 기능을 갖는 하나의 구조이며 그러한 메커니즘에 대하여 막연하게 밖에는 인지할 수 없다. 정치가들은 무수한 제약에 직면하지만 호기는 거의 오지 않는다. 정치가들은 권력정치라고 불리는 세계규모의 게임에 열중할 뿐이며 자발적으로 규칙을 변화시키고 싶어도 그렇게 하지 못한다. 결국 비판의 초점은 현실주의적 연구의 대부분은 숙명론적이며 결정론적이거나 비관론적인 저류가 흐르고 있다고 지적한다. 그 결과 이러한 비판 중에는 행위자로서 인간과 구조는 상호 간에 영향을 주고 있다는 것을 강조하면서 구조를 보다 동적으로 파악하는 사회학에 눈을 돌리는 학자도 있다.

① 이상주의자들에게 있어서 체계라는 개념은 그리 중요하지 않다.
② 무질서 상태는 국제적 행위체로서 작용하는 체계가 없는 혼란스러운 상태를 의미한다.
③ 현실주의자들은 숙명론 혹은 결정론을 신랄하게 비판한다.
④ 현실주의적 관점에서 정치인들은 체계 앞에서 무기력하다.

02 다음 글의 내용으로 적절하지 않은 것은?

우리 민족은 고유한 주거문화로 바닥 난방 기술인 구들을 발전시켜 왔는데, 구들은 우리 민족에 다양한 영향을 주었다. 우선 오랜 구들 생활은 우리 민족의 인체에 적지 않은 변화를 초래하였다. 태어나면서부터 따뜻한 구들에 누워 자는 것이 습관이 된 우리 아이들은 사지의 활동량이 적어 발육이 늦어졌다. 구들에서 자란 우리 아이들은 다른 어떤 민족의 아이들보다 따뜻한 곳에서 안정감을 느꼈으며, 우리 민족은 아이들에게 따뜻함을 만들어주기 위해 여러 가지를 고안하여 발전시켰다.

▸ NCS 출제 영역에 대한 출제유형분석과 유형별 실전예제를 수록하여 NCS 문제에 대한 접근 전략을 익히고 점검할 수 있도록 하였다.

3 적중예상문제로 전공까지 완벽 대비

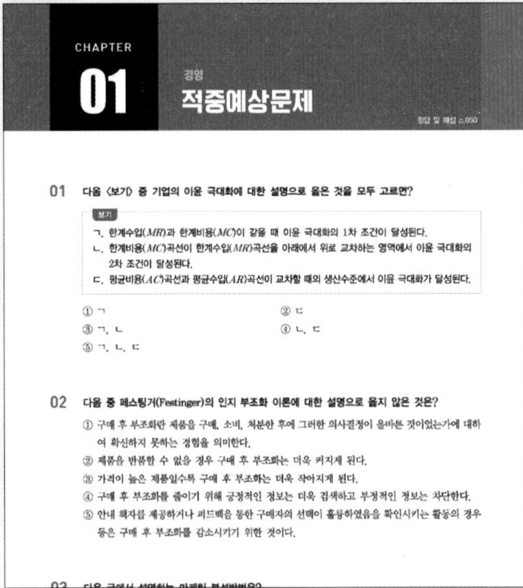

CHAPTER 01

경영

적중예상문제

정답 및 해설 p.050

01 다음 〈보기〉 중 기업의 이윤 극대화에 대한 설명으로 옳은 것을 모두 고르면?

보기

ㄱ. 한계수입(MR)과 한계비용(MC)이 같을 때 이윤 극대화의 1차 조건이 달성된다.
ㄴ. 한계비용(MC)곡선이 한계수입(MR)곡선을 아래에서 위로 교차하는 영역에서 이윤 극대화의 2차 조건이 달성된다.
ㄷ. 평균비용(AC)곡선과 평균수입(AR)곡선이 교차할 때의 생산수준에서 이윤 극대화가 달성된다.

① ㄱ ② ㄷ
③ ㄱ, ㄴ ④ ㄴ, ㄷ
⑤ ㄱ, ㄴ, ㄷ

02 다음 중 페스팅거(Festinger)의 인지 부조화 이론에 대한 설명으로 옳지 않은 것은?

① 구매 후 부조화란 제품을 구매, 소비, 처분한 후에 그러한 의사결정이 올바른 것이었는가에 대하여 확신하지 못하는 경험을 의미한다.
② 제품을 반품할 수 없을 경우 구매 후 부조화는 더욱 커지게 된다.
③ 가격이 높은 제품일수록 구매 후 부조화는 더욱 작아지게 된다.
④ 구매 후 부조화를 줄이기 위해 긍정적인 정보는 더욱 검색하고 부정적인 정보는 차단한다.
⑤ 안내 책자를 제공하거나 피드백을 통한 구매자의 선택이 훌륭하였음을 확인시키는 활동의 경우 등은 구매 후 부조화를 감소시키기 위한 것이다.

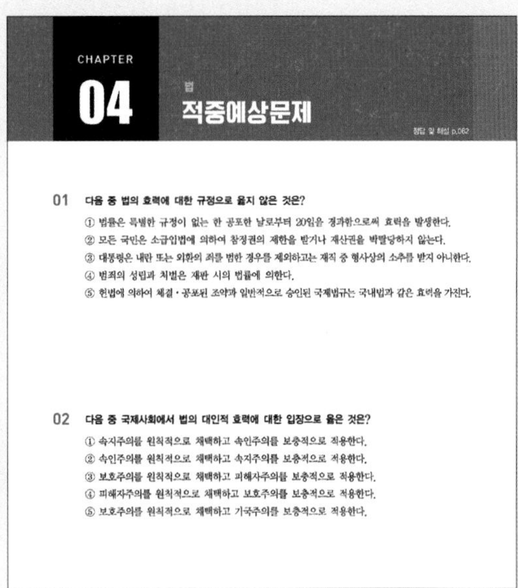

CHAPTER 04

법

적중예상문제

정답 및 해설 p.062

01 다음 중 법의 효력에 대한 규정으로 옳지 않은 것은?

① 법률은 특별한 규정이 없는 한 공포한 날로부터 20일을 경과함으로써 효력을 발생한다.
② 모든 국민은 소급입법에 의하여 참정권의 제한을 받거나 재산권을 박탈당하지 않는다.
③ 대통령은 내란 또는 외환의 죄를 범한 경우를 제외하고는 재직 중 형사상의 소추를 받지 아니한다.
④ 범죄의 성립과 처벌은 재판 시의 법률에 의한다.
⑤ 헌법에 의하여 체결・공포된 조약과 일반적으로 승인된 국제법규는 국내법과 같은 효력을 가진다.

02 다음 중 국제사회에서 법의 대인적 효력에 대한 입장으로 옳은 것은?

① 속지주의를 원칙적으로 채택하고 속인주의를 보충적으로 적용한다.
② 속인주의를 원칙적으로 채택하고 속지주의를 보충적으로 적용한다.
③ 보호주의를 원칙적으로 채택하고 피해자주의를 보충적으로 적용한다.
④ 피해자주의를 원칙적으로 채택하고 보호주의를 보충적으로 적용한다.
⑤ 보호주의를 원칙적으로 채택하고 기국주의를 보충적으로 적용한다.

▸ 전공(경영 · 경제 · 회계 · 법) 적중예상문제를 수록하여 전공까지 효과적으로 학습할 수 있도록 하였다.

4 최종점검 모의고사 + OMR을 활용한 실전 연습

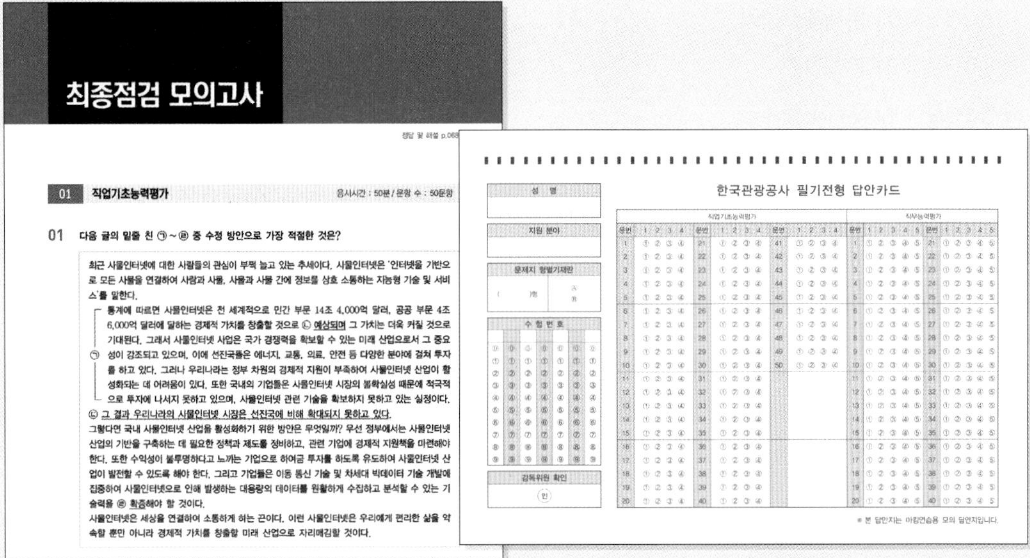

최종점검 모의고사

정답 및 해설 p.068

01 **직업기초능력평가** 응시시간 : 50분 / 문항 수 : 50문항

01 다음 글의 밑줄 친 ㉠~㉣ 중 수정 방안으로 가장 적절한 것은?

최근 사물인터넷에 대한 사람들의 관심이 부쩍 늘고 있는 추세이다. 사물인터넷은 '인터넷을 기반으로 모든 사물을 연결하여 사람과 사물, 사물과 사물 간에 정보를 상호 소통하는 지능형 기술 및 서비스'를 말한다.

㉠ 통계에 따르면 사물인터넷은 전 세계적으로 민간 부문 14조 4,000억 달러, 공공 부문 4조 6,000억 달러에 달하는 경제적 가치를 창출할 것으로 ㉡ 예상되며 그 가치는 더욱 커질 것으로 기대된다. 그래서 사물인터넷 사업은 국가 경쟁력을 확보할 수 있는 미래 산업으로서 그 중요성이 강조되고 있으며, 이에 선진국들은 에너지, 교통, 의료, 안전 등 다양한 분야에 걸쳐 투자를 하고 있다. 그러나 우리나라는 정부 차원의 경제적 지원이 부족하여 사물인터넷 산업이 활성화되는 데 어려움이 있다. 또한 국내의 기업들은 사물인터넷 시장의 불확실성 때문에 적극적으로 투자에 나서지 못하고 있으며, 사물인터넷 관련 기술을 확보하지 못하고 있는 실정이다. ㉢ 그 결과 우리나라의 사물인터넷 시장은 선진국에 비해 확대되지 못하고 있다.

그렇다면 국내 사물인터넷 산업을 활성화하기 위한 방안은 무엇일까? 우선 정부에서는 사물인터넷 산업의 기반을 구축하는 데 필요한 정책과 제도를 정비하고, 관련 기업에 경제적 지원책을 마련해야 한다. 또한 수익성이 불투명하다고 느끼는 기업으로 하여금 투자를 하도록 유도하여 사물인터넷 산업이 발전할 수 있도록 해야 한다. 그리고 기업들은 이동 통신 기술 및 차세대 빅데이터 기술 개발에 집중하여 사물인터넷으로 인해 발생하는 대용량의 데이터를 원활하게 수집하고 분석할 수 있는 기술력을 ㉣ 확증해야 할 것이다.

사물인터넷은 세상을 연결하여 소통하게 하는 끈이다. 이런 사물인터넷은 우리에게 편리한 삶을 약속할 뿐만 아니라 경제적 가치를 창출할 미래 산업으로 자리매김할 것이다.

한국관광공사 필기전형 답안카드

성 명

지원 분야

문제지 형별기재란

수 험 번 호

감독위원 확인

※ 본 답안지는 마킹연습용 모의 답안지입니다.

▸ 최종점검 모의고사와 OMR 답안카드를 수록하여 실제로 시험을 보는 것처럼 최종 마무리 연습을 할 수 있도록 하였다.
▸ 모바일 OMR 답안채점/성적분석 서비스를 통해 필기전형에 대비할 수 있도록 하였다.

이 책의 차례 CONTENTS

Add+

특별부록

CHAPTER

01 2023년 주요 공기업 NCS 기출복원문제

정답 및 해설 p.002

| 코레일 한국철도공사 / 의사소통능력

01 다음 글의 내용으로 가장 적절한 것은?

> 한국철도공사는 철도시설물 점검 자동화에 '스마트 글라스'를 활용하겠다고 밝혔다. 스마트 글라스란 안경처럼 착용하는 스마트 기기로, 검사와 판독, 데이터 송수신과 보고서 작성까지 모든 동작이 음성인식을 바탕으로 작동한다. 이를 활용하여 작업자는 스마트 글라스 액정에 표시된 내용에 따라 철도 시설물을 점검하고, 음성 명령을 통해 시설물의 사진을 촬영한 후 해당 정보와 검사 결과를 전송해 보고서로 작성한다.
>
> 작업자들은 스마트 글라스의 사용을 통해 직접 자료를 조사하고 측정한 내용을 바탕으로 시스템 속에서 여러 단계를 거쳐 수기 입력하던 기존 방식으로부터 벗어날 수 있게 되었고, 이 일련의 과정들을 중앙 서버를 통해 한 번에 처리할 수 있게 되었다.
>
> 이와 같은 스마트 기기의 도입은 중앙 서버의 효율적 종합 관리를 가능하게 할 뿐만 아니라 작업자의 안전성 향상에도 크게 기여하였다. 이는 작업자들이 음성인식이 가능한 스마트 글라스를 사용함으로써 두 손이 자유로워져 추락 사고를 방지할 수 있게 되었기 때문이며, 스마트 글라스 내부 센서가 충격과 기울기를 감지할 수 있어 작업자에게 위험한 상황이 발생하면 지정된 컴퓨터에 위험 상황을 바로 통보하는 시스템을 갖추었기 때문이다.
>
> 한국철도공사는 주요 거점 현장을 시작으로 스마트 글라스를 보급하여 성과 분석을 거치고 내년부터는 보급 현장을 확대하겠다고 밝혔으며, 국내 철도 환경에 맞춰 스마트 글라스 시스템을 개선하기 위해 현장 검증을 진행하고 스마트 글라스를 통해 측정된 데이터를 총괄 제어할 수 있도록 안전점검 플랫폼망도 마련할 예정이다.
>
> 이와 더불어 스마트 글라스를 통해 기존의 인력 중심 시설점검을 간소화하여 효율성과 안전성을 향상시키고, 나아가 철도 맞춤형 스마트 기술을 도입하여 시설물 점검뿐만 아니라 유지보수 작업도 가능하도록 철도기술 고도화에 힘쓰겠다고 전했다.

① 작업자의 음성인식을 통해 철도시설물의 점검 및 보수 작업이 가능해졌다.
② 스마트 글라스의 도입으로 철도시설물 점검의 무인작업이 가능해졌다.
③ 스마트 글라스의 도입으로 철도시설물 점검 작업 시 안전사고 발생 횟수가 감소하였다.
④ 스마트 글라스의 도입으로 철도시설물 작업 시간 및 인력이 감소하고 있다.
⑤ 스마트 글라스의 도입으로 작업자의 안전사고 발생을 바로 파악할 수 있게 되었다.

02 다음 글에 대한 설명으로 적절하지 않은 것은?

2016년 4월 27일 오전 7시 20분경 임실역에서 익산으로 향하던 열차가 전기 공급 중단으로 멈추는 사고가 발생해 약 50여 분간 열차 운행이 중단되었다. 바로 전차선에 지어진 까치집 때문이었는데, 까치가 집을 지을 때 사용하는 젖은 나뭇가지나 철사 등이 전선과 닿거나 차로에 떨어져 합선과 단전을 일으킨 것이다.

비록 이번 사고는 단전에서 끝났지만, 고압 전류가 흐르는 전차선인 만큼 철사와 젖은 나뭇가지만으로도 자칫하면 폭발사고로 이어질 우려가 있다. 지난 5년간 까치집으로 인한 단전사고는 한 해 평균 3 ~ 4건 발생해 왔으며, 한국철도공사는 사고방지를 위해 까치집 방지 설비를 설치하고 설비가 없는 구간은 작업자가 육안으로 까치집 생성 여부를 확인해 제거하고 있는데, 이렇게 제거해 온 까치집 수가 연평균 8,000개에 달한다. 하지만 까치집은 빠르면 불과 4시간 만에 완성되어 작업자들에게 큰 곤욕을 주고 있다.

이에 한국철도공사는 전차선로 주변 까치집 제거의 효율성과 신속성을 높이기 위해 인공지능(AI)과 사물인터넷(IoT) 등 첨단 기술을 활용하기에 이르렀다. 열차 운전실에 영상 장비를 설치해 달리는 열차에서 전차선을 촬영한 화상 정보를 인공지능으로 분석함으로써 까치집 등의 위험 요인을 찾아 해당 위치와 현장 이미지를 작업자에게 실시간으로 전송하는 '실시간 까치집 자동 검출 시스템'을 개발한 것이다. 하지만 시속 150km로 빠르게 달리는 열차에서 까치집 등의 위험 요인을 실시간으로 판단해 전송하는 것이다 보니 그 정확도는 65%에 불과했다.

이에 한국철도공사는 전차선과 까치집을 정확하게 식별하기 위해 인공지능이 스스로 학습하는 '딥러닝' 방식을 도입했고, 전차선을 구성하는 복잡한 구조 및 까치집과 유사한 형태를 빅데이터로 분석해 이미지를 구분하는 학습을 실시한 결과 까치집 검출 정확도는 95%까지 상승했다. 또한 해당 이미지를 실시간 문자메시지로 작업자에게 전송해 위험 요소와 위치를 인지시켜 현장에 적용할 수 있다는 사실도 확인했다. 현재는 이와 더불어 정기열차가 운행하지 않거나 작업자가 접근하기 쉽지 않은 차량 정비 시설 등에 드론을 띄워 전차선의 까치집을 발견 및 제거하는 기술도 시범 운영하고 있다.

① 인공지능도 학습을 통해 그 정확도를 향상시킬 수 있다.
② 빠른 속도에서 인공지능의 사물 식별 정확도는 낮아진다.
③ 사람의 접근이 불가능한 곳에 위치한 까치집의 제거도 가능해졌다.
④ 까치집 자동 검출 시스템을 통해 실시간으로 까치집 제거가 가능해졌다.
⑤ 인공지능 등의 스마트 기술 도입으로 까치집 생성의 감소를 기대할 수 있다.

| 코레일 한국철도공사 / 의사소통능력

03 다음 글을 이해한 내용으로 적절하지 않은 것은?

열차 내에서의 범죄가 급격하게 증가함에 따라 한국철도공사는 열차 내 범죄 예방과 안전 확보를 위해 2023년까지 현재 운행하고 있는 열차의 모든 객실에 CCTV를 설치하고, 모든 열차 승무원에게 바디캠을 지급하겠다고 밝혔다.
CCTV는 열차 종류에 따라 운전실에서 비상시 실시간으로 상황을 파악할 수 있는 '네트워크 방식'과 각 객실에서의 영상을 저장하는 '개별 독립 방식'이라는 2가지 방식으로 사용 및 설치가 진행될 예정이며, 객실에는 사각지대를 없애기 위해 4대가량의 CCTV가 설치된다. 이 중 2대는 휴대 물품 도난 방지 등을 위해 휴대 물품 보관대 주변에 위치하게 된다.
이에 따라 한국철도공사는 CCTV 제품 품평회를 가져 제품의 형태와 색상, 재질 등에 대한 의견을 나누고 각 제품이 실제로 열차 운행 시 진동과 충격 등에 적합한지 시험을 거친 후 도입할 예정이다.

① 현재는 모든 열차의 객실 전부에 CCTV가 설치되어 있진 않을 것이다.
② 과거에 비해 승무원에 대한 승객의 범죄행위 증거 취득이 유리해질 것이다.
③ CCTV 설치를 통해 인적 피해와 물적 피해 모두 예방할 수 있을 것이다.
④ CCTV 설치를 통해 실시간으로 모든 객실을 모니터링할 수 있을 것이다.
⑤ CCTV의 내구성뿐만 아니라 외적인 디자인도 제품 선택에 영향을 줄 수 있을 것이다.

| 코레일 한국철도공사 / 수리능력

04 작년 K대학교에 재학 중인 학생 수는 6,800명이고 남학생과 여학생의 비는 8 : 9였다. 올해 남학생 수와 여학생 수의 비가 12 : 13만큼 줄어들어 7 : 8이 되었다고 할 때, 올해 K대학교의 전체 재학생 수는?

① 4,440명
② 4,560명
③ 4,680명
④ 4,800명
⑤ 4,920명

05 다음 자료에 대한 설명으로 가장 적절한 것은?

• KTX 마일리지 적립
  – KTX 이용 시 결제금액의 5%가 기본 마일리지로 적립됩니다.
  – 더블적립(×2) 열차로 지정된 열차는 추가로 5%가 적립됩니다(결제금액의 총 10%).
    ※ 더블적립 열차는 홈페이지 및 코레일톡 애플리케이션에서만 승차권 구매 가능
  – 선불형 교통카드 Rail+(레일플러스)로 승차권을 결제하는 경우 1% 보너스 적립도 제공되어 최대 11% 적립이 가능합니다.
  – 마일리지를 적립받고자 하는 회원은 승차권을 발급받기 전에 코레일 멤버십카드 제시 또는 회원번호 및 비밀번호 등을 입력해야 합니다.
  – 해당 열차 출발 후에는 마일리지를 적립받을 수 없습니다.

• 회원 등급 구분

구분	등급 조건	제공 혜택
VVIP	• 반기별 승차권 구입 시 적립하는 마일리지가 8만 점 이상인 고객 또는 기준일부터 1년간 16만 점 이상 고객 중 매년 반기 익월 선정	• 비즈니스 회원 혜택 기본 제공 • KTX 특실 무료 업그레이드 쿠폰 6매 제공 • 승차권 나중에 결제하기 서비스 (열차 출발 3시간 전까지)
VIP	• 반기별 승차권 구입 시 적립하는 마일리지가 4만 점 이상인 고객 또는 기준일부터 1년간 8만 점 이상 고객 중 매년 반기 익월 선정	• 비즈니스 회원 혜택 기본 제공 • KTX 특실 무료 업그레이드 쿠폰 2매 제공
비즈니스	• 철도 회원으로 가입한 고객 중 최근 1년간 온라인에서 로그인한 기록이 있거나, 회원으로 구매실적이 있는 고객	• 마일리지 적립 및 사용 가능 • 회원 전용 프로모션 참가 가능 • 열차 할인상품 이용 등 기본서비스와 멤버십 제휴서비스 등 부가서비스 이용
패밀리	• 철도 회원으로 가입한 고객 중 최근 1년간 온라인에서 로그인한 기록이 없거나, 회원으로 구매실적이 없는 고객	• 멤버십 제휴서비스 및 코레일 멤버십 라운지 이용 등의 부가서비스 이용 제한 • 휴면 회원으로 분류 시 별도 관리하며, 본인 인증 절차로 비즈니스 회원으로 전환 가능

  – 마일리지는 열차 승차 다음날 적립되며, 지연료를 마일리지로 적립하신 실적은 등급 산정에 포함되지 않습니다.
  – KTX 특실 무료 업그레이드 쿠폰 유효기간은 6개월이며, 반기별 익월 10일 이내에 지급됩니다.
  – 실적의 연간 적립 기준일은 7월 지급의 경우 전년도 7월 1일부터 당해 연도 6월 30일까지 실적이며, 1월 지급은 전년도 1월 1일부터 전년도 12월 31일까지의 실적입니다.
  – 코레일에서 지정한 추석 및 설 명절 특별수송기간의 승차권은 실적 적립 대상에서 제외됩니다.
  – 회원 등급 조건 및 제공 혜택은 사전 공지 없이 변경될 수 있습니다.
  – 승차권 나중에 결제하기 서비스는 총 편도 2건 이내에서 제공되며, 3회 자동 취소 발생(열차 출발 전 3시간 내 미결제) 시 서비스가 중지됩니다. 리무진+승차권 결합 발권은 2건으로 간주되며, 정기권, 특가상품 등은 나중에 결제하기 서비스 대상에서 제외됩니다.

① 코레일에서 운행하는 모든 열차는 이용 때마다 결제금액의 최소 5%가 KTX 마일리지로 적립된다.
② 회원 등급이 높아져도 열차 탑승 시 적립되는 마일리지는 동일하다.
③ 비즈니스 등급은 기업회원을 구분하는 명칭이다.
④ 6개월간 마일리지 4만 점을 적립하더라도 VIP 등급을 부여받지 못할 수 있다.
⑤ 회원 등급이 높아도 승차권을 정가보다 저렴하게 구매할 수 있는 방법은 없다.

※ 다음 자료를 보고 이어지는 질문에 답하시오. [6~8]

〈2023년 한국의 국립공원 기념주화 예약 접수〉

• 우리나라 자연환경의 아름다움과 생태 보전의 중요성을 널리 알리기 위해 K공사는 한국의 국립공원 기념주화 3종(설악산, 치악산, 월출산)을 발행할 예정임
• 예약 접수일 : 3월 2일(목) ~ 3월 17일(금)
• 배부 시기 : 2023년 4월 28일(금)부터 예약자가 신청한 방법으로 배부
• 기념주화 상세

화종	앞면	뒷면
은화Ⅰ – 설악산	 한국의 국립공원 · 설악산 / 2023 · 한국은행 · 오만원	 Korean National Parks · Seoraksan / 2023 · BANK OF KOREA · 50000 WON
은화Ⅱ – 치악산	 한국의 국립공원 · 치악산 / 2023 · 한국은행 · 오만원	 Korean National Parks · Chiaksan / 2023 · BANK OF KOREA · 50000 WON
은화Ⅲ – 월출산	 한국의 국립공원 · 월출산 / 2023 · 한국은행 · 오만원	 Korean National Parks · Wolchulsan / 2023 · BANK OF KOREA · 50000 WON

• 발행량 : 화종별 10,000장씩 총 30,000장
• 신청 수량 : 단품 및 3종 세트로 구분되며 단품과 세트에 중복신청 가능
  – 단품 : 1인당 화종별 최대 3장
  – 3종 세트 : 1인당 최대 3세트
• 판매 가격 : 액면금액에 판매 부대비용(케이스, 포장비, 위탁판매수수료 등)을 부가한 가격
  – 단품 : 각 63,000원(액면가 50,000원+케이스 등 부대비용 13,000원)
  – 3종 세트 : 186,000원(액면가 150,000원+케이스 등 부대비용 36,000원)
• 접수 기관 : 우리은행, 농협은행, K공사
• 예약 방법 : 창구 및 인터넷 접수
  – 창구 접수
    신분증[주민등록증, 운전면허증, 여권(내국인), 외국인등록증(외국인)]을 지참하고 우리·농협은행 영업점을 방문하여 신청
  – 인터넷 접수
    ① 우리·농협은행의 계좌를 보유한 고객은 개시일 9시부터 마감일 23시까지 홈페이지에서 신청
    ② K공사 온라인 쇼핑몰에서는 가상계좌 방식으로 개시일 9시부터 마감일 23시까지 신청
• 구입 시 유의사항
  – 수령자 및 수령지 등 접수 정보가 중복될 경우 단품별 10장, 3종 세트 10세트만 추첨 명단에 등록
  – 비정상적인 경로나 방법으로 접수할 경우 당첨을 취소하거나 배송을 제한

| 코레일 한국철도공사 / 문제해결능력

06 다음 중 한국의 국립공원 기념주화 발행 사업의 내용으로 옳은 것은?

① 국민들을 대상으로 예약 판매를 실시하며, 외국인에게는 판매하지 않는다.
② 1인당 구매 가능한 최대 주화 수는 10장이다.
③ 기념주화를 구입하기 위해서는 우리·농협은행 계좌를 사전에 개설해 두어야 한다.
④ 사전예약을 받은 뒤, 예약 주문량에 맞추어 제한된 수량만 생산한다.
⑤ K공사를 통한 예약 접수는 온라인에서만 가능하다.

| 코레일 한국철도공사 / 문제해결능력

07 외국인 A씨는 이번에 발행되는 기념주화를 예약 주문하려고 한다. 다음 상황을 참고했을 때 A씨가 기념주화 구매 예약을 할 수 있는 방법으로 옳은 것은?

〈외국인 A씨의 상황〉

- A씨는 국내 거주 외국인으로 등록된 사람이다.
- A씨의 명의로 국내은행에 개설된 계좌는 총 2개로, 신한은행, 한국씨티은행에 1개씩이다.
- A씨는 우리은행이나 농협은행과는 거래이력이 없다.

① 여권을 지참하고 우리은행이나 농협은행 지점을 방문한다.
② K공사 온라인 쇼핑몰에서 신용카드를 사용한다.
③ 계좌를 보유한 신한은행이나 한국씨티은행의 홈페이지를 통해 신청한다.
④ 외국인등록증을 지참하고 우리은행이나 농협은행 지점을 방문한다.
⑤ 우리은행이나 농협은행의 홈페이지에서 신청한다.

| 코레일 한국철도공사 / 문제해결능력

08 다음은 기념주화를 예약한 5명의 신청내역이다. 이 중 가장 많은 금액을 지불한 사람의 구매 금액은?

(단위 : 세트, 장)

구매자	3종 세트	단품		
		은화Ⅰ – 설악산	은화Ⅱ – 치악산	은화Ⅲ – 월출산
A	2	1	–	–
B	–	2	3	3
C	2	1	1	–
D	3	–	–	–
E	1	–	2	2

① 558,000원
② 561,000원
③ 563,000원
④ 564,000원
⑤ 567,000원

※ 다음 글을 읽고 이어지는 질문에 답하시오. [9~10]

척추는 신체를 지탱하고, 뇌로부터 이어지는 중추신경인 척수를 보호하는 중요한 뼈 구조물이다. 보통 사람들은 허리에 심한 통증이 느껴지면 허리디스크(추간판탈출증)를 떠올리는데, 디스크 이외에도 통증을 유발하는 척추 질환은 다양하다. 특히 노인 인구가 증가하면서 척추관협착증(요추관협착증)의 발병 또한 늘어나고 있다. 허리디스크와 척추관협착증은 사람들이 혼동하기 쉬운 척추 질환으로, 발병 원인과 치료법이 다르기 때문에 두 질환의 차이를 이해하고 통증 발생 시 질환에 맞춰 적절하게 대응할 필요가 있다.

허리디스크는 척추 뼈 사이에 쿠션처럼 완충 역할을 해주는 디스크(추간판)에 문제가 생겨 발생한다. 디스크는 찐득찐득한 수핵과 이를 둘러싸는 섬유륜으로 구성되는데, 나이가 들어 탄력이 떨어지거나, 젊은 나이에도 급격한 충격에 의해서 섬유륜에 균열이 생기면 속의 수핵이 빠져나오면서 주변 신경을 압박하거나 염증을 유발한다. 허리디스크가 발병하면 초기에는 허리 통증으로 시작되어 점차 허벅지에서 발까지 찌릿하게 저리는 방사통을 유발하고, 디스크에서 수핵이 흘러나오는 상황이기 때문에 허리를 굽히거나 앉아 있으면 디스크에 가해지는 압력이 높아져 통증이 더욱 심해진다. 허리디스크는 통증이 심한 질환이지만, 흘러나온 수핵은 대부분 대식세포에 의해 제거되고, 자연치유가 가능하기 때문에 병원에서는 주로 통증을 줄이고, 안정을 취하는 방법으로 보존치료를 진행한다. 하지만 염증이 심해져 중앙 척수를 건드리게 되면 하반신 마비 등의 증세가 나타날 수 있는데, 이러한 경우에는 탈출된 디스크 조각을 물리적으로 제거하는 수술이 필요하다.

반면, 척추관협착증은 대표적인 척추 퇴행성 질환으로 주변 인대(황색 인대)가 척추관을 압박하여 발생한다. 척추관은 척추 가운데 신경 다발이 지나갈 수 있도록 속이 빈 공간인데, 나이가 들면서 척추가 흔들리게 되면 흔들리는 척추를 붙들기 위해 인대가 점차 두꺼워지고, 척추 뼈에 변형이 생겨 결과적으로 척추관이 좁아지게 된다. 이렇게 오랜 기간 동안 변형된 척추 뼈와 인대가 척추관 속의 신경을 눌러 발생하는 것이 척추관협착증이다. 척추관 속의 신경이 눌리게 되면 통증과 함께 저리거나 당기게 되어 보행이 힘들어지며, 지속적으로 압박받을 경우 척추 신경이 경색되어 하반신 마비 증세로 악화될 수 있다. 일반적으로 서 있을 경우보다 허리를 구부렸을 때 척추관이 더 넓어지므로 허리디스크 환자와 달리 앉아 있을 때 통증이 완화된다. 척추관협착증은 자연치유가 되지 않고 척추관이 다시 넓어지지 않으므로 발병 초기를 제외하면 일반적으로 변형된 부분을 제거하는 수술을 하게 된다.

이와 같이 허리디스크와 척추관협착증은 똑같이 허리 통증을 유발하지만 원인과 증상, 치료법이 서로 상이하다. 비교적 고령인 60대 이상의 사람이 만성적으로 서 있을 때 통증이 나타난다면 ___㉠___을/를 의심해야 하며, 비교적 젊은 20 ~ 50대의 사람이 앉아 있을 때 통증이 급작스럽게 나타날 때는 ___㉡___을/를 의심해야 한다. 척추는 우리의 몸을 지탱하는 중요한 골격이며, 신경계와 밀접한 관련이 있으므로 통증이 발생한다면 자신의 몸 상태를 잘 파악하고, 초기에 치료를 받는 것이 중요하다.

| 국민건강보험공단 / 의사소통능력

09 다음 중 윗글의 내용으로 적절하지 않은 것은?

① 일반적으로 허리디스크는 척추관협착증에 비해 급작스럽게 증상이 나타난다.

② 허리디스크는 서 있을 때 통증이 더 심해진다.

③ 허리디스크에 비해 척추관협착증은 외과적 수술 빈도가 높다.

④ 허리디스크와 척추관협착증 모두 증세가 심해지면 하반신 마비의 가능성이 있다.

10 다음 중 빈칸 ㉠과 ㉡에 들어갈 단어가 바르게 연결된 것은?

	㉠	㉡
①	허리디스크	추간판탈출증
②	허리디스크	척추관협착증
③	척추관협착증	요추관협착증
④	척추관협착증	허리디스크

11 다음 문단을 논리적 순서대로 바르게 나열한 것은?

(가) 주장애관리는 장애정도가 심한 장애인이 의원뿐만 아니라 병원 및 종합병원급에서 장애 유형별 전문의에게 전문적인 장애관리를 받을 수 있는 서비스이다. 이전에는 대상 관리 유형이 지체장애, 시각장애, 뇌병변장애로 제한되어 있었으나, 3단계부터는 지적장애, 정신장애, 자폐성장애까지 확대되어 더 많은 중증장애인들이 장애관리를 받을 수 있게 되었다.

(나) 이와 같이 3단계 장애인 건강주치의 시범사업은 기존 1·2단계 시범사업보다 더욱 확대되어 많은 중증장애인들의 참여를 예상하고 있다. 장애인 건강주치의 시범사업에 신청하기 위해서는 국민건강보험공단 홈페이지의 건강IN에서 장애인 건강주치의 의료기관을 찾은 후 해당 의료기관에 방문하여 장애인 건강주치의 이용 신청사실 통지서를 작성하면 신청할 수 있다.

(다) 장애인 건강주치의 제도가 제공하는 서비스는 일반건강관리, 주(主)장애관리, 통합관리로 나누어진다. 일반건강관리 서비스는 모든 유형의 중증장애인이 만성질환 등 전반적인 건강관리를 받을 수 있는 서비스로, 의원급에서 원하는 의사를 선택하여 참여할 수 있다. 1·2단계까지의 사업에서는 만성질환관리를 위해 장애인 본인이 검사비용의 30%를 부담해야 했지만, 3단계부터는 본인부담금 없이 질환별 검사바우처로 제공한다.

(라) 마지막으로 통합관리는 일반건강관리와 주장애관리를 동시에 받을 수 있는 서비스로, 동네에 있는 의원급 의료기관에 속한 지체·뇌병변·시각·지적·정신·자폐성 장애를 진단하는 전문의가 주장애관리와 만성질환관리를 모두 제공한다. 이 3가지 서비스들은 거동이 불편한 환자를 위해 의사나 간호사가 직접 집으로 방문하는 방문 서비스를 제공하고 있으며 기존까지는 연 12회였으나, 3단계 시범사업부터 연 18회로 증대되었다.

(마) 보건복지부와 국민건강보험공단은 2021년 9월부터 3단계 장애인 건강주치의 시범사업을 진행하였다. 장애인 건강주치의 제도는 중증장애인이 인근 지역에서 주치의로 등록 신청한 의사 중 원하는 의사를 선택하여 장애로 인한 건강문제, 만성질환 등 건강상태를 포괄적이고 지속적으로 관리 받을 수 있는 제도로, 2018년 5월 1단계 시범사업을 시작으로 2단계 시범사업까지 완료되었다.

① (다) – (마) – (가) – (나) – (라)
② (다) – (가) – (라) – (마) – (나)
③ (마) – (가) – (라) – (나) – (다)
④ (마) – (다) – (가) – (라) – (나)

12 다음은 K지역의 연도별 건강보험금 부과액 및 징수액에 대한 자료이다. 직장가입자 건강보험금 징수율이 가장 높은 해와 지역가입자의 건강보험금 징수율이 가장 높은 해를 바르게 짝지은 것은?

〈건강보험금 부과액 및 징수액〉

(단위 : 백만 원)

구분		2019년	2020년	2021년	2022년
직장가입자	부과액	6,706,712	5,087,163	7,763,135	8,376,138
	징수액	6,698,187	4,898,775	7,536,187	8,368,972
지역가입자	부과액	923,663	1,003,637	1,256,137	1,178,572
	징수액	886,396	973,681	1,138,763	1,058,943

※ (징수율)$=\frac{\text{(징수액)}}{\text{(부과액)}}\times 100$

	직장가입자	지역가입자
①	2022년	2020년
②	2022년	2019년
③	2021년	2020년
④	2021년	2019년

13 다음은 K병원의 하루 평균 이뇨제, 지사제, 진통제 사용량에 대한 자료이다. 이에 대한 설명으로 옳지 않은 것은?

〈하루 평균 이뇨제, 지사제, 진통제 사용량〉

구분	2018년	2019년	2020년	2021년	2022년	1인 1일 투여량
이뇨제	3,000mL	3,480mL	3,360mL	4,200mL	3,720mL	60mL/일
지사제	30정	42정	48정	40정	44정	2정/일
진통제	6,720mg	6,960mg	6,840mg	7,200mg	7,080mg	60mg/일

※ 모든 의약품은 1인 1일 투여량을 준수하여 투여했다.

① 전년 대비 2022년 사용량 감소율이 가장 큰 의약품은 이뇨제이다.
② 5년 동안 지사제를 투여한 환자 수의 평균은 18명 이상이다.
③ 이뇨제 사용량은 증가와 감소를 반복하였다.
④ 매년 진통제를 투여한 환자 수는 이뇨제를 투여한 환자 수의 2배 이하이다.

14 다음은 분기별 상급병원, 종합병원, 요양병원의 보건인력 현황에 대한 자료이다. 분기별 전체 보건인력 중 전체 사회복지사 인력의 비율로 옳지 않은 것은?

〈상급병원, 종합병원, 요양병원의 보건인력 현황〉

(단위 : 명)

구분		2022년 3분기	2022년 4분기	2023년 1분기	2023년 2분기
상급병원	의사	20,002	21,073	22,735	24,871
	약사	2,351	2,468	2,526	2,280
	사회복지사	391	385	370	375
종합병원	의사	32,765	33,084	34,778	33,071
	약사	1,941	1,988	2,001	2,006
	사회복지사	670	695	700	720
요양병원	의사	19,382	19,503	19,761	19,982
	약사	1,439	1,484	1,501	1,540
	사회복지사	1,887	1,902	1,864	1,862
계		80,828	82,582	86,236	86,707

※ 보건인력은 의사, 약사, 사회복지사 인력 모두를 포함한다.

① 2022년 3분기 : 약 3.65%

② 2022년 4분기 : 약 3.61%

③ 2023년 1분기 : 약 3.88%

④ 2023년 2분기 : 약 3.41%

15 다음은 건강생활실천지원금제에 대한 자료이다. 〈보기〉의 신청자 중 예방형과 관리형에 해당하는 사람을 바르게 분류한 것은?

〈건강생활실천지원금제〉

• 사업설명 : 참여자 스스로 실천한 건강생활 노력 및 건강개선 결과에 따라 지원금을 지급하는 제도
• 시범지역

지역	예방형	관리형
서울	노원구	중랑구
경기 · 인천	안산시, 부천시	인천 부평구, 남양주시, 고양일산(동구, 서구)
충청권	대전 대덕구, 충주시, 충남 청양군(부여군)	대전 동구
전라권	광주 광산구, 전남 완도군, 전주시(완주군)	광주 서구, 순천시
경상권	부산 중구, 대구 남구, 김해시, 대구 달성군	대구 동구, 부산 북구
강원 · 제주권	원주시, 제주시	원주시

• 참여대상 : 주민등록상 주소지가 시범지역에 해당되는 사람 중 아래에 해당하는 사람

구분	조건
예방형	만 20 ~ 64세인 건강보험 가입자(피부양자 포함) 중 국민건강보험공단에서 주관하는 일반건강검진 결과 건강관리가 필요한 사람*
관리형	고혈압 · 당뇨병 환자

*건강관리가 필요한 사람 : 다음에 모두 해당하거나 ①, ② 또는 ①, ③에 해당하는 사람
① 체질량지수(BMI) 25kg/m^2 이상
② 수축기 혈압 120mmHg 이상 또는 이완기 혈압 80mmHg 이상
③ 공복혈당 100mg/dL 이상

보기

신청자	주민등록상 주소지	체질량지수	수축기 혈압 / 이완기 혈압	공복혈당	기저질환
A	서울 강북구	22kg/m^2	117mmHg / 78mmHg	128mg/dL	–
B	서울 중랑구	28kg/m^2	125mmHg / 85mmHg	95mg/dL	–
C	경기 안산시	26kg/m^2	142mmHg / 92mmHg	99mg/dL	고혈압
D	인천 부평구	23kg/m^2	145mmHg / 95mmHg	107mg/dL	고혈압
E	광주 광산구	28kg/m^2	119mmHg / 78mmHg	135mg/dL	당뇨병
F	광주 북구	26kg/m^2	116mmHg / 89mmHg	144mg/dL	당뇨병
G	부산 북구	27kg/m^2	118mmHg / 75mmHg	132mg/dL	당뇨병
H	강원 철원군	28kg/m^2	143mmHg / 96mmHg	115mg/dL	고혈압
I	제주 제주시	24kg/m^2	129mmHg / 83mmHg	108mg/dL	–

※ 단, 모든 신청자는 만 20 ~ 64세이며, 건강보험에 가입하였다.

	예방형	관리형		예방형	관리형
①	A, E	C, D	②	B, E	F, I
③	C, E	D, G	④	F, I	C, H

16 K동에서는 임신한 주민에게 출산장려금을 지원하고자 한다. 출산장려금 지급 기준 및 K동에 거주하는 임산부에 대한 정보가 다음과 같을 때, 출산장려금을 가장 먼저 받을 수 있는 사람은?

〈K동 출산장려금 지급 기준〉

- 출산장려금 지급액은 모두 같으나, 지급 시기는 모두 다르다.
- 지급 순서 기준은 임신일, 자녀 수, 소득 수준 순서이다.
- 임신일이 길수록, 자녀가 많을수록, 소득 수준이 낮을수록 먼저 받는다(단, 자녀는 만 19세 미만의 아동 및 청소년으로 제한한다).
- 임신일, 자녀 수, 소득 수준이 모두 같으면 같은 날에 지급한다.

〈K동 거주 임산부 정보〉

임산부	임신일	자녀	소득 수준
A	150일	만 1세	하
B	200일	만 3세	상
C	100일	만 10세, 만 6세, 만 5세, 만 4세	상
D	200일	만 7세, 만 5세, 만 3세	중
E	200일	만 20세, 만 16세, 만 14세, 만 10세	상

① A임산부
② B임산부
③ D임산부
④ E임산부

17 다음 글의 주제로 가장 적절한 것은?

현재 우리나라의 진료비 지불제도 중 가장 주도적으로 시행되는 지불제도는 행위별수가제이다. 행위별수가제는 의료기관에서 의료인이 제공한 의료서비스(행위, 약제, 치료 재료 등)에 대해 서비스별로 가격(수가)을 정하여 사용량과 가격에 의해 진료비를 지불하는 제도로, 의료보험 도입 당시부터 채택하고 있는 지불제도이다. 그러나 최근 관련 전문가들로부터 이러한 지불제도를 개선해야 한다는 목소리가 많이 나오고 있다.
조사에 의하면 우리나라의 국민의료비를 증대시키는 주요 원인은 고령화로 인한 진료비 증가와 행위별수가제로 인한 비용의 무한 증식이다. 현재 우리나라의 국민의료비는 OECD 회원국 중 최상위를 기록하고 있으며 앞으로 더욱 심화될 것으로 예측된다. 특히 행위별수가제는 의료행위를 할수록 지불되는 진료비가 증가하므로 CT, MRI 등 영상검사를 중심으로 의료 남용이나 과다 이용 문제가 발생하고 있고, 병원의 이익 증대를 위하여 환자에게는 의료비 부담을, 의사에게는 업무 부담을, 건강보험에는 재정 부담을 증대시키고 있다.
이러한 행위별수가제의 문제점을 개선하기 위해 일부 질병군에서는 환자가 입원해서 퇴원할 때까지 발생하는 진료에 대하여 질병마다 미리 정해진 금액을 내는 제도인 포괄수가제를 시행 중이며, 요양병원, 보건기관에서는 입원 환자의 질병, 기능 상태에 따라 입원 1일당 정액수가를 적용하는 정액수가제를 병행하여 실시하고 있지만 비용 산정의 경직성, 의사 비용과 병원 비용의 비분리 등 여러 가지 문제점이 있어 현실적으로 효과를 내지 못하고 있다는 지적이 나오고 있다.
기획재정부와 보건복지부는 시간이 지날수록 건강보험 적자가 계속 증대되어 머지않아 고갈될 위기에 있다고 발표하였다. 당장 행위별수가제를 전면적으로 폐지할 수는 없으므로 기존의 다른 수가제의 문제점을 개선하여 확대하는 등 의료비 지불방식의 다변화가 구조적으로 진행되어야 할 것이다.

① 신포괄수가제의 정의
② 행위별수가제의 한계점
③ 의료비 지불제도의 역할
④ 건강보험의 재정 상황
⑤ 다양한 의료비 지불제도 소개

18 다음 중 제시된 단어와 그 뜻이 바르게 연결되지 않은 것은?

① 당위(當爲) : 마땅히 그렇게 하거나 되어야 하는 것
② 구상(求償) : 자연적인 재해나 사회적인 피해를 당하여 어려운 처지에 있는 사람을 도와줌
③ 명문(明文) : 글로 명백히 기록된 문구 또는 그런 조문
④ 유기(遺棄) : 어떤 사람이 종래의 보호를 거부하여 그를 보호받지 못하는 상태에 두는 일
⑤ 추계(推計) : 일부를 가지고 전체를 미루어 계산함

19 질량이 2kg인 공을 지표면으로부터 높이가 50cm인 지점에서 지표면을 향해 수직으로 4m/s의 속력으로 던져 공이 튀어 올랐다. 다음 〈조건〉을 보고 가장 높은 지점에서 공의 위치에너지를 구하면?(단, 에너지 손실은 없으며, 중력가속도는 10m/s^2으로 가정한다)

조건

- (운동에너지)$=\left[\frac{1}{2}\times(\text{질량})\times(\text{속력})^2\right]$J
  (위치에너지)=[(질량)×(중력가속도)×(높이)]J
  (역학적 에너지)=[(운동에너지)+(위치에너지)]J
- 에너지 손실이 없다면 역학적 에너지는 어떠한 경우에도 변하지 않는다.
- 공이 지표면에 도달할 때 위치에너지는 0이고, 운동에너지는 역학적 에너지와 같다.
- 공이 튀어 오른 후 가장 높은 지점에서 운동에너지는 0이고, 위치에너지는 역학적 에너지와 같다.
- 운동에너지와 위치에너지를 구하는 식에 대입하는 질량의 단위는 kg, 속력의 단위는 m/s, 중력가속도의 단위는 m/s^2, 높이의 단위는 m이다.

① 26J
② 28J
③ 30J
④ 32J
⑤ 34J

| 건강보험심사평가원 / 수리능력

20 A부장이 시속 200km의 속력으로 달리는 기차로 1시간 30분 걸리는 출장지에 자가용을 타고 출장을 갔다. 시속 60km의 속력으로 가고 있는데, 속력을 유지한 채 가면 약속시간보다 1시간 늦게 도착할 수 있어 도중에 시속 90km의 속력으로 달려 약속시간보다 30분 일찍 도착하였다. A부장이 시속 90km의 속력으로 달린 거리는?(단, 달리는 동안 속력은 시속 60km로 달리는 도중에 시속 90km로 바뀌는 경우를 제외하고는 그 속력을 유지하는 것으로 가정한다)

① 180km ② 210km
③ 240km ④ 270km
⑤ 300km

| 건강보험심사평가원 / 수리능력

21 S공장은 어떤 상품을 원가에 23%의 이익을 남겨 판매하였으나, 잘 팔리지 않아 판매가에서 1,300원 할인하여 판매하였다. 이때 얻은 이익이 원가의 10%일 때, 상품의 원가는?

① 10,000원 ② 11,500원
③ 13,000원 ④ 14,500원
⑤ 16,000원

| 건강보험심사평가원 / 수리능력

22 A～G 7명은 일렬로 배치된 의자에 다음 〈조건〉과 같이 앉는다. 이때 가능한 경우의 수는?

조건

- A는 양 끝에 앉지 않는다.
- G는 가운데에 앉는다.
- B는 G의 바로 옆에 앉는다.

① 60가지 ② 72가지
③ 144가지 ④ 288가지
⑤ 366가지

| 건강보험심사평가원 / 수리능력

23 **S유치원에 다니는 아이 11명의 평균 키는 113cm이다. 키가 107cm인 원생이 유치원을 나가게 되어 원생이 10명이 되었을 때, 남은 유치원생 10명의 평균 키는?**

① 113cm　② 113.6cm
③ 114.2cm　④ 114.8cm
⑤ 115.4cm

| 서울교통공사 / 의사소통능력

24 **다음 글과 같이 한자어 및 외래어를 순화한 내용으로 적절하지 않은 것은?**

> 열차를 타다 보면 한 번쯤은 다음과 같은 안내방송을 들어 봤을 것이다.
> "○○역 인근 '공중사상사고' 발생으로 KTX 열차가 지연되고 있습니다."
> 이때 들리는 안내방송 중 한자어인 '공중사상사고'를 한 번에 알아듣기란 일반적으로 쉽지 않다. 실제로 S교통공사 관계자는 승객들로부터 안내방송 문구가 적절하지 않다는 지적을 받아 왔다고 밝혔으며, 이에 S교통공사는 국토교통부와 협의를 거쳐 보다 이해하기 쉬운 안내방송을 전달하기 위해 문구를 바꾸는 작업에 착수하기로 결정하였다고 전했다.
> 우선 가장 먼저 수정하기로 한 것은 한자어 및 외래어로 표기된 철도 용어이다. 그중 대표적인 것이 '공중사상사고'이다. S교통공사 관계자는 이를 '일반인의 사상사고'나 '열차 운행 중 인명사고' 등과 같이 이해하기 쉬운 말로 바꿀 예정이라고 밝혔다. 이 외에도 열차 지연 예상 시간, 사고복구 현황 등 열차 내 안내방송을 승객에게 좀 더 알기 쉽고 상세하게 전달할 것이라고 전했다.

① 열차시격 → 배차간격
② 전차선 단전 → 선로 전기 공급 중단
③ 우회수송 → 우측 선로로 변경
④ 핸드레일(Handrail) → 안전손잡이
⑤ 키스 앤 라이드(Kiss and Ride) → 환승정차구역

25 다음 글에서 언급되지 않은 내용은?

> 전 세계적인 과제로 탄소중립이 대두되자 친환경적 운송수단인 철도가 주목받고 있다. 특히 국제에너지기구는 철도를 에너지 효율이 가장 높은 운송 수단으로 꼽으며, 철도 수송을 확대하면 세계 수송 부문에서 온실가스 배출량이 그렇지 않을 때보다 약 6억 톤이 줄어들 수 있다고 하였다.
> 특히 철도의 에너지 소비량은 도로의 22분의 1이고, 온실가스 배출량은 9분의 1에 불과해, 탄소배출이 높은 도로 운행의 수요를 친환경 수단인 철도로 전환한다면 수송 부문 총배출량이 획기적으로 감소될 것이라 전망하고 있다.
> 이에 발맞춰 우리나라의 S철도공단도 '녹색교통'인 철도 중심 교통체계를 구축하기 위해 박차를 가하고 있으며, 정부 역시 '2050 탄소중립 실현' 목표에 발맞춰 저탄소 철도 인프라 건설·관리로 탄소를 지속적으로 감축하고자 노력하고 있다.
> S철도공단은 철도 인프라 생애주기 관점에서 탄소를 감축하기 위해 먼저 철도 건설 단계에서부터 친환경·저탄소 자재를 적용해 탄소 배출을 줄이고 있다. 실제로 중앙선 안동 ~ 영천 간 궤도 설계 당시 철근 대신에 저탄소 자재인 유리섬유 보강근을 콘크리트 궤도에 적용했으며, 이를 통한 탄소 감축효과는 약 6,000톤으로 추정된다. 이 밖에도 저탄소 철도 건축물 구축을 위해 2025년부터 모든 철도건축물을 에너지 자립률 60% 이상(3등급)으로 설계하기로 결정했으며, 도심의 철도 용지는 지자체와 협업을 통해 도심 속 철길 숲 등 탄소 흡수원이자 지역민의 휴식처로 철도부지 특성에 맞게 조성되고 있다.
> S철도공단은 이와 같은 철도로의 수송 전환으로 약 20%의 탄소 감축 목표를 내세웠으며, 이를 위해서는 정부의 노력도 필요하다고 강조하였다. 특히 수송 수단 간 공정한 가격 경쟁이 이루어질 수 있도록 도로 차량에 집중된 보조금 제도를 화물차의 탄소배출을 줄이기 위한 철도 전환교통 보조금으로 확대하는 등 실질적인 방안의 필요성을 제기하고 있다.

① 녹색교통으로 철도 수송이 대두된 배경
② 철도 수송 확대를 통해 기대할 수 있는 효과
③ 국내의 탄소 감축 방안이 적용된 설계 사례
④ 정부의 철도 중심 교통체계 구축을 위해 시행된 조치
⑤ S철도공단의 철도 중심 교통체계 구축을 위한 방안

26 다음 글의 주제로 가장 적절한 것은?

지난 5월 아이슬란드에 각종 파이프와 열교환기, 화학물질 저장탱크, 압축기로 이루어져 있는 '조지 올라 재생가능 메탄올 공장'이 등장했다. 이곳은 이산화탄소로 메탄올을 만드는 첨단 시설로, 과거 2011년 아이슬란드 기업 '카본리사이클링인터내셔널(CRI)'이 탄소 포집·활용(CCU) 기술의 실험을 위해서 지은 곳이다.
이곳에서는 인근 지열발전소에서 발생하는 적은 양의 이산화탄소(CO_2)를 포집한 뒤 물을 분해해 조달한 수소(H_2)와 결합시켜 재생 메탄올(CH_3OH)을 제조하였으며, 이때 필요한 열과 냉각수 역시 지열발전소의 부산물을 이용했다. 이렇게 만들어진 메탄올은 자동차, 선박, 항공 연료는 물론 플라스틱 제조 원료로 활용되는 등 여러 곳에서 활용되었다.
하지만 이렇게 메탄올을 만드는 것이 미래 원료 문제의 근본적인 해결책이 될 수는 없었다. 왜냐하면 메탄올이 만드는 에너지보다 메탄올을 만드는 데 들어가는 에너지가 더 필요하다는 문제점에 더하여 액화천연가스(LNG)를 메탄올로 변환할 경우 이전보다 오히려 탄소배출량이 증가하고, 탄소배출량을 감소시키기 위해서는 태양광과 에너지 저장장치를 활용해 메탄올 제조에 필요한 에너지를 모두 조달해야만 하기 때문이다.
또한 탄소를 포집해 지하에 영구 저장하는 탄소포집 저장방식과 달리, 탄소를 포집해 만든 연료나 제품은 사용 중에 탄소를 다시 배출할 가능성이 있어 이에 대한 논의가 분분한 상황이다.

① 탄소 재활용의 득과 실
② 재생 에너지 메탄올의 다양한 활용
③ 지열발전소에서 탄생한 재활용 원료
④ 탄소 재활용을 통한 미래 원료의 개발
⑤ 미래의 에너지 원료로 주목받는 재활용 원료, 메탄올

27 다음은 A ~ C철도사의 연도별 차량 수 및 승차인원에 대한 자료이다. 이에 대한 설명으로 옳지 않은 것은?

〈철도사별 차량 수 및 승차인원〉

구분	2020년			2021년			2022년		
	A	B	C	A	B	C	A	B	C
차량 수(량)	2,751	103	185	2,731	111	185	2,710	113	185
승차인원(천 명/년)	775,386	26,350	35,650	768,776	24,746	33,130	755,376	23,686	34,179

① C철도사가 운영하는 차량 수는 변동이 없다.
② 3년간 전체 승차인원 중 A철도사 철도를 이용하는 승차인원의 비율이 가장 높다.
③ A ~ C철도사의 철도를 이용하는 연간 전체 승차인원 수는 매년 감소하였다.
④ 3년간 차량 1량당 연간 평균 승차인원 수는 B철도사가 가장 적다.
⑤ C철도사의 차량 1량당 연간 승차인원 수는 200천 명 미만이다.

28 다음은 A ~ H국의 연도별 석유 생산량에 대한 자료이다. 이에 대한 설명으로 옳은 것은?

〈연도별 석유 생산량〉

(단위 : bbl/day)

국가	2018년	2019년	2020년	2021년	2022년
A	10,356,185	10,387,665	10,430,235	10,487,336	10,556,259
B	8,251,052	8,297,702	8,310,856	8,356,337	8,567,173
C	4,102,396	4,123,963	4,137,857	4,156,121	4,025,936
D	5,321,753	5,370,256	5,393,104	5,386,239	5,422,103
E	258,963	273,819	298,351	303,875	335,371
F	2,874,632	2,633,087	2,601,813	2,538,776	2,480,221
G	1,312,561	1,335,089	1,305,176	1,325,182	1,336,597
H	100,731	101,586	102,856	103,756	104,902

① 석유 생산량이 매년 증가한 국가의 수는 6개이다.
② 2018년 대비 2022년에 석유 생산량 증가량이 가장 많은 국가는 A이다.
③ 매년 E국가의 석유 생산량은 H국가 석유 생산량의 3배 미만이다.
④ 연도별 석유 생산량 상위 2개 국가의 생산량 차이는 매년 감소한다.
⑤ 2018년 대비 2022년에 석유 생산량 감소율이 가장 큰 국가는 F이다.

| 한국산업인력공단 / 수리능력

29 A씨는 최근 승진한 공무원 친구에게 선물로 개당 12만 원인 수석을 보내고자 한다. 다음 부정청탁 및 금품 등 수수의 금지에 관한 법률에 따라 선물을 보낼 때, 최대한 많이 보낼 수 있는 수석의 수는?(단, A씨는 공무원인 친구와 직무 연관성이 없는 일반인이며, 선물은 한 번만 보낸다)

> 금품 등의 수수 금지(부정청탁 및 금품 등 수수의 금지에 관한 법률 제8조 제1항)
> 공직자 등은 직무 관련 여부 및 기부・후원・증여 등 그 명목에 관계없이 동일인으로부터 1회에 100만 원 또는 매 회계연도에 300만 원을 초과하는 금품 등을 받거나 요구 또는 약속해서는 아니 된다.

① 7개
② 8개
③ 9개
④ 10개
⑤ 11개

| 한국산업인력공단 / 수리능력

30 S대리는 업무 진행을 위해 본사에서 거래처로 외근을 가고자 한다. 본사에서 거래처까지 가는 길이 다음과 같을 때, 본사에서 출발하여 C와 G를 거쳐 거래처로 간다면 S대리의 최소 이동거리는?(단, 어떤 곳을 먼저 가도 무관하다)

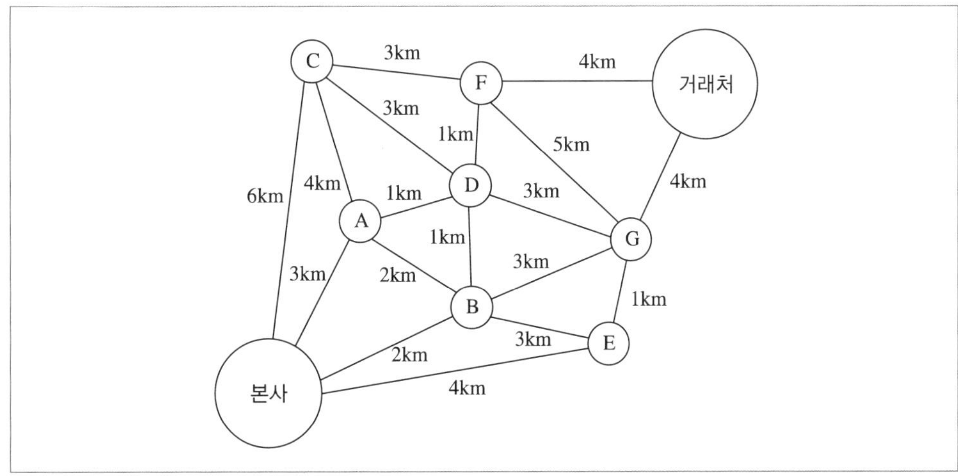

① 8km
② 9km
③ 13km
④ 16km
⑤ 18km

31 총무부에 근무하는 A사원은 각 부서에 필요한 사무용품을 조사한 결과, 볼펜 30자루, 수정테이프 8개, 연필 20자루, 지우개 5개가 필요하다고 한다. 다음 〈조건〉에 따라 비품을 구매할 때, 지불할 수 있는 가장 저렴한 금액은?(단, 필요한 비품 수를 초과하여 구매할 수 있고, 지불하는 금액은 배송료를 포함한다)

조건

- 볼펜, 수정테이프, 연필, 지우개의 판매 금액은 다음과 같다(단, 모든 품목은 낱개로 판매한다).

품목	가격(원/1EA)	비고
볼펜	1,000	20자루 이상 구매 시 개당 200원 할인
수정테이프	2,500	10개 이상 구매 시 개당 1,000원 할인
연필	400	12자루 이상 구매 시 연필 전체 가격의 25% 할인
지우개	300	10개 이상 구매 시 개당 100원 할인

- 품목당 할인을 적용한 금액의 합이 3만 원을 초과할 경우, 전체 금액의 10% 할인이 추가로 적용된다.
- 전체 금액의 10% 할인 적용 전 금액이 5만 원 초과 시 배송료는 무료이다.
- 전체 금액의 10% 할인 적용 전 금액이 5만 원 이하 시 배송료 5,000원이 별도로 적용된다.

① 51,500원
② 51,350원
③ 46,350원
④ 45,090원
⑤ 42,370원

32 S사는 개발 상품 매출 순이익에 기여한 직원에게 성과급을 지급하고자 한다. 기여도에 따른 성과급 지급 기준과 〈보기〉를 참고하여 성과급을 차등지급할 때, 가장 많은 성과급을 지급받는 직원은? (단, 팀장에게 지급하는 성과급은 기준 금액의 1.2배이다)

〈기여도에 따른 성과급 지급 기준〉

매출 순이익	개발 기여도			
	1% 이상 5% 미만	5% 이상 10% 미만	10% 이상 20% 미만	20% 이상
1천만 원 미만	–	–	매출 순이익의 1%	매출 순이익의 2%
1천만 원 이상 3천만 원 미만	5만 원	매출 순이익의 1%	매출 순이익의 2%	매출 순이익의 5%
3천만 원 이상 5천만 원 미만	매출 순이익의 1%	매출 순이익의 2%	매출 순이익의 3%	매출 순이익의 5%
5천만 원 이상 1억 원 미만	매출 순이익의 1%	매출 순이익의 3%	매출 순이익의 5%	매출 순이익의 7.5%
1억 원 이상	매출 순이익의 1%	매출 순이익의 3%	매출 순이익의 5%	매출 순이익의 10%

보기

직원	직책	매출 순이익	개발 기여도
A	팀장	4,000만 원	25%
B	팀장	2,500만 원	12%
C	팀원	1억 2,500만 원	3%
D	팀원	7,500만 원	7%
E	팀원	800만 원	6%

① A
② B
③ C
④ D
⑤ E

33 다음은 S시의 학교폭력 상담 및 신고 건수에 대한 자료이다. 이에 대한 설명으로 옳지 않은 것은?

〈학교폭력 상담 및 신고 건수〉

(단위 : 건)

구분	2022년 7월	2022년 8월	2022년 9월	2022년 10월	2022년 11월	2022년 12월
상담	977	805	3,009	2,526	1,007	871
상담 누계	977	1,782	4,791	7,317	8,324	9,195
신고	486	443	1,501	804	506	496
신고 누계	486	929	2,430	3,234	3,740	4,236
구분	2023년 1월	2023년 2월	2023년 3월	2023년 4월	2023년 5월	2023년 6월
상담	( )	( )	4,370	3,620	1,004	905
상담 누계	9,652	10,109	14,479	18,099	19,103	20,008
신고	305	208	2,781	1,183	557	601
신고 누계	4,541	4,749	7,530	( )	( )	( )

① 2023년 1월과 2023년 2월의 학교폭력 상담 건수는 같다.

② 학교폭력 상담 건수와 신고 건수 모두 2023년 3월에 가장 많다.

③ 전월 대비 학교폭력 상담 건수가 가장 크게 감소한 월과 학교폭력 신고 건수가 가장 크게 감소한 월은 다르다.

④ 전월 대비 학교폭력 상담 건수가 증가한 월은 학교폭력 신고 건수도 같이 증가하였다.

⑤ 2023년 6월까지의 학교폭력 신고 누계 건수는 10,000건 이상이다.

34 다음은 5년 동안 발전원별 발전량 추이에 대한 자료이다. 이에 대한 설명으로 옳지 않은 것은?

〈2018 ~ 2022년 발전원별 발전량 추이〉

(단위 : GWh)

발전원	2018년	2019년	2020년	2021년	2022년
원자력	127,004	138,795	140,806	155,360	179,216
석탄	247,670	226,571	221,730	200,165	198,367
가스	135,072	126,789	138,387	144,976	160,787
신재생	36,905	38,774	44,031	47,831	50,356
유류·양수	6,605	6,371	5,872	5,568	5,232
계	553,256	537,300	550,826	553,900	593,958

① 매년 원자력 자원 발전량과 신재생 자원 발전량의 증감 추이는 같다.
② 석탄 자원 발전량의 전년 대비 감소폭이 가장 큰 해는 2021년이다.
③ 신재생 자원 발전량 대비 가스 자원 발전량이 가장 큰 해는 2018년이다.
④ 매년 유류·양수 자원 발전량은 전체 발전량의 1% 이상을 차지한다.
⑤ 전체 발전량의 전년 대비 증가폭이 가장 큰 해는 2022년이다.

35 다음 중 〈보기〉에 해당하는 문제해결방법이 바르게 연결된 것은?

> **보기**
>
> ㉠ 중립적인 위치에서 그룹이 나아갈 방향과 주제에 대한 공감을 이룰 수 있도록 도와주어 깊이 있는 커뮤니케이션을 통해 문제점을 이해하고 창조적으로 해결하도록 지원하는 방법이다.
>
> ㉡ 상이한 문화적 토양을 가진 구성원이 사실과 원칙에 근거한 토론을 바탕으로 서로의 생각을 직설적인 논쟁이나 협상을 통해 의견을 조정하는 방법이다.
>
> ㉢ 구성원이 같은 문화적 토양을 가지고 서로를 이해하는 상황에서 권위나 공감에 의지하여 의견을 중재하고, 타협과 조정을 통해 해결을 도모하는 방법이다.

	㉠	㉡	㉢
①	하드 어프로치	퍼실리테이션	소프트 어프로치
②	퍼실리테이션	하드 어프로치	소프트 어프로치
③	소프트 어프로치	하드 어프로치	퍼실리테이션
④	퍼실리테이션	소프트 어프로치	하드 어프로치
⑤	하드 어프로치	소프트 어프로치	퍼실리테이션

36 A ~ G 7명은 주말 여행지를 고르기 위해 투표를 진행하였다. 다음 〈조건〉과 같이 투표를 진행하였을 때, 투표를 하지 않은 사람을 모두 고르면?

> **조건**
>
> • D나 G 중 적어도 한 명이 투표하지 않으면, F는 투표한다.
> • F가 투표하면, E는 투표하지 않는다.
> • B나 E 중 적어도 한 명이 투표하지 않으면, A는 투표하지 않는다.
> • A를 포함하여 투표한 사람은 모두 5명이다.

① B, E
② B, F
③ C, D
④ C, F
⑤ F, G

37 다음과 같이 G마트에서 파는 물건을 상품코드와 크기에 따라 엑셀 프로그램으로 정리하였다. 상품코드가 S3310897이고, 크기가 '중'인 물건의 가격을 구하는 함수로 옳은 것은?

	A	B	C	D	E	F
1						
2		상품코드	소	중	대	
3		S3001287	18,000	20,000	25,000	
4		S3001289	15,000	18,000	20,000	
5		S3001320	20,000	22,000	25,000	
6		S3310887	12,000	16,000	20,000	
7		S3310897	20,000	23,000	25,000	
8		S3311097	10,000	15,000	20,000	
9						

① =HLOOKUP(S3310897,$B$2:$E$8,6,0)

② =HLOOKUP("S3310897",$B$2:$E$8,6,0)

③ =VLOOKUP("S3310897",$B$2:$E$8,2,0)

④ =VLOOKUP("S3310897",$B$2:$E$8,6,0)

⑤ =VLOOKUP("S3310897",$B$2:$E$8,3,0)

38 다음 중 Windows Game Bar 녹화 기능에 대한 설명으로 옳지 않은 것은?

① 〈Windows 로고 키〉+〈Alt〉+〈G〉를 통해 백그라운드 녹화 기능을 사용할 수 있다.

② 백그라운드 녹화 시간은 변경할 수 있다.

③ 녹화한 영상의 저장 위치는 변경할 수 없다.

④ 각 메뉴의 단축키는 본인이 원하는 키 조합에 맞추어 변경할 수 있다.

⑤ 게임 성능에 영향을 줄 수 있다.

※ 다음 글을 읽고 이어지는 질문에 답하시오. [39~41]

우리나라에서 500MW 규모 이상의 발전설비를 보유한 발전사업자(공급의무자)는 신재생에너지 공급의무화 제도(RPS; Renewable Portfolio Standard)에 의해 의무적으로 일정 비율 이상을 기존의 화석연료를 변환시켜 이용하거나 햇빛・물・지열・강수・생물유기체 등 재생 가능한 에너지를 변환시켜 이용하는 에너지인 신재생에너지로 발전해야 한다. 이에 따라 공급의무자는 매년 정해진 의무공급비율에 따라 신재생에너지를 사용하여 전기를 공급해야 하는데 의무공급비율은 매년 확대되고 있으므로 여기에 맞춰 태양광, 풍력 등 신재생에너지 발전설비를 추가로 건설하기에는 여러 가지 한계점이 있다. ___㉠___ 공급의무자는 의무공급비율을 외부 조달을 통해 충당하게 되는데 이를 인증하는 것이 신재생에너지 공급인증서(REC; Renewable Energy Certificates)이다. 공급의무자는 신재생에너지 발전사에서 판매하는 REC를 구매하는 것으로 의무공급비율을 달성하게 되며, 이를 이행하지 못할 경우 미이행 의무량만큼 해당 연도 평균 REC 거래가격의 1.5배 이내에서 과징금이 부과된다.

신재생에너지 공급자가 공급의무자에게 REC를 판매하기 위해서는 먼저 「신에너지 및 재생에너지 개발・이용・보급 촉진법(신재생에너지법)」 제12조의7에 따라 공급인증기관(에너지관리공단 신재생에너지센터, 한국전력거래소 등)으로부터 공급 사실을 증명하는 공급인증서를 신청해야 한다. 인증 신청을 받은 공급인증기관은 신재생에너지 공급자, 신재생에너지 종류별 공급량 및 공급기간, 인증서 유효기간을 명시한 공급인증서를 발급해 주는데, 여기서 공급인증서의 유효기간은 발급받은 날로부터 3년이며, 공급량은 발전방식에 따라 실제 공급량에 가중치를 곱해 표기한다. 이렇게 발급받은 REC는 공급인증기관이 개설한 거래시장인 한국전력거래소에서 거래할 수 있으며, 거래시장에서 공급의무자가 구매하여 의무공급량에 충당한 공급인증서는 효력을 상실하여 폐기하게 된다.

RPS 제도를 통한 REC 거래는 최근 더욱 확대되고 있다. 시행 초기에는 전력거래소에서 신재생에너지 공급자와 공급의무자 간 REC를 거래하였으나, 2021년 8월 이후 에너지관리공단에서 운영하는 REC 거래시장을 통해 한국형 RE100에 동참하는 일반기업들도 신재생에너지 공급자로부터 REC를 구매할 수 있게 되었고 여기서 구매한 REC는 기업의 온실가스 감축실적으로 인정되어 인센티브 등 다양한 혜택을 받을 수 있게 된다.

| 한국남동발전 / 의사소통능력

39 다음 중 윗글의 내용으로 적절하지 않은 것은?

① 공급의무자는 의무공급비율 달성을 위해 반드시 신재생에너지 발전설비를 건설해야 한다.
② REC 거래를 위해서는 먼저 공급인증기관으로부터 인증서를 받아야 한다.
③ 일반기업도 REC 구매를 통해 온실가스 감축실적을 인정받을 수 있다.
④ REC에 명시된 공급량은 실제 공급량과 다를 수 있다.

| 한국남동발전 / 의사소통능력

40 다음 중 빈칸 ㉠에 들어갈 접속부사로 가장 적절한 것은?

① 한편　　② 그러나
③ 그러므로　　④ 예컨대

| 한국남동발전 / 자원관리능력

41 다음 자료를 토대로 신재생에너지법상 바르게 거래된 것은?

〈REC 거래내역〉

(거래일 : 2023년 10월 12일)

설비명	에너지원	인증서 발급일	판매처	거래시장 운영소
A발전소	풍력	2020.10.06	E기업	에너지관리공단
B발전소	천연가스	2022.10.12	F발전	한국전력거래소
C발전소	태양광	2020.10.24	G발전	한국전력거래소
D발전소	수력	2021.04.20	H기업	한국전력거래소

① A발전소　　② B발전소
③ C발전소　　④ D발전소

※ 다음 기사를 읽고 이어지는 질문에 답하시오. [42~43]

N전력공사가 밝힌 에너지 공급비중을 살펴보면 2022년 우리나라의 발전비중 중 가장 높은 것은 석탄(32.51%)이고, 두 번째는 액화천연가스(27.52%) 즉 LNG 발전이다. LNG의 경우 석탄에 비해 탄소 배출량이 적어 화석연료와 신재생에너지의 전환단계인 교량 에너지로서 최근 크게 비중이 늘었지만, 여전히 많은 양의 탄소를 배출한다는 문제점이 있다. 지구 온난화 완화를 위해 어떻게든 탄소 배출량을 줄여야 하는 상황에서 이에 대한 현실적인 대안으로 수소혼소 발전이 주목받고 있다. ____(가)____

수소혼소 발전이란 기존의 화석연료인 LNG와 친환경에너지인 수소를 혼합 연소하여 발전하는 방식이다. 수소는 지구에서 9번째로 풍부하여 고갈될 염려가 없고, 연소 시 탄소를 배출하지 않는 친환경에너지이다. 발열량 또한 1kg당 142MJ로, 다른 에너지원에 비해 월등이 높아 같은 양으로 훨씬 많은 에너지를 생산할 수 있다. ____(나)____

그러나 수소를 발전 연료로서 그대로 사용하기에는 여러 가지 문제점이 있다. 수소는 LNG에 비해 7 ~ 8배 빠르게 연소되므로 제어에 실패하면 가스 터빈에서 급격하게 발생한 화염이 역화하여 폭발할 가능성이 있다. 또한 높은 온도로 연소되므로 그만큼 공기 중의 질소와 반응하여 많은 질소산화물(NOx)을 발생시키는데, 이는 미세먼지와 함께 대기오염의 주요 원인이 된다. 마지막으로 연료로 사용할 만큼 정제된 수소를 얻기 위해서는 물을 전기분해해야 하는데, 여기에는 많은 전력이 들어가므로 수소 생산 단가가 높아진다는 단점이 있다. ____(다)____

이러한 수소의 문제점을 해결하기 위한 대안이 바로 수소혼소 발전이다. 인프라적인 측면에서 기존의 LNG 발전설비를 활용할 수 있기 때문에 수소혼소 발전은 친환경에너지로 전환하는 사회적・경제적 충격을 완화할 수 있다. 또한 수소를 혼입하는 비율이 많아질수록 그만큼 LNG를 대체하게 되므로 기술발전으로 인해 혼입하는 수소의 비중이 높아질수록 발전으로 인한 탄소의 발생을 줄일 수 있다. 아직 많은 기술적・경제적 문제점이 남아있지만, 세계의 많은 나라들은 탄소 배출량 저감을 위해 수소혼소 발전 기술에 적극적으로 뛰어들고 있다. 우리나라 또한 2024년 세종시에 수소혼소 발전이 가능한 열병합발전소가 들어설 예정이며, 한화, 포스코 등 많은 기업들이 수소혼소 발전 실현을 위해 사업을 추진하고 있다. ____(라)____

| 한국남동발전 / 의사소통능력

42 다음 중 윗글의 내용으로 적절하지 않은 것은?

① 수소혼소 발전은 기존 LNG 발전설비를 활용할 수 있다.
② 수소를 연소할 때에도 공해물질은 발생한다.
③ 수소혼소 발전은 탄소를 배출하지 않는 발전 기술이다.
④ 수소혼소 발전에서 수소를 더 많이 혼입할수록 탄소 배출량은 줄어든다.

| 한국남동발전 / 의사소통능력

43 다음 중 〈보기〉의 문장이 들어갈 위치로 가장 적절한 곳은?

보기

따라서 수소는 우리나라의 2050 탄소중립을 실현하기 위한 최적의 에너지원이라 할 수 있다.

① (가) ② (나)
③ (다) ④ (라)

44 다음은 N사의 비품 구매 신청 기준이다. 부서별로 비품 수량 현황과 기준을 참고하여 비품을 신청해야 할 때, 비품 신청 수량이 바르게 연결되지 않은 부서는?

〈비품 구매 신청 기준〉

비품	연필	지우개	볼펜	수정액	테이프
최소 수량	30자루	45개	60자루	30개	20개

- 팀별 비품 보유 수량이 비품 구매 신청 기준 이하일 때, 해당 비품을 신청할 수 있다.
- 각 비품의 신청 가능한 개수는 최소 수량에서 부족한 수량 이상 최소 보유 수량의 2배 이하이다.

예 연필 20자루, 지우개 50개, 볼펜 50자루, 수정액 40개, 테이프 30개가 있다면 지우개, 수정액, 테이프는 신청할 수 없고, 연필은 10자루 이상 60자루 이하, 볼펜은 10자루 이상 120자루 이하를 신청할 수 있다.

〈N사 부서별 비품 수량 현황〉

팀 \ 비품	연필	지우개	볼펜	수정액	테이프
총무팀	15자루	30개	20자루	15개	40개
연구개발팀	45자루	60개	50자루	20개	30개
마케팅홍보팀	40자루	40개	15자루	5개	10개
인사팀	25자루	50개	80자루	50개	5개

	팀	연필	지우개	볼펜	수정액	테이프
①	총무팀	15자루	15개	40자루	15개	0개
②	연구개발팀	0자루	0개	100자루	20개	0개
③	마케팅홍보팀	20자루	10개	50자루	50개	40개
④	인사팀	45자루	0개	0자루	0개	30개

※ 다음은 N사 인근의 지하철 노선도 및 관련 정보이다. 이어지는 질문에 답하시오. **[45~47]**

〈N사 인근 지하철 노선도〉

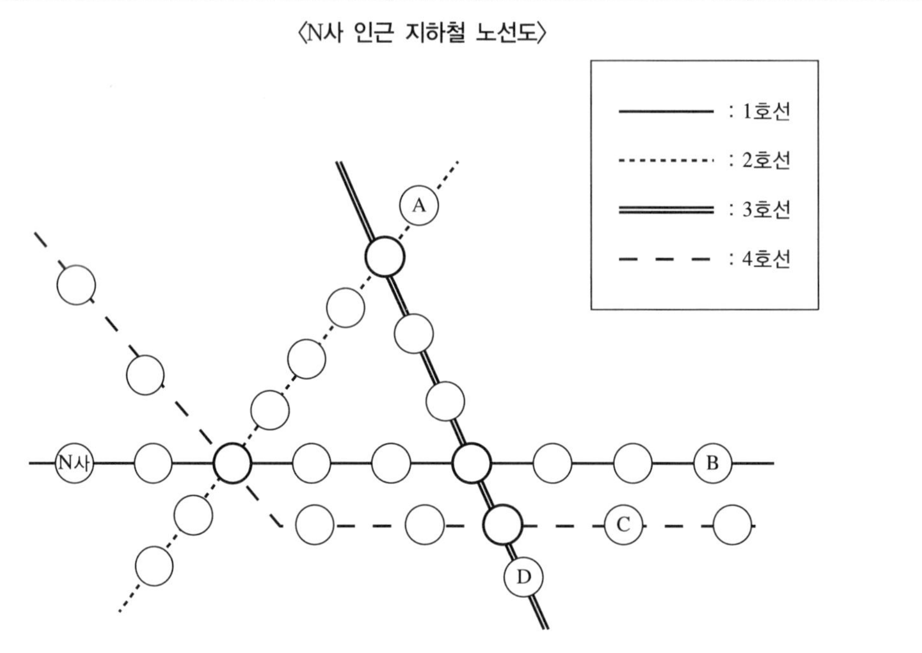

〈N사 인근 지하철 관련 정보〉

• 역간 거리 및 부과요금은 다음과 같다.

열차	역간 거리	기본요금	거리비례 추가요금
1호선	900m	1,200원	5km 초과 시 500m마다 50원 추가
2호선	950m	1,500원	5km 초과 시 1km마다 100원 추가
3호선	1,000m	1,800원	5km 초과 시 500m마다 100원 추가
4호선	1,300m	2,000원	5km 초과 시 1.5km마다 150원 추가

• 모든 노선에서 다음 역으로 이동하는 데 걸리는 시간은 2분이다.
• 모든 노선에서 환승하는 데 걸리는 시간은 3분이다.
• 기본요금이 더 비싼 열차로 환승할 때에는 부족한 기본요금을 추가로 부과하며, 기본요금이 더 저렴한 열차로 환승할 때에는 요금을 추가로 부과하거나 공제하지 않는다.
• 1회 이상 환승할 때의 거리비례 추가요금은 이용한 열차 중 기본요금이 가장 비싼 열차를 기준으로 적용한다.
  예 1호선으로 3,600m 이동 후 3호선으로 환승하여 3,000m 더 이동했다면, 기본요금 및 거리비례 추가요금은 3호선 기준이 적용되어 1,800+300=2,100원이다.

| 한국남동발전 / 문제해결능력

45 다음 중 N사와 A지점을 왕복하는 데 걸리는 최소 이동시간은?

① 28분　　② 34분
③ 40분　　④ 46분

| 한국남동발전 / 문제해결능력

46 다음 중 N사로부터 이동거리가 가장 짧은 지점은?

① A지점　　② B지점
③ C지점　　④ D지점

| 한국남동발전 / 문제해결능력

47 다음 중 N사에서 이동하는 데 드는 비용이 가장 적은 지점은?

① A지점　　② B지점
③ C지점　　④ D지점

※ 다음 글을 읽고 이어지는 질문에 답하시오. [48~50]

SF 영화나 드라마에서만 나오던 3D 푸드 프린터를 통해 음식을 인쇄하여 소비하는 모습은 더 이상 먼 미래의 모습이 아니게 되었다. 2023년 3월 21일 미국의 컬럼비아 대학교에서는 3D 푸드 프린터와 땅콩버터, 누텔라, 딸기잼 등 7가지의 반죽형 식용 카트리지로 7겹 치즈케이크를 만들었다고 국제학술지 'NPJ 식품과학'에 소개하였다. (가) 특히 이 치즈케이크는 베이킹 기능이 있는 레이저와 식물성 원료를 사용한 비건식 식용 카트리지를 통해 만들어졌다. ㉠ 그래서 이번 발표는 대체육과 같은 다른 관련 산업에서도 많은 주목을 받게 되었다.
3D 푸드 프린터는 산업 현장에서 사용되는 일반적인 3D 프린터가 사용자가 원하는 대로 3차원의 물체를 만드는 것처럼 사람이 섭취가 가능한 페이스트, 반죽, 분말 등을 카트리지로 사용하여 사용자가 원하는 디자인으로 압출·성형하여 음식을 만들어 내는 것이다. (나) 현재 3D 푸드 프린터는 산업용 3D 프린터처럼 페이스트를 층층이 쌓아서 만드는 FDM(Fused Deposition Modeling) 방식, 분말형태로 된 재료를 접착제로 굳혀 찍어내는 PBF(Powder Bed Fusion), 레이저로 굳혀 찍어내는 SLS(Selective Laser Sintering) 방식이 주로 사용된다.
(다) 3D 푸드 프린터는 아직 대중화되지 않았지만, 많은 장점을 가지고 있어 미래에 활용가치가 아주 높을 것으로 예상되고 있다. ㉡ 예를 들어 증가하는 노령인구에 맞춰 씹고 삼키는 것이 어려운 사람을 위해 질감과 맛을 조정하거나, 개인별로 필요한 영양소를 첨가하는 등 사용자의 건강관리를 수월하게 해 준다. ㉢ 또한 우주 등 음식을 조리하기 어려운 곳에서 평소 먹던 음식을 섭취할 수 있게 하는 등 활용도는 무궁무진하다. 특히 대체육 부분에서 주목받고 있는데, 3D 푸트 프린터로 육류를 제작하게 된다면 동물을 키우고 도살하여 고기를 얻는 것보다 환경오염을 줄일 수 있다. (라) 대체육은 식물성 원료를 소재로 하는 것이므로 일반적인 고기보다는 맛은 떨어지게 된다. 실제로 대체육 전문 기업인 리디파인 미트(Redefine Meat)에서는 대체육이 축산업에서 발생하는 일반 고기보다 환경오염을 95% 줄일 수 있다고 밝히고 있다.
㉣ 따라서 3D 푸드 프린터는 개발 초기 단계이므로 아직 개선해야 할 점이 많다. 가장 중요한 것은 맛이다. 3D 푸드 프린터에 들어가는 식용 카트리지의 주원료는 식물성 재료이므로 실제 음식의 맛을 내기까지는 아직 많은 노력이 필요하다. (마) 디자인의 영역도 간과할 수 없는데, 길쭉한 필라멘트(3D 프린터에 사용되는 플라스틱 줄) 모양으로 성형된 음식이 '인쇄'라는 인식과 함께 음식을 섭취하는 데 심리적인 거부감을 주는 것도 해결해야 하는 문제이다. ㉤ 게다가 현재 주로 사용하는 방식은 페이스트, 분말을 레이저나 압출로 성형하는 것이므로 만들 수 있는 요리의 종류가 매우 제한적이며, 전력 소모 또한 많다는 것도 해결해야 하는 문제이다.

| LH 한국토지주택공사 / 의사소통능력

48 윗글의 내용에 대한 추론으로 적절하지 않은 것은?

① 설탕 케이크 장식 제작은 SLS 방식의 3D 푸드 프린터가 적절하다.
② 3D 푸드 프린터는 식감 등으로 발생하는 편식을 줄일 수 있다.
③ 3D 푸드 프린터는 사용자 맞춤 식단을 제공할 수 있다.
④ 현재 3D 푸드 프린터로 제작된 음식은 거부감을 일으킬 수 있다.
⑤ 컬럼비아 대학교에서 만들어 낸 치즈케이크는 PBF 방식으로 제작되었다.

| LH 한국토지주택공사 / 의사소통능력

49 윗글의 (가) ~ (마) 중 삭제해야 할 문장으로 가장 적절한 것은?

① (가)
② (나)
③ (다)
④ (라)
⑤ (마)

| LH 한국토지주택공사 / 의사소통능력

50 윗글의 접속부사 ㉠ ~ ㉤ 중 문맥상 적절하지 않은 것은?

① ㉠
② ㉡
③ ㉢
④ ㉣
⑤ ㉤

CHAPTER

02 2023년 주요 공기업 전공 기출복원문제

정답 및 해설 p.016

01 경영

| 코레일 한국철도공사

01 다음 중 고전적 경영이론에 대한 설명으로 옳지 않은 것은?

① 고전적 경영이론은 인간의 행동이 합리적이고 경제적인 동기에 의해 이루어진다고 가정한다.
② 차별 성과급제, 기능식 직장제도는 테일러의 과학적 관리법을 기본이론으로 한다.
③ 포드의 컨베이어 벨트 시스템은 표준화를 통한 대량생산방식을 설명한다.
④ 베버는 조직을 합리적이고 법적인 권한으로 운영하는 관료제 조직이 가장 합리적이라고 주장한다.
⑤ 페이욜은 기업활동을 기술활동, 영업활동, 재무활동, 회계활동 4가지 분야로 구분하였다.

| 코레일 한국철도공사

02 다음 중 광고의 소구 방법에 대한 설명으로 옳지 않은 것은?

① 감성적 소구는 브랜드에 대한 긍정적 느낌 등 이미지 향상을 목표로 하는 방법이다.
② 감성적 소구는 논리적인 자료 제시를 통해 높은 제품 이해도를 이끌어 낼 수 있다.
③ 유머 소구, 공포 소구 등이 감성적 소구 방법에 해당한다.
④ 이성적 소구는 정보제공형 광고에 사용하는 방법이다.
⑤ 이성적 소구는 구매 시 위험이 따르는 내구재나 신제품 등에 많이 활용된다.

| 코레일 한국철도공사

03 다음 중 정가가 10,000원인 제품을 9,900원으로 판매하는 가격전략은 무엇인가?

① 명성가격 ② 준거가격
③ 단수가격 ④ 관습가격
⑤ 유인가격

| 코레일 한국철도공사

04 다음 중 마이클 포터의 가치사슬에 대한 설명으로 옳지 않은 것은?

① 가치사슬은 거시경제학을 기반으로 하는 분석 도구이다.
② 기업의 수행활동을 제품설계, 생산, 마케팅, 유통 등 개별적 활동으로 나눈다.
③ 구매, 제조, 물류, 판매, 서비스 등을 기업의 본원적 활동으로 정의한다.
④ 기술개발, 조달활동 등을 기업의 지원적 활동으로 정의한다.
⑤ 가치사슬에서 말하는 이윤은 수입에서 가치창출을 위해 발생한 모든 비용을 제외한 값이다.

| 코레일 한국철도공사

05 다음 〈보기〉 중 JIT시스템의 장점으로 옳지 않은 것을 모두 고르면?

보기

㉠ 현장 낭비 제거를 통한 생산성 향상
㉡ 다기능공 활용을 통한 작업자 노동부담 경감
㉢ 소 LOT 생산을 통한 재고율 감소
㉣ 단일 생산을 통한 설비 이용률 향상

① ㉠, ㉡
② ㉠, ㉢
③ ㉡, ㉢
④ ㉡, ㉣
⑤ ㉢, ㉣

| 코레일 한국철도공사

06 다음 중 주식회사의 특징으로 옳지 않은 것은?

① 구성원인 주주와 별개의 법인격이 부여된다.
② 주주는 회사에 대한 주식의 인수가액을 한도로 출자의무를 부담한다.
③ 주주는 자신이 보유한 지분을 자유롭게 양도할 수 있다.
④ 설립 시 발기인은 최소 2인 이상을 필요로 한다.
⑤ 소유와 경영을 분리하여 이사회로 경영권을 위임한다.

| 서울교통공사

07 다음 중 주식 관련 상품에 대한 설명으로 옳지 않은 것은?

① ELS : 주가지수 또는 종목의 주가 움직임에 따라 수익률이 결정되며, 만기가 없는 증권이다.
② ELB : 채권, 양도성 예금증서 등 안전자산에 주로 투자하며, 원리금이 보장된다.
③ ELD : 수익률이 코스피200지수에 연동되는 예금으로, 주로 정기예금 형태로 판매한다.
④ ELT : ELS를 특정금전신탁 계좌에 편입하는 신탁상품으로, 투자자의 의사에 따라 운영한다.
⑤ ELF : ELS와 ELD의 중간 형태로, ELS를 기초 자산으로 하는 펀드를 말한다.

| 서울교통공사

08 다음 〈보기〉에 해당하는 재고유형은 무엇인가?

보기
• 불확실한 수요 변화에 대처하기 위한 재고로, 완충재고라고도 한다.
• 생산의 불확실성, 재료확보의 불확실성에 대비하여 보유하는 재고이다.
• 품절 또는 재고부족 상황에 대비함으로써 납기일을 준수하여 고객 신뢰도를 높일 수 있다.

① 파이프라인재고
② 이동재고
③ 주기재고
④ 예비재고
⑤ 안전재고

| 서울교통공사

09 다음 중 인사와 관련된 이론에 대한 설명으로 옳지 않은 것은?

① 허즈버그는 욕구를 동기요인과 위생요인으로 나누었으며, 동기요인에는 인정감, 성취, 성장 가능성, 승진, 책임감, 직무 자체가 해당되고, 위생요인에는 보수, 대인관계, 감독, 직무안정성, 근무환경, 회사의 정책 및 관리가 해당된다.
② 블룸은 동기 부여에 대해 기대 이론을 적용하여 기대감, 적합성, 신뢰성을 통해 구성원의 직무에 대한 동기 부여를 결정한다고 주장하였다.
③ 매슬로는 욕구의 위계를 생리적 욕구, 안전의 욕구, 애정과 공감의 욕구, 존경의 욕구, 자아실현의 욕구로 나누어 단계별로 욕구가 작용한다고 설명하였다.
④ 맥그리거는 인간의 본성에 대해 부정적인 관점인 X이론과 긍정적인 관점인 Y이론이 있으며, 경영자는 조직목표 달성을 위해 근로자의 본성(X, Y)을 파악해야 한다고 주장하였다.
⑤ 로크는 인간이 합리적으로 행동한다는 가정하에 개인이 의식적으로 얻으려고 설정한 목표가 동기와 행동에 영향을 미친다고 주장하였다.

서울교통공사

10 다음 〈보기〉에 해당하는 마케팅 STP 단계는 무엇인가?

보기

- 서로 다른 욕구를 가지고 있는 다양한 고객들을 하나의 동질적인 고객집단으로 나눈다.
- 인구, 지역, 사회, 심리 등을 기준으로 활용한다.
- 전체시장을 동질적인 몇 개의 하위시장으로 구분하여 시장별로 차별화된 마케팅을 실행한다.

① 시장세분화
② 시장매력도 평가
③ 표적시장 선정
④ 포지셔닝
⑤ 재포지셔닝

K-water 한국수자원공사

11 다음 K기업 재무회계 자료를 참고할 때, 기초부채를 계산하면 얼마인가?

- 기초자산 : 100억 원
- 기말자본 : 65억 원
- 총수익 : 35억 원
- 총비용 : 20억 원

① 35억 원
② 40억 원
③ 50억 원
④ 60억 원

K-water 한국수자원공사

12 다음 중 ERG 이론에 대한 설명으로 옳지 않은 것은?

① 매슬로의 욕구 5단계설을 발전시켜 주장한 이론이다.
② 인간의 욕구를 중요도 순으로 계층화하여 정의하였다.
③ 인간의 욕구를 존재욕구, 관계욕구, 성장욕구의 3단계로 나누었다.
④ 상위에 있는 욕구를 충족시키지 못하면 하위에 있는 욕구는 더욱 크게 감소한다.

| K-water 한국수자원공사

13 다음 중 기업이 사업 다각화를 추진하는 목적으로 볼 수 없는 것은?

① 기업의 지속적인 성장 추구
② 사업위험 분산
③ 유휴자원의 활용
④ 기업의 수익성 강화

| K-water 한국수자원공사

14 다음 중 직무관리의 절차를 순서대로 바르게 나열한 것은?

① 직무설계 → 직무분석 → 직무기술서 / 직무명세서 → 직무평가
② 직무설계 → 직무기술서 / 직무명세서 → 직무분석 → 직무평가
③ 직무분석 → 직무기술서 / 직무명세서 → 직무평가 → 직무설계
④ 직무분석 → 직무평가 → 직무기술서 / 직무명세서 → 직무설계

| 한국중부발전

15 다음 중 종단분석과 횡단분석의 비교가 옳지 않은 것은?

구분	종단분석	횡단분석
방법	시간적	공간적
목표	특성이나 현상의 변화	집단의 특성 또는 차이
표본 규모	큼	작음
횟수	반복	1회

① 방법
② 목표
③ 표본 규모
④ 횟수

| 한국중부발전

16 다음 중 향후 채권이자율이 시장이자율보다 높아질 것으로 예상될 때 나타날 수 있는 현상으로 옳은 것은?

① 별도의 이자 지급 없이 채권발행 시 이자금액을 공제하는 방식을 선호하게 된다.
② 1년 만기 은행채, 장기신용채 등의 발행이 늘어난다.
③ 만기에 가까워질수록 채권가격 상승에 따른 이익을 얻을 수 있다.
④ 채권가격이 액면가보다 높은 가격에 거래되는 할증채 발행이 증가한다.

| 한국서부발전

17 다음 중 BCG 매트릭스에 대한 설명으로 옳은 것은?

① 스타(Star) 사업 : 높은 시장점유율로 현금창출은 양호하나, 성장 가능성은 낮은 사업이다.
② 현금젖소(Cash Cow) 사업 : 성장률과 시장점유율이 모두 낮아 철수가 필요한 사업이다.
③ 개(Dog) 사업 : 성장률과 시장점유율이 모두 높아서 계속 투자가 필요한 유망 사업이다.
④ 물음표(Question Mark) 사업 : 신규 사업 또는 현재 시장점유율은 낮으나, 향후 성장 가능성이 높은 사업이다.

| 한국서부발전

18 다음 중 인지부조화에 따른 행동 사례로 볼 수 없는 것은?

① A는 흡연자지만 동료가 담배를 필 때마다 담배를 끊을 것을 권유한다.
② B는 다이어트를 결심하고 저녁을 먹지 않을 것이라 말했지만 저녁 대신 빵을 먹었다.
③ C는 E정당의 정책방향을 지지하지만 선거에서는 F정당의 후보에게 투표하였다.
④ D는 중간고사 시험을 망쳤지만 시험 난이도가 너무 어려워 당연한 결과라고 생각하였다.

| 한국서부발전

19 다음 중 기업이 해외에 진출하려고 할 때, 계약에 의한 진출 방식으로 볼 수 없는 것은?

① 프랜차이즈
② 라이센스
③ M&A
④ 턴키

| 한국서부발전

20 다음 중 테일러의 과학적 관리법의 특징에 대한 설명으로 옳지 않은 것은?

① 작업능률을 최대로 높이기 위하여 노동의 표준량을 정한다.
② 작업에 사용하는 도구 등을 개별 용도에 따라 다양하게 제작하여 성과를 높인다.
③ 작업량에 따라 임금을 차등하여 지급한다.
④ 관리에 대한 전문화를 통해 노동자의 태업을 사전에 방지한다.

02 경제

서울교통공사

01 다음 중 수요의 가격탄력성에 대한 설명으로 옳지 않은 것은?

① 수요의 가격탄력성은 가격의 변화에 따른 수요의 변화를 의미한다.
② 분모는 상품 가격의 변화량을 상품 가격으로 나눈 값이다.
③ 대체재가 많을수록 수요의 가격탄력성은 탄력적이다.
④ 가격이 1% 상승할 때 수요가 2% 감소하였으면 수요의 가격탄력성은 2이다.
⑤ 가격탄력성이 0보다 크면 탄력적이라고 할 수 있다.

서울교통공사

02 다음 중 대표적인 물가지수인 GDP 디플레이터를 구하는 계산식으로 옳은 것은?

① (실질 GDP)÷(명목 GDP)×100
② (명목 GDP)÷(실질 GDP)×100
③ (실질 GDP)+(명목 GDP)÷2
④ (명목 GDP)−(실질 GDP)÷2
⑤ (실질 GDP)÷(명목 GDP)×2

서울교통공사

03 다음 〈조건〉을 참고할 때, 한계소비성향(MPC) 변화에 따른 현재 소비자들의 소비 변화폭은?

조건

- 기존 소비자들의 연간 소득은 3,000만 원이며, 한계소비성향은 0.6을 나타내었다.
- 현재 소비자들의 연간 소득은 4,000만 원이며, 한계소비성향은 0.7을 나타내었다.

① 700
② 1,100
③ 1,800
④ 2,500
⑤ 3,700

| 한국가스기술공사

04 다음 〈보기〉의 빈칸에 들어갈 단어가 바르게 나열된 것은?

보기

- 환율이 ___㉠___하면 순수출이 증가한다.
- 국내이자율이 높아지면 환율은 ___㉡___한다.
- 국내물가가 오르면 환율은 ___㉢___한다.

	㉠	㉡	㉢
①	하락	상승	하락
②	하락	상승	상승
③	하락	하락	하락
④	상승	하락	상승
⑤	상승	하락	하락

| 한국가스기술공사

05 다음 중 독점적 경쟁시장에 대한 설명으로 옳지 않은 것은?

① 독점적 경쟁시장은 완전경쟁시장과 독점시장의 중간 형태이다.
② 대체성이 높은 제품의 공급자가 시장에 다수 존재한다.
③ 시장진입과 퇴출이 자유롭다.
④ 독점적 경쟁기업의 수요곡선은 우하향하는 형태를 나타낸다.
⑤ 가격경쟁이 비가격경쟁보다 활발히 진행된다.

| 한국가스기술공사

06 다음 중 고전학파와 케인스학파에 대한 설명으로 옳지 않은 것은?

① 케인스학파는 경기가 침체할 경우, 정부의 적극적 개입이 바람직하지 않다고 주장하였다.
② 고전학파는 임금이 매우 신축적이어서 노동시장이 항상 균형상태에 이르게 된다고 주장하였다.
③ 케인스학파는 저축과 투자가 국민총생산의 변화를 통해 같아지게 된다고 주장하였다.
④ 고전학파는 실물경제와 화폐를 분리하여 설명한다.
⑤ 케인스학파는 단기적으로 화폐의 중립성이 성립하지 않는다고 주장하였다.

| 한국가스기술공사

07 다음 중 〈보기〉의 사례에서 나타나는 현상으로 옳은 것은?

> **보기**
> - 물은 사용 가치가 크지만 교환 가치가 작은 반면, 다이아몬드는 사용 가치가 작지만 교환 가치는 크게 나타난다.
> - 한계효용이 작을수록 교환 가치가 작으며, 한계효용이 클수록 교환 가치가 크다.

① 매몰비용의 오류　② 감각적 소비
③ 보이지 않는 손　④ 가치의 역설
⑤ 희소성

| 한국가스기술공사

08 다음 〈조건〉을 따를 때, 실업률은 얼마인가?

> **조건**
> - 생산가능인구 : 50,000명
> - 취업자 : 20,000명
> - 실업자 : 5,000명

① 10%　② 15%
③ 20%　④ 25%
⑤ 30%

| 한국중부발전

09 J기업이 다음 〈조건〉과 같이 생산량을 늘린다고 할 때, 한계비용은 얼마인가?

> **조건**
> - J기업의 제품 1단위당 노동가격은 4, 자본가격은 6이다.
> - J기업은 제품 생산량을 50개에서 100개로 늘리려고 한다.
> - 평균비용 $P=2L+K+\frac{100}{Q}$ (L : 노동가격, K : 자본가격, Q : 생산량)

① 10　② 12
③ 14　④ 16

| 한국서부발전

10 다음은 A국과 B국이 노트북 1대와 TV 1대를 생산하는 데 필요한 작업 시간을 나타낸 자료이다. A국과 B국의 비교우위에 대한 설명으로 옳은 것은?

구분	노트북	TV
A국	6시간	8시간
B국	10시간	8시간

① A국이 노트북, TV 생산 모두 비교우위에 있다.
② B국이 노트북, TV 생산 모두 비교우위에 있다.
③ A국은 노트북 생산, B국은 TV 생산에 비교우위가 있다.
④ A국은 TV 생산, B국은 노트북 생산에 비교우위가 있다.

| 한국서부발전

11 다음 중 다이내믹 프라이싱에 대한 설명으로 옳지 않은 것은?

① 동일한 제품과 서비스에 대한 가격을 시장 상황에 따라 변화시켜 적용하는 전략이다.
② 호텔, 항공 등의 가격을 성수기 때 인상하고, 비수기 때 인하하는 것이 대표적인 예이다.
③ 기업은 소비자별 맞춤형 가격을 통해 수익을 극대화할 수 있다.
④ 소비자 후생이 증가해 소비자의 만족도가 높아진다.

| 한국서부발전

12 다음 〈보기〉 중 빅맥 지수에 대한 설명으로 옳은 것을 모두 고르면?

보기

㉠ 빅맥 지수를 최초로 고안한 나라는 미국이다.
㉡ 각 나라의 물가수준을 비교하기 위해 고안된 지수로, 구매력 평가설을 근거로 한다.
㉢ 맥도날드 빅맥 가격을 기준으로 한 이유는 전 세계에서 가장 동질적으로 판매되고 있는 상품이기 때문이다.
㉣ 빅맥 지수를 구할 때 빅맥 가격은 제품 가격과 서비스 가격의 합으로 계산한다.

① ㉠, ㉡　　② ㉠, ㉢
③ ㉡, ㉢　　④ ㉡, ㉣

❙ 한국서부발전

13 다음 중 확장적 통화정책의 영향으로 옳은 것은?

① 건강보험료가 인상되어 정부의 세금 수입이 늘어난다.
② 이자율이 하락하고, 소비 및 투자가 감소한다.
③ 이자율이 상승하고, 환율이 하락한다.
④ 은행이 채무불이행 위험을 줄이기 위해 더 높은 이자율과 담보 비율을 요구한다.

❙ 한국서부발전

14 다음 중 노동의 수요공급곡선에 대한 설명으로 옳지 않은 것은?

① 노동 수요는 파생수요라는 점에서 재화시장의 수요와 차이가 있다.
② 상품 가격이 상승하면 노동 수요곡선은 오른쪽으로 이동한다.
③ 토지, 설비 등이 부족하면 노동 수요곡선은 오른쪽으로 이동한다.
④ 노동에 대한 인식이 긍정적으로 변화하면 노동 공급곡선은 오른쪽으로 이동한다.

❙ 한국서부발전

15 다음 〈조건〉에 따라 S씨가 할 수 있는 최선의 선택은?

조건

- S씨는 퇴근 후 운동을 할 계획으로 헬스, 수영, 자전거, 달리기 중 하나를 고르려고 한다.
- 각 운동이 주는 만족도(이득)는 헬스 5만 원, 수영 7만 원, 자전거 8만 원, 달리기 4만 원이다.
- 각 운동에 소요되는 비용은 헬스 3만 원, 수영 2만 원, 자전거 5만 원, 달리기 3만 원이다.

① 헬스 ② 수영
③ 자전거 ④ 달리기

03 회계

| 한국서부발전

01 다음 중 기업의 재무상태를 평가하는 재무비율 산식으로 옳지 않은 것은?

① (유동비율)=(유동자산)÷(유동부채)
② (부채비율)=(부채)÷(자기자본)
③ (매출액순이익률)=(영업이익)÷(매출액)
④ (총자산회전율)=(매출액)÷(평균총자산)

| 한국서부발전

02 다음 〈보기〉의 내용을 참고하여 S제품의 당기 제조원가를 계산하면 얼마인가?

보기

- 재료비 : 50,000원
- 노무비 : 60,000원
- 제조비 : 30,000원
- 기초 재공품 재고액 : 40,000원
- 기말 재공품 재고액 : 20,000원
- 당기 원재료 매입액 : 20,000원

① 140,000원
② 160,000원
③ 180,000원
④ 200,000원

| 한국서부발전

03 다음 중 유동비율에 대한 설명으로 옳지 않은 것은?

① 유동비율은 유동자산을 유동부채로 나눈 값이다.
② 유동자산은 보통 1년 이내 현금으로 전환할 수 있는 자산을 의미한다.
③ 유동자산에는 매출채권, 재고자산이 포함된다.
④ 유동비율이 높을수록 해당 기업은 투자를 활발히 한다고 볼 수 있다.

| 한국서부발전

04 다음 〈보기〉의 내용을 참고하여 법인세 차감 전 이익을 계산하면 얼마인가?

보기

- 매출액 : 100,000,000원
- 매출원가 : 60,000,000원
- 판관비 : 10,000,000원
- 영업외이익 : 5,000,000원
- 영업외비용 : 10,000,000원
- 법인세비용 : 4,000,000원

① 19,000,000원
② 21,000,000원
③ 25,000,000원
④ 29,000,000원

| 한국서부발전

05 다음 중 이동평균법과 총평균법의 차이점으로 옳지 않은 것은?

① 이동평균법은 재고자산 매입시점마다 가중평균단가를 계산하는 반면, 총평균법은 일정기간 동안의 재고자산원가를 평균하여 단가를 계산한다.
② 이동평균법은 기록을 계속하기 때문에 거래가 복잡하면 작성이 어려운 반면, 총평균법은 기말에 한 번만 계산하므로 거래가 복잡해도 작성이 용이하다.
③ 이동평균법은 당기 판매된 재고자산을 모두 동일한 단가라고 가정하는 반면, 총평균법은 판매시점에 따라 재고자산의 단가를 각각 다르게 계산한다.
④ 이동평균법은 매출 시점에 매출에 따른 손익을 즉시 파악할 수 있으나, 총평균법은 매출에 따른 손익을 결산시점에 확인할 수 있다.

| 한국서부발전

06 다음 중 비교우위론에 대한 설명으로 옳지 않은 것은?

① 생산비가 상대국에 비해 낮은 상품의 생산을 각각 특화하여 교역할 경우, 양국 모두에게 이익이 발생한다.
② 비현실적인 노동가치설을 바탕으로 하며, 국가 간 생산요소 이동은 없다고 가정한다.
③ 비교우위에 있는 상품을 특화하여 교역함으로써 자유무역의 기본이론이 되었다.
④ A제품에 대해서 B의 기회비용이 C보다 작을 경우, A제품에 대해서 B국이 비교우위에 있다.

| 한국서부발전

07 다음 〈보기〉의 내용을 참고하여 S기업의 주당이익을 계산하면 얼마인가?

> **보기**
> - S기업 주식 : 보통주 10,000,000주, 우선주 200,000주
> - S기업 당기순이익 : 2,000,000,000원
> - S기업 우선주 주주 배당금 : 200,000,000원

① 150원 ② 160원
③ 180원 ④ 200원

| 한국서부발전

08 다음 중 외상매출금에 대한 설명으로 옳은 것은?

① 외상매출금은 당좌자산에 속한다.
② 외상매출금이 증가하면 대변에, 감소하면 차변에 기록한다.
③ 기업이 보유자산을 판매하고 받지 못한 대금은 외상매출금에 해당한다.
④ 외상매출금은 장부상 채권으로 회수 시 이자를 계산하여 수취한다.

| 한국서부발전

09 다음 중 유형자산 취득원가 계산 시 포함되지 않는 원가는 무엇인가?

① 종업원 급여 ② 광고 및 판촉활동비
③ 유형자산 설치 운송비 ④ 유형자산 제거 추정비

| 한국서부발전

10 다음 〈보기〉의 내용을 참고하여 기말 재고자산 금액을 구하면?

> **보기**
> - 기초 재고자산 금액 : 200,000,000원
> - 매출원가 : 80,000,000원
> - 판매가능금액 : 300,000,000원

① 120,000,000원 ② 180,000,000원
③ 220,000,000원 ④ 280,000,000원

04 법

| 서울교통공사

01 다음 중 노동법의 성질이 다른 하나는?

① 산업안전보건법
② 남녀고용평등법
③ 산업재해보상보험법
④ 근로자참여 및 협력증진에 관한 법
⑤ 고용보험법

| 서울교통공사

02 다음 〈보기〉 중 용익물권에 해당하는 것을 모두 고르면?

보기

가. 지상권	나. 점유권
다. 지역권	라. 유치권
마. 전세권	바. 저당권

① 가, 다, 마
② 나, 라, 바
③ 가, 라, 바
④ 다, 라, 마
⑤ 라, 마, 바

| 서울교통공사

03 다음 중 선고유예와 집행유예의 내용에 대한 분류가 옳지 않은 것은?

구분	선고유예	집행유예
실효	유예한 형을 선고	유예선고의 효력 상실
요건	1년 이하 징역·금고, 자격정지, 벌금	3년 이하 징역·금고, 500만 원 이하의 벌금형
유예기간	1년 이상 5년 이하	2년
효과	면소	형의 선고 효력 상실

① 실효 ② 요건
③ 유예기간 ④ 효과
⑤ 없음

| 서울교통공사

04 다음 〈보기〉 중 형법상 몰수가 되는 것은 모두 몇 개인가?

보기

- 범죄행위에 제공한 물건
- 범죄행위에 제공하려고 한 물건
- 범죄행위로 인하여 생긴 물건
- 범죄행위로 인하여 취득한 물건
- 범죄행위의 대가로 취득한 물건

① 1개 ② 2개
③ 3개 ④ 4개
⑤ 5개

| 서울교통공사

05 다음 중 상법상 법원이 아닌 것은?

① 판례 ② 조례
③ 상관습법 ④ 상사자치법
⑤ 보통거래약관

| 건강보험심사평가원

06 다음 〈보기〉의 빈칸에 들어갈 연령이 바르게 연결된 것은?

> **보기**
> • 촉법소년 : 형벌 법령에 저촉되는 행위를 한 10세 이상 ___㉠___ 미만인 소년
> • 우범소년 : 성격이나 환경에 비추어 앞으로 형벌 법령에 저촉되는 행위를 할 우려가 있는 10세 이상 ___㉡___ 미만인 소년

	㉠	㉡
①	13세	13세
②	13세	14세
③	14세	14세
④	14세	19세
⑤	19세	19세

| 건강보험심사평가원

07 다음 중 국민에게만 적용되는 기본 의무가 아닌 것은?

① 근로의 의무
② 납세의 의무
③ 교육의 의무
④ 환경보전의 의무
⑤ 국방의 의무

| 건강보험심사평가원

08 다음 중 헌법재판소의 역할로 옳지 않은 것은?

① 행정청의 처분의 효력 유무 또는 존재 여부 심판
② 탄핵의 심판
③ 국가기관 상호 간, 국가기간과 지방자치단체간 및 지방자치단체 상호 간의 권한쟁의에 관한 심판
④ 정당의 해산 심판
⑤ 법원의 제청에 의한 법률의 위헌여부 심판

| 건강보험심사평가원

09 다음 중 민법상 채권을 몇 년 동안 행사하지 아니하면 소멸시효가 완성되는가?

① 2년
② 5년
③ 10년
④ 15년
⑤ 20년

PART 1
직업기초능력평가

CHAPTER 01

의사소통능력

합격 Cheat Key

의사소통능력은 평가하지 않는 공사・공단이 없을 만큼 필기시험에서 중요도가 높은 영역으로, 세부 유형은 문서 이해, 문서 작성, 의사 표현, 경청, 기초 외국어로 나눌 수 있다. 문서 이해・문서 작성과 같은 지문에 대한 주제 찾기, 내용 일치 문제의 출제 비중이 높으며, 문서의 특성을 파악하는 문제도 출제되고 있다.

1 문제에서 요구하는 바를 먼저 파악하라!

의사소통능력에서 가장 중요한 것은 제한된 시간 안에 빠르고 정확하게 답을 찾아내는 것이다. 의사소통능력에서는 지문이 아니라 문제가 주인공이므로 지문을 보기 전에 문제를 먼저 파악해야 하며, 문제에 따라 전략적으로 빠르게 풀어내는 연습을 해야 한다.

2 잠재되어 있는 언어 능력을 발휘하라!

세상에 글은 많고 우리가 학습할 수 있는 시간은 한정적이다. 이를 극복할 수 있는 방법은 다양한 글을 접하는 것이다. 실제 시험장에서 어떤 내용의 지문이 나올지 아무도 예측할 수 없으므로 평소에 신문, 소설, 보고서 등 여러 글을 접하는 것이 필요하다.

3 상황을 가정하라!

업무 수행에 있어 상황에 따른 언어 표현은 중요하다. 같은 말이라도 상황에 따라 다르게 해석될 수 있기 때문이다. 그런 의미에서 자신의 의견을 효과적으로 전달할 수 있는 능력을 평가하는 것이다. 업무를 수행하면서 발생할 수 있는 여러 상황을 가정하고 그에 따른 올바른 언어표현을 정리하는 것이 필요하다.

4 말하는 이의 입장에서 생각하라!

잘 듣는 것 또한 하나의 능력이다. 상대방의 이야기에 귀 기울이고 공감하는 태도는 업무를 수행하는 관계 속에서 필요한 요소이다. 그런 의미에서 다양한 상황에서의 듣는 능력을 평가하는 것이다. 말하는 이가 요구하는 듣는 이의 태도를 파악하고, 이에 따른 판단을 할 수 있도록 언제나 말하는 사람의 입장이 되는 연습이 필요하다.

출제유형분석

01 문서 내용 이해

| 유형분석 |

- 주어진 지문을 읽고 선택지를 고르는 전형적인 독해 문제이다.
- 지문은 주로 신문기사(보도자료 등)나 업무 보고서, 시사 등이 제시된다.
- 공사공단에 따라 자사와 관련된 내용의 기사나 법조문, 보고서 등이 출제되기도 한다.

다음 글의 내용으로 적절하지 않은 것은?

물가 상승률은 일반적으로 가격 수준의 상승 속도를 나타내며, 소비자 물가지수(CPI)와 같은 지표를 사용하여 측정된다. 높은 물가 상승률은 소비재와 서비스의 가격이 상승하고, 돈의 구매력이 감소한다. 이는 소비자들이 더 많은 돈을 지출하여 물가 상승에 따른 가격 상승을 감수해야 함을 의미한다.

물가 상승률은 경제에 다양한 영향을 미친다. 먼저 소비자들의 구매력이 저하되므로 가계소득의 실질 가치가 줄어든다. 이는 소비 지출의 감소와 경기 둔화를 초래할 수 있다. 또한 물가 상승률은 기업의 의사결정에도 영향을 준다. 예를 들어 높은 물가 상승률은 이자율의 상승과 함께 대출 조건을 악화시키므로 기업들은 생산 비용 상승과 이로 인한 이윤 감소에 직면하게 된다.

정부와 중앙은행은 물가 상승률을 통제하기 위해 다양한 금융 정책을 사용하며, 대표적으로 세금 조정, 통화량 조절, 금리 조정 등이 있다.

물가 상승률은 경제 활동에 큰 영향을 주는 중요한 요소이므로 정부, 기업, 투자자 및 개인은 이를 주의 깊게 모니터링하고 전망을 평가하는 데 활용해야 한다. 또한 소비자의 구매력과 경기 상황에 직접적·간접적인 영향을 주므로 경제 주체들은 물가 상승률의 변동에 대응하여 적절한 전략을 수립해야 한다.

① 지나친 물가 상승은 소비 심리를 위축시킨다.
② 정부와 중앙은행이 실행하는 금융 정책의 목적은 물가 안정성을 유지하는 것이다.
③ 중앙은행의 금리 조정으로 지나친 물가 상승을 진정시킬 수 있다.
④ 소비재와 서비스의 가격이 상승하므로 기업의 입장에서는 물가 상승률이 커질수록 이득이다.

정답 ④

높은 물가 상승률은 이자율의 상승과 함께 대출 조건을 악화시키므로 기업들은 생산 비용 상승과 이로 인한 이윤 감소에 직면하게 된다.

풀이 전략!

주어진 선택지에서 키워드를 체크한 후, 지문의 내용과 비교해 가면서 내용의 일치 유무를 빠르게 판단한다.

출제유형분석 01 실전예제

01 다음 글의 내용으로 가장 적절한 것은?

> 지금까지 보았듯이 체계라는 개념은 많은 현실주의자들에게 있어서 중요한 개념이다. 무질서 상태라는 비록 단순한 개념이든 현대의 현실주의자가 고안한 정교한 이론이든 체계라는 것은 국제적인 행위체에 영향을 주기 때문에 중요시되는 것이다. 그런데 최근의 현실주의자들은 체계를 하나의 유기체로 보고 얼핏 국가의 의지나 행동으로부터 독립한 듯이 기술하고 있다. 정치가는 거의 자율성이 없으며 획책할 여지도 없어서 정책결정과정에서는 인간의 의지가 별 효과가 없는 것으로 본다. 행위자로서 인간은 눈앞에 버티고 선 냉혹한 체계의 앞잡이에 불과하며, 그러한 체계는 이해할 수 없는 기능을 갖는 하나의 구조이며 그러한 메커니즘에 대하여 막연하게 밖에는 인지할 수 없다. 정치가들은 무수한 제약에 직면하지만 호기는 거의 오지 않는다. 정치가들은 권력정치라고 불리는 세계규모의 게임에 열중할 뿐이며 자발적으로 규칙을 변화시키고 싶어도 그렇게 하지 못한다. 결국 비판의 초점은 현실주의적 연구의 대부분은 숙명론적이며 결정론적이거나 비관론적인 저류가 흐르고 있다고 지적한다. 그 결과 이러한 비판 중에는 행위자로서 인간과 구조는 상호 간에 영향을 주고 있다는 것을 강조하면서 구조를 보다 동적으로 파악하는 사회학에 눈을 돌리는 학자도 있다.

① 이상주의자들에게 있어서 체계라는 개념은 그리 중요하지 않다.
② 무질서 상태는 국제적 행위체로서 작용하는 체계가 없는 혼란스러운 상태를 의미한다.
③ 현실주의자들은 숙명론 혹은 결정론을 신랄하게 비판한다.
④ 현실주의적 관점에서 정치인들은 체계 앞에서 무기력하다.

02 다음 글의 내용으로 적절하지 않은 것은?

> 우리 민족은 고유한 주거문화로 바닥 난방 기술인 구들을 발전시켜 왔는데, 구들은 우리 민족에 다양한 영향을 주었다. 우선 오랜 구들 생활은 우리 민족의 인체에 적지 않은 변화를 초래하였다. 태어나면서부터 따뜻한 구들에 누워 자는 것이 습관이 된 우리 아이들은 사지의 활동량이 적어 발육이 늦어졌다. 구들에서 자란 우리 아이들은 다른 어떤 민족의 아이들보다 따뜻한 곳에서 안정감을 느꼈으며, 우리 민족은 아이들에게 따뜻함을 만들어주기 위해 여러 가지를 고안하여 발전시켰다.
>
> 구들은 농경을 주업으로 하는 우리 민족의 생산도구의 제작과 사용에 많은 영향을 주었다. 구들에 앉아 오랫동안 활동하는 습관은 하반신보다 상반신의 작업량을 증가시켰고 상반신의 움직임이 상대적으로 정교하게 되었다. 구들 생활에 익숙해진 우리 민족은 방 안에서의 작업뿐만 아니라 농사를 비롯한 야외의 많은 작업에서도 앉아서 하는 습관을 갖게 되었는데, 이는 큰 농기구를 이용하여 서서 작업을 하는 서양과는 완전히 다른 방식이었다.

① 구들의 영향으로 우리 민족은 앉아서 하는 작업방식이 일반화되었다.
② 구들은 아이들의 체온을 높여 발육을 방해한다.
③ 우리 민족은 하반신 활동보다 상반신 활동이 많은 대신 상반신 작업이 정교한 특징이 있다.
④ 구들은 실내뿐 아니라 실외활동에도 영향을 끼쳤다.

03 다음 글의 내용으로 가장 적절한 것은?

> 상업 광고는 기업은 물론이고 소비자에게도 요긴하다. 기업은 마케팅 활동의 주요한 수단으로 광고를 적극적으로 이용하여 기업과 상품의 인지도를 높이려 한다. 소비자는 소비 생활에 필요한 상품의 성능, 가격, 판매 조건 등의 정보를 광고에서 얻으려 한다. 광고를 통해 기업과 소비자가 모두 이익을 얻는다면 이를 규제할 필요는 없을 것이다. 그러나 광고에서 기업과 소비자의 이익이 상충하는 경우도 있고, 광고가 사회 전체에 폐해를 낳는 경우도 있어 다양한 규제 방식이 모색되었다.
>
> 이때 문제가 된 것은 과연 광고로 인한 피해를 책임질 당사자로서 누구를 상정할 것인가였다. 초기에는 '소비자 책임 부담 원칙'에 따라 광고 정보를 활용한 소비자의 구매 행위에 대해 소비자가 책임을 져야 한다고 보았다. 여기에는 광고 정보가 정직한 것인지와는 관계없이 소비자는 이성적으로 이를 판단하여 구매할 수 있어야 한다는 전제가 있었다. 그래서 기업은 광고에 의존하여 물건을 구매한 소비자가 입은 피해에 대하여 책임을 지지 않았고, 광고의 기만성에 대한 입증 책임도 소비자에게 있었다.
>
> 책임 주체로 기업을 상정하여 '기업 책임 부담 원칙'이 부상하게 된 배경은 복합적이다. 시장의 독과점 상황이 광범위해지면서 소비자의 자유로운 선택이 어려워졌고, 상품에 응용된 과학 기술이 복잡해지고 첨단화되면서 상품 정보에 대한 소비자의 정확한 이해도 기대하기 어려워졌다. 또한 다른 상품 광고와의 차별화를 위해 통념에 어긋나는 표현이나 장면도 자주 활용되었다. 그리하여 경제적, 사회·문화적 측면에서 광고로부터 소비자를 보호해야 한다는 당위를 바탕으로 기업이 광고에 대해 책임을 져야 한다는 공감대가 확산되었다.
>
> 오늘날 행해지고 있는 여러 광고 규제는 크게 법적 규제와 자율 규제로 나눌 수 있다. 구체적인 법조항을 통해 광고를 규제하는 법적 규제는 광고 또한 사회적 활동의 일환이라는 점에 근거한다. 특히 자본주의 사회에서는 기업이 시장 점유율을 높여 다른 기업과의 경쟁에서 승리하기 위하여 사실에 반하는 광고나 소비자를 현혹하는 광고를 할 가능성이 높다. 법적 규제는 허위 광고나 기만 광고 등을 불공정 경쟁의 수단으로 간주하여 정부 기관이 규제를 가하는 것이다.
>
> 자율 규제는 법적 규제에 대한 기업의 대응책으로 등장했다. 법적 규제가 광고의 역기능에 따른 피해를 막기 위한 강제적 조치라면, 자율 규제는 광고의 순기능을 극대화하기 위한 자율적 조치이다. 광고에 대한 기업의 책임감에서 비롯된 자율 규제는 법적 규제를 보완하는 효과가 있다.

① 광고 주체의 자율 규제가 잘 작동될수록 광고에 대한 법적 규제의 역할도 커진다.

② 기업의 이익과 소비자의 이익이 상충하는 정도가 클수록 법적 규제와 자율 규제의 필요성이 약화된다.

③ 시장 독과점 상황이 심각해지면서 기업 책임 부담 원칙이 약화되고 소비자 책임부담 원칙이 부각되었다.

④ 첨단 기술을 강조한 상품의 광고일수록 소비자가 광고 내용을 정확히 이해하지 못한 채 상품을 구매할 가능성이 커진다.

04 다음 글을 통해 알 수 있는 내용으로 적절하지 않은 것은?

인간의 사유는 특정한 기준을 바탕으로 다른 것과의 차이를 인식하는 것이라 할 수 있다. 이때의 기준을 이루는 근간(根幹)은 당연히 현실 세계의 경험과 인식이다. 하지만 인간은 현실적 경험으로 인식되지 않는 대상을 사유하기도 하는데, 그중 하나가 신화적 사유이고 이는 상상력의 산물이다. 상상력은 통념(通念)상 현실과 대립되는 위치에 속한다. 또한, 현대 문명에서 상상력은 과학적・합리적 사고와 반대되는 사유 체계로 간주되기도 한다. 그러나 신화적 사유를 떠받치고 있는 상상력은 '현실적 – 비현실적', '논리적 – 비논리적', '합리적 – 비합리적' 등과 같은 단순한 양항 체계 속으로 환원될 수 없다.

초기 인류학에서는 근대 문명과 대비시켜 신화적 사유를 미개한 존재들의 미숙한 단계의 사고로 간주(看做)했었다. 이러한 입장을 대표하는 레비브륄에 따르면 미개인은 논리 이전의 사고방식과 비현실적 감각을 가진 존재이다. 그러나 신화 연구에 적지 않은 영향을 끼쳤고 오늘날에도 여전히 유효한 레비스트로스의 논의에 따르면 미개인과 문명인의 사고방식은 사물을 분류하는 방식과 주된 관심 영역 등이 다를 뿐, 어느 것이 더 합리적이거나 논리적이라고 할 수는 없다. 또한, 그것은 세계를 이해하는 두 가지의 서로 다른 방식 혹은 태도일 뿐이다. 신화적 사유를 비롯한 이른바 미개인의 사고방식을 가리키는 레비스트로스가 말하는 '야생의 사고'는 이러한 사고방식이 근대인 혹은 문명인 못지않게 질서와 체계에 민감하고 그 나름의 현실적, 논리적, 합리적 기반을 갖추고 있음을 함축하고 있는 개념이다.

레비스트로스의 '야생의 사고'는 신화시대와 신화적 사유를 근대적 문명에 입각한 발전론적 시각이 아닌 상대주의적 시각으로 바라보았다는 점에서 의미가 크다. 그러나 그가 신화 자체의 사유 방식이나 특성을 특정 시대의 것으로 한정(限定)하는 오류를 범하고 있다는 점에 유의해야 한다. 과거 신화시대에 생겨난 신화적 사유는 신화가 재현되고 재생되는 한 여전히 시간과 공간을 뛰어넘어 현재화되고 있기 때문이다.

이상에서 보듯이 신화적 사유는 현실적・경험적 차원의 '진실'이나 '비진실'로 구분될 수 없다. 신화는 허구적이거나 진실한 것 모두를 '재료'로 사용할 수 있으며, 이러한 재료들은 신화적 사유 고유의 규칙과 체계에 따라 배열된다. 그러므로 신화 텍스트에서 이러한 재료들의 구성 원리를 밝히는 것은 그 신화에 반영된 신화적 사유 체계를 밝히는 것이라 할 수 있다. 또한, 이는 신화를 공유하고 전승(傳承)해 왔던 집단의 원형적 사유 체계에 접근하는 작업이라고도 할 수 있다.

① 신화는 그 고유의 규칙과 체계를 갖고 있다.
② 신화적 사유는 상상력의 산물이라 할 수 있다.
③ 신화적 사유는 특정 시대의 사유 특성에 한정된다.
④ 신화적 상상력은 상상력에 대한 통념적 인식과 차이가 있다.

출제유형분석

02 주제 · 제목

| 유형분석 |

- 주어진 지문을 파악하여 전달하고자 하는 핵심 주제를 고르는 문제이다.
- 정보를 종합하고 중요한 내용을 구별하는 능력이 필요하다.
- 설명문부터 주장, 반박문까지 다양한 성격의 지문이 제시되므로 글의 성격별 특징을 알아두는 것이 좋다.

다음 글의 주제로 가장 적절한 것은?

멸균이란 곰팡이, 세균, 박테리아, 바이러스 등 모든 미생물을 사멸시켜 무균 상태로 만드는 것을 의미한다. 멸균 방법에는 물리적, 화학적 방법이 있으며, 멸균 대상의 특성에 따라 적절한 멸균 방법을 선택하여 실시할 수 있다. 먼저 물리적 멸균법에는 열이나 화학약품을 사용하지 않고 여과기를 이용하여 세균을 제거하는 여과법, 병원체를 불에 태워 없애는 소각법, 100℃에서 10 ~ 20분간 물품을 끓이는 자비소독법, 미생물을 자외선에 직접 노출시키는 자외선 소독법, 160 ~ 170℃의 열에서 1 ~ 2시간 동안 건열 멸균기를 사용하는 건열법, 포화된 고압증기 형태의 습열로 미생물을 파괴시키는 고압증기 멸균법 등이 있다. 다음으로 화학적 멸균법은 화학약품이나 가스를 사용하여 미생물을 파괴하거나 성장을 억제하는 방법으로, E.O 가스, 알코올, 염소 등 여러 가지 화학약품이 사용된다.

① 멸균의 중요성
② 뛰어난 멸균 효과
③ 다양한 멸균 방법
④ 멸균 시 발생할 수 있는 부작용
⑤ 멸균 시 사용하는 약품의 종류

정답 ③

제시문에서는 멸균에 대해 언급하며, 멸균 방법을 물리적·화학적으로 구분하여 다양한 멸균 방법에 대해 설명하고 있다. 따라서 글의 주제로는 ③이 가장 적절하다.

풀이 전략!

'결국', '즉', '그런데', '그러나', '그러므로' 등의 접속어 뒤에 주제가 드러나는 경우가 많다는 것에 주의하면서 지문을 읽는다.

출제유형분석 02 실전예제

01 다음 중 (나)의 제목으로 가장 적절한 것은?

(가) 인류 문명의 배경에는 항상 물을 다루는 능력이 있었다. 물의 흐름을 다스리는 시설을 발명하고 이를 관리하는 이수(利水), 치수(治水)는 오늘날도 물 관련 사업의 가장 기본적인 요소이자 핵심이다. 외부환경의 변화에도 자유롭게 물을 이용하도록 안정적으로 공급하는 것이 한강권역본부 통합물관리의 기본 과제이다.

(나) 사회가 고도화될수록 물의 양만큼이나 중요한 것이 바로 믿을 수 있는 깨끗한 물, 수질이다. 물 환경의 건강성은 국민 물 복지와 직결되는 사항이기 때문이다. 한강권역본부 통합물관리의 효과는 더욱 가치 있는 양질의 물을 고객에게 전달하는 것으로 나타난다. 관리 부처가 융·통합, 연계됨으로써 물 활용의 효율성 또한 높아졌다.

(다) '4차 산업혁명'이 일상적으로 쓰일 정도로 과학이 발달한 오늘날의 물은 생명을 틔우고 기르는 것 이상으로 무궁무진한 쓰임과 가치를 만들어낸다. 관광·레저 자원으로서 물은 사람을 모으고, 새로운 문화를 꽃피운다. 지자체마다 물을 가까이할 수 있는 친수(親水) 공간 마련에 발 벗고 나서려는 이유이다.

① 한결같은 물! 기본역량을 강화하다.
② 가치 있는 물! 물 가치를 확산하다.
③ 개성 있는 물! 물 사용을 늘리다.
④ 믿을 수 있는 물! 물 활용 효율성을 높이다.

02 다음 글의 제목으로 가장 적절한 것은?

우리 고유의 발효식품이자 한식 제1의 반찬인 김치는 천년이 넘는 역사를 함께해 온 우리 삶의 일부이다. 채소를 오래 보관하여 먹기 위한 절임 음식으로 시작된 김치는 양념을 버무리고 숙성시키는 우리만의 발효과학 식품으로 변신하였고, 김장은 우리 민족의 가장 중요한 행사 중 하나가 되었다. 다른 나라에도 소금 등에 채소를 절인 절임 음식이 존재하지만, 절임 후 양념으로 2차 발효시키는 음식으로는 우리 김치가 유일하다. 김치는 발효과정을 통해 원재료보다 영양이 한층 더 풍부하게 변신하며, 암과 노화, 비만 등의 예방과 억제에 효과적인 기능성을 보유한 슈퍼 발효 음식으로 탄생한다.

김치는 지역마다, 철마다, 또 특별한 의미를 담아 다양하게 변신하여 300가지가 넘는 종류로 탄생하는데, 기후와 지역 등에 따라서 다채로운 맛을 담은 김치들이 있으며, 주재료로 채소뿐만 아니라 수산물이나 육류를 이용한 독특한 김치도 있고, 같은 김치라도 사람에 따라 특별한 김치로 재탄생되기도 한다. 지역과 집안마다 저마다의 비법으로 담그기 때문에 유서 깊은 종가마다 비법으로 만든 특별한 김치가 전해오며, 김치를 담그고 먹는 일도 수행의 연속이라 여기는 사찰에서는 오신채를 사용하지 않은 김치가 존재한다.

우리 문화의 정수이자 자존심인 김치는 현대에 들어서는 문화와 전통이 결합한 복합 산업으로 펼쳐지고 있다. 김치에 들어가는 수많은 재료에 관련된 산업의 생산액은 3.3조 원이 넘으며, 주로 배추김치로 형성된 김치 생산은 약 2.3조 원의 시장을 형성하고 있고, 시판 김치의 경우 대기업의 시장 주도력이 증가하고 있다. 소비자 요구에 맞춘 다양한 포장 김치가 등장하고, 김치냉장고는 1.1조 원의 시장을 형성하고 있으며, 정성과 기다림을 상징하는 김치는 문화산업의 소재로 활용되며, 김치문화는 관광 관련 산업으로 활성화되고 있다. 김치의 영양 기능성과 김치 유산균을 활용한 여러 기능성 제품이 개발되고, 부식뿐 아니라 새로운 요리의 식재료로서 김치는 39조 원의 외식산업 시장을 뒷받침하고 있다.

① 김치의 탄생
② 김치산업의 활성화 방안
③ 우리 민족의 축제, 김장
④ 우리 민족의 전통이자 자존심, 김치

03 다음 글의 주제로 가장 적절한 것은?

우유니 사막은 세계 최대의 소금사막으로 남아메리카 중앙부 볼리비아의 포토시주(州)에 위치한 소금 호수로, '우유니 소금사막' 혹은 '우유니 염지' 등으로 불린다. 지각변동으로 솟아오른 바다가 빙하기를 거쳐 녹기 시작하면서 거대한 호수가 생겨났다. 그 면적은 1만 2,000km^{2}이며 해발고도 3,680m의 고지대에 위치한다. 물이 배수되지 않은 지형적 특성 때문에 물이 고여 얕은 호수가 되었으며, 소금으로 덮인 수면 위에 푸른 하늘과 흰 구름이 거울처럼 투명하게 반사되어 관광지로도 이름이 높다.

소금층 두께는 30cm부터 깊은 곳은 100m 이상이며 호수의 소금 매장량은 약 100억 톤 이상이다. 우기인 12월에서 3월 사이에는 20 ~ 30cm의 물이 고여 얕은 염호를 형성하는 반면, 긴 건기 동안에는 표면뿐만 아니라 사막의 아래까지 증발한다. 특이한 점은 지역에 따라 호수의 색이 흰색, 적색, 녹색 등의 다른 빛깔을 띤다는 점이다. 이는 호수마다 쌓인 침전물의 색깔과 조류의 색깔이 다르기 때문이다. 또한 소금 사막 곳곳에서는 커다란 바위부터 작은 모래까지 한꺼번에 섞인 빙하성 퇴적물들과 같은 빙하의 흔적들을 볼 수 있다.

① 우유니 사막의 기후와 식생
② 우유니 사막의 주민 생활
③ 우유니 사막의 자연지리적 특징
④ 우유니 사막 이름의 유래

PART 1

04 다음 글의 제목으로 가장 적절한 것은?

주어진 개념에 포섭시킬 수 없는 대상(의 표상)을 만난 경우, 상상력은 처음에는 기지의 보편에 포섭시킬 수 있도록 직관의 다양을 종합할 것이다. 말하자면 뉴턴의 절대 공간, 역학의 법칙 등의 개념(보편)과 자신이 가지고 있는 특수(빛의 휘어짐)가 일치하는가, 조화로운가를 비교할 것이다. 하지만 일치되는 것이 없으므로, 상상력은 또 다시 여행을 떠난다. 즉, 새로운 형태의 다양한 종합 활동을 수행해 볼 것이다. 이것은 미지의 세계로 향하는 여행이다. 그리고 이 여행에는 주어진 목적지가 없기 때문에 자유롭다.

이런 자유로운 여행을 통해 예를 들어 상대 공간, 상대 시간, 공간의 만곡, 상대성 이론이라는 새로운 개념들을 가능하게 하는 새로운 도식들을 산출한다면, 그 여행은 종결될 것이다. 여기서 우리는 왜 칸트가 상상력의 자유로운 유희라는 표현을 사용하는지 이해할 수 있게 된다. '상상력의 자유로운 유희'란 이렇게 정해진 개념이나 목적이 없는 상황에서 상상력이 그 개념이나 목적을 찾는 과정을 의미한다고 볼 수 있다. 이는 게임이다. 그리고 그 게임에 있어서 반드시 성취해야 할 그 어떤 것이 없다면, 순수한 놀이(유희)가 성립할 수 있을 것이다.

– 칸트, 『판단력비판』

① 상상력의 재발견
② 인식능력으로서의 상상력
③ 목적 없는 상상력의 활동
④ 자유로운 유희로서의 상상력의 역할

출제유형분석

03 빈칸 삽입

| 유형분석 |

- 주어진 지문을 바탕으로 빈칸에 들어갈 내용을 찾는 문제이다.
- 선택지의 내용을 정확하게 확인하고 빈칸 앞뒤 문맥을 파악하는 능력이 필요하다.

다음 글의 빈칸에 들어갈 내용으로 가장 적절한 것은?

미세먼지와 황사는 여러모로 비슷하면서도 뚜렷한 차이점을 지니고 있다. 삼국사기에도 기록되어 있는 황사는 중국 내륙 내몽골 사막에 강풍이 불면서 날아오는 모래와 흙먼지를 일컫는데, 장단점이 존재했던 과거와 달리 중국 공업지대를 지난 황사에 미세먼지와 중금속 물질이 더해지며 심각한 환경문제로 대두되었다. 이와 달리 미세먼지는 일반적으로는 대기오염물질이 공기 중에 반응하여 형성된 황산염이나 질산염 등 이온 성분, 석탄・석유 등에서 발생한 탄소화합물과 검댕, 흙먼지 등 금속화합물의 유해성분으로 구성된다.
미세먼지의 경우 통념적으로는 먼지를 미세먼지와 초미세먼지로 구분하고 있지만, 대기환경과 환경 보전을 목적으로 하는 환경정책기본법에서는 미세먼지를 PM(Particulate Matter)이라는 단위로 구분한다. 즉, 미세먼지(PM_{10})의 경우 입자의 크기가 $10\mu m$ 이하인 먼지이고, 미세먼지($PM_{2.5}$)는 입자의 크기가 $2.5\mu m$ 이하인 먼지로 정의하고 있다. 이에 비해 황사는 통념적으로는 입자 크기로 구분하지 않으나 주로 지름 $20\mu m$ 이하의 모래로 구분하고 있다. 때문에 ________________

① 황사 문제를 해결하기 위해서는 근본적으로 황사의 발생 자체를 억제할 필요가 있다.
② 황사와 미세먼지의 차이를 입자의 크기만으로 구분 짓긴 어렵다.
③ 미세먼지의 역할 또한 분명히 존재함을 기억해야 할 것이다.
④ 황사와 미세먼지의 근본적인 구별법은 그 역할에서 찾아야 할 것이다.
⑤ 초미세먼지를 차단할 수 있는 마스크라 해도 황사와 초미세먼지를 동시에 차단하긴 어렵다.

정답 ②

미세먼지의 경우 최소 $10\mu m$ 이하의 먼지로 정의되고 있지만, 황사의 경우 주로 지름 $20\mu m$ 이하의 모래로 구분하되 통념적으로는 입자 크기로 구분하지 않는다. 따라서 $10\mu m$ 이하의 황사의 경우 크기만으로 미세먼지와 구분 짓기는 어렵다.

오답분석

①・⑤ 제시문을 통해서 알 수 없는 내용이다.
③ 미세먼지의 역할에 대한 설명을 찾을 수 없다.
④ 제시문에서 설명하는 황사와 미세먼지의 근본적인 구별법은 구성성분의 차이이다.

풀이 전략!

빈칸 앞뒤의 문맥을 파악한 후 선택지에서 가장 어울리는 내용을 찾는다. 빈칸 앞에 접속사가 있다면 이를 활용한다.

출제유형분석 03 실전예제

01 다음 글의 빈칸에 들어갈 문장을 〈보기〉에서 찾아 순서대로 바르게 나열한 것은?

요즘에는 낯선 곳을 찾아갈 때 지도를 해석하며 어렵게 길을 찾지 않아도 된다. 이는 기술력의 발달에 따라 제공되는 공간 정보를 바탕으로 최적의 경로를 탐색할 수 있게 되었기 때문이다. ______________ 이처럼 공간 정보가 시간에 따른 변화를 반영할 수 있게 된 것은 정보를 수집하고 분석하는 정보 통신 기술의 발전과 밀접한 관련이 있다.

공간 정보의 활용은 '위치정보시스템(GPS)'과 '지리정보시스템(GIS)' 등의 기술적 발전과 휴대전화나 태블릿 PC 등 정보 통신 기기의 보급을 기반으로 한다. 위치정보시스템은 공간에 대한 정보를 수집하고, 지리정보시스템은 정보를 저장, 분류, 분석한다. 이렇게 분석된 정보는 사용자의 요구에 따라 휴대전화나 태블릿 PC 등을 통해 최적화되어 전달된다.

길 찾기를 예로 들어 이 과정을 살펴보자. 휴대전화 애플리케이션을 이용해 사용자가 가려는 목적지를 입력하고 이동 수단으로 버스를 선택하였다면, 우선 사용자의 현재 위치가 위치정보시스템에 의해 실시간으로 수집된다. 그리고 목적지와 이동 수단 등 사용자의 요구와 실시간으로 수집된 정보에 따라 지리정보시스템은 탑승할 버스 정류장의 위치, 다양한 버스 노선, 최단 시간 등을 분석하여 제공한다. ______________

______________ 예를 들어, 여행지와 관련한 공간 정보는 여행자의 요구와 선호에 따라 선별적으로 분석되어 활용된다. 나아가 유동 인구를 고려한 상권 분석과 교통의 흐름을 고려한 도시 계획 수립에도 공간 정보 활용이 가능하게 되었다. 획기적으로 발전되고 있는 첨단 기술이 적용된 공간 정보가 국가 차원의 자연재해 예측 시스템에도 활발히 활용된다면 한층 정밀한 재해 예방 및 대비가 가능해질 것이다. 이로 인해 우리의 삶도 더 편리하고 안전해질 것으로 기대된다.

보기

㉠ 어떤 곳의 위치 좌표나 지리적 형상에 대한 정보뿐만 아니라 시간에 따른 공간의 변화를 포함한 공간 정보를 이용할 수 있게 되면서 가능해진 것이다.

㉡ 더 나아가 교통 정체와 같은 돌발 상황과 목적지에 이르는 경로의 주변 정보까지 분석하여 제공한다.

㉢ 공간 정보의 활용 범위는 계속 확대되고 있다.

① ㉠, ㉡, ㉢ ② ㉠, ㉢, ㉡

③ ㉡, ㉠, ㉢ ④ ㉡, ㉢, ㉠

PART 1

02 다음 글의 빈칸에 들어갈 접속사를 순서대로 바르게 나열한 것은?

각 시대에는 그 시대의 특징을 나타내는 문학이 있다고 한다. 우리나라도 무릇 사천 살이 넘는 생활의 역사를 가진 만큼 그 발전 시기마다 각각 특색을 가진 문학이 없을 수 없고, 문학이 있었다면 그 중추가 되는 것은 아무래도 시가문학이라고 볼 수밖에 없다. ________ 대개 어느 민족을 막론하고 인간 사회가 성립하는 동시에 벌써 각자의 감정과 의사를 표시하려는 욕망이 생겼을 것이며, 삼라만상의 대자연은 자연 그 자체가 율동적이고 음악적이라고 할 수 있기 때문이다. 다시 말하면 인간이 생활하는 곳에는 자연적으로 시가가 발생하였다고 할 수 있다. ________ 사람의 지혜가 트이고 비교적 언어의 사용이 능란해짐에 따라 종합 예술체의 한 부분으로 있었던 서정문학적 요소가 분화 · 독립되어 제요나 노동요 따위의 시가의 원형을 이루고 다시 이 집단적 가요는 개인적 서정시로 발전하여 갔으리라 추측된다. ________ 다른 나라도 마찬가지이겠지만, 우리 문학사상에서 시가의 지위는 상당히 중요한 몫을 지니고 있다.

① 왜냐하면 – 그리고 – 그러므로
② 그리고 – 왜냐하면 – 그러므로
③ 그러므로 – 그리고 – 왜냐하면
④ 왜냐하면 – 그러나 – 그럼에도 불구하고

03 다음 글의 빈칸에 들어갈 내용으로 적절하지 않은 것은?

유럽의 도시들을 여행하다 보면 여기저기서 벼룩시장이 열리는 것을 볼 수 있다. 벼룩시장에서 사람들은 낡고 오래된 물건들을 보면서 추억을 되살린다. 유럽 도시들의 독특한 분위기는 오래된 것을 쉽게 버리지 않는 이런 정신이 반영된 것이다.
영국의 옥스팜(Oxfam)이라는 시민단체는 헌옷을 수선해 파는 전문 상점을 운영해, 그 수익금으로 제3세계를 지원하고 있다.
땀과 기억이 배어있는 오래된 물건은 ________________________ 선물로 받아서 10년 이상 써 온 손때 묻은 만년필을 잃어버렸을 때 느끼는 상실감은 새 만년필을 산다고 해서 사라지지 않는다. 그것은 그 만년필이 개인의 오랜 추억을 담고 있는 증거물이자 애착의 대상이 되었기 때문이다. 그러기에 실용성과 상관없이 오래된 것은 그 자체로 아름답다.

① 경제적 가치는 없지만 그것만이 갖는 정서적 가치를 지닌다.
② 자신만의 추억을 위해 간직하고 싶은 고유한 가치를 지닌다.
③ 실용적 가치만으로 따질 수 없는 보편적 가치를 지닌다.
④ 새로운 상품이 대체할 수 없는 심리적 가치를 지닌다.

04 다음은 도로명주소와 관련된 기사이다. 빈칸에 들어갈 내용으로 적절하지 않은 것은?

> 군포시는 최근 도로명주소 활성화를 위한 시민 설문 조사를 실시한 결과 시민들의 인지도와 사용 만족도가 모두 높은 것으로 나타났다고 밝혔다. 이번 설문 조사는 군포 시민 300명을 대상으로 인지도, 활용 분야, 만족도 등 9개 항목에 대한 1 : 1 대면조사 방법으로 진행됐다.
> 설문 조사 결과 자택 주소 인지도는 94.7%로 높게 나타났으며, 활용 분야는 ________________ 등이 있고, 도로명주소를 알게 된 경로는 우편, 택배, 안내시설 등이 차지했다. 또 만족도에서는 '만족' 65.3%, '보통' 25.7%, '불만족' 9.0%로 다수가 만족하는 것으로 집계됐으며, 불만족 사유로는 '어느 위치인지 모르겠다.'는 응답이 가장 높은 40.3%를 차지했다. 그리고 도로명주소 활용도를 높이는 방법에 대해 '안내시설 확대'가 36.0%로 가장 많았으며, 발전 방향으로는 전체 응답자의 절반 가까운 49.4%가 지속적인 홍보 및 교육 강화의 필요성에 대해 의견을 제시했다.
> 군포시는 이번 결과를 바탕으로 연말까지 훼손 또는 망실된 도로명판을 정비하고 골목길·버스정류장 등에 안내시설을 추가로 설치할 예정이다. 또한 시민 서포터즈단의 내실 있는 운영과 대규모 행사를 중심으로 한 다양한 홍보 활동을 강화해 나갈 계획이다.
> 군포시 관계자는 '도로명주소 사용 생활화 및 위치 찾기 편의성 증대를 통해 시민들의 도로명주소 사용 만족도가 보다 향상될 수 있도록 최선을 다하겠다고 말했다. 한편, 도로명주소는 기존 지번을 대신해 도로명과 건물번호로 알기 쉽게 표기하는 주소체계로 지난 2014년 전면 시행됐으며, 군포시는 도로명판·건물번호판 등의 안내시설 10,375개를 설치·관리하고 있다.

① 우편·택배 등의 물류 유통 위치정보 확인
② 응급구조 상황에서의 위치정보 확인
③ 생활편의시설 위치정보 확인
④ 부동산 가격 및 위치정보 확인

PART 1

출제유형분석

04 내용 추론

| 유형분석 |

- 주어진 지문을 바탕으로 도출할 수 있는 내용을 찾는 문제이다.
- 선택지의 내용을 정확하게 확인하고 지문의 정보와 비교하여 추론하는 능력이 필요하다.

다음 글을 읽고 추론한 내용으로 적절하지 않은 것은?

1977년 개관한 퐁피두 센터의 정식명칭은 국립 조르주 퐁피두 예술문화 센터로, 공공정보기관(BPI), 공업창작센터(CCI), 음악·음향의 탐구와 조정연구소(IRCAM), 파리 국립 근현대 미술관(MNAM) 등이 있는 종합문화예술 공간이다. 퐁피두라는 이름은 이 센터의 창설에 힘을 기울인 조르주 퐁피두 대통령의 이름을 딴 것이다.

1969년 당시 대통령이었던 퐁피두는 파리의 중심지에 미술관이면서 동시에 조형예술과 음악, 영화, 서적 그리고 모든 창조적 활동의 중심이 될 수 있는 문화 복합센터를 지어 프랑스 미술을 더욱 발전시키고자 했다. 요즘 미술관들은 미술관의 이러한 복합적인 기능과 역할을 인식하고 변화를 시도하는 곳이 많다. 미술관은 더 이상 전시만 보는 곳이 아니라 식사도 하고 영화도 보고 강연도 들을 수 있는 곳으로, 대중과의 거리 좁히기를 시도하고 있는 것도 그리 특별한 일은 아니다. 그러나 이미 40년 전에 21세기 미술관의 기능과 역할을 미리 내다볼 줄 아는 혜안을 가지고 설립된 퐁피두 미술관은 프랑스가 왜 문화강국이라 불리는지를 알 수 있게 해준다.

① 퐁피두 미술관의 모습은 기존 미술관의 모습과 다를 것이다.
② 퐁피두 미술관을 찾는 사람들의 목적은 다양할 것이다.
③ 퐁피두 미술관은 전통적인 예술작품들을 선호할 것이다.
④ 퐁피두 미술관은 파격적인 예술작품들을 배척하지 않을 것이다.
⑤ 퐁피두 미술관은 현대 미술관의 선구자라는 자긍심을 가지고 있을 것이다.

정답 ③

제시문에 따르면 퐁피두 미술관은 모든 창조적 활동을 위한 공간이므로, 퐁피두가 전통적인 예술작품을 선호할 것이라는 내용은 추론할 수 없다.

풀이 전략!

주어진 지문이 어떠한 내용을 다루고 있는지 파악한 후 선택지의 키워드를 확실하게 체크하고, 지문의 정보에서 도출할 수 있는 내용을 찾는다.

출제유형분석 04 실전예제

01 다음 중 해외여행 전 감염병 예방을 위한 행동으로 가장 적절한 것은?

> 최근 5년간 해외여행객은 꾸준히 증가하여 지난해 약 4,900만 명이 입국하였다. 이 중 발열 및 설사 등 감염병 증상을 동반하여 입국한 사람은 약 26만 명에 달했다. 따라서 국민들의 해외 감염병 예방에 대한 각별한 주의가 필요하다.
> 건강한 해외여행을 위해서는 여행 전 반드시 질병관리본부 홈페이지를 방문하여 해외감염병 발생 상황을 확인한 후 필요한 예방접종, 예방약, 예방물품 등을 준비해야 한다. 해외여행 중에는 스스로 위생을 지키기 위해 30초 이상 손 씻기, 안전한 음식 섭취하기 등 해외감염병 예방수칙을 준수해야 한다. 이 밖에도 해외여행지에서 만난 동물과의 접촉을 피해야 한다. 입국 시에는 건강상태 질문서를 작성해 검역관에게 제출하고, 귀가 후 발열, 설사 등 감염병 증상이 의심되면 의료기관을 방문하기 전에 질병관리본부의 콜센터 1339로 신고하여 안내를 받아야 한다.

① 손을 씻을 때 30초 이상 씻는다.
② 건강상태 질문서를 작성하여 검역관에게 제출한다.
③ 되도록 깨끗한 곳에서 안전한 음식을 먹는다.
④ 질병관리본부 홈페이지에서 해외감염병 발생 상황을 확인한다.

PART 1

02 다음 글에 대한 반박으로 적절하지 않은 것은?

> 텔레비전은 어른이나 아이 모두 함께 보는 매체이다. 더구나 텔레비전을 보고 이해하는 데는 인쇄문화처럼 어려운 문제 해득력이나 추상력이 필요 없다. 그래서 아이들은 어른에게서보다 텔레비전이나 컴퓨터에서 더 많은 것을 배운다. 이 때문에 오늘날의 어린이나 젊은이들에게서 어른에 대한 두려움이나 존경을 찾는 것은 쉽지 않은 일이다. 전통적인 역할과 행동을 기대하는 어른들이 어린이나 젊은이의 불손, 거만, 경망, 무분별한 '반사회적' 행동에 대해 불평하게 되는 것도 이런 이유 때문일 것이다.

① 가족과 텔레비전을 함께 시청하며 나누는 대화를 통해 아이들은 사회적 행동을 기를 수 있다.
② 텔레비전의 교육적 프로그램은 아이들의 예절 교육에 도움이 된다.
③ 정보 사회를 선도하는 텔레비전은 인간의 다양한 필요성을 충족시켜준다.
④ 아이들은 텔레비전보다 학교의 선생님이나 친구들과 더 많은 시간을 보낸다.

03 다음 글에서 도킨스의 논리에 대한 필자의 문제 제기로 가장 적절한 것은?

도킨스는 인간의 모든 행동이 유전자의 자기 보존 본능에 따라 일어난다고 주장했다. 사실 도킨스는 플라톤에서부터 쇼펜하우어에 이르기까지 통용되던 철학적 생각을 유전자라는 과학적 발견을 이용하여 반복하고 있을 뿐이다. 이에 따르면 인간 개체는 유전자라는 진정한 주체의 매체에 지나지 않게 된다. 그런데 이 같은 도킨스의 논리에 근거하면 우리 인간은 이제 자신의 몸과 관련된 모든 행동에 대해 면죄부를 받게 된다. 모든 것이 이미 유전자가 가진 이기적 욕망으로부터 나왔다고 볼 수 있기 때문이다. 그래서 도킨스의 생각에는 살아가고 있는 구체적 생명체를 경시하게 되는 논리가 잠재되어 있다.

① 고대의 철학은 현대의 과학과 양립할 수 있는가?
② 유전자의 자기 보존 본능이 초래하게 되는 결과는 무엇인가?
③ 인간을 포함한 생명체는 진정한 주체가 아니란 말인가?
④ 생명 경시 풍조의 근원이 되는 사상은 무엇인가?

04 다음 글이 주장하는 내용에 대한 반박으로 가장 적절한 것은?

인간은 사회 속에서만 자신을 더 나은 존재로 느낄 수 있기 때문에 자신을 사회화하고자 한다. 인간은 사회 속에서만 자신의 자연적 소질을 실현할 수 있는 것이다. 그러나 인간은 자신을 개별화하거나 고립시키려는 성향도 강하다. 이는 자신의 의도에 따라서만 행위하려는 반사회적인 특성을 의미한다. 그리고 저항하려는 성향이 자신뿐만 아니라 다른 사람에게도 있다는 사실을 알기 때문에, 그 자신도 곳곳에서 저항에 부딪히게 되리라 예상한다.
이러한 저항을 통하여 인간은 모든 능력을 일깨우고, 나태해지려는 성향을 극복하며, 명예욕이나 지배욕, 소유욕 등에 따라 행동하게 된다. 그리하여 동시대인들 가운데에서 자신의 위치를 확보하게 된다. 이렇게 하여 인간은 야만의 상태에서 벗어나 문화를 이룩하기 위한 진정한 진보의 첫걸음을 내딛게 된다. 이때부터 모든 능력이 점차 계발되고 아름다움을 판정하는 능력도 형성된다. 나아가 자연적 소질에 의해 도덕성을 어렴풋하게 느끼기만 하던 상태에서 벗어나, 지속적인 계몽을 통하여 구체적인 실천 원리를 명료하게 인식할 수 있는 성숙한 단계로 접어든다. 그 결과 자연적인 감정을 기반으로 결합된 사회를 도덕적인 전체로 바꿀 수 있는 사유 방식이 확립된다.
인간에게 이러한 반사회성이 없다면, 인간의 모든 재능은 꽃피지 못하고 만족감과 사랑으로 가득 찬 목가적인 삶 속에서 영원히 묻혀 버리고 말 것이다. 그리고 양처럼 선량한 기질의 사람들은 가축 이상의 가치를 자신의 삶에 부여하기 힘들 것이다. 자연 상태에 머물지 않고 스스로의 목적을 성취하기 위해 자연적 소질을 계발하여 창조의 공백을 메울 때, 인간의 가치는 상승되기 때문이다.

① 사회성만으로도 충분히 목가적 삶을 영위할 수 있다.
② 반사회성만으로는 자신의 재능을 계발하기 어렵다.
③ 인간은 타인과의 갈등을 통해서도 사회성을 기를 수 있다.
④ 인간은 사회성만 가지고도 자신의 재능을 키워나갈 수 있다.

05 다음 글을 토대로 〈보기〉를 해석한 내용으로 적절하지 않은 것은?

친구 따라 강남 간다는 속담이 있듯이 다른 사람들의 행동을 따라 하는 것을 심리학에서는 '동조(同調)'라고 한다. OX 퀴즈에서 답을 잘 모를 때 더 많은 사람들이 선택하는 쪽을 따르는 것도 일종의 동조이다.

심리학에서는 동조가 일어나는 이유를 크게 두 가지로 설명한다. 첫째는, 사람들은 자기가 확실히 알지 못하는 일에 대해 남이 하는 대로 따라 하면 적어도 손해를 보지는 않는다고 생각한다는 것이다. 낯선 지역을 여행하던 중에 식사를 할 때 여행객들은 대개 손님들로 북적거리는 식당을 찾게 마련이다. 식당이 북적거린다는 것은 그만큼 그 식당의 음식이 맛있다는 것을 뜻한다고 여기기 때문이다. 둘째는, 어떤 집단이 그 구성원들을 이끌어 나가는 질서나 규범 같은 힘을 가지고 있을 때, 그러한 집단의 압력 때문에 동조 현상이 일어난다는 것이다. 만약 어떤 개인이 그 힘을 인정하지 않는다면 그는 집단에서 배척당하기 쉽다. 이런 사정 때문에 사람들은 집단으로부터 소외되지 않기 위해서 동조를 하게 된다. 여기서 주목할 것은 자신이 믿지 않거나 옳지 않다고 생각하는 문제에 대해서도 동조의 입장을 취하게 된다는 것이다.

상황에 따라서는 위의 두 가지 이유가 함께 작용하는 경우도 있다. 예컨대 선거에서 지지할 후보를 결정하고자 할 때 사람들은 대개 활발하게 거리 유세를 하며 좀 더 많은 지지자들의 호응을 이끌어 내는 후보를 선택하게 된다. 곧 지지자들의 열렬한 태도가 다른 사람들도 그 후보를 지지하도록 이끄는 정보로 작용한 것이다. 이때 지지자 집단의 규모가 클수록 지지를 이끌어내는 데 효과적으로 작용한다.

동조는 개인의 심리 작용에 영향을 미치는 요인이 무엇이냐에 따라 그 강도가 다르게 나타난다. 가지고 있는 정보가 부족하여 어떤 판단을 내리기 어려운 상황일수록, 자신의 판단에 대한 확신이 들지 않을수록 동조 현상은 강하게 나타난다. 또한 집단의 구성원 수가 많고 그 결속력이 강할 때, 특정 정보를 제공하는 사람의 권위와 그에 대한 신뢰도가 높을 때도 동조 현상은 강하게 나타난다. 그리고 어떤 문제에 대한 집단 구성원들의 만장일치 여부도 동조에 큰 영향을 미치게 되는데, 만약 이때 단 한 명이라도 이탈자가 생기면 동조의 정도는 급격히 약화된다.

보기

18세 소년이 아버지를 살해했다는 혐의를 받고 있는 사건에 대해 최종 판단을 내리기 위해 12명의 배심원이 회의실에 모였다. 배심원들은 만장일치로 빠른 결정을 내리기 위해 손을 들어 투표하기로 했다. 7～8명이 얼른 손을 들자 머뭇거리던 1～2명의 사람도 슬그머니 손을 들었고, 1명을 제외한 11명이 유죄라고 판결을 내렸다. 그러자 반대를 한 유일한 배심원을 향해 비난과 질문이 쏟아졌다. 그러나 이 배심원은 "나까지 손을 들면 이 애는 그냥 죽게 될 거 아닙니까?"라고 말하며, 의심스러운 증거를 반박하고 증인의 잘못을 꼬집었다. 마침내 처음에는 유죄라고 생각했던 배심원들도 의견을 바꾸어 나가기 시작했다.

① 뒤늦게 손을 든 배심원들은 소년이 살인범이라는 확신이 없었을 것이다.
② 뒤늦게 손을 든 배심원들은 배심원 집단으로부터 소외되지 않기 위해 손을 들었을 것이다.
③ 대다수의 배심원이 손을 들었기 때문에 나머지 배심원들도 뒤늦게 손을 들 수 있었을 것이다.
④ 결국 배심원들이 의견을 바꾸어 나간 것은 끝까지 손을 들지 않았던 배심원의 권위가 높았기 때문이다.

PART 1

출제유형분석

05 문서 작성 및 수정

| 유형분석 |

- 기본적인 어휘력과 어법에 대한 지식을 필요로 하는 문제이다.
- 글의 내용을 파악하고 문맥을 읽을 줄 알아야 한다.

다음 글에서 ㉠～㉤의 수정 방안으로 적절하지 않은 것은?

근대화는 전통 사회의 생활양식에 큰 변화를 가져온다. 특히 급속한 근대화로 인해 전통 사회의 해체 과정이 빨라진 만큼 ㉠ 급격한 변화를 일으킨다. 생활양식의 급격한 변화는 전통 사회 문화의 해체 과정이라고 보아도 ㉡ 무던할 정도이다.
전통문화의 해체는 새롭게 변화하는 사회 구조에 대해서 전통적인 문화가 당면하게 되는 적합성(適合性)의 위기에서 초래되는 현상이다. ㉢ 이처럼 근대화 과정에서 외래문화와 전통문화는 숱하게 갈등을 겪었다. ㉣ 오랫동안 생활양식으로 유지되었던 전통 사회의 문화가 사회 구조 변화의 속도에 맞먹을 정도로 신속하게 변화할 수는 없다.
㉤ 그러나 문화적 전통을 확립한다는 것은 과거의 전통문화가 고유성을 유지하면서도 현재의 변화된 사회에 적합성을 가지는 것이라 할 수 있다.

① ㉠ : 필요한 문장 성분이 생략되었으므로 '급격한' 앞에 '문화도'를 추가한다.
② ㉡ : 문맥에 어울리지 않으므로 '무방할'로 고친다.
③ ㉢ : 글의 흐름에 어긋나는 내용이므로 삭제한다.
④ ㉣ : 띄어쓰기가 올바르지 않으므로 '오랫 동안'으로 고친다.
⑤ ㉤ : 앞 문장과의 관계를 고려하여 '따라서'로 고친다.

정답 ④

'오랫동안'은 부사 '오래'와 명사 '동안'이 결합하면서 사이시옷이 들어간 합성어이다. 따라서 한 단어이므로 붙여 써야 한다.

풀이 전략!

문장에서 주어와 서술어의 호응 관계가 적절한지 주어와 서술어를 찾아 확인해 보는 연습을 하며, 문서 작성의 원칙과 주의사항은 미리 알아 두는 것이 좋다.

01 다음 글의 밑줄 친 ㉠~㉣의 수정 방안으로 적절하지 않은 것은?

> 사회복지와 근로 의욕의 관계에 대한 조사를 보면 '사회복지와 근로 의욕이 관계가 있다.'는 응답과 '그렇지 않다.'는 응답의 비율이 비슷하게 나타난다. 하지만 기타 의견에 ㉠ 따라 과도한 사회복지는 근로 의욕을 떨어뜨릴 수 있다는 응답이 많았던 것으로 조사되었다. 예를 들어 정부 지원금을 받으나 아르바이트를 하나 비슷한 돈이 나온다면 ㉡ 더군다나 일하지 않고 정부 지원금으로만 먹고사는 사람들이 많이 있다는 것이다. 여기서 주목해야 할 점은 과도한 복지 때문이 아닌 정책상의 문제라는 의견도 있다는 사실이다. 현실적으로 일을 할 수 있는 능력이 있는 사람에게는 ㉢ 최대한의 생계비용 이외의 수입을 인정하고, 빈곤층에서 벗어날 수 있게 지원해주는 것이 개인에게도, 국가에도 바람직한 방식이라는 것이다.
> 이 설문 조사 결과에서 주목해야 할 또 다른 측면은 사회복지 체제가 잘 되어 있을수록 근로 의욕이 떨어진다고 응답한 사람의 절반 이상이 중산층 이상의 경제력을 가지고 있었다는 점이다. 재산이 많은 사람에게는 약간의 세금 확대도 ㉣ 영향이 적을 수 있기 때문에 경제 발전을 위한 세금 확대는 찬성하더라도 복지 정책을 위한 세금 확대는 반대하는 것이다. 이러한 점을 고려해보면 소득 격차 축소를 원하는 국민보다 복지 정책을 위한 세금 확대에 반대하는 국민이 많은 다소 모순된 설문 결과에 대한 설명이 가능하다.

① ㉠ : 호응 관계를 고려하여 '따르면'으로 수정한다.
② ㉡ : 앞뒤 내용의 관계를 고려하여 '차라리'로 수정한다.
③ ㉢ : 전반적인 내용의 흐름을 고려하여 '최소한의'로 수정한다.
④ ㉣ : 일반적인 사실을 말하는 것이므로 '영향이 적기 때문에'로 수정한다.

02 행정기관의 기안문 작성방법이 다음과 같을 때, 적절하지 않은 것은?

〈기안문 작성방법〉

1. 행정기관명 : 그 문서를 기안한 부서가 속한 행정기관명을 기재한다. 행정기관명이 다른 행정기관명과 같은 경우에는 바로 위 상급 행정기관명을 함께 표시할 수 있다.
2. 수신 : 수신자명을 표시하고 그다음에 이어서 괄호 안에 업무를 처리할 보조·보좌 기관의 직위를 표시하되, 그 직위가 분명하지 않으면 ○○업무담당과장 등으로 쓸 수 있다. 다만, 수신자가 많은 경우에는 두문의 수신란에 '수신자 참조'라고 표시하고 결문의 발신명의 다음 줄의 왼쪽 기본선에 맞추어 수신자란을 따로 설치하여 수신자명을 표시한다.
3. (경유) : 경유문서인 경우에 '이 문서의 경유기관의 장은 ○○○(또는 제1차 경유기관의 장은 ○○○, 제2차 경유기관의 장은 ○○○)이고, 최종 수신기관의 장은 ○○○입니다.'라고 표시하고, 경유기관의 장은 제목란에 '경유문서의 이송'이라고 표시하여 순차적으로 이송하여야 한다.
4. 제목 : 그 문서의 내용을 쉽게 알 수 있도록 간단하고, 명확하게 기재한다.
5. 발신명의 : 합의제 또는 독임제 행정기관의 장의 명의를 기재하고, 보조기관 또는 보좌기관 상호 간에 발신하는 문서는 그 보조기관 또는 보좌기관의 명의를 기재한다. 시행할 필요가 없는 내부결재문서는 발신명의를 표시하지 않는다.
6. 기안자·검토자·협조자·결재권자의 직위 / 직급 : 직위가 있는 경우에는 직위를, 직위가 없는 경우에는 직급(각급 행정기관이 6급 이하 공무원의 직급을 대신하여 사용할 수 있도록 정한 대외 직명을 포함한다. 이하 이 서식에서 같다)을 온전하게 쓴다. 다만, 기관장과 부기관장의 직위는 간략하게 쓴다.
7. 시행 처리과명 – 연도별 일련번호(시행일), 접수 처리과명 – 연도별 일련번호(접수일) : 처리과명(처리과가 없는 행정기관은 10자 이내의 행정기관명 약칭)을 기재하고, 시행일과 접수일란에는 연월일을 각각 마침표(.)를 찍어 숫자로 기재한다. 다만, 민원문서인 경우로서 필요한 경우에는 시행일과 접수일란에 시·분까지 기재한다.
8. 우 도로명 주소 : 우편번호를 기재한 다음, 행정기관이 위치한 도로명 및 건물번호 등을 기재하고 괄호 안에 건물 명칭과 사무실이 위치한 층수와 호수를 기재한다.
9. 홈페이지 주소 : 행정기관의 홈페이지 주소를 기재한다.
10. 전화번호( ), 팩스번호( ) : 전화번호와 팩스번호를 각각 기재하되, ( ) 안에는 지역번호를 기재한다. 기관 내부문서의 경우는 구내 전화번호를 기재할 수 있다.
11. 공무원의 전자우편주소 : 행정기관에서 공무원에게 부여한 전자우편주소를 기재한다.
12. 공개구분 : 공개, 부분공개, 비공개로 구분하여 표시한다. 부분공개 또는 비공개인 경우에는 「공공기록물 관리에 관한 법률 시행규칙」 제18조에 따라 '부분공개( )' 또는 '비공개( )'로 표시하고, 「공공기관의 정보공개에 관한 법률」 제9조 제1항 각 호의 번호 중 해당 번호를 괄호 안에 표시한다.
13. 관인생략 등 표시 : 발신명의의 오른쪽에 관인생략 또는 서명생략을 표시한다.

① 기안자 또는 협조자의 직위가 없는 경우 직급을 기재한다.

② 연월일 날짜 뒤에는 각각 마침표(.)를 찍는다.

③ 도로명 주소를 먼저 기재한 후 우편번호를 기재한다.

④ 행정기관에서 부여한 전자우편주소를 기재해야 한다.

03 다음 글의 밑줄 친 ㉠~㉣의 수정 방안으로 적절하지 않은 것은?

> '오투오(O2O; Online to Off-line) 서비스'는 모바일 기기를 통해 소비자와 사업자를 유기적으로 이어주는 서비스를 말한다. 어디에서든 실시간으로 서비스가 가능하다는 편리함 때문에 최근 오투오 서비스의 이용자가 증가하고 있다. 스마트폰에 설치된 앱으로 택시를 부르거나 배달 음식을 주문하는 것 등이 대표적인 예이다.
>
> 오투오 서비스 운영 업체는 스마트폰에 설치된 앱을 매개로 소비자와 사업자에게 필요한 서비스를 ㉠ 제공받고 있다. 이를 통해 소비자는 시간이나 비용을 절약할 수 있게 되었고, 사업자는 홍보 및 유통 비용을 줄일 수 있게 되었다. 이처럼 소비자와 사업자 모두에게 경제적으로 유리한 환경이 조성되어 서비스 이용자가 ㉡ 증가함으로써 오투오 서비스 운영 업체도 많은 수익을 낼 수 있게 되었다.
>
> ㉢ 게다가 오투오 서비스 시장이 성장하면서 여러 문제들이 발생하고 있다. ㉣ 또한 오투오 서비스 운영 업체의 경우에는 오프라인으로 유사한 서비스를 제공하는 기존 업체와의 갈등이 발생하고 있다. 소비자의 경우 신뢰성이 떨어지는 정보나 기대에 부응하지 못하는 서비스를 제공받는 사례가 늘어나고 있고, 사업자의 경우 관련 법규가 미비하여 수수료 문제로 오투오 서비스 운영 업체와 마찰이 생기는 사례도 증가하고 있다.
>
> 이를 해결하기 위해 소비자는 오투오 서비스에서 제공한 정보가 믿을 만한 것인지를 꼼꼼히 따져 합리적으로 소비하는 태도가 필요하고, 사업자는 수수료와 관련된 오투오 서비스 운영 업체와의 마찰을 해결하기 위한 다양한 방법을 강구해야 한다. 오투오 서비스 운영 업체 역시 기존 업체들과의 갈등을 조정하기 위한 구체적인 노력들이 필요하다.
>
> 스마트폰 사용자가 늘어나고 있는 추세를 고려할 때, 오투오 서비스 산업의 성장을 저해하는 문제점들을 해결해 나가면 앞으로 오투오 서비스 시장 규모는 더 커질 것으로 예상된다.

① ㉠ : 문맥을 고려하여 '제공하고'로 수정한다.

② ㉡ : 격조사의 쓰임이 적절하지 않으므로 '증가함으로서'로 수정한다.

③ ㉢ : 앞 문단과의 내용을 고려하여 '하지만'으로 수정한다.

④ ㉣ : 글의 흐름을 고려하여 뒤의 문장과 위치를 바꾼다.

CHAPTER 02

수리능력

합격 Cheat Key

수리능력은 사칙 연산·통계·확률의 의미를 정확하게 이해하고 이를 업무에 적용하는 능력으로, 기초 연산과 기초 통계, 도표 분석 및 작성의 문제 유형으로 출제된다. 수리능력 역시 채택하지 않는 공사·공단이 거의 없을 만큼 필기시험에서 중요도가 높은 영역이다.

특히, 난이도가 높은 공사·공단의 시험에서는 도표 분석, 즉 자료 해석 유형의 문제가 많이 출제되고 있고, 응용 수리 역시 꾸준히 출제하는 공사·공단이 많기 때문에 기초 연산과 기초 통계에 대한 공식의 암기와 자료 해석 능력을 기를 수 있는 꾸준한 연습이 필요하다.

1 응용 수리의 공식은 반드시 암기하라!

응용 수리는 공사·공단마다 출제되는 문제는 다르지만, 사용되는 공식은 비슷한 경우가 많으므로 자주 출제되는 공식을 반드시 암기하여야 한다. 문제에서 묻는 것을 정확하게 파악하여 그에 맞는 공식을 적절하게 적용하는 꾸준한 노력과 공식을 암기하는 연습이 필요하다.

2 자료의 해석은 자료에서 즉시 확인할 수 있는 지문부터 확인하라!

수리능력 중 도표 분석, 즉 자료 해석 능력은 많은 시간을 필요로 하는 문제가 출제되므로, 증가・감소 추이와 같이 눈으로 확인이 가능한 지문을 먼저 확인한 후 복잡한 계산이 필요한 지문을 확인하는 방법으로 문제를 풀이한다면 시간을 조금이라도 아낄 수 있다. 또한, 여러 가지 보기가 주어진 문제 역시 지문을 잘 확인하고 문제를 풀이한다면 불필요한 계산을 생략할 수 있으므로 항상 지문부터 확인하는 습관을 들여야 한다.

3 도표 작성에서는 지문에 작성된 도표의 제목을 반드시 확인하라!

도표 작성은 하나의 자료 혹은 보고서와 같은 수치가 표현된 자료를 도표로 작성하는 형식으로 출제되는데, 대체로 표보다는 그래프를 작성하는 형태로 많이 출제된다. 지문을 살펴보면 각 지문에서 주어진 도표에도 소제목이 있는 경우가 대부분이다. 이때, 자료의 수치와 도표의 제목이 일치하지 않는 경우 함정이 존재하는 문제일 가능성이 높으므로 도표의 제목을 반드시 확인하는 것이 중요하다.

출제유형분석

01 응용 수리

| 유형분석 |

- 문제에서 제공하는 정보를 파악한 뒤, 사칙연산을 활용하여 계산하는 전형적인 수리문제이다.
- 문제를 풀기 위한 정보가 산재되어 있는 경우가 많으므로 주어진 조건 등을 꼼꼼히 확인해야 한다.

세희네 가족의 올해 휴가비용은 작년 대비 교통비는 15%, 숙박비는 24% 증가하였고, 전체 휴가비용은 20% 증가하였다. 작년 전체 휴가비용이 36만 원일 때, 올해 숙박비는?(단, 전체 휴가비는 교통비와 숙박비의 합이다)

① 160,000원
② 184,000원
③ 200,000원
④ 248,000원
⑤ 268,000원

정답 ④

작년 교통비를 x원, 숙박비를 y원이라 하자.

$1.15x+1.24y=1.2(x+y)$ ⋯ ㉠

$x+y=36$ ⋯ ㉡

㉠과 ㉡을 연립하면 $x=16$, $y=20$이다.

따라서 올해 숙박비는 $20\times1.24=24.8$만 원이다.

풀이 전략!

문제에서 묻는 바를 정확하게 확인한 후, 필요한 조건 또는 정보를 구분하여 신속하게 풀어 나간다. 단, 계산에 착오가 생기지 않도록 유의한다.

출제유형분석 01 실전예제

01 출입국관리사무소에서는 우리나라에 입국한 외국인을 조사하고 있다. 당일 조사한 결과 외국인 100명 중 중국인은 30%였고, 관광을 목적으로 온 외국인은 20%였으며, 중국인을 제외한 외국인 중 관광을 목적으로 온 사람은 20%였다. 임의로 중국인 1명을 조사할 때, 관광을 목적으로 온 사람일 확률은?

① $\frac{1}{2}$　　② $\frac{1}{3}$

③ $\frac{1}{4}$　　④ $\frac{1}{5}$

02 서울에 사는 A씨는 여름휴가를 맞이하여 남해로 가족여행을 떠났다. 다음 〈조건〉을 고려할 때, 구간단속구간의 제한 속도는?

조건

- 서울에서 남해까지 거리는 390km이며, 30km 구간단속구간이 있다.
- 일반구간에서 시속 80km를 유지하며 운전하였다.
- 구간단속구간에서는 제한 속도를 유지하며 운전하였다.
- 한 번도 쉬지 않았으며, 출발한 지 5시간 만에 남해에 도착하였다.

① 60km/h　　② 65km/h

③ 70km/h　　④ 75km/h

03 농도를 알 수 없는 설탕물 500g에 3%의 설탕물 200g을 온전히 섞었더니 섞은 설탕물의 농도는 7%가 되었다. 처음 500g의 설탕물에 녹아있던 설탕은 몇 g인가?

① 40g　　② 41g

③ 42g　　④ 43g

04 신영이는 제주도로 여행을 갔다. A호텔에서 B공원까지 거리는 지도상에서 10cm이고, 지도의 축척은 1 : 50,000이다. 신영이가 30km/h의 속력으로 자전거를 타고 갈 때, A호텔에서 출발하여 B공원에 도착하는 데 걸리는 시간은?

① 10분 ② 15분
③ 20분 ④ 25분

05 30명의 남학생 중에서 16명, 20명의 여학생 중에서 14명이 수학여행으로 국외를 선호하였다. 전체 50명의 학생 중 임의로 선택한 한 명이 국내 여행을 선호하는 학생일 때, 이 학생이 남학생일 확률은?

① $\frac{3}{5}$ ② $\frac{7}{10}$
③ $\frac{4}{5}$ ④ $\frac{9}{10}$

06 K공사에 근무 중인 S사원은 업무 계약 건으로 출장을 가야 한다. 시속 75km로 이동하던 중 점심시간이 되어 전체 거리의 40% 지점에 위치한 휴게소에서 30분 동안 점심을 먹었다. 시계를 확인하니 약속된 시간에 늦을 것 같아 시속 25km를 더 올려 이동하였더니, 출장지까지 총 3시간 20분이 걸려 도착하였다. K공사에서 출장지까지의 거리는?

① 100km ② 150km
③ 200km ④ 250km

07 K식품업체에서 일하고 있는 용선이가 속한 부서는 추석을 앞두고 약 1,200개 제품의 포장 작업을 해야 한다. 손으로 포장하면 하나에 3분이 걸리고 기계로 포장하면 2분이 걸리는데 기계를 이용하면 포장 100개마다 50분을 쉬어야 한다. 만약 휴식 없이 연속해서 작업을 한다고 할 때, 가장 빨리 작업을 마치는 데 시간이 얼마나 필요하겠는가?(단, 두 가지 작업은 병행할 수 있다)

① 24시간
② 25시간
③ 26시간
④ 27시간

08 K카페는 평균 고객이 하루에 100명이다. 모든 고객은 음료를 포장을 하거나 카페 내에서 음료를 마신다. 한 사람당 평균 6,400원을 소비하며 카페 내에서 음료를 마시는 고객은 한 사람당 서비스 비용이 평균적으로 1,500원이 들고 가게 유지 비용은 하루에 53만 5천 원이 든다. 이 경우 하루에 수익이 발생할 수 있는 포장 고객은 최소 몇 명인가?

① 28명
② 29명
③ 30명
④ 31명

09 경언이는 고향인 진주에서 서울로 올라오려고 한다. 오전 8시에 출발하여 우등버스를 타고 340km를 달려 서울 고속터미널에 도착하였는데, 원래 도착 예정시간보다 2시간이 늦어졌다. 도착 예정시간은 평균 100km/h로 달리고 휴게소에서 30분 쉬는 것으로 계산되었으나 실제로 휴게소에서 36분을 쉬었다고 한다. 이때, 진주에서 서울로 이동하는 동안 경언이가 탄 버스의 평균 속도는?

① 약 49km/h
② 약 53km/h
③ 약 57km/h
④ 약 64km/h

PART 1

출제유형분석

02 자료 계산

| 유형분석 |

- 문제에 주어진 도표를 분석하여 각 선택지의 값을 계산해 정답 유무를 판단하는 문제이다.
- 주로 그래프와 표로 제시되며, 경영·경제·산업 등과 관련된 최신 이슈를 많이 다룬다.
- 자료 간의 증감률·비율·추세 등을 자주 묻는다.

다음은 K국의 부양인구비를 나타낸 자료이다. 2023년 15세 미만 인구 대비 65세 이상 인구의 비율은 얼마인가?(단, 비율은 소수점 둘째 자리에서 반올림한다)

〈부양인구비〉

구분	2019년	2020년	2021년	2022년	2023년
부양비	37.3	36.9	36.8	36.8	36.9
유소년부양비	22.2	21.4	20.7	20.1	19.5
노년부양비	15.2	15.6	16.1	16.7	17.3

※ (유소년부양비)$=\frac{\text{(15세 미만 인구)}}{\text{(15 ~ 64세 인구)}}\times 100$

※ (노년부양비)$=\frac{\text{(65세 이상 인구)}}{\text{(15 ~ 64세 인구)}}\times 100$

① 72.4% ② 77.6%

③ 81.5% ④ 88.7%

정답 ④

2023년 15세 미만 인구를 x명, 65세 이상 인구를 y명, 15 ~ 64세 인구를 a명이라 하면,

15세 미만 인구 대비 65세 이상 인구 비율은 $\frac{y}{x}\times 100$이므로

(2023년 유소년부양비)$=\frac{x}{a}\times 100=19.5 \rightarrow a=\frac{x}{19.5}\times 100 \cdots$ ㉠

(2023년 노년부양비)$=\frac{y}{a}\times 100=17.3 \rightarrow a=\frac{y}{17.3}\times 100 \cdots$ ㉡

㉠, ㉡을 연립하면 $\frac{x}{19.5}=\frac{y}{17.3} \rightarrow \frac{y}{x}=\frac{17.3}{19.5}$이므로, 15세 미만 인구 대비 65세 이상 인구의 비율은 $\frac{17.3}{19.5}\times 100 \fallingdotseq 88.7\%$이다.

풀이 전략!

선택지를 먼저 읽고 필요한 정보를 도표에서 확인하도록 하며, 계산이 필요한 경우에는 실제 수치를 사용하여 복잡한 계산을 하는 대신, 대소 관계의 비교나 선택지의 옳고 그름만을 판단할 수 있을 정도로 간소화하여 계산해 풀이시간을 단축할 수 있도록 한다.

01 다음은 2020 ~ 2022년 4개 국가의 관광 수입 및 지출을 나타낸 자료이다. 2021년 관광 수입이 가장 많은 국가와 가장 적은 국가의 2022년 관광지출 대비 관광 수입 비율의 차이는 얼마인가?(단, 소수점 둘째 자리에서 반올림한다)

〈국가별 관광 수입 및 지출〉

(단위 : 백만 달러)

구분	관광 수입			관광 지출		
	2020년	2021년	2022년	2020년	2021년	2022년
한국	15,214	17,300	13,400	25,300	27,200	30,600
중국	44,969	44,400	32,600	249,800	250,100	257,700
홍콩	36,150	32,800	33,300	23,100	24,100	25,400
인도	21,013	22,400	27,400	14,800	16,400	18,400

① 27.5%p ② 28.3%p

③ 30.4%p ④ 31.1%p

02 다음은 매년 해외·국내여행 평균횟수에 대해 연령대별 50명씩 설문조사한 결과이다. 빈칸에 들어갈 수치로 옳은 것은?(단, 각 수치는 매년 일정한 규칙으로 변화한다)

〈연령대별 해외·국내여행 평균횟수〉

(단위 : 회)

구분	2016년	2017년	2018년	2019년	2020년	2021년
20대	35.9	35.2	40.7	42.2	38.4	37.0
30대	22.3	21.6	24.8	22.6	20.9	24.1
40대	19.2	24.0	23.7	20.4	24.8	22.9
50대	27.6	28.8	30.0	31.2		33.6
60대 이상	30.4	30.8	28.2	27.3	24.3	29.4

① 32.4 ② 33.1

③ 34.2 ④ 34.5

03 귀하는 각 생산부서의 사업평가 자료를 취합하였는데 커피를 흘려 자료의 일부가 훼손되었다. 다음 중 (가) ~ (라)에 들어갈 수치로 옳은 것은?(단, 인건비와 재료비 이외의 투입요소는 없다)

〈사업평가 자료〉

구분	목표량	인건비	재료비	산출량	효과성 순위	효율성 순위
A부서	(가)	200	50	500	3	2
B부서	1,000	(나)	200	1,500	2	1
C부서	1,500	1,200	(다)	3,000	1	3
D부서	1,000	300	500	(라)	4	4

※ (효과성)=(산출량)÷(목표량)

※ (효율성)=(산출량)÷(투입량)

	(가)	(나)	(다)	(라)
①	300	500	800	800
②	500	800	300	800
③	800	500	300	300
④	500	300	800	800

04 다음은 2023년 우리나라의 LPCD(Liter Per Capita Day)에 대한 자료이다. 1인 1일 사용량에서 영업용 사용량이 차지하는 비중과 1인 1일 가정용 사용량의 하위 두 항목이 차지하는 비중을 순서대로 나열한 것은?(단, 소수점 셋째 자리에서 반올림한다)

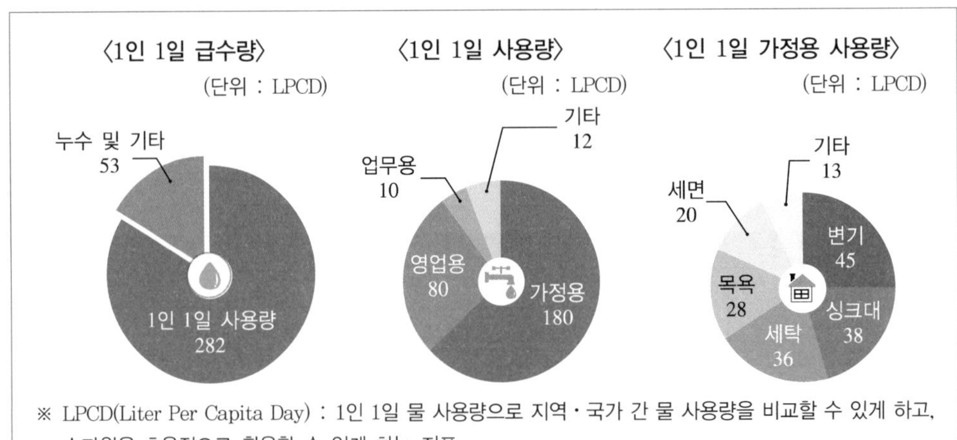

※ LPCD(Liter Per Capita Day) : 1인 1일 물 사용량으로 지역·국가 간 물 사용량을 비교할 수 있게 하고, 수자원을 효율적으로 활용할 수 있게 하는 지표

① 27.57%, 16.25%
② 27.57%, 19.24%
③ 28.37%, 18.33%
④ 28.37%, 19.24%

05 다음은 2023년 방송산업 종사자 수를 나타낸 자료이다. 2023년 추세에 언급되지 않은 분야의 인원은 고정되어 있었다고 할 때, 2022년 방송산업 종사자 수는 모두 몇 명인가?

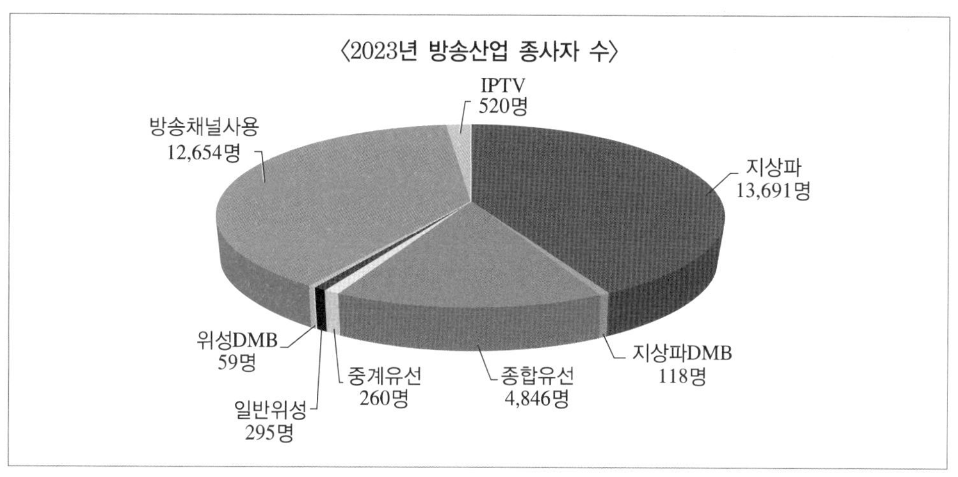

〈2023년 추세〉

지상파 방송사(지상파DMB 포함)는 전년보다 301명(2.2%p)이 증가한 것으로 나타났다. 직종별로 방송직에서는 PD(1.4%p 감소)와 아나운서(1.1%p 감소), 성우, 작가, 리포터, 제작지원 등의 기타 방송직(5%p 감소)이 감소했으나, 카메라, 음향, 조명, 미술, 편집 등의 제작관련직(4.8%p 증가)과 기자(0.5%p 증가)는 증가하였다. 그리고 영업홍보직(13.5%p 감소), 기술직(6.1%p 감소), 임원(0.7%p 감소)은 감소했으나, 연구직(11.7%p 증가)과 관리행정직(5.8%p 증가)은 증가했다.

① 20,081명 ② 24,550명

③ 32,142명 ④ 36,443명

출제유형분석

03 자료 이해

| 유형분석 |

- 제시된 표를 분석하여 선택지의 정답 유무를 판단하는 문제이다.
- 표의 수치 등을 통해 변화량이나 증감률, 비중 등을 비교하여 판단하는 문제가 자주 출제된다.
- 지원하고자 하는 기업이나 산업과 관련된 자료 등이 문제의 자료로 많이 다뤄진다.

다음은 도시폐기물량 상위 10개국의 도시폐기물량지수와 한국의 도시폐기물량을 나타낸 자료이다. 이에 대한 〈보기〉 중 옳은 것을 모두 고르면?

〈도시폐기물량 상위 10개국의 도시폐기물량지수〉

순위	2020년		2021년		2022년		2023년	
	국가	지수	국가	지수	국가	지수	국가	지수
1	미국	12.05	미국	11.94	미국	12.72	미국	12.73
2	러시아	3.40	러시아	3.60	러시아	3.87	러시아	4.51
3	독일	2.54	브라질	2.85	브라질	2.97	브라질	3.24
4	일본	2.53	독일	2.61	독일	2.81	독일	2.78
5	멕시코	1.98	일본	2.49	일본	2.54	일본	2.53
6	프랑스	1.83	멕시코	2.06	멕시코	2.30	멕시코	2.35
7	영국	1.76	프랑스	1.86	프랑스	1.96	프랑스	1.91
8	이탈리아	1.71	영국	1.75	이탈리아	1.76	터키	1.72
9	터키	1.50	이탈리아	1.73	영국	1.74	영국	1.70
10	스페인	1.33	터키	1.63	터키	1.73	이탈리아	1.40

※ $(\text{도시폐기물량지수})=\frac{(\text{해당 연도 해당 국가의 도시폐기물량})}{(\text{해당 연도 한국의 도시폐기물량})}$

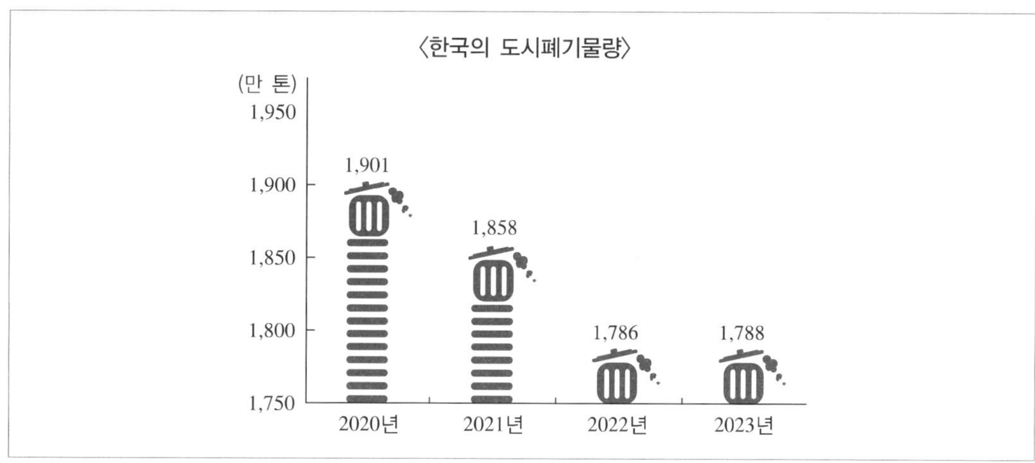

PART 1

보기

㉠ 2023년 도시폐기물량은 미국이 일본의 4배 이상이다.
㉡ 2022년 러시아의 도시폐기물량은 8,000만 톤 이상이다.
㉢ 2023년 스페인의 도시폐기물량은 2020년에 비해 감소하였다.
㉣ 영국의 도시폐기물량은 터키의 도시폐기물량보다 매년 많다.

① ㉠, ㉢　　② ㉠, ㉣
③ ㉡, ㉢　　④ ㉢, ㉣

정답 ①

㉠ 제시된 자료의 각주에 의해 같은 해의 각국의 도시폐기물량지수는 그 해 한국의 도시폐기물량을 기준해 도출된다. 즉, 같은 해의 여러 국가의 도시폐기물량을 비교할 때 도시폐기물량지수로도 비교가 가능하다. 2023년 미국과 일본의 도시폐기물량지수는 각각 12.73, 2.53이며, 2.53×4=10.12<12.73이므로 옳은 설명이다.

㉢ 2020년 한국의 도시폐기물량은 1,901만 톤이므로 2020년 스페인의 도시폐기물량은 1,901×1.33=2,528.33만 톤이다. 도시폐기물량 상위 10개국의 도시폐기물량지수 자료를 보면 2023년 스페인의 도시폐기물량지수는 상위 10개국에 포함되지 않았음을 확인할 수 있다. 즉, 스페인의 도시폐기물량은 도시폐기물량지수 10위인 이탈리아의 도시폐기물량보다 적다. 2023년 한국의 도시폐기물량은 1,788만 톤이므로 이탈리아의 도시폐기물량은 1,788×1.40=2,503.2만 톤이다. 즉, 2023년 이탈리아의 도시폐기물량은 2020년 스페인의 도시폐기물량보다 적다. 따라서 2023년 스페인의 도시폐기물량은 2020년에 비해 감소했다.

오답분석

㉡ 2022년 한국의 도시폐기물량은 1,786만 톤이므로 2022년 러시아의 도시폐기물량은 1,786×3.87=6,911.82만 톤이다.
㉣ 2023년의 경우 터키의 도시폐기물량지수는 영국보다 높다. 따라서 2023년 영국의 도시폐기물량은 터키의 도시폐기물량보다 적다.

풀이 전략!

평소 변화량이나 증감률, 비중 등을 구하는 공식을 알아두고 있어야 하며, 지원하는 기업이나 산업에 관한 자료 등을 확인하여 비교하는 연습 등을 한다.

01 다음은 연도별 관광통역 안내사 자격증 취득현황을 나타낸 자료이다. 〈보기〉 중 이에 대한 설명으로 옳지 않은 것을 모두 고르면?

〈연도별 관광통역 안내사 자격증 취득현황〉

(단위 : 명)

구분	영어	일어	중국어	불어	독어	스페인어	러시아어	베트남어	태국어
2022년	464	153	1,418	6	3	3	6	5	15
2021년	344	137	1,963	7	3	4	5	5	17
2020년	379	266	2,468	3	1	4	6	15	35
2019년	238	244	1,160	3	4	3	4	4	8
2018년	166	278	698	2	3	2	3	–	12
2017년	156	357	370	2	2	1	5	1	4
합계	1,747	1,435	8,077	23	16	17	29	30	91

보기

ㄱ. 영어와 스페인어 관광통역 안내사 자격증 취득자는 2018년부터 2022년까지 매년 증가하였다.

ㄴ. 중국어 관광통역 안내사 자격증 취득자는 2020년부터 2022년까지 매년 일어 관광통역 안내사 자격증 취득자의 8배 이상이다.

ㄷ. 태국어 관광통역 안내사 자격증 취득자 수 대비 베트남어 관광통역 안내사 자격증 취득자 수 비율은 2019년부터 2021년까지 매년 증가하였다.

ㄹ. 불어 관광통역 안내사 자격증 취득자 수와 스페인어 관광통역 안내사 자격증 취득자 수는 2018년부터 2022년까지 전년 대비 증감추이가 동일하다.

① ㄱ
② ㄴ, ㄹ
③ ㄱ, ㄷ
④ ㄱ, ㄷ, ㄹ

02 다음은 동일한 상품군을 판매하는 백화점과 TV홈쇼핑의 상품군별 2023년 판매수수료율에 대한 자료이다. 〈보기〉 중 이에 대한 설명으로 옳은 것을 모두 고르면?

〈백화점 판매수수료율 순위〉

(단위 : %)

판매수수료율 상위 5개			판매수수료율 하위 5개		
순위	상품군	판매수수료율	순위	상품군	판매수수료율
1	셔츠	33.9	1	디지털기기	11.0
2	레저용품	32.0	2	대형가전	14.4
3	잡화	31.8	3	소형가전	18.6
4	여성정장	31.7	4	문구	18.7
5	모피	31.1	5	신선식품	20.8

〈TV홈쇼핑 판매수수료율 순위〉

(단위 : %)

판매수수료율 상위 5개			판매수수료율 하위 5개		
순위	상품군	판매수수료율	순위	상품군	판매수수료율
1	셔츠	42.0	1	여행패키지	8.4
2	여성캐주얼	39.7	2	디지털기기	21.9
3	진	37.8	3	유아용품	28.1
4	남성정장	37.4	4	건강용품	28.2
5	화장품	36.8	5	보석	28.7

보기

㉠ 백화점과 TV홈쇼핑 모두 셔츠 상품군의 판매수수료율이 전체 상품군 중 가장 높았다.
㉡ 여성정장 상품군과 모피 상품군의 판매수수료율은 TV홈쇼핑이 백화점보다 더 낮았다.
㉢ 디지털기기 상품군의 판매수수료율은 TV홈쇼핑이 백화점보다 더 높았다.
㉣ 여행패키지 상품군의 판매수수료율은 백화점이 TV홈쇼핑의 2배 이상이었다.

① ㉠, ㉡　　② ㉠, ㉢
③ ㉡, ㉣　　④ ㉠, ㉢, ㉣

03 다음은 민간 분야 사이버 침해사고 발생현황에 대한 자료이다. 〈보기〉 중 이에 대한 설명으로 옳지 않은 것을 모두 고르면?

〈민간 분야 사이버 침해사고 발생현황〉

(단위 : 건)

구분	2020년	2021년	2022년	2023년
홈페이지 변조	6,490	10,148	5,216	3,727
스팸릴레이	1,163	988	731	365
기타 해킹	3,175	2,743	4,126	2,961
단순침입시도	2,908	3,031	3,019	2,783
피싱 경유지	2,204	4,320	3,043	1,854
전체	15,940	21,230	16,135	11,690

보기

ㄱ. 단순침입시도 분야의 침해사고는 매년 스팸릴레이 분야의 침해사고 건수의 두 배 이상이다.
ㄴ. 2020년 대비 2023년 침해사고 건수가 50%p 이상 감소한 분야는 2개 분야이다.
ㄷ. 2022년 홈페이지 변조 분야의 침해사고 건수가 차지하는 비중은 35% 이하이다.
ㄹ. 2021년 대비 2023년은 모든 분야의 침해사고 건수가 감소하였다.

① ㄱ, ㄴ　　② ㄱ, ㄹ
③ ㄴ, ㄹ　　④ ㄷ, ㄹ

04 다음은 출생, 사망 추이를 나타낸 자료이다. 이에 대한 설명으로 옳지 않은 것은?

〈출생, 사망 추이〉

구분		2017년	2018년	2019년	2020년	2021년	2022년	2023년
출생아 수(명)		490,543	472,761	435,031	448,153	493,189	465,892	444,849
사망자 수(명)		244,506	244,217	243,883	242,266	244,874	246,113	246,942
기대수명(년)		77.44	78.04	78.63	79.18	79.56	80.08	80.55
수명	남자(년)	73.86	74.51	75.14	75.74	76.13	76.54	76.99
	여자(년)	80.81	81.35	81.89	82.36	82.73	83.29	83.77

① 출생아 수는 2017년 이후 감소하다가 2020년, 2021년에 증가 이후 다시 감소하고 있다.
② 매년 기대수명은 증가하고 있다.
③ 남자와 여자의 수명은 매년 5년 이상의 차이를 보이고 있다.
④ 매년 출생아 수는 사망자 수보다 20만 명 이상 더 많으므로 매년 총 인구는 20만 명 이상씩 증가한다고 볼 수 있다.

05 다음은 연령별 선물환거래 금액 비율을 나타낸 자료이다. 이에 대한 설명으로 옳은 것은?

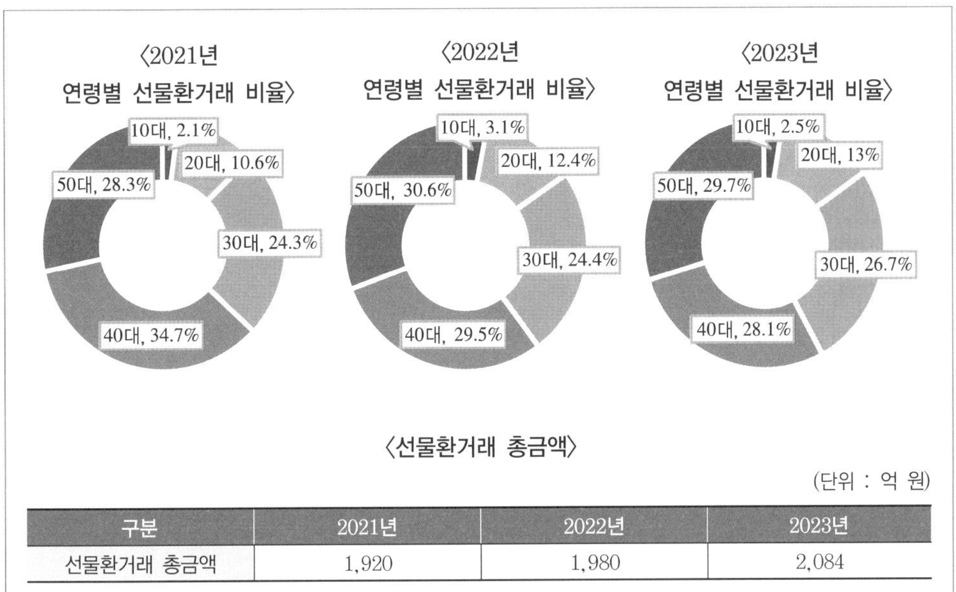

〈선물환거래 총금액〉

(단위 : 억 원)

구분	2021년	2022년	2023년
선물환거래 총금액	1,920	1,980	2,084

① 2022 ~ 2023년의 전년 대비 10대와 20대의 선물환거래 금액 비율 증감 추이는 같다.

② 2022년 대비 2023년의 50대의 선물환거래 금액 증가량은 13억 원 이상이다.

③ 2022 ~ 2023년 동안 전년 대비 매년 40대의 선물환거래 금액은 지속적으로 감소하고 있다.

④ 2023년 10 ~ 40대의 선물환거래 금액 총비율은 2022년 50대의 비율의 2.5배 이상이다.

CHAPTER 03

문제해결능력

합격 Cheat Key

문제해결능력은 업무를 수행하면서 여러 가지 문제 상황이 발생하였을 때, 창의적이고 논리적인 사고를 통하여 이를 올바르게 인식하고 적절히 해결하는 능력으로, 하위 능력에는 사고력과 문제처리능력이 있다.

문제해결능력은 NCS 기반 채용을 진행하는 대다수의 공사·공단에서 채택하고 있으며, 다양한 자료와 함께 출제되는 경우가 많아 어렵게 느껴질 수 있다. 특히, 난이도가 높은 문제로 자주 출제되기 때문에 다른 영역보다 더 많은 노력이 필요할 수는 있지만 그렇기에 차별화를 할 수 있는 득점 영역이므로 포기하지 말고 꾸준하게 노력해야 한다.

1 질문의 의도를 정확하게 파악하라!

문제해결능력은 문제에서 무엇을 묻고 있는지 정확하게 파악하여 먼저 풀이 방향을 설정하는 것이 가장 중요하다. 특히, 조건이 주어지고 답을 찾는 창의적·분석적인 문제가 주로 출제되고 있기 때문에 처음에 정확한 풀이 방향이 설정되지 않는다면 문제를 제대로 풀지 못하게 되므로 첫 번째로 출제 의도 파악에 집중해야 한다.

2 중요한 정보는 반드시 표시하라!

출제 의도를 정확히 파악하기 위해서는 문제의 중요한 정보를 반드시 표시하거나 메모하여 하나의 조건, 단서도 잊고 넘어가는 일이 없도록 해야 한다. 실제 시험에서는 시간의 압박과 긴장감으로 정보를 잘못 적용하거나 잊어버리는 실수가 많이 발생하므로 사전에 충분한 연습이 필요하다.

3 반복 풀이를 통해 취약 유형을 파악하라!

문제해결능력은 특히 시간관리가 중요한 영역이다. 따라서 정해진 시간 안에 고득점을 할 수 있는 효율적인 문제 풀이 방법을 찾아야 한다. 이때, 반복적인 문제 풀이를 통해 자신이 취약한 유형을 파악하는 것이 중요하다. 정확하게 풀 수 있는 문제부터 빠르게 풀고 취약한 유형은 나중에 푸는 효율적인 문제 풀이를 통해 최대한 고득점을 맞는 것이 중요하다.

출제유형분석

01 명제 추론

| 유형분석 |

- 주어진 조건을 토대로 논리적으로 추론하여 참 또는 거짓을 구분하는 문제이다.
- 자료를 제시하고 새로운 결과나 자료에 주어지지 않은 내용을 추론해 가는 형식의 문제가 출제된다.

K공사는 공휴일 세미나 진행을 위해 인근의 가게 A ~ F에서 필요한 물품을 구매하고자 한다. 다음 〈조건〉을 참고할 때, 공휴일에 영업하는 가게의 수는?

조건

- C는 공휴일에 영업하지 않는다.
- B가 공휴일에 영업하지 않으면, C와 E는 공휴일에 영업한다.
- E 또는 F가 영업하지 않는 날이면, D는 영업한다.
- B가 공휴일에 영업하면, A와 E는 공휴일에 영업하지 않는다.
- B와 F 중 한 곳만 공휴일에 영업한다.

① 2곳 ② 3곳
③ 4곳 ④ 5곳
⑤ 6곳

정답 ①

주어진 조건을 순서대로 논리 기호화하면 다음과 같다.

- 첫 번째 조건 : ~C
- 두 번째 조건 : ~B → (C ∧ E)
- 세 번째 조건 : (~E ∨ ~F) → D
- 네 번째 조건 : B → (~A ∧ ~E)

첫 번째 조건이 참이므로 두 번째 조건의 대우[(~C ∨ ~E) → B]에 따라 B는 공휴일에 영업한다. 이때 네 번째 조건에 따라 A와 E는 영업하지 않고, 다섯 번째 조건에 따라 F도 영업하지 않는다. 마지막으로 세 번째 조건에 따라 D는 영업한다. 따라서 공휴일에 영업하는 가게는 B와 D 2곳이다.

풀이 전략!

조건과 관련한 기본적인 논법에 대해서는 미리 학습해 두며, 이를 바탕으로 각 문장에 있는 핵심단어 또는 문구를 기호화하여 정리한 후, 선택지와 비교하여 참 또는 거짓을 판단한다. 또한, 이를 바탕으로 문제에서 구하고자 하는 내용을 추론 및 분석한다.

출제유형분석 01 실전예제

01 세미는 1박 2일로 경주 여행을 떠나 불국사, 석굴암, 안압지, 첨성대 유적지를 방문했다. 다음 〈조건〉에 따를 때, 세미의 유적지 방문 순서가 될 수 없는 것은?

조건

- 첫 번째로 방문한 곳은 석굴암, 안압지 중 한 곳이었다.
- 여행 계획대로라면 첫 번째로 석굴암을 방문했을 때, 두 번째로는 첨성대에 방문하기로 되어 있었다.
- 두 번째로 방문한 곳이 안압지가 아니라면, 불국사도 아니었다.
- 세 번째로 방문한 곳은 석굴암이 아니었다.
- 세 번째로 방문한 곳이 첨성대라면, 첫 번째로 방문한 곳은 불국사였다.
- 마지막으로 방문한 곳이 불국사라면, 세 번째로 방문한 곳은 안압지였다.

① 안압지 – 첨성대 – 불국사 – 석굴암
② 안압지 – 석굴암 – 첨성대 – 불국사
③ 안압지 – 석굴암 – 불국사 – 첨성대
④ 석굴암 – 첨성대 – 안압지 – 불국사

02 중학생 50명을 대상으로 한 해외여행에 대한 설문조사 결과가 〈조건〉과 같을 때, 다음 중 항상 참인 것은?

조건

- 미국을 여행한 사람이 가장 많다.
- 일본을 여행한 사람은 미국 또는 캐나다 여행을 했다.
- 중국과 캐나다를 모두 여행한 사람은 없다.
- 일본을 여행한 사람의 수가 캐나다를 여행한 사람의 수보다 많다.

① 일본을 여행한 사람보다 중국을 여행한 사람이 더 많다.
② 일본을 여행했지만 미국을 여행하지 않은 사람은 중국을 여행하지 않았다.
③ 미국을 여행한 사람의 수는 일본 또는 중국을 여행한 사람보다 많다.
④ 중국을 여행한 사람은 일본을 여행하지 않았다.

PART 1

03 고용노동부와 K공사가 주관한 서울관광채용박람회의 해외채용관에는 8개의 부스가 마련되어 있다. A호텔, B호텔, C항공사, D항공사, E여행사, F여행사, G면세점, H면세점이 〈조건〉에 따라 8개의 부스에 각각 위치하고 있을 때, 다음 중 항상 참인 것은?

조건

- 같은 종류의 업체는 같은 라인에 위치할 수 없다.
- A호텔과 B호텔은 복도를 사이에 두고 마주 보고 있다.
- G면세점과 H면세점은 양 끝에 위치하고 있다.
- E여행사 반대편에 위치한 H면세점은 F여행사와 나란히 위치하고 있다.
- C항공사는 제일 앞번호의 부스에 위치하고 있다.

[부스 위치]

1	2	3	4
복도			
5	6	7	8

① A호텔은 면세점 옆에 위치하고 있다.

② B호텔은 여행사 옆에 위치하고 있다.

③ C항공사는 여행사 옆에 위치하고 있다.

④ D항공사는 E여행사와 나란히 위치하고 있다.

04 A는 사내 여행 동아리의 회원이고 이번 주말에 반드시 여행에 참가할 계획이다. 다음 〈조건〉에 따라 회원들이 여행에 참가할 때, 여행에 참석하는 사람을 모두 고르면?

조건

- C가 여행에 참가하지 않으면, A도 참가하지 않는다.
- E가 여행에 참가하지 않으면, B는 여행에 참가한다.
- D가 여행에 참가하지 않으면, B도 여행에 참가하지 않는다.
- E가 여행에 참가하면, C는 참가하지 않는다.

① A, B　　② A, B, C

③ A, B, D　　④ A, B, C, D

05 이번 학기에 4개의 강좌 A ~ D가 새로 개설되는데, 강사 갑 ~ 무 중 4명이 한 강좌씩 맡으려 한다. 배정 결과를 궁금해 하는 5명은 다음과 같이 예측했다. 배정 결과를 보니 갑 ~ 무의 진술 중 한 명의 진술만이 거짓이고 나머지는 참임이 드러났을 때, 다음 중 바르게 추론한 것은?

> 갑 : 을이 A강좌를 담당하고 병은 강좌를 담당하지 않을 것이다.
> 을 : 병이 B강좌를 담당할 것이다.
> 병 : 정은 D강좌가 아닌 다른 강좌를 담당할 것이다.
> 정 : 무가 D강좌를 담당할 것이다.
> 무 : 을의 말은 거짓일 것이다.

① 갑은 A강좌를 담당한다.
② 을은 C강좌를 담당한다.
③ 병은 강좌를 담당하지 않는다.
④ 정은 D강좌를 담당한다.

06 다음 〈조건〉이 참일 때, 〈보기〉에서 반드시 참인 것을 모두 고르면?

조건

- A, B, C, D 중 한 명의 근무지는 서울이다.
- A, B, C, D는 각기 다른 한 도시에서 근무한다.
- 갑, 을, 병 각각의 두 진술 중 하나는 참이고 다른 하나는 거짓이다.
- 갑은 "A의 근무지는 광주이다."와 "D의 근무지는 서울이다."라고 진술했다.
- 을은 "B의 근무지는 광주이다."와 "C의 근무지는 세종이다."라고 진술했다.
- 병은 "C의 근무지는 광주이다."와 "D의 근무지는 부산이다."라고 진술했다.

보기

ㄱ. A의 근무지는 광주이다.
ㄴ. B의 근무지는 서울이다.
ㄷ. C의 근무지는 세종이다.

① ㄱ, ㄴ　② ㄱ, ㄷ
③ ㄴ, ㄷ　④ ㄱ, ㄴ, ㄷ

출제유형분석

02 SWOT 분석

| 유형분석 |

- 상황에 대한 환경 분석 결과를 통해 주요 과제를 도출하는 문제이다.
- 주로 3C 분석 또는 SWOT 분석을 활용한 문제들이 출제되고 있으므로 해당 분석도구에 대한 사전 학습이 요구된다.

다음은 한 분식점에 대한 SWOT 분석 결과이다. 이에 대한 대응 방안으로 가장 적절한 것은?

S(강점)	W(약점)
• 좋은 품질의 재료만 사용 • 청결하고 차별화된 이미지	• 타 분식점에 비해 한정된 메뉴 • 배달서비스를 제공하지 않음
O(기회)	**T(위협)**
• 분식점 앞에 곧 학교가 들어설 예정 • 최근 TV프로그램 섭외 요청을 받음	• 프랜차이즈 분식점들로 포화상태 • 저렴한 길거리 음식으로 취급하는 경향이 있음

① ST전략 : 비싼 재료들을 사용하여 가격을 올려 저렴한 길거리 음식이라는 인식을 바꾼다.
② WT전략 : 다른 분식점들과 차별화된 전략을 유지하기 위해 배달서비스를 시작한다.
③ SO전략 : TV프로그램에 출연해 좋은 품질의 재료만 사용한다는 점을 부각시킨다.
④ WO전략 : TV프로그램 출연용으로 다양한 메뉴를 일시적으로 개발한다.
⑤ WT전략 : 포화 상태의 시장에서 살아남기 위해 다른 가게보다 저렴한 가격으로 판매한다.

정답 ③

SO전략은 강점을 살려 기회를 포착하는 전략이므로 TV프로그램에 출연하여 좋은 품질의 재료만 사용한다는 점을 홍보하는 것이 적절하다.

풀이 전략!

문제에 제시된 분석도구를 확인한 후, 분석 결과를 종합적으로 판단하여 각 선택지의 전략 과제와 일치 여부를 판단한다.

출제유형분석 02 실전예제

01 다음은 K섬유회사에 대한 SWOT 분석 자료이다. 〈보기〉 중 분석에 따른 대응 전략으로 적절한 것을 모두 고르면?

S 강점	W 약점
• 첨단 신소재 관련 특허 다수 보유	• 신규 생산 설비 투자 미흡 • 브랜드의 인지도 부족

O 기회	T 위협
• 고기능성 제품에 대한 수요 증가 • 정부 주도의 문화 콘텐츠 사업 지원	• 중저가 의류용 제품의 공급 과잉 • 저임금의 개발도상국과 경쟁 심화

보기

ㄱ. SO전략으로 첨단 신소재를 적용한 고기능성 제품을 개발한다.
ㄴ. ST전략으로 첨단 신소재 관련 특허를 개발도상국의 경쟁업체에 무상 이전한다.
ㄷ. WO전략으로 문화 콘텐츠와 디자인을 접목한 신규 브랜드 개발을 통해 적극적으로 마케팅 한다.
ㄹ. WT전략으로 기존 설비에 대한 재투자를 통해 대량생산 체제로 전환한다.

① ㄱ, ㄷ
② ㄱ, ㄹ
③ ㄴ, ㄷ
④ ㄷ, ㄹ

02 레저용 차량을 생산하는 K기업에 대한 다음의 SWOT 분석 결과를 참고할 때, 〈보기〉 중 각 전략에 따른 대응으로 적절한 것을 모두 고르면?

SWOT 분석은 조직의 외부환경 분석을 통해 기회와 위협 요인을 파악하고, 조직의 내부 역량 분석을 통해서 조직의 강점과 약점을 파악하여, 이를 토대로 강점은 최대화하고 약점은 최소화하며, 기회는 최대한 활용하고 위협에는 최대한 대처하는 전략을 세우기 위한 분석 방법이다.

〈SWOT 분석 매트릭스〉

구분	강점(Strength)	약점(Weakness)
기회(Opportunity)	**SO전략 : 공격적 전략** 강점으로 기회를 살리는 전략	**WO전략 : 방향전환 전략** 약점을 보완하여 기회를 살리는 전략
위협(Threat)	**ST전략 : 다양화 전략** 강점으로 위협을 최소화하는 전략	**WT전략 : 방어적 전략** 약점을 보완하여 위협을 최소화하는 전략

〈K기업의 SWOT 분석 결과〉

강점(Strength)	약점(Weakness)
• 높은 브랜드 이미지·평판 • 훌륭한 서비스와 판매 후 보증수리 • 확실한 거래망, 딜러와의 우호적인 관계 • 막대한 R&D 역량 • 자동화된 공장 • 대부분의 차량 부품 자체 생산	• 한 가지 차종에만 집중 • 고도의 기술력에 대한 과도한 집중 • 생산설비에 막대한 투자 → 차량모델 변경의 어려움 • 한 곳의 생산 공장만 보유 • 전통적인 가족형 기업 운영
기회(Opportunity)	**위협(Threat)**
• 소형 레저용 차량에 대한 수요 증대 • 새로운 해외시장의 출현 • 저가형 레저용 차량에 대한 선호 급증	• 휘발유의 부족 및 가격의 급등 • 레저용 차량 전반에 대한 수요 침체 • 다른 회사들과의 경쟁 심화 • 차량 안전 기준의 강화

보기

ㄱ. ST전략 : 기술개발을 통하여 연비를 개선한다.
ㄴ. SO전략 : 대형 레저용 차량을 생산한다.
ㄷ. WO전략 : 규제강화에 대비하여 보다 안전한 레저용 차량을 생산한다.
ㄹ. WT전략 : 생산량 감축을 고려한다.
ㅁ. WO전략 : 국내 다른 지역이나 해외에 공장들을 분산 설립한다.
ㅂ. ST전략 : 경유용 레저 차량 생산을 고려한다.
ㅅ. SO전략 : 해외 시장 진출보다는 내수 확대에 집중한다.

① ㄱ, ㄴ, ㅁ, ㅂ
② ㄱ, ㄹ, ㅁ, ㅂ
③ ㄴ, ㄹ, ㅂ, ㅅ
④ ㄴ, ㄹ, ㅁ, ㅂ

03 **다음은 국내 금융기관에 대한 SWOT 분석 자료이다. 이를 통해 SWOT 전략을 세운다고 할 때, 〈보기〉 중 분석 결과에 대응하는 전략과 그 내용이 바르게 연결된 것을 모두 고르면?**

> 국내 대부분의 예금과 대출을 국내 은행이 차지하고 있을 정도로 국내 금융기관에 대한 우리나라 국민들의 충성도는 높은 편이다. 또한 국내 금융기관은 철저한 신용 리스크 관리로 해외 금융기관과 비교해 자산건전성 지표가 매우 우수한 편이다. 시장 리스크 관리도 해외 선진 금융기관 수준에 도달한 것으로 평가받는다. 국내 금융기관은 외환위기와 글로벌 금융위기 등을 거치며 꾸준히 자산건전성을 강화해 왔기 때문이다.
>
> 그러나 은행과 이자 이익에 수익이 편중돼 있다는 점은 국내 금융기관의 가장 큰 약점이 된다. 대부분 예금과 대출 거래 중심의 영업구조로 되어 있기 때문이다. 취약한 해외 비즈니스도 문제로 들 수 있다. 최근 동남아 시장을 중심으로 해외 진출에 박차를 가하고 있지만, 아직은 눈에 띄는 성과가 많지 않은 상황이다.
>
> 많은 어려움에도 불구하고 국내 금융기관의 발전 가능성은 아직 무궁무진하다. 우선 해외 시장으로 눈을 돌리면 다양한 기회가 열려 있다. 전 세계 신용·단기 자금 확대, 글로벌 무역 회복세로 국내 금융기관의 해외 진출 여건은 양호한 편이다. 따라서 해외 시장 개척을 통해 어떻게 신규 수익원을 확보하느냐가 성장의 새로운 기회로 작용할 전망이다. IT 기술 발달에 따른 핀테크의 등장도 새로운 기회가 될 수 있다. 국내의 발달된 인터넷과 모바일뱅킹 서비스, IT 인프라를 활용한 새로운 수익 창출 가능성이 열려 있는 것이다.
>
> 그러나 역설적으로 핀테크의 등장은 오히려 국내 금융기관의 발목을 잡을 수 있다. 블록체인 기술에 기반한 암호화폐, 간편결제와 송금, 로보어드바이저, 인터넷 은행, P2P 대출 등 다양한 핀테크 분야의 새로운 서비스들이 기존 금융 서비스의 대체재로서 출현하고 있기 때문이다. 금융시장 개방에 따른 글로벌 금융기관과의 경쟁 심화도 넘어야 할 산이다. 특히 중국 은행을 비롯한 중국 금융이 급성장하고 있어 이에 대한 대비책 마련이 시급하다.

보기

㉠ SO전략 : 높은 국내 시장점유율을 기반으로 국내 핀테크 사업에 진출한다.
㉡ WO전략 : 위기관리 역량을 강화하여 해외 금융시장에 진출한다.
㉢ ST전략 : 해외 금융기관과 비교해 우수한 자산건전성을 강조하여 글로벌 금융기관과의 경쟁에서 우위를 차지한다.
㉣ WT전략 : 해외 비즈니스 역량을 강화하여 해외 금융시장에 진출한다.

① ㉠, ㉡　　② ㉠, ㉢
③ ㉡, ㉢　　④ ㉡, ㉣

출제유형분석

03 자료 해석

| 유형분석 |

- 주어진 자료를 해석하고 활용하여 풀어가는 문제이다.
- 꼼꼼하고 분석적인 접근이 필요한 다양한 자료들이 출제된다.

다음 중 정수장 수질검사 현황에 대해 바르게 설명한 사람은?

〈정수장 수질검사 현황〉

급수 지역	항목						검사결과	
	일반세균 100 이하 (CFU/mL)	대장균 불검출 (수/100mL)	NH3-N 0.5 이하 (mg/L)	잔류염소 4.0 이하 (mg/L)	구리 1 이하 (mg/L)	망간 0.05 이하 (mg/L)	적합	기준 초과
함평읍	0	불검출	불검출	0.14	0.045	불검출	적합	없음
이삼읍	0	불검출	불검출	0.27	불검출	불검출	적합	없음
학교면	0	불검출	불검출	0.13	0.028	불검출	적합	없음
엄다면	0	불검출	불검출	0.16	0.011	불검출	적합	없음
나산면	0	불검출	불검출	0.12	불검출	불검출	적합	없음

① A사원 : 함평읍의 잔류염소는 가장 낮은 수치를 보였고, 기준치에 적합하네.
② B사원 : 모든 급수지역에서 일반세균이 나오지 않았어.
③ C사원 : 기준치를 초과한 곳은 없었지만 적합하지 않은 지역은 있어.
④ D사원 : 대장균과 구리가 검출되면 부적합 판정을 받는구나.
⑤ E사원 : 구리가 검출되지 않은 지역은 세 곳이야.

정답 ②

오답분석

① 잔류염소에서 가장 낮은 수치를 보인 지역은 나산면(0.12)이고, 함평읍(0.14)은 세 번째로 낮다.
③ 기준치를 초과한 곳도 없고, 모두 적합 판정을 받았다.
④ 항평읍과 학교면, 엄다면은 구리가 검출되었지만 적합 판정을 받았다.
⑤ 구리가 검출되지 않은 지역은 이삼읍과 나산면으로 두 곳이다.

풀이 전략!

문제 해결을 위해 필요한 정보가 무엇인지 먼저 파악한 후, 제시된 자료를 분석적으로 읽고 해석한다.

출제유형분석 03 실전예제

01 다음은 한국관광공사에서 게시한 국가자격시험 전형관리 및 발급기관에 대한 정보이다. 이를 바탕으로 판단할 때, 〈보기〉 중 바르게 행동한 사람을 모두 고르면?

〈각 자격증 주관 기관〉

업종	자격증 종류	전형관리	자격증관리(발급)
여행업	1. 관광통역안내사	산업인력공단 홈페이지	한국관광공사
	2. 국내여행안내사		한국관광협회중앙회
	3. 국외여행인솔자	–	한국여행업협회
관광숙박업	4. 호텔경영사	산업인력공단 홈페이지	한국관광공사
	5. 호텔관리사		한국관광공사
	6. 호텔서비스사		한국관광협회중앙회
국제회의업	7. 컨벤션기획사1급		산업인력공단
	8. 컨벤션기획사2급		
의료관광업	9. 국제의료관광 코디네이터		
문화관광 해설	10. 문화관광해설사	지자체	–

• 제출서류(온라인신청 시 파일 첨부)

구분	제출서류	비고
공통	반명함판 사진	단, 자격증에 사용할 사진 변경을 원하는 자에 한함
내국인	기본증명서 1부(일반) *합격자 본인 명의로 주민센터 등에서 발급	단, 관광진흥법 제7조 제1항에 의거하여 공사에서 신원조회 후 결격사유가 발생하지 않은 경우 발급
외국인	신분증 사본 1부(외국인등록증, 여권)	

• 발급비용 및 결제방법

– 발급비용 : 7,800원(발급수수료 5,000원+택배발송비용 2,800원)

※ 한국관광공사에서 발급하는 자격증 방문 수령의 경우 강원도 원주 공사 본사를 직접 방문해야 함(발급 수수료 5,000원만 결제)

보기

정원 : 관광통역안내사 자격증의 전형일에 대해 알아보기 위해 광주광역시에 문의하였어.

기현 : 호텔관리사 자격증과 호텔경영사 자격증의 발급일에 대해 문의하기 위해 한국관광공사에 연락하였어.

미라 : 독일인 친구의 컨벤션기획사1급 자격증 전형응시를 돕기 위해 친구의 반명함판 사진과 여권 사본 1부를 준비하여 제출하도록 하였어.

시연 : 국제의료관광 코디네이터 자격증을 발급받기 위해 한국관광공사 본사를 방문하여 5,000원을 지불하였어.

① 정원, 기현　　② 정원, 미라

③ 기현, 미라　　④ 기현, 시연

02 K회사는 창립 10주년을 맞이하여 전 직원 단합대회를 준비하고 있다. 이를 위해 사장인 B씨는 여행상품 중 한 가지를 선정하려 하는데, 직원 투표 결과를 통해 결정하려고 한다. 직원 투표 결과와 여행지별 1인당 경비가 다음과 같이 주어져 있으며, 추가로 행사를 위한 부서별 고려사항을 참고하여 선택할 경우 〈보기〉 중 옳은 것을 모두 고르면?

〈직원 투표 결과〉

상품내용		투표 결과(표)					
여행상품	1인당 비용(원)	총무팀	영업팀	개발팀	홍보팀	공장1	공장2
A	500,000	2	1	2	0	15	6
B	750,000	1	2	1	1	20	5
C	600,000	3	1	0	1	10	4
D	1,000,000	3	4	2	1	30	10
E	850,000	1	2	0	2	5	5

〈여행상품별 혜택 정리〉

상품명	날짜	장소	식사제공	차량지원	편의시설	체험시설
A	5/10 ~ 5/11	해변	○	○	×	×
B	5/10 ~ 5/11	해변	○	○	○	×
C	6/7 ~ 6/8	호수	○	○	○	×
D	6/15 ~ 6/17	도심	○	×	○	○
E	7/10 ~ 7/13	해변	○	○	○	×

〈부서별 고려사항〉

- 총무팀 : 행사 시 차량 지원이 가능함
- 영업팀 : 6월 초순에 해외 바이어와 가격 협상 회의 일정이 있음
- 공장1 : 3일 연속 공장 비가동 시 제품의 품질 저하가 예상됨
- 공장2 : 7월 중순 공장 이전 계획이 있음

보기

㉠ 필요한 여행상품 비용은 총 1억 500만 원이 필요하다.
㉡ 투표 결과, 가장 인기가 좋은 여행상품은 B이다.
㉢ 공장1의 A, B 투표 결과가 바뀐다면 여행상품 선택은 변경된다.

① ㉠　　② ㉠, ㉡
③ ㉠, ㉢　　④ ㉡, ㉢

03 A, B 두 여행팀이 다음 정보에 따라 자신의 효용을 극대화하는 방향으로 관광지 이동을 결정한다고 할 때, 각 여행팀은 어떤 결정을 할 것이며, 그때 두 여행팀의 총효용은 얼마인가?

〈여행팀의 효용 정보〉

- A여행팀과 B여행팀이 동시에 오면 각각 10, 15의 효용을 얻는다.
- A여행팀은 왔으나, B여행팀이 안 온다면 각각 15, 10의 효용을 얻는다.
- A여행팀은 안 오고, B여행팀만 왔을 땐 각각 25, 20의 효용을 얻는다.
- A, B여행팀이 모두 오지 않았을 때는 각각 35, 15의 효용을 얻는다.

〈결정 방법〉

A, B여행팀 모두 결정할 때 효용의 총합은 신경 쓰지 않는다. 상대방이 어떤 선택을 했는지는 알 수 없고 서로 상의하지 않는다. 각 팀은 자신의 선택에 따른 다른 팀의 효용이 얼마인지는 알 수 있다. 이때 다른 팀의 선택을 예상해서 자신의 효용을 극대화하는 선택을 한다.

	A여행팀	B여행팀	총효용
①	관광지에 간다	관광지에 간다	25
②	관광지에 가지 않는다	관광지에 간다	45
③	관광지에 간다	관광지에 가지 않는다	25
④	관광지에 가지 않는다	관광지에 가지 않는다	50

PART 1

04 다음은 미성년자(만 19세 미만)의 전자금융서비스 신규 · 변경 · 해지 신청에 필요한 서류와 관련된 자료이다. 이를 이해한 내용으로 가장 적절한 것은?

<table>
<tr><th>구분</th><th>미성년자 본인 신청
(만 14세 이상)</th><th>법정대리인 신청
(만 14세 미만은 필수)</th></tr>
<tr><td rowspan="2">신청서류</td><td>• 미성년자 실명확인증표
• 법정대리인(부모) 각각의 동의서
• 법정대리인 각각의 인감증명서
• 미성년자의 가족관계증명서
• 출금계좌통장, 통장인감(서명)</td><td>• 미성년자의 기본증명서
• 법정대리인(부모) 각각의 동의서
• 내방 법정대리인 실명확인증표
• 미내방 법정대리인 인감증명서
• 미성년자의 가족관계증명서
• 출금계좌통장, 통장인감</td></tr>
<tr><td colspan="2">※ 유의사항
① 미성년자 실명확인증표 : 학생증(성명 · 주민등록번호 · 사진 포함), 청소년증, 주민등록증, 여권 등(단, 학생증에 주민등록번호가 포함되지 않은 경우 미성년자의 기본증명서 추가 필요)
② 전자금융서비스 이용신청을 위한 법정대리인 동의서 법정대리인 미방문 시 인감 날인(단, 한부모가정인 경우 친권자 동의서 필요 – 친권자 확인 서류 : 미성년자의 기본증명서)
③ 법정대리인이 자녀와 함께 방문한 경우 법정대리인의 실명확인증표로 인감증명서 대체 가능
※ 법정대리인 동의서 양식은 '홈페이지 → 고객센터 → 약관 · 설명서 · 서식 → 서식자료' 중 '전자금융게시' 내용 참고</td></tr>
</table>

① 만 13세인 희수가 전자금융서비스를 해지하려면 반드시 법정대리인이 신청해야 한다.

② 법정대리인이 자녀와 함께 방문하여 신청할 경우, 반드시 인감증명서가 필요하다.

③ 올해로 만 18세인 지성이가 전자금융서비스를 변경하려면 신청서류로 이름과 사진이 들어있는 학생증과 법정대리인 동의서가 필요하다.

④ 법정대리인 신청 시 동의서는 부모 중 한 명만 있으면 된다.

※ 다음은 T주임의 해외여행 이동수단에 대한 자료이다. 이어지는 질문에 답하시오. [5~6]

• T주임은 해외여행을 가고자 한다. 현지 유류비 및 렌트카의 차량별 정보와 관광지 간 거리는 다음과 같다.

• 현지 유류비

연료	가솔린	디젤	LPG
리터당 가격	1.4달러	1.2달러	2.2달러

• 차량별 연비 및 연료

차량	K	H	P
연비	14km/L	10km/L	15km/L
연료	디젤	가솔린	LPG

※ 연료는 최소 1리터 단위로 주유가 가능하다.

• 관광지 간 거리

구분	A광장	B계곡	C성당
A광장		25km	12km
B계곡	25km		18km
C성당	12km	18km	

05 T주임이 H차량을 렌트하여 A광장에서 출발하여 C성당으로 이동한 후, B계곡으로 이동하고자 한다. T주임이 유류비를 최소화하고자 할 때, A광장에서부터 B계곡으로 이동할 때 소요되는 유류비는?(단, 처음 자동차를 렌트했을 때 차에 연료는 없다)

① 4.2달러 ② 4.5달러

③ 5.2달러 ④ 5.6달러

06 T주임의 상황이 다음과 같을 때, T주임이 여행일정을 완료하기까지 소요되는 총 이동시간은?

〈상황〉

• T주임은 P차량을 렌트하였다.
• T주임은 C성당에서 출발하여 B계곡으로 이동한 후, A광장을 거쳐 C성당으로 다시 돌아오는 여행일정을 수립하였다.
• T주임은 C성당에서 A광장까지는 시속 60km로 이동하고, A광장에서 C성당으로 이동할 때에는 시속 40km로 이동하고자 한다.

① 48분 ② 52분

③ 58분 ④ 1시간 1분

출제유형분석

04 규칙 적용

| 유형분석 |

- 주어진 상황과 규칙을 종합적으로 활용하여 풀어 가는 문제이다.
- 일정, 비용, 순서 등 다양한 내용을 다루고 있어 유형을 한 가지로 단일화하기 어렵다.

A팀과 B팀은 보안등급 상에 해당하는 문서를 나누어 보관하고 있다. 이에 따라 두 팀은 보안을 위해 아래와 같은 규칙에 따라 각 팀의 비밀번호를 지정하였다. 다음 중 A팀과 B팀에 들어갈 수 있는 암호배열은?

〈규칙〉

- 1 ~ 9까지의 숫자로 (한 자릿수)×(두 자릿수)=(세 자릿수)=(두 자릿수)×(한 자릿수) 형식의 비밀번호로 구성한다.
- 가운데에 들어갈 세 자릿수의 숫자는 156이며 숫자는 중복 사용할 수 없다. 즉, 각 팀의 비밀번호에 1, 5, 6이란 숫자가 들어가지 않는다.

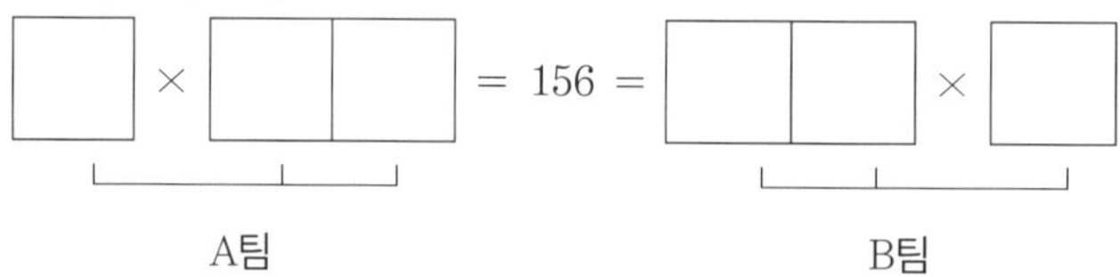

① 23
② 27
③ 29
④ 37
⑤ 39

정답 ⑤

규칙에 따라 사용할 수 있는 숫자는 1, 5, 6을 제외한 나머지 2, 3, 4, 7, 8, 9의 총 6개이다. (한 자릿수)×(두 자릿수)=156이 되는 수를 알기 위해서는 156의 소인수를 구해보면 된다. 156의 소인수는 3, 2^2, 13으로 여기서 156이 되는 수의 곱 중에 조건을 만족하는 것은 2×78과 4×39이다. 따라서 선택지 중에 A팀 또는 B팀에 들어갈 수 있는 암호배열은 39이다.

풀이 전략!

문제에 제시된 조건이나 규칙을 정확히 파악한 후, 선택지나 상황에 적용하여 문제를 풀어 나간다.

출제유형분석 04 실전예제

01 K제품을 운송하는 A씨는 업무상 편의를 위해 고객의 주문 내역을 임의의 기호로 기록하고 있다. 다음과 같은 주문전화가 왔을 때, A씨가 기록한 기호로 옳은 것은?

〈임의기호〉

재료	연강	고강도강	초고강도강	후열처리강
	MS	HSS	AHSS	PHTS
판매량	낱개	1묶음	1box	1set
	01	10	11	00
지역	서울	경기남부	경기북부	인천
	E	S	N	W
윤활유 사용	청정작용	냉각작용	윤활작용	밀폐작용
	P	C	I	S
용도	베어링	스프링	타이어코드	기계구조
	SB	SS	ST	SM

※ A씨는 [재료] – [판매량] – [지역] – [윤활유 사용] – [용도]의 순서로 기호를 기록한다.

〈주문전화〉

B씨 : 어이~ A씨. 나야, 나. 인천 지점에서 같이 일했던 B. 내가 필요한 것이 있어서 전화했어. 일단 서울 지점의 C씨가 스프링으로 사용할 제품이 필요하다고 하는데 한 박스 정도면 될 것 같아. 이전에 주문했던 대로 연강에 윤활용으로 윤활유를 사용한 제품으로 부탁하네. 나는 이번에 경기도 남쪽으로 가는데 거기에 있는 내 사무실 알지? 거기로 초고강도강 타이어코드용으로 1세트 보내 줘. 튼실한 걸로 밀폐용 윤활유 사용해서 부탁해. 저번에 냉각용으로 사용한 제품은 생각보다 좋진 않았어.

① MS11EISB, AHSS00SSST
② MS11EISS, AHSS00SSST
③ MS11EISS, HSS00SSST
④ MS11WISS, AHSS10SSST

02 K사는 신제품의 품번을 다음과 같은 규칙에 따라 정한다고 한다. 제품에 설정된 임의의 영단어가 'intellectual'이라면, 이 제품의 품번으로 옳은 것은?

〈규칙〉

- 1단계 : 알파벳 a ~ z를 숫자 1, 2, 3, …으로 변환하여 계산한다.
- 2단계 : 제품에 설정된 임의의 영단어를 숫자로 변환한 값의 합을 구한다.
- 3단계 : 임의의 영단어 속 자음의 합에서 모음의 합을 뺀 값의 절댓값을 구한다.
- 4단계 : 2단계와 3단계의 값을 더한 다음 4로 나누어 2단계의 값에 더한다.
- 5단계 : 4단계의 값이 정수가 아닐 경우, 소수점 첫째 자리에서 버림한다.

① 120
② 140
③ 160
④ 180

03 다음 글을 근거로 판단할 때, 방에 출입한 사람의 순서는?

방에는 1부터 6까지의 번호가 각각 적힌 6개의 전구가 다음과 같이 놓여 있다.

왼쪽 ← → 오른쪽

전구 번호	1	2	3	4	5	6
상태	켜짐	켜짐	켜짐	꺼짐	꺼짐	꺼짐

총 3명(A ~ C)이 각각 한 번씩 홀로 방에 들어가 자신이 정한 규칙에 의해서만 전구를 켜거나 끄고 나왔다.

- A는 번호가 3의 배수인 전구가 켜진 상태라면 그 전구를 끄고, 꺼진 상태라면 그대로 둔다.
- B는 번호가 2의 배수인 전구가 켜진 상태라면 그 전구를 끄고, 꺼진 상태라면 그 전구를 켠다.
- C는 3번 전구는 그대로 두고, 3번 전구를 기준으로 왼쪽과 오른쪽 중 켜진 전구의 개수가 많은 쪽의 전구를 전부 끈다.
- 다만 켜진 전구의 개수가 같다면 양쪽에 켜진 전구를 모두 끈다.
- 마지막 사람이 방에서 나왔을 때, 방의 전구는 모두 꺼져 있었다.

① A – B – C
② A – C – B
③ B – A – C
④ B – C – A

04 다음은 도서코드(ISBN)에 대한 자료이다. 주문한 도서에 대한 설명으로 옳은 것은?

〈[예시] 도서코드(ISBN)〉

국제표준도서번호					부가기호		
접두부	국가번호	발행자번호	서명식별번호	체크기호	독자대상	발행형태	내용분류
123	12	1234567		1	1	1	123

※ 국제표준도서번호는 5개의 군으로 나누어지고 군마다 '–'로 구분한다.

〈도서코드(ISBN) 세부사항〉

접두부	국가번호	발행자번호	서명식별번호	체크기호
978 또는 979	89 한국 05 미국 72 중국 40 일본 22 프랑스	발행자번호 – 서명식별번호 7자리 숫자 예 8491 – 208 : 발행자번호가 8491번인 출판사에서 208번째 발행한 책		0 ~ 9

독자대상	발행형태	내용분류
0 교양 1 실용 2 여성 3 (예비) 4 청소년 5 중고등 학습참고서 6 초등 학습참고서 7 아동 8 (예비) 9 전문	0 문고본 1 사전 2 신서판 3 단행본 4 전집 5 (예비) 6 도감 7 그림책, 만화 8 혼합자료, 점자자료, 전자책, 마이크로자료 9 (예비)	030 백과사전 100 철학 170 심리학 200 종교 360 법학 470 생명과학 680 연극 710 한국어 770 스페인어 740 영미문학 720 유럽사

〈주문도서〉

978 – 05 – 441 – 1011 – 314710

① 한국에서 출판한 도서이다.

② 441번째 발행된 도서이다.

③ 발행자번호는 총 7자리이다.

④ 한 권으로만 출판되지는 않았다.

CHAPTER 04

자원관리능력

합격 Cheat Key

자원관리능력은 현재 NCS 기반 채용을 진행하는 많은 공사·공단에서 핵심영역으로 자리 잡아, 일부를 제외한 대부분의 시험에서 출제되고 있다.

세부 유형은 비용 계산, 해외파견 지원금 계산, 주문 제작 단가 계산, 일정 조율, 일정 선정, 행사 대여 장소 선정, 최단거리 구하기, 시차 계산, 소요시간 구하기, 해외파견 근무 기준에 부합하는 또는 부합하지 않는 직원 고르기 등으로 나눌 수 있다.

1 시차를 먼저 계산하라!

시간 자원 관리의 대표유형 중 시차를 계산하여 일정에 맞는 항공권을 구입하거나 회의시간을 구하는 문제에서는 각각의 나라 시간을 한국 시간으로 전부 바꾸어 계산하는 것이 편리하다. 조건에 맞는 나라들의 시간을 전부 한국 시간으로 바꾸고 한국 시간과의 시차만 더하거나 빼면 시간을 단축하여 풀 수 있다.

2 선택지를 잘 활용하라!

계산을 해서 값을 요구하는 문제 유형에서는 선택지를 먼저 본 후 자리 수가 몇 단위로 끝나는지 확인해야 한다. 예를 들어 412,300원, 426,700원, 434,100원인 선택지가 있다고 할 때, 제시된 조건에서 100원 단위로 나올 수 있는 항목을 찾아 그 항목만 계산하는 방법이 있다. 또한, 일일이 계산하는 문제가 많다. 예를 들어 640,000원, 720,000원, 810,000원 등의 수를 이용해 푸는 문제가 있다고 할 때, 만 원 단위를 절사하고 계산하여 64, 72, 81처럼 요약하는 방법이 있다.

3 최적의 값을 구하는 문제인지 파악하라!

물적 자원 관리의 대표유형에서는 제한된 자원 내에서 최대의 만족 또는 이익을 얻을 수 있는 방법을 강구하는 문제가 출제된다. 이때, 구하고자 하는 값을 x, y로 정하고 연립방정식을 이용해 x, y 값을 구한다. 최소 비용으로 목표생산량을 달성하기 위한 업무 및 인력 할당, 정해진 시간 내에 최대 이윤을 낼 수 있는 업체 선정, 정해진 인력으로 효율적 업무 배치 등을 구하는 문제에서 사용되는 방법이다.

4 각 평가항목을 비교하라!

인적 자원 관리의 대표유형에서는 각 평가항목을 비교하여 기준에 적합한 인물을 고르거나, 저렴한 업체를 선정하거나, 총점이 높은 업체를 선정하는 문제가 출제된다. 이런 유형은 평가항목에서 가격이나 점수 차이에 영향을 많이 미치는 항목을 찾아 $1\sim2$개의 선택지를 삭제하고, 남은 $3\sim4$개의 선택지만 계산하여 시간을 단축할 수 있다.

출제유형분석

01 시간 계획

| 유형분석 |

- 시간 자원과 관련된 다양한 정보를 활용하여 풀어 가는 유형이다.
- 대체로 교통편 정보나 국가별 시차 정보가 제공되며, 이를 근거로 '현지 도착시간 또는 약속된 시간 내에 도착하기 위한 방안'을 고르는 문제가 출제된다.

해외영업부 A대리는 B부장과 함께 샌프란시스코에 출장을 가게 되었다. 샌프란시스코의 시각은 한국보다 16시간 느리고, 비행시간은 10시간 25분일 때 샌프란시스코 현지 시각으로 11월 17일 오전 10시 35분에 도착하는 비행기를 타려면 한국 시각으로 인천공항에 몇 시까지 도착해야 하는가?

구분	날짜	출발 시각	비행 시간	날짜	도착 시각
인천 → 샌프란시스코	11월 17일		10시간 25분	11월 17일	10:35
샌프란시스코 → 인천	11월 21일	17:30	12시간 55분	11월 22일	22:25

※ 단, 비행기 출발 한 시간 전에 공항에 도착해 티켓팅을 해야 한다.

① 12:10
② 13:10
③ 14:10
④ 15:10
⑤ 16:10

정답 ④

인천에서 샌프란시스코까지 비행 시간은 10시간 25분이므로, 샌프란시스코 도착 시각에서 거슬러 올라가면 샌프란시스코 시각으로 00시 10분에 출발한 것이 된다. 이때 한국은 샌프란시스코보다 16시간 빠르기 때문에 한국 시각으로는 16시 10분에 출발한 것이다. 하지만 비행기 티켓팅을 위해 출발 한 시간 전에 인천공항에 도착해야 하므로 15시 10분까지 공항에 가야 한다.

풀이 전략!

문제에서 묻는 것을 정확히 파악한다. 특히 제한사항에 대해서는 빠짐없이 확인해 두어야 한다. 이후 제시된 정보(시차 등)에서 필요한 것을 선별하여 문제를 풀어 간다.

출제유형분석 01 실전예제

01 A는 여행을 가기 위해 K자동차를 대여하려 한다. 〈조건〉이 다음과 같을 때, A가 K자동차를 대여할 수 있는 첫날의 요일로 옳지 않은 것은?

〈2월 달력〉

일	월	화	수	목	금	토
	1	2	3	4	5	6
7	8	9	10	11 설 연휴	12 설 연휴	13 설 연휴
14	15	16	17	18	19	20
21	22	23	24	25	26	27
28						

조건

- 2월에 주말을 포함하여 3일 동안 연속으로 대여한다.
- 설 연휴에는 대여하지 않는다.
- 설 연휴가 끝난 다음 주 월요일과 화요일에 출장이 있다(단, 출장 중에 대여하지 않는다).
- K자동차는 첫째 주 짝수 날에는 점검이 있어 대여할 수 없다.
- K자동차는 24일부터 3일간 C가 미리 대여를 예약해 두었다.
- 설 연휴가 있는 주의 화요일과 수요일은 업무를 마쳐야 하므로 대여하지 않는다.

① 수요일　　② 목요일

③ 금요일　　④ 토요일

02 자동차 부품을 생산하는 K기업은 반자동과 자동생산라인을 하나씩 보유하고 있다. 최근 일본의 자동차 회사와 수출계약을 체결하여 자동차 부품 34,500개를 납품하였다. 다음 K기업의 생산조건을 고려할 때, 일본에 납품할 부품을 생산하는 데 소요된 시간은?

〈자동차 부품 생산조건〉

- 반자동라인은 4시간에 300개의 부품을 생산하며, 그중 20%는 불량품이다.
- 자동라인은 3시간에 400개의 부품을 생산하며, 그중 10%는 불량품이다.
- 반자동라인은 8시간마다 2시간씩 생산을 중단한다.
- 자동라인은 9시간마다 3시간씩 생산을 중단한다.
- 불량 부품은 생산 후 폐기하고 정상인 부품만 납품한다.

① 230시간
② 240시간
③ 250시간
④ 260시간

03 다음은 K회사 신제품개발1팀의 하루 업무 스케줄이다. 신입사원 A씨는 스케줄을 바탕으로 금일 회의 시간을 정하려고 한다. 1시간 동안 진행될 팀 회의의 가장 적절한 시간대는?

〈K회사 신제품개발1팀 업무 스케줄〉

시간	직급별 스케줄				
	부장	차장	과장	대리	사원
09:00 ~ 10:00	업무회의				
10:00 ~ 11:00					비품요청
11:00 ~ 12:00			시장조사	시장조사	시장조사
12:00 ~ 13:00	점심식사				
13:00 ~ 14:00	개발전략수립		시장조사	시장조사	시장조사
14:00 ~ 15:00		샘플검수	제품구상	제품구상	제품구상
15:00 ~ 16:00			제품개발	제품개발	제품개발
16:00 ~ 17:00					
17:00 ~ 18:00			결과보고	결과보고	

① 09:00 ~ 10:00
② 10:00 ~ 11:00
③ 14:00 ~ 15:00
④ 16:00 ~ 17:00

04 K전력공사에서 근무하고 있는 김대리는 경기본부로 전기점검을 나가고자 한다. 〈조건〉에 따라 점검일을 결정할 때, 다음 중 김대리가 경기본부 전기점검을 진행할 수 있는 기간은?

〈10월 달력〉

일	월	화	수	목	금	토
				1	2	3
4	5	6	7	8	9	10
11	12	13	14	15	16	17
18	19	20	21	22	23	24
25	26	27	28	29	30	31

조건

- 김대리는 10월 중에 경기본부로 전기점검을 나간다.
- 전기점검은 2일 동안 진행되며, 이틀 동안 연이어 진행하여야 한다.
- 점검은 주중에만 진행된다.
- 김대리는 10월 1일부터 10월 7일까지 연수에 참석하므로 해당 기간에는 점검을 진행할 수 없다.
- 김대리는 10월 27일부터는 부서이동을 하므로, 27일부터는 전기점검을 포함한 모든 담당 업무를 후임자에게 인계하여야 한다.
- 김대리는 목요일마다 경인건설본부로 출장을 가며, 출장일에는 전기점검 업무를 수행할 수 없다.

① 10월 6 ~ 7일
② 10월 11 ~ 12일
③ 10월 14 ~ 15일
④ 10월 20 ~ 21일

PART 1

출제유형분석

02 비용 계산

| 유형분석 |

- 예산 자원과 관련된 다양한 정보를 활용하여 문제를 풀어간다.
- 대체로 한정된 예산 내에서 수행할 수 있는 업무 및 예산 가격을 묻는 문제가 출제된다.

연봉 실수령액을 구하는 식이 〈보기〉와 같을 때, 연봉이 3,480만 원인 A씨의 연간 실수령액은?(단, 원 단위는 절사한다)

보기

- (연봉 실수령액)=(월 실수령액)×12
- (월 실수령액)=(월 급여)−[(국민연금)+(건강보험료)+(고용보험료)+(장기요양보험료)+(소득세)+(지방세)]
- (국민연금)=(월 급여)×4.5%
- (건강보험료)=(월 급여)×3.12%
- (고용보험료)=(월 급여)×0.65%
- (장기요양보험료)=(건강보험료)×7.38%
- (소득세)=68,000원
- (지방세)=(소득세)×10%

① 30,944,400원
② 31,078,000원
③ 31,203,200원
④ 32,150,800원
⑤ 32,497,600원

정답 ①

A씨의 월 급여는 3,480만÷12=290만 원이다.
국민연금, 건강보험료, 고용보험료를 제외한 금액을 계산하면
290만−[290만×(0.045+0.0312+0.0065)]
→ 290만−(290만×0.0827)
→ 290만−239,830=2,660,170원
- 장기요양보험료 : (290만×0.0312)×0.0738≒6,670원(∵ 원 단위 이하 절사)
- 지방세 : 68,000×0.1=6,800원

따라서 A씨의 월 실수령액은 2,660,170−(6,670+68,000+6,800)=2,578,700원이고,
연 실수령액은 2,578,700×12=30,944,400원이다.

풀이 전략!

제한사항인 예산을 고려하여 문제에서 묻는 것을 정확히 파악한 후, 제시된 정보에서 필요한 것을 선별하여 문제를 풀어간다.

출제유형분석 02 실전예제

01 다음은 임직원 출장여비 지급규정과 T차장의 출장비 지출 내역이다. T차장이 받을 수 있는 여비는?

〈임직원 출장여비 지급규정〉

- 출장여비는 일비, 숙박비, 식비, 교통비로 구성된다.
- 일비는 출장일수에 따라 매일 10만 원씩 지급한다.
- 숙박비는 숙박일수에 따라 실비 지급한다. 다만, 항공 또는 선박 여행 시 항공기 내 또는 선박 내에서의 숙박은 숙박비를 지급하지 아니한다.
- 식비는 일수에 따라 식사 여부에 상관없이 1일 3식으로 지급하며, 1끼니당 1만 원씩 지급한다. 단, 항공 또는 선박 여행 시에는 기내식이 포함되지 않을 경우만 지급하며, 출장 마지막 날 저녁은 지급하지 않는다.
- 교통비는 교통편의 운임 혹은 유류비 산출액을 실비 지급한다.

〈T차장의 2박 3일 출장비 지출 내역〉

8월 8일	8월 9일	8월 10일
• 인천 – 일본 항공편 84,000원 (아침 기내식 포함 ×) • 점심 식사 7,500원 • 일본 J공항 – B호텔 택시비 10,000원 • 저녁 식사 12,000원 • B호텔 숙박비 250,000원	• 아침 식사 8,300원 • 호텔 – 거래처 택시비 16,300원 • 점심 식사 10,000원 • 거래처 – 호텔 택시비 17,000원 • B호텔 숙박비 250,000원	• 아침 식사 5,000원 • 일본 – 인천 항공편 89,000원 (점심 기내식 포함)

① 880,000원 ② 1,053,000원

③ 1,059,100원 ④ 1,086,300원

02 K공사는 직원들의 문화생활을 위해 매달 티켓을 준비하여 신청을 받는다. 인사부서에서 선정한 이 달의 문화생활은 다음과 같고, 마지막 주 수요일 오후 업무시간에 모든 직원들이 하나의 문화생활에 참여한다고 할 때, 이번 달 티켓 구매에 필요한 예산은 얼마인가?

〈부서별 문화생활 신청현황〉

(단위 : 명)

구분	연극 '지하철 1호선'	영화 '서울의 봄'	음악회 '차이코프스키'	미술관 '마네·모네'
A부서	5	6	4	0
B부서	1	8	4	0
C부서	0	3	0	1
D부서	4	2	3	1
E부서	3	2	0	1
F부서	1	5	2	1

〈문화생활 정보〉

구분	연극 '지하철 1호선'	영화 '서울의 봄'	음악회 '차이코프스키'	미술관 '마네·모네'
정원	20명	30명	10명	30명
1인당 금액	20,000원	12,000원	50,000원	13,000원
기타 사항	단체 10명 이상 총금액의 15% 할인	마지막 주 수요일은 1인당 50% 할인	–	단체 10명 이상 총금액의 20% 할인

※ 정원이 초과된 문화생활은 정원이 초과되지 않은 것으로 다시 신청한다.

※ 정원이 초과된 인원은 1인당 금액이 비싼 문화생활 순으로 남은 정원을 모두 채운다.

① 920,600원
② 958,600원
③ 997,000원
④ 100,000원

03 굴업도로 여행을 가는 A씨는 이른 아침 인천 여객터미널에 가서 배편으로 섬에 들어가려고 한다. 7:20에 집에서 출발하였고, 반드시 오전 중에 굴업도에 입섬해야 한다면 A씨가 취할 수 있는 가장 저렴한 여객선 비용은 얼마인가?(단, 집에서 인천여객터미널까지 1시간이 걸린다)

〈인천 터미널 배편 알림표〉

구분	출항시각	항로 1 여객선	항로 2 여객선
A회사	AM 7:00	20,000원	25,000원
	AM 9:00		
	AM 11:00		
	PM 1:00		
B회사	AM 8:00	30,000원	40,000원
	AM 9:30		
	AM 10:30		
	AM 11:30		

※ 항로 1 여객선 : 자월도 → 덕적도 → 승봉도 → 굴업도 방문(총 4시간)
※ 항로 2 여객선 : 굴업도 직항(총 2시간)

① 20,000원　　② 25,000원
② 30,000원　　④ 40,000원

04 서울에 사는 A씨는 결혼기념일을 맞이하여 가족과 함께 KTX를 타고 부산으로 여행을 다녀왔다. A씨의 가족이 이번 여행에서 지불한 총 교통비는?

- A씨 부부에게는 만 6세인 아들, 만 3세인 딸이 있다.
- 갈 때는 딸을 무릎에 앉혀 갔고, 돌아올 때는 좌석을 구입했다.
- A씨의 가족은 일반석을 이용하였다.

〈KTX 좌석별 요금〉

구분	일반석	특실
가격	59,800원	87,500원

※ 만 4세 이상 13세 미만 어린이는 운임의 50%를 할인합니다.
※ 만 4세 미만의 유아는 보호자 1명당 2명까지 운임의 75%를 할인합니다.
(단, 유아의 좌석을 지정하지 않을 시 보호자 1명당 유아 1명의 운임을 받지 않습니다)

① 299,000원　　② 301,050원
③ 307,000원　　④ 313,950원

출제유형분석

03 품목 확정

| 유형분석 |

- 물적 자원과 관련된 다양한 정보를 활용하여 풀어 가는 문제이다.
- 주로 공정도 · 제품 · 시설 등에 대한 가격 · 특징 · 시간 정보가 제시되며, 이를 종합적으로 고려하는 문제가 출제된다.

K공사에 근무하는 김대리는 사내시험에서 2점짜리 문제를 8개, 3점짜리 문제를 10개, 5점짜리 문제를 6개를 맞혀 총 76점을 맞았다. 다음을 통해 최대리가 맞힌 문제의 총개수는 몇 개인가?

〈사내시험 규정〉

문제 수 : 43문제
만점 : 141점
- 2점짜리 문제 수는 3점짜리 문제 수보다 12문제 적다.
- 5점짜리 문제 수는 3점짜리 문제 수의 절반이다.

- 최대리가 맞힌 2점짜리 문제의 개수는 김대리와 동일하다.
- 최대리의 점수는 총 38점이다.

① 14개
② 15개
③ 16개
④ 17개
⑤ 18개

정답 ①

최대리는 2점짜리 문제를 김대리가 맞힌 개수만큼 맞혔으므로 8개, 즉 16점을 획득했다. 최대리가 맞힌 3점짜리와 5점짜리 문제를 합하면 38－16＝22점이 나와야 한다. 3점과 5점의 합으로 22가 나오기 위해서는 3점짜리는 4문제, 5점짜리는 2문제를 맞혀야 한다.
따라서 최대리가 맞힌 문제의 총개수는 8개(2점짜리)＋4개(3점짜리)＋2개(5점짜리)＝14개이다.

풀이 전략!

문제에서 묻고자 하는 바를 정확히 파악하는 것이 중요하다. 문제에서 제시한 물적 자원의 정보를 문제의 의도에 맞게 선별하면서 풀어 간다.

출제유형분석 03 실전예제

01 K공사는 직원들의 교양 증진을 위해 사내 도서관에 도서를 추가로 구비하고자 한다. 새로 구매할 도서는 직원들을 대상으로 한 사전조사 결과를 바탕으로 선정점수를 결정한다. 〈조건〉에 따라 추가로 구매할 도서를 선정할 때, 다음 중 최종 선정될 도서가 바르게 연결된 것은?

〈후보 도서 사전조사 결과〉

(단위 : 점)

도서명	저자	흥미도 점수	유익성 점수
재테크, 답은 있다	정우택	6	8
여행학개론	W. George	7	6
부장님의 서랍	김수권	6	7
IT혁명의 시작	정인성, 유오진	5	8
경제정의론	S. Collins	4	5
건강제일주의	임시학	8	5

조건

- K공사는 전 직원들을 대상으로 후보 도서들에 대한 사전조사를 하였다. 각 후보 도서들에 대한 흥미도 점수와 유익성 점수는 전 직원들이 10점 만점으로 부여한 점수의 평균값이다.
- 흥미도 점수와 유익성 점수를 3 : 2의 가중치로 합산하여 1차 점수를 산정하고, 1차 점수가 높은 후보 도서 3개를 1차 선정한다.
- 1차 선정된 후보 도서 중 해외저자의 도서는 가점 1점을 부여하여 2차 점수를 산정한다.
- 2차 점수가 가장 높은 2개의 도서를 최종 선정한다. 만일 선정된 후보 도서들의 2차 점수가 모두 동일한 경우, 유익성 점수가 가장 낮은 후보 도서는 탈락시킨다.

① 재테크, 답은 있다 / 여행학개론
② 재테크, 답은 있다 / 건강제일주의
③ 여행학개론 / 부장님의 서랍
④ 여행학개론 / 건강제일주의

02 K공사 S지사장은 직원 50명에게 연말 선물을 하기 위해 물품을 구매하려고 한다. 아래는 업체별 품목 가격과 직원들의 품목 선호도를 나타낸 자료이다. 다음 중 〈조건〉에 따라 지사장이 구매하는 물품과 업체를 순서대로 바르게 나열한 것은?

〈업체별 품목 가격〉

구분		한 벌당 가격(원)
A업체	티셔츠	6,000
	카라 티셔츠	8,000
B업체	티셔츠	7,000
	후드 집업	10,000
	맨투맨	9,000

〈직원들 품목 선호도〉

순위	품목
1	카라 티셔츠
2	티셔츠
3	후드 집업
4	맨투맨

조건

- 직원의 선호도를 우선으로 품목을 선택한다.
- 총구매금액이 30만 원 이상이면 총금액에서 5%를 할인해 준다.
- 차순위 품목이 1순위 품목보다 총금액이 20% 이상 저렴하면 차순위를 선택한다.

① 티셔츠, A업체　　② 카라 티셔츠, A업체
③ 티셔츠, B업체　　④ 후드 집업, B업체

03 K공사는 직원용 컴퓨터를 교체하려고 한다. 다음 중 〈조건〉을 만족하는 컴퓨터로 옳은 것은?

〈컴퓨터별 가격 현황〉

구분	A컴퓨터	B컴퓨터	C컴퓨터	D컴퓨터
모니터	20만 원	23만 원	20만 원	19만 원
본체	70만 원	64만 원	60만 원	54만 원
세트	80만 원	75만 원	70만 원	66만 원
성능평가	중	상	중	중
할인혜택	–	세트로 15대 이상 구매 시 총금액에서 100만 원 할인	모니터 10대 초과 구매 시 초과 대수 15% 할인	–

조건

- 예산은 1,000만 원이다.
- 교체할 직원용 컴퓨터는 모니터와 본체 각각 15대이다.
- 성능평가에서 '중' 이상을 받은 컴퓨터로 교체한다.
- 컴퓨터 구매는 세트 또는 모니터와 본체 따로 구매할 수 있다.

① A컴퓨터　② B컴퓨터
③ C컴퓨터　④ D컴퓨터

04 사진관은 올해 찍은 사진을 모두 모아서 한 개의 USB에 저장하려고 한다. 사진의 용량 및 찍은 사진 수가 자료와 같고 USB 한 개에 모든 사진을 저장하려 한다. 다음 중 최소 몇 GB의 USB가 필요한가?(단, 1MB=1,000KB, 1GB=1,000MB이며, USB 용량은 소수점 자리는 버림한다)

〈올해 사진 자료〉

구분	크기(cm)	용량	개수
반명함	3×4	150KB	8,000개
신분증	3.5×4.5	180KB	6,000개
여권	5×5	200KB	7,500개
단체사진	10×10	250KB	5,000개

① 3.5GB　② 4.0GB
③ 4.5GB　④ 5.0GB

출제유형분석

04 인원 선발

| 유형분석 |

- 인적 자원과 관련된 다양한 정보를 활용하여 풀어 가는 문제이다.
- 주로 근무명단, 휴무일, 업무할당 등의 주제로 다양한 정보를 활용하여 종합적으로 풀어 가는 문제가 출제된다.

어느 버스회사에서 (가)시에서 (나)시를 연결하는 버스 노선을 개통하기 위해 새로운 버스를 구매하려고 한다. 다음 〈조건〉과 같이 노선을 운행하려고 할 때, 최소 몇 대의 버스를 구매해야 하며 이때 필요한 운전사는 최소 몇 명인가?

조건

1) 새 노선의 왕복 시간 평균은 2시간이다(승하차 시간을 포함).
2) 배차시간은 15분 간격이다.
3) 운전사의 휴식시간은 매 왕복 후 30분씩이다.
4) 첫차는 05시 정각에, 막차는 23시에 (가)시를 출발한다.
5) 모든 차는 (가)시에 도착하자마자 (나)시로 곧바로 출발하는 것을 원칙으로 한다.
   즉, (가)시에 도착하는 시간이 바로 (나)시로 출발하는 시간이다.
6) 모든 차는 (가)시에서 출발해서 (가)시로 복귀한다.

	버스	운전사
①	6대	8명
②	8대	10명
③	10대	12명
④	12대	14명
⑤	14대	16명

정답 ②

왕복 시간이 2시간, 배차 간격이 15분이라면 첫차가 재투입되는 데 필요한 앞차의 수는 첫차를 포함해서 8대이다(∵ 15분×8대=2시간이므로 8대 버스가 운행된 이후 9번째에 첫차 재투입 가능).
운전사는 왕복 후 30분의 휴식을 취해야 하므로 첫차를 운전했던 운전사는 2시간 30분 뒤에 운전을 시작할 수 있다. 따라서 8대의 버스로 운행하더라도 운전자는 150분 동안 운행되는 버스 150÷15=10대를 운전하기 위해서는 10명의 운전사가 필요하다.

풀이 전략!

문제에서 신입사원 채용이나 인력배치 등의 주제가 출제될 경우에는 주어진 규정 혹은 규칙을 꼼꼼히 확인하여야 한다. 이를 근거로 각 선택지가 어긋나지 않는지 검토하며 문제를 풀어 간다.

출제유형분석 04 실전예제

01 자동차 회사에서 기계설비를 담당하는 귀하는 2월 주말 근무표 초안을 작성하였는데, 이를 토대로 대체근무자를 미리 반영하려고 한다. 다음 중 귀하가 배정한 인원으로 옳지 않은 것은?

- 주말 근무 규정
  ① 1 ~ 3팀은 순차적으로 주말 근무를 실시한다.
  ② 주말 근무 후에는 차주 월요일(토요일 근무자) 및 화요일(일요일 근무자)을 휴무일로 한다.
  ③ 주말 이틀 연속 근무는 금한다.
  ④ 주말 근무 예정자가 개인사정으로 인하여 근무가 어렵다면, 해당 주 휴무이거나 혹은 근무가 없는 팀의 일원 1명과 대체한다.
- 2월 주말 근무표

구분	1주 차		2주 차		3주 차		4주 차	
	5일(토)	6일(일)	12일(토)	13일(일)	19일(토)	20일(일)	26일(토)	27일(일)
근무자	1팀	2팀	3팀	1팀	2팀	3팀	1팀	2팀

- 기계설비팀 명단
  1팀 : 강단해(팀장), 마징가, 차도선, 이방원, 황이성, 강의찬
  2팀 : 사차원(팀장), 박정훈, 이도균, 김선우, 정선동, 박아천
  3팀 : 마강수(팀장), 이정래, 하선오, 이광수, 김동수, 김대호

	휴무예정일자	휴무예정자	사유	대체근무자	대체근무일
①	2/5(토)	차도선	가족여행	하선오	2/12(토)
②	2/12(토)	이정래	지인 결혼식	박정훈	2/27(일)
③	2/19(토)	이도균	건강검진	이방원	2/13(일)
④	2/20(일)	이광수	가족여행	강의찬	2/26(토)

02 다음은 K공사의 2024년 승진 후보자와 승진 규정이다. 이를 참고할 때, 2024년에 직급이 대리인 사람은?

〈승진 규정〉

- 2023년까지 근속연수가 4년 이상인 자를 대상으로 한다.
- 출산휴가 및 병가 기간은 근속연수에서 제외한다.
- 평가연도 업무평가 점수가 80점 이상인 자를 대상으로 한다.
- 평가연도 업무평가 점수는 직전연도 업무평가 점수에서 벌점을 차감한 점수이다.
- 벌점은 결근 1회당 −10점, 지각 1회당 −5점이다.

〈승진 후보자 정보〉

구분	근무기간	2023년 업무평가	근태현황		기타
			지각	결근	
A사원	2년 4개월	79점	1회	−	−
B주임	4년 1개월	86점	−	1회	출산휴가 35일
C대리	8년 1개월	89점	1회	1회	병가 10일
D과장	11년 3개월	82점	−	−	−

① A ② B
③ C ④ D

03 1～3년 차 근무를 마친 K공사 직원들은 인사이동 시기를 맞아 근무지 이동을 해야 한다. 근무지 이동 규정과 각 직원이 근무지 이동을 신청한 내용이 다음과 같을 때, 이에 대한 설명으로 옳지 않은 것은?

〈근무지 이동 규정〉

- 수도권 지역은 여의도, 종로, 영등포이고, 지방의 지역은 광주, 제주, 대구이다.
- 2번 이상 같은 지역을 신청할 수 없다(예 여의도 → 여의도 ×).
- 3년 연속 같은 수도권 지역이나 지방 지역을 신청할 수 없다.
- 2, 3년 차보다 1년 차 신입 및 1년 차 근무를 마친 직원이 신청한 내용이 우선된다.
- 1년 차 신입은 전년도 평가 점수를 100점으로 한다.
- 직원 A～E는 서로 다른 곳에 배치된다.
- 같은 지역으로의 이동을 신청한 경우 전년도 평가 점수가 더 높은 사람이 우선하여 이동한다.
- 규정에 부합하지 않게 이동 신청을 한 경우, 신청한 곳에 배정받을 수 없다.

〈근무지 이동 신청〉

직원	1년 차 근무지	2년 차 근무지	3년 차 근무지	신청지	전년도 평가
A	대구	–	–	종로	–
B	여의도	광주	–	영등포	92점
C	종로	대구	여의도	미정	88점
D	영등포	종로	–	여의도	91점
E	광주	영등포	제주	영등포	89점

① B는 영등포로 이동하게 될 것이다.
② C는 지방 지역으로 이동하고, E는 여의도로 이동하게 될 것이다.
③ A는 대구를 1년 차 근무지로 신청하였을 것이다.
④ D는 자신의 신청지로 이동하게 될 것이다.

아이들이 답이 있는 질문을 하기 시작하면 그들이 성장하고 있음을 알 수 있다.

– 존 J. 플롬프 –

PART 2
직무능력평가

CHAPTER

01

경영

적중예상문제

정답 및 해설 p.050

01 다음 〈보기〉 중 기업의 이윤 극대화에 대한 설명으로 옳은 것을 모두 고르면?

> 보기
>
> ㄱ. 한계수입(MR)과 한계비용(MC)이 같을 때 이윤 극대화의 1차 조건이 달성된다.
>
> ㄴ. 한계비용(MC)곡선이 한계수입(MR)곡선을 아래에서 위로 교차하는 영역에서 이윤 극대화의 2차 조건이 달성된다.
>
> ㄷ. 평균비용(AC)곡선과 평균수입(AR)곡선이 교차할 때의 생산수준에서 이윤 극대화가 달성된다.

① ㄱ　　② ㄷ

③ ㄱ, ㄴ　　④ ㄴ, ㄷ

⑤ ㄱ, ㄴ, ㄷ

02 다음 중 페스팅거(Festinger)의 인지 부조화 이론에 대한 설명으로 옳지 않은 것은?

① 구매 후 부조화란 제품을 구매, 소비, 처분한 후에 그러한 의사결정이 올바른 것이었는가에 대하여 확신하지 못하는 경험을 의미한다.

② 제품을 반품할 수 없을 경우 구매 후 부조화는 더욱 커지게 된다.

③ 가격이 높은 제품일수록 구매 후 부조화는 더욱 작아지게 된다.

④ 구매 후 부조화를 줄이기 위해 긍정적인 정보는 더욱 검색하고 부정적인 정보는 차단한다.

⑤ 안내 책자를 제공하거나 피드백을 통한 구매자의 선택이 훌륭하였음을 확인시키는 활동의 경우 등은 구매 후 부조화를 감소시키기 위한 것이다.

03 다음 글에서 설명하는 마케팅 분석방법은?

> 소비자가 제품을 구매할 때 중요시하는 제품 속성과 속성 수준에 부여하는 가치를 산출해냄으로써 최적 신제품의 개발을 지원해주는 분석방법이다.

① SWOT 분석

② 시계열 분석(Time Series Analysis)

③ 컨조인트 분석(Conjoint Analysis)

④ 상관관계 분석(Correlation Analysis)

⑤ 다차원척도 분석(Multidimensional Analysis)

04 다음 중 페이욜(Fayol)이 주장한 경영활동을 바르게 연결한 것은?

① 기술적 활동 : 생산, 제조, 가공
② 상업적 활동 : 계획, 조직, 명령, 조정, 통제
③ 회계적 활동 : 구매, 판매, 교환
④ 관리적 활동 : 재화 및 종업원 보호
⑤ 재무적 활동 : 원가관리, 예산통제

PART 2

05 다음 중 빈칸 ㉠~㉤에 들어갈 단어로 옳지 않은 것은?

- 기준금리를 인하하면 가계소비와 기업 투자를 촉진하고 자산가격의 ___㉠___을 유도하여 경제를 활성화시키는 효과가 있다.
- 천연가스 가격이 오르면 대체재인 원유의 공급곡선은 ___㉡___으로 이동한다.
- ___㉢___이란 시장가격이 균형가격보다 높아 공급이 수요를 초과하는 상태를 말한다.
- 대출금리는 ___㉣___ 등 시장금리에 연동시켜 결정한다.
- 한국은행 금융통화위원회는 물가동향, 국내외 경제상황 등을 종합적으로 고려하여 연 8회 ___㉤___를 결정한다.

① ㉠ : 하락
② ㉡ : 오른쪽
③ ㉢ : 초과공급
④ ㉣ : CD금리
⑤ ㉤ : 기준금리

06 제시된 그림은 핵크만과 올드햄(Hackman & Oldham)의 직무특성이론모형이다. 다음 중 핵심직무차원에 해당하지 않은 것은?

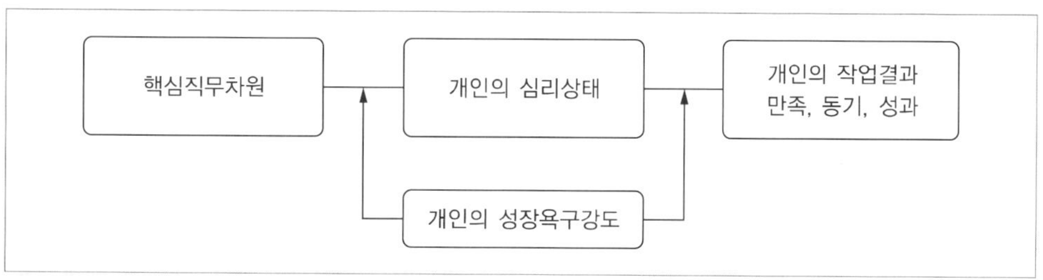

① 자율성
② 효율성
③ 피드백
④ 과업의 중요성
⑤ 과업의 정체성

07 다음 글에서 설명하는 것은?

> 기업의 자재, 회계, 구매, 생산, 판매, 인사 등 모든 업무의 흐름을 효율적으로 지원하기 위한 통합 정보시스템이다.

① CRM
② SCM
③ DSS
④ KMS
⑤ ERP

08 다음 중 포터(M. Porter)의 가치사슬모델에서 본원적 활동에 해당하지 않는 것은?

① 운영·생산
② 입고·출고
③ 고객서비스
④ 영업·마케팅
⑤ 인적자원관리

09 다음 중 BCG 매트릭스에서 시장성장률은 낮고 상대적 시장점유율이 높은 영역은?

① Dog
② Star
③ Cash Cow
④ Problem Child
⑤ Question Mark

10 다음 중 수단성(Instrumentality) 및 유의성(Valence)을 포함한 동기부여이론은?

① 기대이론(Expectancy Theory)
② 2요인이론(Two Factor Theory)
③ 강화이론(Reinforcement Theory)
④ 목표설정이론(Goal Setting Theory)
⑤ 인지평가이론(Cognitive Evaluation Theory)

11 다음 중 동종 또는 유사업종의 기업들이 법적, 경제적 독립성을 유지하면서 협정을 통해 수평적으로 결합하는 형태는?

① 지주회사(Holding Company)
② 카르텔(Cartel)
③ 컨글로머리트(Conglomerate)
④ 트러스트(Trust)
⑤ 콘체른(Concern)

12 인사평가방법 중 피평가자의 능력, 태도, 작업, 성과 등에 관련된 표준행동들을 제시하고 평가자가 해당 서술문을 대조하여 평가하는 방법은?

① 서열법
② 평정척도법
③ 체크리스트법
④ 중요사건기술법
⑤ 목표관리법

13 다음 중 마케팅 믹스에 대한 설명으로 옳지 않은 것은?

① 전문품은 상점에 나가기 전에 그 제품이나 내용 등에 대하여 잘 알고 있으며 구매과정에서 상당한 노력을 한다.
② 마케팅리더는 비공식 마케팅 경로에서 중요한 역할을 한다.
③ 수명주기는 도입기, 성장기, 성숙기, 쇠퇴기의 과정을 거치게 되는데 성장・성숙기는 특히 매출액이 증가하는 시기이다.
④ 제품믹스란 유사용도나 특성을 갖는 제품군을 말한다.
⑤ 마케팅 믹스를 통해 이익・매출・이미지・사회적 명성・ROI(사용자본이익률)와 같은 기업목표를 달성할 수 있게 된다.

14 신제품 가격결정방법 중 초기고가전략(Skimming Pricing)을 채택하기 어려운 경우는?

① 수요의 가격탄력성이 클 경우
② 생산 및 마케팅 비용이 높은 경우
③ 경쟁자의 시장진입이 어려운 경우
④ 제품의 혁신성이 큰 경우
⑤ 독보적인 기술이 있는 경우

15 맥그리거(D. McGregor)의 X－Y이론은 인간에 대한 기본 가정에 따라 동기부여방식이 달라진다는 것이다. 다음 중 Y이론에 해당하는 가정 또는 동기부여방식이 아닌 것은?

① 문제해결을 위한 창조적 능력 보유
② 직무수행에 대한 분명한 지시
③ 조직목표 달성을 위한 자기 통제
④ 성취감과 자아실현 추구
⑤ 노동에 대한 자연스러운 수용

16 A국가와 B국가의 재화 1단위 생산당 투하 노동량이 다음과 같다고 할 때, 컴퓨터 생산에 비교우위가 있는 나라와 컴퓨터 1대 생산에 따른 기회비용이 바르게 짝지어진 것은?

구분	컴퓨터 1대 생산에 소요되는 노동량	TV 1대 생산에 소요되는 노동량
A국가	20	8
B국가	10	2

① A국가, 2.5
② A국가, 0.6
③ A국가, 0.4
④ B국가, 5
⑤ B국가, 0.5

17 기업의 경영자는 출자뿐만 아니라 기업을 경영하는 기능까지 수행하는 소유경영자와 기업의 대규모화 및 복잡화에 따라 전문적인 경영지식을 갖춘 전문경영자로 구분할 수 있다. 다음 중 전문경영자에 대한 설명으로 옳지 않은 것은?

① 상대적으로 강력한 리더십을 발휘할 수 있다.
② 소유과 경영의 분리로 계속기업이 가능하다.
③ 자신의 이해관계를 주주의 이해관계보다 더 중시할 수 있다.
④ 재직기간 동안의 단기적 이익 창출만을 중시할 수 있다.
⑤ 통제의 규모와 범위에 대한 인식이 모호하다.

18 **다음 중 M&A에 대한 설명으로 옳지 않은 것은?**

① 합병의 동기 중 재무시너지란 합병에 따른 현금흐름의 증가로 기업가치가 증대되는 효과를 얻는 것을 말한다.
② 숙련된 전문 인력 및 기업의 대외적 신용확보의 목적으로 M&A가 이루어지기도 한다.
③ 적대적 M&A는 주로 주식매수와 위임장대결을 통해 이루어진다.
④ 실질적인 인수기업이 소멸하고 피인수기업이 존속하게 되는 것을 역합병이라고 한다.
⑤ 주식 매수만으로 기업 인수가 어려운 경우 불특정다수의 소액주주에게 의결권을 위임받아 M&A를 시도하는 방법을 위임장 대결이라고 한다.

19 **다음 중 테일러시스템과 포드시스템을 비교한 내용으로 옳지 않은 것은?**

① 테일러시스템은 일급제를, 포드시스템은 성과제로 임금을 지급한다.
② 테일러시스템은 과업 관리를, 포드시스템은 동시 관리를 한다.
③ 테일러시스템은 고임금 저노무비를, 포드시스템은 저가격 고임금을 추구한다.
④ 테일러시스템은 개별생산공장의 생산성을 향상시키고, 포드시스템은 생산의 표준화를 가져왔다.
⑤ 테일러시스템은 관리기술 향상에 초점을 맞추며, 포드시스템은 관리의 합리화에 초점을 맞춘다.

20 **다음 중 경영이론에 대한 설명으로 옳지 않은 것은?**

① 페이욜(H. Fayol)은 경영의 본질적 기능으로 기술적 기능, 영업적 기능, 재무적 기능, 보전적 기능, 회계적 기능, 관리적 기능의 6가지를 제시하였다.
② 바너드(C. Barnard)는 조직 의사결정은 제약된 합리성에 기초하게 된다고 주장하였다.
③ 상황이론은 여러 가지 환경변화에 효율적으로 대응하기 위하여 조직이 어떠한 특성을 갖추어야 하는지를 규명하고자 하는 이론이다.
④ 시스템이론 관점에서 경영의 투입 요소에는 노동, 자본, 전략, 정보 등이 있으며, 산출 요소에는 제품과 서비스 등이 있다.
⑤ 허즈버그(F. Herzberg)의 2요인이론은 동기요인과 위생요인을 가지고 있으며, 이들은 각각 인간 행동에 다른 영향을 미친다고 하는 이론이다.

CHAPTER 02

경제

적중예상문제

정답 및 해설 p.054

01 다음과 같은 상황에서 실질이자율을 계산하면 얼마인가?

> • A는 2년 만기 복리 상품에 연이자율 5%로 은행에 100만 원을 예금하였다.
> • A가 사려고 한 제품의 가격이 2년 동안 50만 원에서 53만 원으로 인상되었다.

① 4.25% ② 5.50%
③ 6.35% ④ 8.50%
⑤ 10.00%

02 다음 중 케인스가 주장한 절약의 역설에 대한 설명으로 옳은 것은?

① 케인스의 거시모형에서 소비는 미덕이므로 저축할 필요가 없고, 결국은 예금은행의 설립을 불허해야 하는 상황이다.
② 모든 개인이 저축을 줄이는 경우 늘어난 소비로 국민소득이 감소하고, 결국은 개인의 저축을 더 늘릴 수 없는 상황이다.
③ 모든 개인이 저축을 늘리는 경우 총수요의 감소로 국민소득이 줄어들고, 결국은 개인의 저축을 더 늘릴 수 없는 상황이다.
④ 모든 개인이 저축을 늘리는 경우 늘어난 저축이 투자로 이어져 국민소득이 증가하고, 결국은 개인의 저축을 더 늘릴 수 있는 상황이다.
⑤ 모든 개인이 저축을 늘리는 경우 총수요의 증가로 소비와 국민소득이 증가하고, 결국은 개인의 저축을 더 늘릴 수 있는 상황이다.

03 다음 중 국민경제 전체의 물가압력을 측정하는 지수로 사용되며, 통화량 목표설정에 있어서도 기준 물가상승률로 사용되는 것은?

① 소비자물가지수(CPI)
② 생산자물가지수(PPI)
③ 기업경기실사지수(BSI)
④ GDP 디플레이터(GDP Deflator)
⑤ 구매력평가지수(Purchasing Power Parity)

04 주어진 예산으로 효용극대화를 추구하는 어떤 사람이 일정 기간에 두 재화 X와 Y만 소비한다고 하자. X의 가격은 200원이고, 그가 얻는 한계효용이 600이 되는 수량까지 X를 소비한다. 다음 표는 Y의 가격이 300원일 때, 그가 소비하는 Y의 수량과 한계효용 사이의 관계를 보여준다. 효용이 극대화되는 Y의 소비량은?

Y의 수량	1개	2개	3개	4개	5개
한계효용	2,600	1,900	1,300	900	800

① 1개
② 2개
③ 3개
④ 4개
⑤ 5개

05 다음은 후생경제학에 대한 내용이다. ㉮~㉱에 들어갈 용어를 바르게 나열한 것은?

- ___㉮___ 이론에 따르면 일부의 파레토효율성 조건이 추가로 충족된다고 해서 사회후생이 증가한다는 보장은 없다.
- 파레토효율성을 통해 ___㉯___ 을 평가하고, 사회후생함수(사회무차별곡선)를 통해 ___㉰___ 을 평가한다.
- 후생경제학 제1정리에 따르면 모든 경제주체가 합리적이고 시장실패 요인이 없으면 ___㉱___ 에서 자원배분은 파레토효율적이다.

	㉮	㉯	㉰	㉱
①	차선	효율성	공평성	완전경쟁시장
②	코즈	효율성	공평성	완전경쟁시장
③	차선	효율성	공평성	독점적경쟁시장
④	코즈	공평성	효율성	독점적경쟁시장
⑤	차선	공평성	효율성	완전경쟁시장

06 어떤 산업에서 임금이 상승할 경우, 노동공급은 증가하고 노동수요는 감소하는 상태에서 균형을 이루고 있다. 이 산업에서 생산물 가격이 하락할 때, 새로운 균형 달성을 위한 임금수준과 고용량의 변화에 대한 설명으로 옳은 것은?(단, 생산물시장과 생산요소시장은 완전경쟁이고, 기업들은 이윤극대화를 추구한다)

① 임금 상승, 고용량 감소
② 임금 상승, 고용량 증가
③ 임금 하락, 고용량 감소
④ 임금 하락, 고용량 증가
⑤ 임금 및 고용량 변화 없음

07 다음 〈보기〉 중 정부실패(Government Failure)의 원인이 되는 것을 모두 고르면?

> **보기**
> 가. 이익집단의 개입
> 나. 정책당국의 제한된 정보
> 다. 정책당국의 인지시차 존재
> 라. 민간부문의 통제 불가능성
> 마. 정책 실행시차의 부재

① 가, 나, 라
② 나, 다, 마
③ 가, 나, 다, 라
④ 가, 나, 라, 마
⑤ 가, 나, 다, 라, 마

08 다음과 같이 소득이 감소하여 A제품의 수요곡선이 왼쪽으로 이동할 경우, 균형가격과 균형거래량은 각각 얼마인가?

> • A제품의 수요함수 : $Q=600-P$
> • A제품의 공급함수 : $Q=4P$
> • 소득 감소에 따라 변동된 A제품의 수요함수 : $Q=400-P$

	균형가격	균형거래량
①	40	240
②	60	240
③	80	320
④	100	320
⑤	120	480

09 A근로자의 연봉이 올해 1,500만 원에서 1,650만 원으로 150만 원 인상되었다. 이 기간의 인플레이션율이 12%일 때, A근로자의 임금변동에 대한 설명으로 옳은 것은?

① 2% 명목임금 증가
② 2% 명목임금 감소
③ 2% 실질임금 증가
④ 2% 실질임금 감소
⑤ 15% 명목임금 증가

10 다음 〈보기〉 중 실업률을 하락시키는 변화로 옳은 것을 모두 고르면?(단, 취업자 수와 실업자 수는 0보다 크다)

보기

ㄱ. 취업자가 비경제활동인구로 전환
ㄴ. 실업자가 비경제활동인구로 전환
ㄷ. 비경제활동인구가 취업자로 전환
ㄹ. 비경제활동인구가 실업자로 전환

① ㄱ, ㄴ
② ㄱ, ㄷ
③ ㄴ, ㄷ
④ ㄴ, ㄹ
⑤ ㄷ, ㄹ

PART 2

11 다음 중 독점적 경쟁시장에 대한 설명으로 옳지 않은 것은?

① 기업의 수요곡선은 우하향하는 형태이다.
② 진입장벽이 존재하지 않으므로 단기에는 기업이 양(+)의 이윤을 얻지 못한다.
③ 기업의 이윤 극대화 가격은 한계비용보다 크다.
④ 단기에 기업의 한계수입곡선과 한계비용곡선이 만나는 점에서 이윤 극대화 생산량이 결정된다.
⑤ 장기에 기업의 수요곡선과 평균비용곡선이 접하는 점에서 이윤 극대화 생산량이 결정된다.

12 다음 〈보기〉 중 여러 가지 비용곡선에 대한 설명으로 옳은 것을 모두 고르면?

보기

ㄱ. 평균비용곡선은 평균가변비용곡선의 위에 위치한다.
ㄴ. 평균비용곡선이 상승할 때, 한계비용곡선은 평균비용곡선 아래에 있다.
ㄷ. 평균고정비용곡선은 우하향한다.
ㄹ. 총가변비용곡선의 기울기와 총비용곡선의 기울기는 다르다.
ㅁ. 평균비용은 평균고정비용에 평균가변비용을 더한 값이다.

① ㄱ, ㄴ, ㄷ
② ㄱ, ㄷ, ㅁ
③ ㄱ, ㄹ, ㅁ
④ ㄴ, ㄷ, ㄹ
⑤ ㄴ, ㄹ, ㅁ

13 K전자의 A부품의 연간 수요량이 20개이고 1회 주문비용이 10원이며, 단가가 10원, 연간 단위당 재고유지비율이 0.4일 경우 경제적 주문량(EOQ)은 얼마인가?

① 10
② 12
③ 14
④ 16
⑤ 18

14 수요의 가격탄력성이 0이면서 공급곡선은 우상향하고 있는 재화에 대해 조세가 부과될 경우, 조세부담의 귀착에 대한 설명으로 옳은 것은?

① 조세부담은 모두 소비자에게 귀착된다.
② 조세부담은 모두 판매자에게 귀착된다.
③ 조세부담은 양측에 귀착되지만 소비자에게 더 귀착된다.
④ 조세부담은 양측에 귀착되지만 판매자에게 더 귀착된다.
⑤ 조세부담은 소비자와 판매자에게 똑같이 귀착된다.

15 다음 중 여러 형태의 시장 또는 기업에 대한 설명으로 옳지 않은 것은?

① 독점기업이 직면한 수요곡선은 시장수요곡선 그 자체이다.
② 독점시장의 균형에서 가격과 한계수입의 차이가 클수록 독점도는 커진다.
③ 독점적 경쟁시장에서 제품의 차별화가 클수록 수요의 가격탄력성이 커진다.
④ 모든 기업의 이윤 극대화 필요조건은 한계수입과 한계비용이 같아지는 것이다.
⑤ 독점기업은 수요의 가격탄력성이 서로 다른 두 소비자 집단이 있을 때 가격차별로 이윤 극대화를 꾀할 수 있다.

16 생산물시장과 생산요소시장이 완전경쟁일 때, 시장의 균형 임금률은 시간당 2만 원이다. 어떤 기업이 시간당 노동 1단위를 추가로 생산에 투입할 때 산출물은 추가로 5단위 증가한다고 하자. 이러한 상황에서 이윤을 극대화하는 이 기업의 한계비용은?

① 2,000원
② 4,000원
③ 10,000원
④ 20,000원
⑤ 100,000원

17 다음 중 불완전경쟁 시장구조에 대한 설명으로 옳지 않은 것은?

① 독점적 경쟁시장은 장기적으로 기업의 진입과 퇴출이 자유롭다.
② 시장수요곡선이 우하향하는 독점시장에서 독점가격은 한계수입보다 크다.
③ 쿠르노(Cournot) 모형에서 각 기업은 경쟁기업이 현 산출량을 그대로 유지할 것이라는 전제하에 행동한다.
④ 베르뜨랑(Bertrand) 모형에서 각 기업은 경쟁기업이 현 가격을 그대로 유지할 것이라는 전제하에 행동한다.
⑤ 슈타켈버그(Stackelberg) 모형에서 두 기업 중 하나 또는 둘 모두가 가격에 관해 추종자가 아닌 선도자의 역할을 한다.

18 완전경쟁시장에 100개의 개별기업이 존재하며, 모든 기업은 동일한 비용함수 $C=5q^2+10$을 가진다(단, C는 생산비용, q는 산출량이다). 시장의 수요함수가 $Q=350-60P$일 경우 완전경쟁시장의 단기균형가격은?(단, P는 시장가격, Q는 시장산출량이다)

① 5
② 10
③ 15
④ 20
⑤ 25

19 호준이는 현재 회사가 부도나면서 직장을 그만 둔 상태이며 가족은 총 5명이다. 아버지는 회사에 다니고 어머니는 퇴직한 뒤 새로운 직장을 알아보는 중이다. 여동생은 가정주부이며 남동생은 대학생이다. 이때 호준이 가족의 실업률은 얼마인가?(단, 실업률은 소수점 첫째 자리에서 반올림한다)

① 40%
② 50%
③ 60%
④ 67%
⑤ 87%

20 다음 그림이 X재에 대한 수요곡선일 때, 이에 대한 설명으로 옳은 것은?(단, X재는 정상재이다)

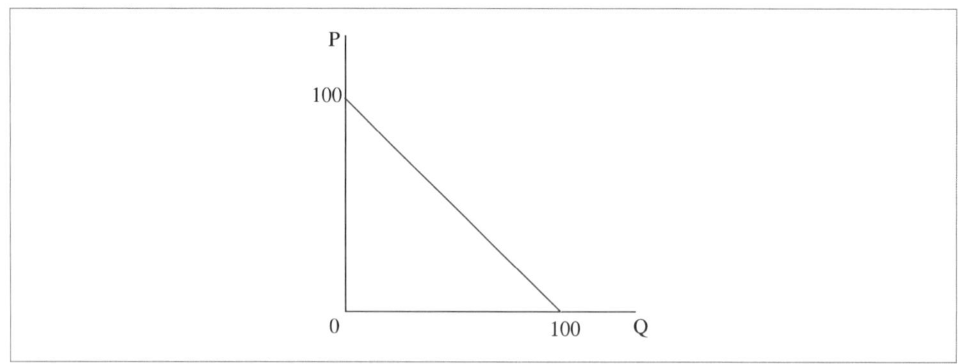

① 가격이 100원이면 X재의 수요량은 100이다.
② 가격에 상관없이 가격탄력성의 크기는 일정하다.
③ 소득이 증가하는 경우 수요곡선은 왼쪽으로 이동한다.
④ X재와 대체관계에 있는 Y재의 가격이 오르면 X재의 수요곡선은 왼쪽으로 이동한다.
⑤ X재 시장이 독점시장이라면 독점기업이 이윤 극대화를 할 때 설정하는 가격은 50원 이상이다.

CHAPTER

03

회계

적중예상문제

정답 및 해설 p.057

01 **다음 중 장단기 금리차 역전현상에 대한 설명으로 옳지 않은 것은?**

① 평상시에는 장기채의 금리가 단기채보다 높다고 할 수 있다.
② 장기채는 낮은 환금성으로 그만큼 유동성 프리미엄이 붙는다.
③ 경기 상황을 반영하는 금리는 장기채 금리이다.
④ 장기채 금리가 하락할 경우 경기가 상승국면에 있다고 판단할 수 있다.
⑤ 장단기 금리차가 역전되면 향후 경기 침체의 전조현상으로 해석될 수 있다.

02 **다음 중 재고자산에 대한 설명으로 옳지 않은 것은?**

① 재고자산이란 정상적인 영업활동 과정에서 판매를 목적으로 소유하고 있거나 판매할 자산을 제조하는 과정에 있거나 제조과정에 사용될 자산을 말한다.
② 재고자산의 취득원가는 매입원가, 전환원가 및 재고자산을 현재의 장소에 현재의 상태로 이르게 하는 데 발생한 기타 원가 모두를 포함한다.
③ 재고자산의 매입원가는 매입가격에 수입관세와 매입운임, 하역료, 매입할인, 리베이트 등을 가산한 금액이다.
④ 표준원가법이나 소매재고법 등의 원가측정 방법은 그러한 방법으로 평가한 결과가 실제원가와 유사한 경우에 사용할 수 있다.
⑤ 후입선출법은 재고자산의 원가 결정 방법으로 허용되지 않는다.

03 **미래에 현금을 수취할 계약상 권리에 해당하는 금융자산과 이에 대응하여 미래에 현금을 지급할 계약상 의무에 해당하는 금융부채로 옳지 않은 것은?**

① 매출채권과 매입채무
② 받을어음과 지급어음
③ 대여금과 차입금
④ 투자사채와 사채
⑤ 선급금과 선수금

04 **다음 중 재무제표 표시에 대한 설명으로 옳지 않은 것은?**

① 재무제표의 목적은 광범위한 정보이용자의 경제적 의사결정에 유용한 기업의 재무상태, 재무성과와 재무상태변동에 대한 정보를 제공하는 것이다.
② 당기손익과 기타포괄손익은 단일의 포괄손익계산서에 두 부분으로 나누어 표시할 수 있다.
③ 기업은 재무상태, 경영성과, 현금흐름 정보를 발생기준 회계에 따라 재무제표를 작성한다.
④ 경영진은 재무제표를 작성할 때 계속기업으로서의 존속가능성을 평가해야 한다.
⑤ 부적절한 회계정책은 이에 대하여 공시나 주석 또는 보충 자료를 통해 설명하더라도 정당화될 수 없다.

05 **기중거래에서 잔액이 발생되었을 경우, 다음 〈보기〉 중 기말 재무상태표에 표시되지 않는 계정을 모두 고르면?**

보기

ㄱ. 부가가치세대급금
ㄴ. 가수금
ㄷ. 당좌차월
ㄹ. 예수금
ㅁ. 충당부채

① ㄱ, ㄴ
② ㄱ, ㅁ
③ ㄴ, ㄷ
④ ㄷ, ㄹ
⑤ ㄹ, ㅁ

06 **(주)한국의 영업활동으로 인한 현금흐름이 500,000원일 때, 다음 자료를 토대로 당기순이익을 계산하면 얼마인가?**

• 매출채권(순액) 증가	50,000원
• 재고자산 감소	40,000원
• 미수임대료의 증가	20,000원
• 매입채무의 감소	20,000원
• 유형자산처분손실	30,000원

① 420,000원
② 450,000원
③ 520,000원
④ 540,000원
⑤ 570,000원

07 **다음 중 자본이 증가하는 거래는 무엇인가?(단, 각 거래는 상호독립적이고, 자기주식의 취득은 상법상 정당한 것으로 가정한다)**

① 중간배당(현금배당) 100,000원을 실시하였다.
② 액면금액이 주당 5,000원인 주식 25주를 4,000원에 할인발행하였다.
③ 자기주식(액면금액 주당 5,000원) 25주를 주당 4,000원에 취득하였다.
④ 당기순손실 100,000원이 발생하였다.
⑤ 당기 중 2,100,000원에 취득한 매도가능금융자산의 보고기간 말 현재 공정가액은 2,000,000원이다.

PART 2

08 **다음 중 손익계산서 작성기준에 대한 설명으로 옳지 않은 것은?**

① 구분계산의 원칙 : 손익계산서를 편리하게 읽을 수 있도록 비용과 수익의 발생을 구분하여 표시하여야 한다.
② 발생주의 원칙 : 실제 현금이 들어오거나 나가지 않았다면 거래가 발생했다 하더라도 비용과 수익을 인식해서는 안 된다.
③ 실현주의 원칙 : 수익을 계상할 경우 실제 수익이 실현될 것이라는 확정적이고 객관적인 증거를 확보한 시점에서 계상하여야 한다.
④ 수익・비용 대응의 원칙 : 비용은 해당 비용으로 인한 수익이 기록되는 기간과 동일한 기간으로 기록하여야 한다.
⑤ 총액 표시의 원칙 : 자산과 부채 및 자본은 서로 상계하여 그 전부 또는 일부를 제외하고 표시해서는 안 된다.

09 **다음 중 유용한 재무정보의 질적 특성에 대한 설명으로 옳지 않은 것은?**

① 명확하고 간결하게 분류되고 특징지어져 표시된 정보는 이해가능성이 높다.
② 어떤 재무정보가 예측가치나 확인가치 또는 이 둘 모두를 갖는다면 그 재무정보는 이용자의 의사결정에 차이가 나게 할 수 있다.
③ 검증가능성은 정보가 나타내고자 하는 경제적 현상을 충실히 표현하는지를 정보이용자가 확인하는 데 도움을 주는 근본적 질적 특성이다.
④ 적시성은 정보이용자가 의사결정을 내릴 때 사용되어 그 결정에 영향을 줄 수 있도록 제때에 이용가능함을 의미한다.
⑤ 어떤 정보의 누락이나 오기로 인해 정보이용자의 의사결정이 바뀔 수 있다면 그 정보는 중요한 정보이다.

10 다음 중 회계거래의 기록에 대한 설명으로 옳지 않은 것은?

① 분개란 복식부기의 원리를 이용하여 발생한 거래를 분개장에 기록하는 절차이다.
② 분개장의 거래기록을 총계정원장의 각 계정에 옮겨 적는 것을 전기라고 한다.
③ 보조 회계장부로는 분개장과 현금출납장이 있다.
④ 시산표의 차변 합계액과 대변 합계액이 일치하는 경우에도 계정기록의 오류가 존재할 수 있다.
⑤ 시산표는 총계정원장의 차변과 대변의 합계액 또는 잔액을 집계한 것이다.

11 다음 중 충당부채와 우발부채에 대한 설명으로 옳지 않은 것은?

① 충당부채는 재무상태표에 표시되는 부채이나, 우발부채는 재무상태표에 표시될 수 없고 주석으로만 기재될 수 있다.
② 충당부채를 현재가치로 평가하기 위한 할인율은 부채의 특유한 위험과 화폐의 시간가치에 대한 현행 시장의 평가를 반영한 세후 이율이다.
③ 충당부채로 인식하는 금액은 현재의무를 보고기간 말에 이행하기 위하여 필요한 지출에 대한 최선의 추정치이어야 한다.
④ 우발부채는 처음에 예상하지 못한 상황에 따라 변할 수 있으므로, 경제적 효익이 있는 자원의 유출 가능성이 높아졌는지를 판단하기 위하여 우발부채를 지속적으로 평가한다.
⑤ 예상되는 자산 처분이 충당부채를 생기게 한 사건과 밀접하게 관련되었더라도 예상되는 자산 처분이익은 충당부채를 측정하는 데 고려하지 아니한다.

12 다음 중 재무보고의 개념체계에 대한 설명으로 옳은 것은?

① 일부 부채의 경우는 상당한 정도의 추정을 해야만 측정이 가능할 수 있다.
② 자산 측정기준으로서의 역사적 원가는 현행원가와 비교하여 적시성이 더 높다.
③ 보고기업의 경제적 자원과 청구권의 변동은 그 기업의 재무성과에 의해서만 발생한다.
④ 일반목적재무보고서는 보고기업의 가치를 직접 보여주기 위해 고안되었다.
⑤ 경영활동의 청산이 임박하거나 중요하게 축소할 의도 또는 필요성이 발생하더라도 재무제표는 계속기업의 가정을 적용하여 작성한다.

13 다음 중 기업어음과 회사채의 차이로 옳은 것은?

① 기업어음은 자본시장법의 적용을 받고, 회사채는 어음법의 적용을 받는다.
② 기업어음은 발행을 위해서 이사회의 결의가 필요하나, 회사채는 이사회의 결의가 필요 없다.
③ 기업어음은 수요예측을 필수적으로 해야 하나, 회사채는 수요예측이 필요 없다.
④ 기업어음의 변제순위는 회사채 변제순위보다 높다.
⑤ 기업어음의 지급금리는 회사채 지급금리보다 높다.

14 다음 중 현금흐름표상 영업활동 현금흐름에 대한 설명으로 옳은 것은?

① 영업활동 현금흐름은 직접법 또는 간접법 중 하나의 방법으로 보고할 수 있으나, 한국채택국제회계기준에서는 직접법을 사용할 것을 권장하고 있다.
② 단기매매목적으로 보유하는 유가증권의 판매에 따른 현금은 영업활동으로부터의 현금유입에 포함되지 않는다.
③ 일반적으로 법인세로 납부한 현금은 영업활동으로 인한 현금유출에 포함되지 않는다.
④ 직접법은 당기순이익의 조정을 통해 영업활동 현금흐름을 계산한다.
⑤ 간접법은 영업을 통해 획득한 현금에서 영업을 위해 지출한 현금을 차감하는 방식으로 영업활동 현금흐름을 계산한다.

15 다음 중 무형자산 회계처리에 대한 설명으로 옳지 않은 것은?

① 내용연수가 비한정인 무형자산은 상각하지 아니한다.
② 제조과정에서 사용된 무형자산의 상각액은 재고자산의 장부금액에 포함한다.
③ 내용연수가 유한한 경우 상각은 자산을 사용할 수 있는 때부터 시작한다.
④ 내용연수가 유한한 무형자산의 상각기간과 상각방법은 적어도 매 회계연도 말에 검토한다.
⑤ 내용연수가 비한정인 무형자산의 내용연수를 유한 내용연수로 변경하는 것은 회계정책의 변경에 해당한다.

16 다음 중 활동기준원가계산에 대한 설명으로 옳지 않은 것은?

① 전통적인 원가계산에 비해 배부기준의 수가 많다.
② 활동이 자원을 소비하고 제품이 활동을 소비한다는 개념을 이용한다.
③ 제조원가뿐만 아니라 비제조원가도 원가동인에 의해 배부할 수 있다.
④ 활동을 분석하고 원가동인을 파악하는 데 시간과 비용이 많이 발생한다.
⑤ 직접재료원가 이외의 원가를 고정원가로 처리한다.

17 **다음 중 재무제표에 대한 설명으로 옳은 것은?**

① 재무상태표는 일정기간의 재무성과에 관한 정보를 제공해준다.
② 포괄손익계산서는 일정시점에 기업의 재무상태에 관한 정보를 제공해준다.
③ 자본변동표는 일정기간 동안의 자본구성요소의 변동에 관한 정보를 제공해준다.
④ 현금흐름표는 특정시점에서의 현금의 변화를 보여주는 보고서이다.
⑤ 재무제표는 재무상태표, 손익계산서, 시산표, 자본변동표로 구성한다.

18 **다음 중 자산을 증가시키는 거래에 해당되지 않는 것은?**

① 비품을 외상으로 구입하다.
② 차입금 상환을 면제받다.
③ 주주로부터 현금을 출자받다.
④ 은행으로부터 현금을 차입하다.
⑤ 이자를 현금으로 수령하다.

19 **다음 자료로 계산한 당기총포괄이익은?**

기초자산	5,500,000원	기초부채	3,000,000원
유상증자	500,000원	기말자산	7,500,000원
기말부채	3,000,000원		

① 500,000원
② 1,000,000원
③ 1,500,000원
④ 2,000,000원
⑤ 2,500,000원

20 **다음 중 재무제표 요소의 인식에 대한 설명으로 옳지 않은 것은?**

① 자산은 미래경제적 효익이 기업에 유입될 가능성이 높고 해당 항목의 원가 또는 가치를 신뢰성 있게 측정할 수 있을 때 인식한다.
② 부채는 현재 의무의 이행에 따라 경제적 효익을 갖는 자원의 유출 가능성이 높고 결제될 금액에 대해 신뢰성 있게 측정할 수 있을 때 인식한다.
③ 수익은 자산의 증가나 부채의 감소와 관련하여 미래경제적 효익이 증가하고 이를 신뢰성 있게 측정할 수 있을 때 인식한다.
④ 비용은 자산의 감소나 부채의 증가와 관련하여 미래경제적 효익이 감소하고 이를 신뢰성 있게 측정할 수 있을 때 인식한다.
⑤ 제품보증에 따라 부채가 발생하는 경우와 같이 자산의 인식을 수반하지 않는 부채가 발생하는 경우에는 비용을 인식하지 아니한다.

CHAPTER

04

법

적중예상문제

정답 및 해설 p.062

01 다음 중 법의 효력에 대한 규정으로 옳지 않은 것은?

① 법률은 특별한 규정이 없는 한 공포한 날로부터 20일을 경과함으로써 효력을 발생한다.
② 모든 국민은 소급입법에 의하여 참정권의 제한을 받거나 재산권을 박탈당하지 않는다.
③ 대통령은 내란 또는 외환의 죄를 범한 경우를 제외하고는 재직 중 형사상의 소추를 받지 아니한다.
④ 범죄의 성립과 처벌은 재판 시의 법률에 의한다.
⑤ 헌법에 의하여 체결·공포된 조약과 일반적으로 승인된 국제법규는 국내법과 같은 효력을 가진다.

02 다음 중 국제사회에서 법의 대인적 효력에 대한 입장으로 옳은 것은?

① 속지주의를 원칙적으로 채택하고 속인주의를 보충적으로 적용한다.
② 속인주의를 원칙적으로 채택하고 속지주의를 보충적으로 적용한다.
③ 보호주의를 원칙적으로 채택하고 피해자주의를 보충적으로 적용한다.
④ 피해자주의를 원칙적으로 채택하고 보호주의를 보충적으로 적용한다.
⑤ 보호주의를 원칙적으로 채택하고 기국주의를 보충적으로 적용한다.

03 다음 중 법과 관습에 대한 설명으로 옳지 않은 것은?

① 법은 인위적으로 만들어지는 반면, 관습은 자연발생적 현상으로 생성된다.
② 법은 국가 차원의 규범인 반면, 관습은 부분 사회의 관행이다.
③ 법위반의 경우에는 법적 제재가 가능한 반면, 관습 위반의 경우에는 사회적 비난을 받는 데 그친다.
④ 법은 합목적성에 기초하는 반면, 관습은 당위성에 기초한다.
⑤ 법은 법원의 직권조사사항인 반면, 관습은 그 존재를 당사자가 주장 및 증명하여야 한다.

04 **다음 중 법과 도덕에 대한 설명으로 옳지 않은 것은?**

① 법은 행위의 외면성을, 도덕은 행위의 내면성을 다룬다.
② 법은 강제성을, 도덕은 비강제성을 갖는다.
③ 법은 타율성을, 도덕은 자율성을 갖는다.
④ 권리 및 의무의 측면에서 법은 일면적이나, 도덕은 양면적이다.
⑤ 법은 정의(定義)의 실현을, 도덕은 선(善)의 실현을 추구한다.

05 **다음 중 민법에 대한 설명으로 옳지 않은 것은?**

① 민법은 실체법이다.
② 민법은 재산·신분에 대한 법이다.
③ 민법은 민간 상호 간에 대한 법이다.
④ 민법은 특별사법이다.
⑤ 민법은 재산관계와 가족관계를 규율하는 법이다.

06 **다음 중 법의 적용 및 해석에 대한 내용으로 옳은 것은?**

① 문리해석은 유권해석의 한 유형이다.
② 법률용어로 사용되는 선의·악의는 일정한 사항에 대해 아는 것과 모르는 것을 의미한다.
③ 유사한 두 가지 사항 중 하나에 대해 규정이 있으면 명문 규정이 없는 다른 쪽에 대해서도 같은 취지의 규정이 있는 것으로 해석하는 것을 준용이라 한다.
④ 간주란 법이 사실의 존재·부존재를 법 정책적으로 확정하되, 반대 사실의 입증이 있으면 번복되는 것이다.
⑤ 추정이란 나중에 반증이 나타나도 이미 발생된 효과를 뒤집을 수 없는 것을 말한다.

07 **다음 중 민법의 효력에 대한 설명으로 옳지 않은 것은?**

① 민법에서는 법률불소급의 원칙이 형법에 있어서처럼 엄격하게 지켜지지 않는다.
② 민법은 성별·종교 또는 사회적 신분에 관계없이 모든 국민에게 적용된다.
③ 민사에 관하여는 속지주의가 지배하므로, 외국에 있는 대한민국 국민에 대해서는 우리 민법이 적용되지 않는다.
④ 법률불소급의 원칙은 법학에 있어서의 일반적 원칙이지만, 민법은 소급효를 인정하고 있다.
⑤ 민법은 대한민국 전 영토에 걸쳐서 효력이 미친다.

08 다음 중 추정과 간주에 대한 설명으로 옳은 것은?

① 사실의 확정에 있어서 추정보다는 간주의 효력이 훨씬 강하다.

② 우리 민법에서 '~한 것으로 본다.'라고 규정하고 있으면 이는 추정규정이다.

③ 우리 민법 제28조에서는 '실종선고를 받은 자는 전조의 규정이 만료된 때에 사망한 것으로 추정한다.'라고 규정하고 있다.

④ 간주는 편의상 잠정적으로 사실의 존부를 인정하는 것이므로, 간주된 사실과 다른 사실을 주장하는 자가 반증을 들면 간주의 효과는 발생하지 않는다.

⑤ 추정은 일종의 법의 의제로서 그 사실이 진실이냐 아니냐를 불문하고 권위적으로 그렇다고 단정해 버리고, 거기에 일정한 법적 효과를 부여하는 것을 의미한다.

PART 2

09 다음 중 자연인의 권리능력에 대한 설명으로 옳지 않은 것은?

① 자연인의 권리능력은 사망에 의해서만 소멸된다.

② 피성년후견인의 권리능력은 제한능력자에게도 차등이 없다.

③ 실종선고를 받으면 권리능력을 잃는다.

④ 우리 민법은 태아에 대해 개별적 보호주의를 취하고 있다.

⑤ 자연인은 출생과 동시에 권리능력을 가진다.

10 다음 중 제한능력자의 법률행위에 대한 설명으로 옳지 않은 것은?

① 피성년후견인이 법정대리인의 동의를 얻어서 한 재산상 법률행위는 유효하다.

② 법정대리인이 대리한 피한정후견인의 재산상 법률행위는 유효하다.

③ 법정대리인이 범위를 정하여 처분을 허락한 재산은 미성년자가 임의로 처분할 수 있다.

④ 제한능력자가 속임수로써 자기를 능력자로 믿게 한 경우 그 법률행위를 취소할 수 없다.

⑤ 가정법원은 피한정후견인이 한정후견인의 동의를 받아야 하는 행위의 범위를 정할 수 있다.

11 다음 중 상업등기에 대한 설명으로 옳지 않은 것은?

① 영업에 대한 중요한 사항을 상법의 규정에 의하여 상업등기부에 등기하는 것을 말한다.
② 상인과 제3자와의 이해관계 있는 일정사항을 공시함으로써 거래의 안전을 도모하는 동시에, 상인의 신용을 유지하기 위하여 마련한 제도이다.
③ 상업등기부에는 상호, 성년자, 법정대리인, 지배인, 합명회사, 합자회사, 무한회사, 주식회사, 외국회사 등에 대한 9종이 있다.
④ 등기사항은 등기와 공고 후가 아니면 선의의 제3자에게 대항하지 못하고, 등기·공고가 있으면 제3자에게 대항할 수 있다.
⑤ 등기사항은 각종의 상업등기부에 의하여 따로 정해지고, 반드시 등기할 것을 요하느냐의 여부에 따라 절대적 사항과 상대적 사항으로 구분된다.

12 다음 중 상법상 주식회사에 대한 설명으로 옳지 않은 것은?

① 회사가 공고를 하는 방법은 정관의 절대적 기재사항이다.
② 회사가 가진 자기주식에도 의결권이 있다.
③ 각 발기인은 서면에 의하여 주식을 인수하여야 한다.
④ 창립총회에서는 이사와 감사를 선임하여야 한다.
⑤ 정관은 공증인의 인증을 받음으로써 효력이 생긴다.

13 다음 중 행정처분에 대한 설명으로 옳지 않은 것은?

① 행정처분은 행정청이 행하는 공권력 작용이다.
② 행정처분에는 조건을 부가할 수 없다.
③ 경미한 하자가 있는 행정처분에는 공정력이 인정된다.
④ 행정처분에 대해서만 항고소송을 제기할 수 있다.
⑤ 법규에 위반하면 위법처분으로서 행정심판·행정소송의 대상이 된다.

14 다음 중 행정행위의 특징으로 옳지 않은 것은?

① 행정처분에 대한 내용적인 구속력인 기판력이다.
② 일정기간이 지나면 그 효력을 다투지 못하는 불가쟁성이다.
③ 당연무효를 제외하고는 일단 유효함을 인정받는 공정력이다.
④ 법에 따라 적합하게 이루어져야 하는 법적합성이다.
⑤ 일정한 행정행위의 경우 그 성질상 행정청 스스로도 직권취소나 변경이 제한되는 불가변성이다.

15 다음 중 헌법상 헌법개정에 대한 설명으로 옳은 것은?

① 헌법개정은 국회 재적의원 과반수 또는 정부의 발의로 제안된다.
② 대통령의 임기연장 또는 중임변경에 관해서는 이를 개정할 수 없다.
③ 헌법개정이 확정되면 대통령은 즉시 이를 공포하여야 한다.
④ 헌법개정안에 대한 국회의결은 출석의원 3분의 2 이상의 찬성을 얻어야 한다.
⑤ 국회는 헌법개정안이 공고된 날로부터 90일 이내에 의결하여야 한다.

16 다음 중 사용자책임에 대한 설명으로 옳지 않은 것은?(단, 다툼이 있으면 판례에 따른다)

① 사용자책임이 성립하려면 사용자가 피용자를 실질적으로 지휘·감독하는 관계에 있어야 한다.
② 특별한 사정이 없다면 퇴직 이후 피용자의 행위에 대하여 종전의 사용자에게 사용자책임을 물을 수 없다.
③ 도급인이 수급인에 대하여 특정한 행위를 지휘한 경우 도급인에게는 사용자로서의 배상책임이 없다.
④ 피용자의 불법행위가 외형상 객관적으로 사용자의 사무집행행위로 보일 경우 행위자의 주관적 사정을 고려함이 없이 이를 사무집행에 관하여 한 행위로 본다.
⑤ 사용자책임의 경우에도 피해자에게 과실이 있으면 과실상계할 수 있다.

17 다음 중 헌법전문에 대한 설명으로 옳지 않은 것은?

① 전문에 선언된 헌법의 기본원리는 헌법해석의 기준이 된다.
② 우리 헌법전문은 헌법제정권력의 소재를 밝힌 전체적 결단으로서 헌법의 본질적 부분을 내포하고 있다.
③ 헌법전의 일부를 구성하며 당연히 본문과 같은 법적 성질을 내포한다.
④ 헌법전문은 전면 개정을 할 수 없으며 일정한 한계를 갖는다.
⑤ 헌법전문은 모든 법령에 대하여 우월한 효력을 가지고 있다.

18 다음 중 우리나라의 헌법에 대한 설명으로 옳지 않은 것은?

① 국가의사의 최종 결정권력이 국민에게 있다는 원리를 국민주권의 원리라 한다.

② 우리 헌법상 국민주권의 원리를 구현하기 위한 제도로는 대표민주제, 복수정당제, 국민투표제 등이 있다.

③ 모든 폭력적인 지배와 자의적인 지배를 배제하고, 그때그때 다수의 의사와 자유 및 평등에 의거한 국민의 자기결정을 토대로 하는 법치국가적 통치질서를 자유민주적 기본질서라 한다.

④ 자유민주적 기본질서의 내용으로는 기본적 인권의 존중, 권력분립주의, 법치주의, 사법권의 독립, 계엄선포 및 긴급명령권, 복수정당제 등이 있다.

⑤ 주권을 가진 국민이 스스로 나라를 다스려야 한다는 원리를 국민 자치의 원리라 한다.

19 다음 중 형법상 위법성조각사유에 대한 설명으로 옳지 않은 것은?

① 자구행위는 사후적 긴급행위이다.

② 정당방위에 대해 정당방위를 할 수 있다.

③ 긴급피난에 대해 긴급피난을 할 수 있다.

④ 정당행위는 위법성이 조각된다.

⑤ 피해자의 승낙에 의해 위법성이 조각된다.

20 다음 중 민법이 규정하는 재단법인과 사단법인의 차이로 옳지 않은 것은?

① 사단법인에는 사원총회가 있으나, 재단법인에는 없다.

② 양자는 모두 공익법인이다.

③ 재단법인의 기부행위는 반드시 서면으로 작성할 것을 요하지 않으나, 사단법인의 정관은 반드시 서면으로 작성하지 않으면 안 된다.

④ 양자는 모두 설립에 있어서 주무관청의 허가를 필요로 한다.

⑤ 사단법인은 2인 이상의 사원으로 구성되며, 재단법인은 일정한 목적에 바쳐진 재산에 의해 구성된다.

PART 3
최종점검 모의고사

최종점검 모의고사

※ 한국관광공사 최종점검 모의고사는 채용공고와 시험 후기를 기준으로 구성한 것으로, 실제 시험과 다를 수 있습니다.

※ 모바일 OMR 답안채점 / 성적분석 서비스

NCS

경영

경제

회계

법

■ 취약영역 분석

01 직업기초능력평가

번호	O/×	영역	번호	O/×	영역	번호	O/×	영역
01		의사소통능력	18		수리능력	35		문제해결능력
02			19			36		
03			20			37		
04			21			38		
05			22			39		자원관리능력
06			23			40		
07			24			41		
08			25			42		
09			26			43		
10			27		문제해결능력	44		
11			28			45		
12			29			46		
13			30			47		
14		수리능력	31			48		
15			32			49		
16			33			50		
17			34					

평가문항	50문항	평가시간	50분
시작시간	:	종료시간	:
취약영역			

02 직무능력평가

번호	01	02	03	04	05	06	07	08	09	10	11	12	13	14	15	16	17	18	19	20
O/×	경영 / 경제 / 회계 / 법																			
번호	21	22	23	24	25	26	27	28	29	30	31	32	33	34	35	36	37	38	39	40
O/×	경영 / 경제 / 회계 / 법																			

평가문항	각 40문항	평가시간	50분
시작시간	:	종료시간	:
취약영역			

최종점검 모의고사

정답 및 해설 p.068

01 직업기초능력평가

응시시간 : 50분 / 문항 수 : 50문항

01 다음 글의 밑줄 친 ㉠~㉣ 중 수정 방안으로 가장 적절한 것은?

> 최근 사물인터넷에 대한 사람들의 관심이 부쩍 늘고 있는 추세이다. 사물인터넷은 '인터넷을 기반으로 모든 사물을 연결하여 사람과 사물, 사물과 사물 간에 정보를 상호 소통하는 지능형 기술 및 서비스'를 말한다.
>
> ㉠ [통계에 따르면 사물인터넷은 전 세계적으로 민간 부문 14조 4,000억 달러, 공공 부문 4조 6,000억 달러에 달하는 경제적 가치를 창출할 것으로 ㉡ 예상되며 그 가치는 더욱 커질 것으로 기대된다. 그래서 사물인터넷 사업은 국가 경쟁력을 확보할 수 있는 미래 산업으로서 그 중요성이 강조되고 있으며, 이에 선진국들은 에너지, 교통, 의료, 안전 등 다양한 분야에 걸쳐 투자를 하고 있다. 그러나 우리나라는 정부 차원의 경제적 지원이 부족하여 사물인터넷 산업이 활성화되는 데 어려움이 있다. 또한 국내의 기업들은 사물인터넷 시장의 불확실성 때문에 적극적으로 투자에 나서지 못하고 있으며, 사물인터넷 관련 기술을 확보하지 못하고 있는 실정이다.]
> ㉢ 그 결과 우리나라의 사물인터넷 시장은 선진국에 비해 확대되지 못하고 있다.
>
> 그렇다면 국내 사물인터넷 산업을 활성화하기 위한 방안은 무엇일까? 우선 정부에서는 사물인터넷 산업의 기반을 구축하는 데 필요한 정책과 제도를 정비하고, 관련 기업에 경제적 지원책을 마련해야 한다. 또한 수익성이 불투명하다고 느끼는 기업으로 하여금 투자를 하도록 유도하여 사물인터넷 산업이 발전할 수 있도록 해야 한다. 그리고 기업들은 이동 통신 기술 및 차세대 빅데이터 기술 개발에 집중하여 사물인터넷으로 인해 발생하는 대용량의 데이터를 원활하게 수집하고 분석할 수 있는 기술력을 ㉣ 확증해야 할 것이다.
>
> 사물인터넷은 세상을 연결하여 소통하게 하는 끈이다. 이런 사물인터넷은 우리에게 편리한 삶을 약속할 뿐만 아니라 경제적 가치를 창출할 미래 산업으로 자리매김할 것이다.

① ㉠ : 서로 다른 내용을 다루고 있는 부분이 있으므로 문단을 두 개로 나눈다.

② ㉡ : 불필요한 피동 표현에 해당하므로 '예상하며'로 수정한다.

③ ㉢ : 앞 문장의 결과라기보다는 원인이므로 '그 이유는 우리나라의 사물인터넷 시장은 선진국에 비해 확대되지 못하고 있기 때문이다.'로 수정한다.

④ ㉣ : 문맥상 어울리지 않는 단어이므로 '확인'으로 바꾼다.

02 다음 글의 주제로 가장 적절한 것은?

동양 사상이라 해서 언어와 개념을 무조건 무시하는 것은 결코 아니다. 만약 그렇다면 동양 사상은 경전이나 저술을 통해 언어화되지 않고 순전히 침묵 속에서 전수되어 왔을 것이다. 물론 이것은 사실이 아니다. 동양 사상도 끊임없이 언어적으로 다듬어져 왔으며 논리적으로 전개되어 왔다. 흔히 동양 사상은 신비주의적이라고 말하지만, 이것은 동양 사상의 한 면만을 특정 지우는 것이지 결코 동양의 철인(哲人)들이 사상을 전개함에 있어 논리를 무시했다거나 항시 어떤 신비적인 체험에 호소해서 자신의 주장들을 폈다는 것을 뜻하지는 않는다. 그러나 역시 동양 사상은 신비주의적임에 틀림없다. 거기서는 지고(至高)의 진리란 언제나 언어화될 수 없는 어떤 신비한 체험의 경지임이 늘 강조되어 왔기 때문이다. 최고의 진리는 언어 이전 혹은 언어 이후의 무언(無言)의 진리이다. 엉뚱하게 들리겠지만, 동양 사상의 정수(精髓)는 말로써 말이 필요 없는 경지를 가리키려는 데 있다고 해도 과언이 아니다. 말이 스스로를 부정하고 초월하는 경지를 나타내도록 사용된 것이다. 언어로써 언어를 초월하는 경지를 나타내고자 하는 것이야말로 동양 철학이 지닌 가장 특징적인 정신이다. 동양에서는 인식의 주체를 심(心)이라는 매우 애매하면서도 포괄적인 말로 이해해 왔다. 심(心)은 물(物)과 항시 자연스러운 교류를 하고 있으며, 이성은 단지 심(心)의 일면일 뿐인 것이다. 동양은 이성의 오만이라는 것을 모른다. 지고의 진리, 인간을 살리고 자유롭게 하는 생동적 진리는 언어적 지성을 넘어선다는 의식이 있었기 때문일 것이다. 언어는 언제나 마음을 못 따르며 둘 사이에는 항시 괴리가 있다는 생각이 동양인들의 의식 저변에 깔려 있는 것이다.

① 동양 사상은 신비주의적인 요소가 많다.
② 언어와 개념을 무시하면 동양 사상을 이해할 수 없다.
③ 동양 사상은 언어적 지식을 초월하는 진리를 추구한다.
④ 인식의 주체를 심(心)으로 표현하는 동양 사상은 이성적이라 할 수 없다.

PART 3

03 다음 글의 빈칸 ㉠, ㉡에 들어갈 접속사를 순서대로 바르게 나열한 것은?

평화로운 시대에 시인의 존재는 문화의 비싼 장식일 수 있다. ___㉠___ 시인의 조국이 비운에 빠졌거나 통일을 잃었을 때 시인은 장식의 의미를 떠나 민족의 예언가가 될 수 있고, 민족혼을 불러일으키는 선구자적 지위에 놓일 수도 있다. 예를 들면 스스로 군대를 가지지 못한 채 제정 러시아의 가혹한 탄압 아래 있던 폴란드 사람들은 시인의 존재를 민족의 재생을 예언하고 굴욕스러운 현실을 탈피하도록 격려하는 예언자로 여겼다. ___㉡___ 통일된 국가를 가지지 못하고 이산되어 있던 이탈리아 사람들은 시성 단테를 유일한 '이탈리아'로 숭앙했고, 제1차 세계대전 때 독일군의 잔혹한 압제하에 있었던 벨기에 사람들은 베르하렌을 조국을 상징하는 시인으로 추앙하였다.

	㉠	㉡
①	따라서	또한
②	즉	그럼에도 불구하고
③	그러나	또한
④	그래도	그래서

04 다음 글의 밑줄 친 ㉠~㉣ 중 수정 방안으로 적절하지 않은 것은?

〈올해의 탐방 참가자 공모의 신청 동기와 사전 준비 정도〉

올해의 탐방 참가자 공모를 보며 저는 가슴이 뛰었습니다. ㉠ <u>저를 선발해 주신다면 탐방의 성과를 공유함으로써 해외 탐방의 취지를 살릴 수 있도록 최선을 다하겠습니다</u>. 탐방 지역으로 발표된 페루는 문화인류학에 관심 있는 제가 평소에도 가 보고 싶었던 지역이기 때문입니다. ㉡ <u>잉카 문명에 대한 제 관심은 세계사 수업을 통해 싹텄습니다</u>.

세계사를 공부하는 과정에서 저는 여러 가지 문헌들과 사진 자료들을 살펴보고 ㉢ <u>잉카 문명의 매력에 매료되었습니다</u>. 또한 탐방 예정지인 페루의 옛 도시 쿠스코와 마추픽추를 포함한 잉카 문명 유적지들은 유네스코 세계 문화유산으로 지정되어 있을 정도로 문화인류학적 가치가 큰 유적지임을 알게 되었습니다. 그래서 언젠가는 제가 직접 방문하여 당시 사람들이 남긴 유산을 살펴보고 싶다는 소망이 있습니다.

저는 탐방에 대한 사전 준비도 열심히 해 왔다고 자부합니다. 저는 이미 잉카 문명의 역사와 지리에 대해 많은 자료와 문헌들을 ㉣ <u>조사했더니</u>, 첨부한 계획서와 같이 이번 탐방을 통해 구체적으로 심화 학습할 주제와 탐구 계획도 정해 놓았습니다.

① 글의 제목에 어울리지 않는 내용이므로 ㉠을 삭제한다.
② 첫 번째 문단보다 두 번째 문단에 어울리므로 ㉡을 두 번째 문단으로 옮긴다.
③ 의미의 중복을 피하기 위해 ㉢을 '잉카 문명에 매료되었습니다.'로 수정한다.
④ 뒤에 이어진 문장과의 관계를 고려해 ㉣을 '조사했으므로'로 수정한다.

※ 다음 글을 읽고 이어지는 질문에 답하시오. [5~6]

(가) 1772년 프랑스 기행작가인 피에르 장 그로슬리가 쓴 『런던여행』이라는 책에 샌드위치 백작의 관련 일화가 나온다. 이 책에는 샌드위치 백작이 도박을 하다가 빵 사이에 소금에 절인 고기를 끼워 먹는 것을 보고 옆에 있던 사람이 '샌드위치와 같은 음식을 달라.'고 주문한 것에서 샌드위치라는 이름이 생겼다고 적혀 있다. 하지만 샌드위치 백작의 일대기를 쓴 전기 작가 로저는 이와 다른 주장을 한다. 샌드위치 백작이 각료였을 때 업무에 바빠서 제대로 된 식사를 못 하고 책상에서 빵 사이에 고기를 끼워 먹었다는 데서 샌드위치 이름이 유래되었다는 것이다.

(나) 샌드위치는 사람의 이름이 아니고, 영국 남동부 도버 해협에 있는 중세풍 도시로 지금도 많은 사람이 찾는 유명 관광지이다. 도시명이 음식 이름으로 널리 알려진 이유는 18세기 사람인, 이 도시의 영주였던 샌드위치 백작 4세, 존 몬태규 경 때문이다. 샌드위치 백작은 세계사에 큰 발자취를 남긴 인물로 세계 곳곳에서 그의 흔적을 찾을 수 있다.

(다) 샌드위치는 빵과 빵 사이에 햄과 치즈, 달걀 프라이와 채소 등을 끼워 먹는 것이 전부인 음식으로 도박꾼이 노름하다 만든 음식이라는 소문까지 생겼을 정도로 간단한 음식이다. 그러나 사실 샌드위치의 유래에는 복잡한 진실이 담겨 있으며, 샌드위치가 사람 이름이라고 생각하는 경우가 많지만 그렇지 않다.

(라) 샌드위치의 기원에 대해서는 이야기가 엇갈리는데, 그 이유는 ______________________ 일부에서는 샌드위치 백작을 유능한 정치인이며 군인이었다고 말하지만, 또 다른 한편에서는 무능하고 부패했던 도박꾼에 지나지 않았다고 평가한다.

PART 3

05 다음 중 (가) ~ (라) 문단을 논리적 순서대로 바르게 나열한 것은?

① (가) – (다) – (나) – (라)
② (나) – (가) – (라) – (다)
③ (다) – (나) – (가) – (라)
④ (다) – (나) – (라) – (가)

06 다음 중 윗글의 빈칸에 들어갈 내용으로 가장 적절한 것은?

① 샌드위치와 관련된 다양한 일화가 전해지고 있기 때문이다.
② 음식 이름의 주인공 직업과 관계가 있다.
③ 많은 대중들이 즐겨 먹었던 음식이기 때문이다.
④ 음식 이름의 주인공에 대한 상반된 평가와 관계가 있다.

※ 다음 글을 읽고 이어지는 질문에 답하시오. [7~9]

돌이든 나무든 무슨 재료든 ⓐ 조각은 일단 깎아내는 행위에서 출발한다. 무심한 덩이를 깎아 마치 피가 도는 듯한 인물 형상 등을 창조하는 것이 조각의 경이로운 연금술이다. 영국의 추상조각가 헵워스(Hepworth)는 자연의 이런저런 형상들을 단순히 모방하거나 재현하는 ⓑ 조각이 아닌, 인간의 저 깊은 정신을 특정한 꼴로 깎아내는 것이 어떻게 가능한지를 자신의 친구인 문예비평가 허버트 리드(Herbert Read)에게 물었다. 요약하자면 ㉠ '정신을 재료에 일치시키는 조각(彫刻)'에 대한 질문이었다. 그런데 리드는 뜻밖에도 『장자(莊子)』를 인용해 대답했다. 그것은 『장자』의 「달생(達生)」편에 나오는 재경이란 인물의 우화였다. 이 사람은 요샛말로 목(木)공예가에 해당하는 뛰어난 기술을 지니고 있었다.

그는 자신의 ⓒ 조각에 대해 이렇게 설명한다. 우선 나무를 찾아 깎기 이전에 며칠간 마음을 차분한 상태로 가라앉힌다. 한 사흘 기(氣)를 모으면 남들이 잘 한다 칭찬하거나 상(賞)을 준다는 말에 현혹되지 않는다. 또한, 닷새가 지나면 또 남이 형편없다고 헐뜯거나 욕하는 소리에도 무감해진다.

이레가 되는 날은 내 손발이나 모습까지 완전히 잊게 된다. 바로 이때 내가 쓸 나무를 찾아 산으로 간다. 손도 발도 몸뚱이도 다 잊었으니 그저 내 마음만 남아 나무의 마음과 서로 통할 수밖에 없다.

(A) 이 정도가 되면 그가 깎는 나무는 벌써 자아와 분리된 대상이 아니다. 제 마음을 술술 빚어내는 무아(無我)의 유희로 몰입한 셈이다. 그러면서 허버트 리드는 "자연 속의 천명(天命)이 인간의 천명과 합일하는 행위"라는 다소 고답적(高踏的)인 말로 조각과 정신의 조화를 설명했다. 조각가가 모자(母子)상을 빚어냈으되 그것이 단순히 어머니와 자식의 형상만이 아니라 사랑이 넘치는 조각이 되거나, 도통 어떤 모양인지 말로 잘 표현되지 않는 추상 조각이 그 작가의 속 깊은 내면을 대변하게 되는 것 역시 그런 과정을 겪고 탄생하는 것이다.

그러고 보니 『장자』에는 조각의 기술과 도를 깨닫게 하는 대목이 더 있다. 바로 '포정해우(庖丁解牛)'라는 잘 알려진 얘기도 깎고 쪼고 잘라내는 ⓓ 조각의 기본 행위를 연상시킨다. 포정(庖丁)은 소 잘 잡는 백정으로 워낙 유명해 국내에서도 개봉된 한 영화에서는 그가 모델이 된 '식도(食刀) 잡이'마저 소개될 정도였다. 포정이 하도 기막힌 솜씨를 보인지라, 누군가가 그런 기술이 어디서 나왔느냐고 캐물었다. 그는 대답했다. "이것은 기술이 아니라 도(道)이다. 괜한 힘으론 안 된다. 소의 가죽과 살, 살과 뼈 사이의 틈이 내겐 보인다. 그 사이를 내 칼이 헤집고 들어가 고기를 발라내니 9년 쓴 칼이든 어제 같지 않으랴. 그게 소를 잡는 정신이다."

현대 조각은 재료 자체가 고유하게 지닌 물성(物性)을 드러내는 경향이 강하다. 재료의 성질이 조각의 인간화를 앞질러가는 것이라면 결국 '정신의 물화(物化)'로 치닫게 되지나 않을지 염려된다.

07 다음 중 윗글의 제목과 부제로 가장 적절한 것은?

① 현대 조각의 특징 – 인간의 깊은 내면을 조각하는 사람들
② 조각 기술의 선구자 – 재경과 포정에게서 배워야 할 점들
③ 조각과 인간의 정신 – 자기 마음을 빚어낼 수 있는 조각
④ 현대 조각과 동양 사상 – 추상 조각과의 연관성을 살피며

PART 3

08 다음 〈보기〉의 '송렴'이 윗글 (A)의 관점으로 '곽희'의 그림을 평가하였다고 할 때, 가장 적절한 것은?

> 보기
>
> 북송(北宋) 시대의 화가 곽희(郭熙)가 건물 담벼락에 소나무 두 그루를 그렸다. 세월이 흐른 뒤, 송렴(宋濂)이라는 사람이 밤길을 걷다가 문득 소나무 가지에 이는 바람 소리를 듣게 되었다. 그는 바람이 시원하고 산뜻하여 이것이 어디에서 불어오는지 알아보기 위해 등불을 들고 바람이 부는 곳을 비춰보았다. 그랬더니 그곳에는 다름 아닌 곽희의 소나무 그림이 그려져 있었다.

① 예술가가 작품에 생명력을 불어넣었다는 점에서 인간과 자연이 하나가 됨을 보여주는 그림이다.
② 예술에 무지한 일반인들도 쉽게 이해할 수 있는 작품을 창작하는 것이 중요하다는 점을 보여주는 그림이다.
③ 예술은 현실과 동떨어져 홀로 존재하는 것이 아니라, 현실 세계를 적극적으로 반영하고 있음을 보여주는 그림이다.
④ 오랜 세월이 지나도 작품의 색채를 변함없이 전달할 수 있는 재료를 사용하는 것이 중요하다는 것을 보여주는 그림이다.

09 윗글의 밑줄 친 ⓐ ~ ⓓ 중 문맥적 의미가 ㉠과 가장 유사한 것은?

① ⓐ　　② ⓑ
③ ⓒ　　④ ⓓ

※ 다음 글을 읽고 이어지는 질문에 답하시오. [10~11]

방송의 발달은 가정에서 뉴스, 교양, 문화, 예술 등을 두루 즐길 수 있게 한다는 점에서 일상생활 양식에 큰 변화를 가져왔다. 영국 런던의 공연장에서 열창하는 파바로티의 모습이나, 미국의 야구장에서 경기하는 선수들의 멋진 모습을 한국의 안방에서 위성 중계 방송을 통해 실시간으로 볼 수 있게 되었다. 대중들은 언제라도 고급문화나 대중문화를 막론하고 모든 종류의 문화 예술이나 오락 프로그램을 저렴한 비용으로 편안하게 즐길 수 있게 된 것이다. 방송의 발달이 고급문화와 대중문화의 경계를 허물어 버린 셈이다.

20세기 말에 들어와 위성 텔레비전 방송과 인터넷 방송이 발달하면서 고급문화와 대중문화의 융합 차원을 넘어 전 세계의 문화가 더욱 융합하고 혼재하는 현상을 보이기 시작했다. 위성 방송의 발전 및 방송 프로그램의 국제적 유통은 국가 간, 종족 간의 문화 차이를 좁히는 기능을 했다. 이렇게 방송이 세계의 지구촌화 현상을 더욱 가속화하면서 세계 각국의 다양한 민족이 즐기는 대중문화는 동질성을 갖게 되었다.

최근 들어 디지털 위성 방송, HDTV, VOD 등 방송 기술의 눈부신 발전은, 방송이 다룰 수 있는 내용의 범위와 수준을 이전과 비교할 수 없을 만큼 높이 끌어올렸고, 우리의 일상생활 패턴까지 바꾸어 놓았다. 또한 이러한 기술의 발전으로 인해 방송은 오늘날 매우 중요한 광고 매체의 하나로 자리 잡게 되었다. 방송이 지닌 이와 같은 성격은 문화에 큰 영향을 주는 요인으로 작용했다고 할 수 있다. 커뮤니케이션 학자 마샬 맥루한은 방송의 이러한 성격과 관련하여 "미디어는 곧 메시지이다."라고 말한 바 있다. 이 말은 방송의 기술적·산업적 기반이 방송의 내용에 매우 큰 영향을 끼친다는 의미로 해석할 수 있다. 요즘의 대중문화는 거의 매스 미디어에 의해 형성된다고 해도 과언이 아닐 정도로 방송의 기술적 측면이 방송의 내용적 측면, 즉 문화에 미치는 영향은 크다.

이러한 방송의 위상 변화는 방송에 의한 대중문화의 상업주의적, 이데올로기적 성격을 그대로 드러내 준다. 이를 단적으로 보여 주는 한 가지 예가 '스타 현상'이다. 오늘날의 사회적 우상으로서 대중의 사랑을 한 몸에 받는 마이클 잭슨, 마이클 조던, 서태지 등은 방송이 만들어 낸 대중 스타들이다. 이러한 슈퍼스타들은 대중의 인기로 유지되는 문화 산업 시장을 독점하기 위해 만들어진 문화 상품이다. 현대 사회에서 문화 산업 발전의 첨병(尖兵)으로 방송이 만들어 낸 스타들은 로웬달이 말하는 '소비적 우상들'인 것이다. 이러한 대중문화 우상들의 상품화를 배경으로 하여 형성된 문화 산업 구조는 대중을 정치적 우중(愚衆)으로 만들기도 한다.

앞으로도 방송의 기술적·산업적 메커니즘은 대중문화에 절대적인 영향을 미칠 것으로 예상된다. 방송 메커니즘은 다양하면서도 차별화된 우리의 문화적 갈증을 풀어 주기도 하겠지만 대중문화의 상업주의, 소비주의, 향락주의를 더욱 심화시킬 우려 또한 크다. 21세기의 대중문화가 보다 생산적이고 유익한 것이 되고 안 되고는, 우리가 방송에 의한 폐해를 경계하는 한편, 방송 내용에 예술적 가치, 진실성, 지적 성찰 등을 얼마나 담아낼 수 있는가에 달려 있다.

10 다음 중 윗글에 대한 설명으로 적절하지 않은 것은?

① 방송이 문화에 미치는 영향력을 고찰하고 있다.

② 전문가의 견해를 인용하여 논지를 강화하고 있다.

③ 구체적 사례를 들어 방송의 특성을 부각시키고 있다.

④ 방송의 속성을 친숙한 대상에 빗대어 유추하고 있다.

PART 3

11 다음 중 윗글의 핵심과 가장 가까운 반응을 보인 사람은?

① A : 고급문화와 대중문화의 정체성을 확보하는 일이 중요하다는 말이군.

② B : 대중문화에 미치는 방송의 부정적 영향을 경계해야 한다는 말이군.

③ C : 문화 산업 시장을 독점하기 위한 전략을 만드는 일이 중요하다는 말이군.

④ D : 스타 시스템을 통해 문화 산업 발전의 첨병을 만들어 내야 한다는 말이군.

※ 다음 글을 읽고 이어지는 질문에 답하시오. [12~13]

㉠ 4차 산업혁명이란 무엇일까? 전문가들은 주로 3D 프린터, 인공지능, 빅데이터, 사물인터넷 등을 예로 들어 4차 산업혁명의 개념과 향후 전망 등을 설명한다.
전문가들의 의견을 정리하면 4차 산업혁명이란 결국 제조업과 IT기술 등이 융합해 기존에 없던 산업을 탄생시키는 변화라고 말할 수 있다. (가)
우선 4차 산업혁명을 기존의 1 ~ 3차 산업혁명과 비교하여 알아둘 필요가 있다. 1차 산업혁명은 18세기 증기기관의 발달에서 시작됐다. 기계화로 인간의 수공업을 대신한 것이다. 2차 산업혁명은 전기의 혁명이라 할 수 있다. 19세기 전기의 보급과 대량생산으로 이어진 2차 산업혁명은 오늘날 대량생산 체제의 시발점이 되었다. 3차 산업혁명은 20세기 인터넷 · 모바일 등 IT기술의 발달로 인한 일련의 산업 변화를 말하는데, 빅데이터를 활용한 개인화 서비스나 로봇 기술의 발달 등을 들 수 있다. (나)
지금까지 산업혁명들은 주로 제조업과 서비스업에서의 혁신으로 경제 시스템을 변화시켜 왔다. 그러나 4차 산업혁명은 제조와 서비스의 혁신뿐만 아니라 경제, 사회, 문화, 고용, 노동 시스템 등 인류 삶의 전반에 걸친 변혁을 초래할 것이다. 2017년에 열린 다보스포럼에서도 4차 산업혁명이 속도와 범위, 영향력 측면에서 기존의 산업혁명과 크게 차별화될 것으로 전망했다. (다)
우선 '속도' 측면에서는 인류가 전혀 경험해보지 못한 속도로 빠르게 변화할 것이다. '범위' 측면에서는 제조 및 서비스업은 물론 전 산업 분야에 걸쳐 와해적 기술에 의해 대대적인 재편이 이뤄질 것으로 예상된다. '영향력' 측면에서는 생산, 관리, 노동, 지배구조 등을 포함한 전체 경제 · 사회 체제에 변화를 가져올 것으로 전망된다. (라)

12 다음 중 밑줄 친 ㉠에 대한 답변으로 가장 적절한 것은?

① 증기기관의 발달
② 전기의 보급과 대량생산 체제
③ 융합을 통한 산업의 변화
④ 인간의 수공업을 대신하는 기계화

13 다음 (가) ~ (라) 중 〈보기〉가 들어갈 위치로 가장 적절한 곳은?

보기

클라우스 슈밥이 4차 산업혁명을 '전 세계의 사회, 산업, 문화적 르네상스를 불러올 과학기술의 대전환기'로 표현한 것도 바로 이 같은 이유이다.

① (가) ② (나)
③ (다) ④ (라)

14 다음은 2023년 서울특별시의 직종별 구인 · 구직 · 취업 현황을 나타낸 자료이다. 이를 판단한 내용으로 옳지 않은 것은?

〈2023년 서울특별시 직종별 구인 · 구직 · 취업 현황〉

(단위 : 명)

직업 중분류	구인	구직	취업
관리직	993	2,951	614
경영 · 회계 · 사무 관련 전문직	6,283	14,350	3,400
금융보험 관련직	637	607	131
교육 및 자연과학 · 사회과학 연구 관련직	177	1,425	127
법률 · 경찰 · 소방 · 교도 관련직	37	226	59
보건 · 의료 관련직	688	2,061	497
사회복지 및 종교 관련직	371	1,680	292
문화 · 예술 · 디자인 · 방송 관련직	1,033	3,348	741
운전 및 운송 관련직	793	2,369	634
영업원 및 판매 관련직	2,886	3,083	733
경비 및 청소 관련직	3,574	9,752	1,798
미용 · 숙박 · 여행 · 오락 · 스포츠 관련직	259	1,283	289
음식서비스 관련직	1,696	2,936	458
건설 관련직	3,659	4,825	656
기계 관련직	742	1,110	345

① 구직 대비 취업률이 가장 높은 직종은 기계 관련직이다.

② 취업자 수가 구인자 수를 초과한 직종도 있다.

③ 구인자 수가 구직자 수를 초과한 직종은 한 곳이다.

④ 영업원 및 판매 관련직의 취업률은 25% 이상이다.

PART 3

15 다음은 제주특별자치도 외국인관광객 입도 통계에 대한 자료이다. 〈보기〉 중 이에 대한 설명으로 옳은 것을 모두 고르면?

〈제주특별자치도 외국인관광객 입도 통계〉

(단위 : 명, %)

구분		외국인관광객 입도 수		
		2022년 4월	2023년 4월	전년 대비 증감률
아시아	소계	74,829	79,163	5.8
	일본	4,119	5,984	45.3
	중국	28,988	44,257	52.7
	홍콩	6,066	4,146	−31.7
	대만	2,141	2,971	38.8
	싱가포르	6,786	1,401	−79.4
	말레이시아	10,113	6,023	−40.4
	인도네시아	3,439	2,439	−29.1
	베트남	2,925	3,683	25.9
	태국	3,135	5,140	64.0
	기타	7,117	3,119	−56.2
아시아 외	소계	21,268	7,519	−64.6
	미국	4,903	2,056	−58.1
	기타	16,365	5,463	−66.6
합계		96,097	86,682	−9.8

보기

ㄱ. 2022년 4월 베트남인 제주도 관광객이 같은 기간 대만인 제주도 관광객보다 30%p 이상 많다.

ㄴ. 일본인 제주도 관광객은 2023년 4월 전월 대비 40%p 이상 증가하였다.

ㄷ. 2023년 4월의 미국인 제주도 관광객 수는 2022년 4월의 홍콩인 제주도 관광객 수의 35% 미만이다.

ㄹ. 기타를 제외하고 2023년 4월에 제주도 관광객이 전년 동월 대비 25%p 이상 감소한 아시아 국가는 모두 5개국이다.

① ㄱ, ㄴ ② ㄱ, ㄷ

③ ㄴ, ㄷ ④ ㄷ, ㄹ

※ 다음은 2023년 각 국가에 방문한 관광객 수와 평균 여행일수를 나타낸 그래프이다. 이어지는 질문에 답하시오. **[16~17]**

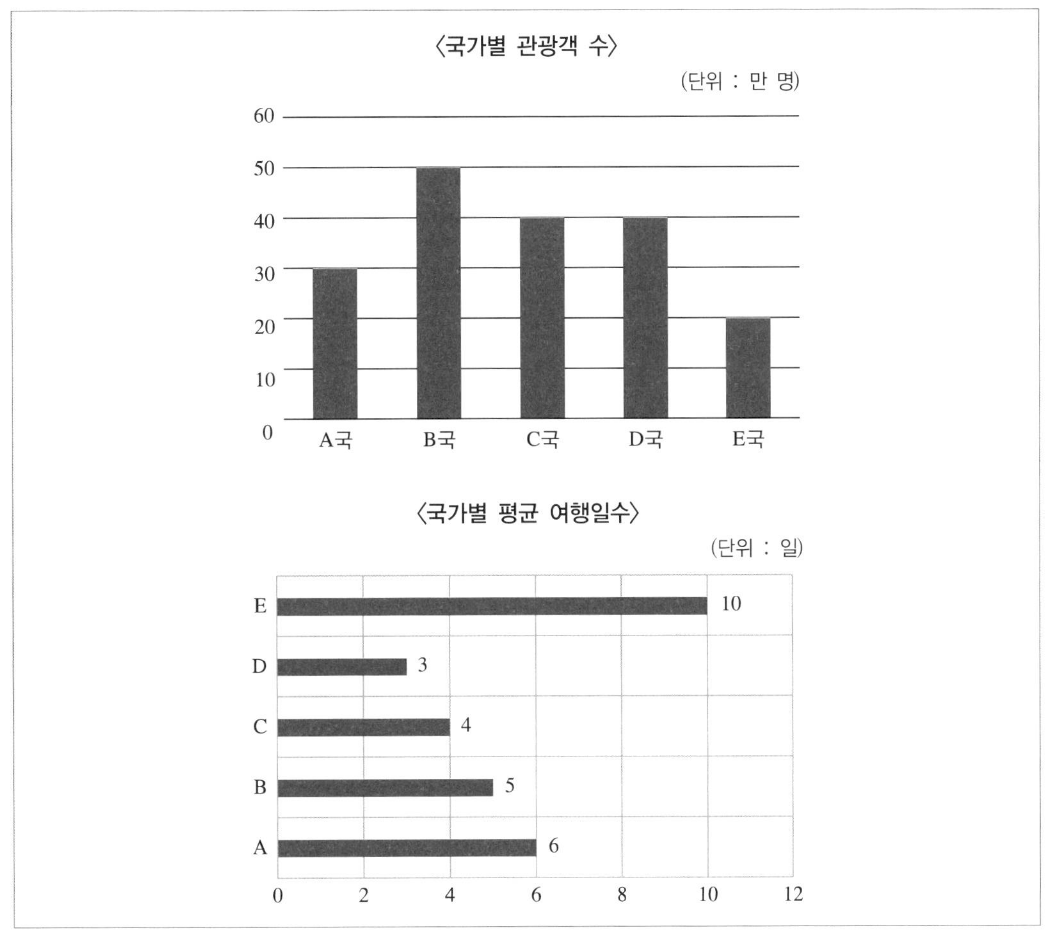

PART 3

16 다섯 국가 중 2023년에 방문한 관광객 수가 가장 많은 국가와 가장 적은 국가의 관광객 수의 차이는 몇 명인가?

① 30만 명
② 25만 명
③ 20만 명
④ 15만 명

17 다섯 국가 중 2023년에 관광객 수가 같은 국가들의 평균 여행일수의 합은 얼마인가?

① 13일
② 11일
③ 9일
④ 7일

※ 다음은 궁능원 관람객 수에 대한 자료이다. 이어지는 질문에 답하시오. [18~19]

〈2016 ~ 2023년 궁능원 관람객 수〉

(단위 : 천 명)

구분	2016년	2017년	2018년	2019년	2020년	2021년	2022년	2023년
유료 관람객 수	6,688	6,805	6,738	6,580	7,566	6,118	7,456	5,187
무료 관람객 수	3,355	3,619	4,146	4,379	5,539	6,199	6,259	7,511
외국인 관광객 수	1,877	2,198	2,526	2,222	2,690	2,411	3,849	2,089

〈2019 ~ 2023년 궁능원 관람객 수〉

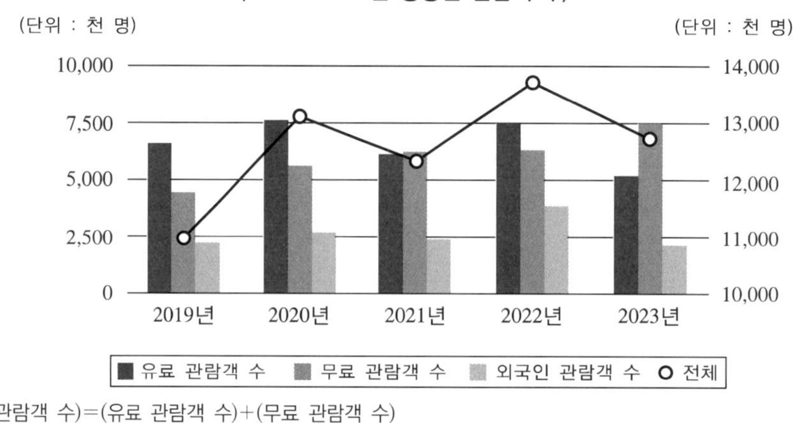

※ (전체 관람객 수)=(유료 관람객 수)+(무료 관람객 수)

18 다음 〈보기〉 중 옳지 않은 것을 모두 고르면?

보기

ㄱ. 2021년 전체 관람객 수는 전년보다 감소하였으나 무료 관람객 수는 전년보다 소폭 증가하였다.
ㄴ. 2023년 외국인 관람객 수는 전년 대비 43%p 미만 감소하였다.
ㄷ. 2020 ~ 2023년의 전체 관람객 수와 유료 관람객 수의 증감 추이는 같다.
ㄹ. 2017 ~ 2023년 중 전체 관람객 수가 전년 대비 가장 많이 증가한 해는 2018년이다.

① ㄱ, ㄴ
② ㄱ, ㄷ
③ ㄴ, ㄷ
④ ㄴ, ㄹ

19 2024년 궁능원 관람객 수 예측 자료를 참고하여 2024년 예상 전체 관람객 수와 예상 외국인 관람객 수를 바르게 구한 것은?(단, 소수점 이하는 버린다)

〈2024년 궁능원 관람객 수 예측 자료〉

- 고궁 야간관람 및 '문화가 있는 날' 행사 확대 운영으로 유료 관람객 수는 2023년 대비 24%p 정도 증가할 전망이다.
- 적극적인 무료 관람 콘텐츠 개발로 무료 관람객 수는 2016년 무료 관람객 수의 2.4배 수준일 것으로 예측된다.
- 외국인을 위한 문화재 안내판, 해설 등 서비스의 품질 향상 노력과 각종 편의시설 개선 노력으로 외국인 관람객 수는 2023년보다 약 35,000명 정도 증가할 전망이다.

	예상 전체 관람객 수	예상 외국인 관람객 수
①	13,765천 명	1,973천 명
②	14,483천 명	2,124천 명
③	14,768천 명	2,365천 명
④	15,822천 명	3,128천 명

20 나영이와 현지가 집에서 공원을 향해 분당 150m의 속력으로 걸어가고 있다. 30분 정도 걸었을 때, 나영이가 지갑을 집에 두고 온 것을 기억하여 분당 300m의 속력으로 집에 갔다가 같은 속력으로 다시 공원을 향해 걸어간다고 한다. 현지는 그 속력 그대로 20분 뒤에 공원에 도착했을 때, 나영이는 현지가 공원에 도착하고 몇 분 후에 공원에 도착할 수 있는가?(단, 집에서 공원까지의 거리는 직선이고, 이동시간 외 다른 소요시간은 무시한다)

① 20분 ② 25분

③ 30분 ④ 35분

21 비가 온 다음 날 비가 올 확률은 $\frac{1}{3}$, 비가 안 온 다음 날 비가 올 확률은 $\frac{1}{8}$이다. 내일 비가 올 확률이 $\frac{1}{5}$일 때, 모레 비가 안 올 확률은?

① $\frac{1}{4}$ ② $\frac{5}{6}$

③ $\frac{5}{7}$ ④ $\frac{6}{11}$

PART 3

22 다음은 2023년 5 ~ 10월 한 · 중 · 일 3국의 관광 현황에 대한 자료이다. 이를 나타낸 그래프로 옳은 것은?

〈한 · 중 · 일 3국의 관광객 수 및 전년 동월 대비 증감률〉

(단위 : 천 명, %)

국적	여행국		5월	6월	7월	8월	9월	10월
한국	중국	관광객 수	381	305	327	342	273	335
		증감률	−9	−22	−27	−29	−24	−19
	일본	관광객 수	229	196	238	248	160	189
		증감률	−8	−3	−6	−9	−21	−15
중국	한국	관광객 수	91	75	101	115	113	105
		증감률	9	−4	6	−5	7	−5
	일본	관광객 수	75	62	102	93	94	87
		증감률	6	−1	0	−6	1	−5
일본	한국	관광객 수	191	183	177	193	202	232
		증감률	8	4	8	−3	5	3
	중국	관광객 수	284	271	279	281	275	318
		증감률	−17	−20	−15	−21	−17	−10

〈한국의 관광수지 및 전년 동월 대비 증감률〉

(단위 : 백만 달러, %)

구분		5월	6월	7월	8월	9월	10월
총 관광수입	금액	668	564	590	590	780	1,301
	증감률	38	31	38	14	102	131
총 관광지출	금액	1,172	1,259	1,534	1,150	840	595
	증감률	−10	−9	2	−25	−30	−57
총 관광수지	금액	−504	−695	−944	−560	−60	706
	증감률	38	27	13	44	93	187

〈관광객 1인당 평균 관광지출 및 전년 동월 대비 증감률〉

(단위 : 달러, %)

구분		5월	6월	7월	8월	9월	10월
중국인 관광객 한국 내 지출	금액	1,050	900	1,050	1,010	930	600
	증감률	20	10	5	−5	−15	−40
일본인 관광객 한국 내 지출	금액	1,171	1,044	1,038	1,016	1,327	2,000
	증감률	27	27	28	15	92	130
한국인 관광객 해외 지출	금액	1,066	1,259	1,350	988	1,026	637
	증감률	−9	−3	16	−15	−13	−50

① 2023년 5 ~ 10월 한국을 관광한 중국인 및 일본인 관광객 수

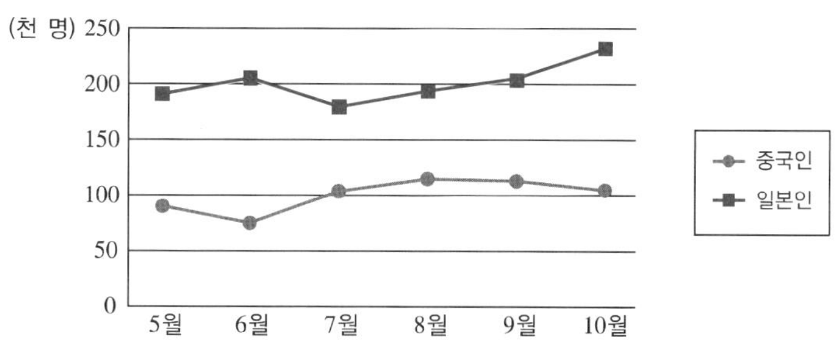

② 2023년 5 ~ 10월 한국의 총 관광수입 및 지출액

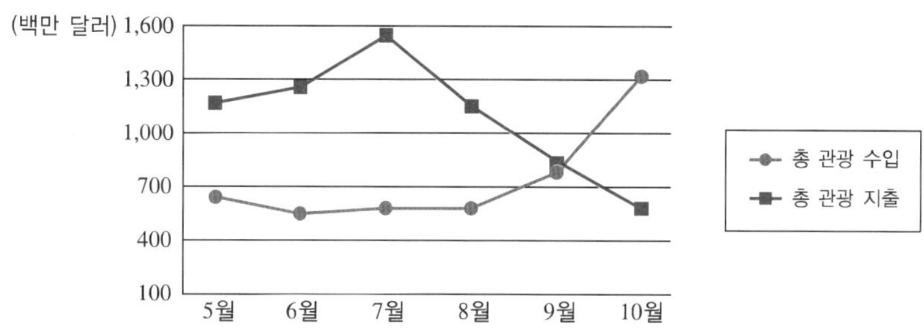

③ 2023년 5 ~ 10월 중국을 관광한 한국인 및 일본인 관광객 수

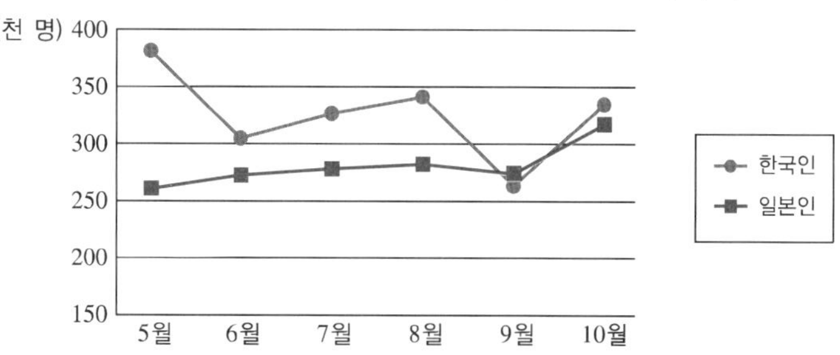

④ 2023년 5 ~ 9월 중국인 및 일본인 관광객의 한국 내 지출액

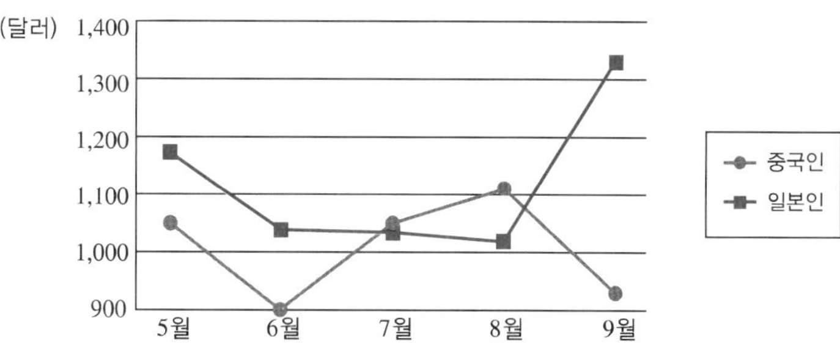

23 다음은 K국 여행자들이 자주 방문하는 공항 주변 S편의점의 월별 매출액을 나타낸 표이다. 전체 해외 여행자 수와 K국 여행자 수의 2021 ~ 2022년의 추세를 아래의 도표와 같이 나타내었을 때, 이에 대한 설명으로 옳지 않은 것은?

〈S편의점 월별 매출액(만 원)〉

2021년	1월	2월	3월	4월	5월	6월
매출액	1,020	1,350	1,230	1,550	1,602	1,450
2021년	7월	8월	9월	10월	11월	12월
매출액	1,520	950	890	750	730	680
2022년	1월	2월	3월	4월	5월	6월
매출액	650	600	550	530	605	670
2022년	7월	8월	9월	10월	11월	12월
매출액	700	680	630	540	550	510

〈전체 여행자 수 및 K국 여행자 수(명)〉

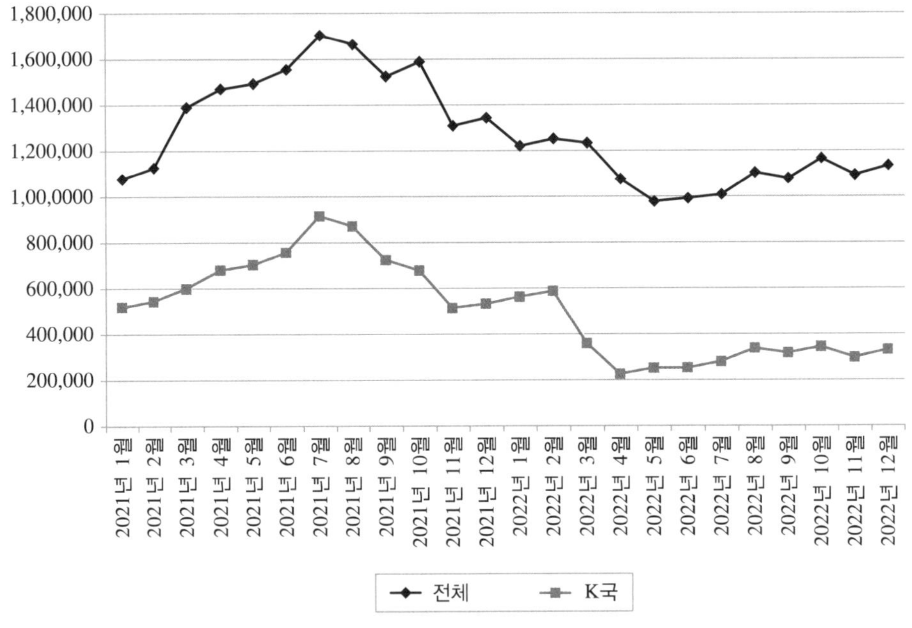

① S편의점의 매출액은 해외 여행자 수에 영향을 받고 있다.

② 2021년 7월을 정점으로 K국 여행자들이 줄어드는 추세이다.

③ 전체 해외 여행자 수에서 K국의 영향력이 매우 높은 편이다.

④ S편의점의 매출액은 2021년 7월부터 2022년 12월까지 평균적으로 매달 30만 원씩 감소하였다.

※ 다음은 어린이보호구역 지정 현황에 대한 자료이다. 이어지는 질문에 답하시오. **[24~26]**

〈어린이보호구역 지정 현황〉

(단위 : 개소)

구분	2017년	2018년	2019년	2020년	2021년	2022년
초등학교	5,365	5,526	5,654	5,850	5,917	5,946
유치원	2,369	2,602	2,781	5,476	6,766	6,735
특수학교	76	93	107	126	131	131
보육시설	619	778	1,042	1,755	2,107	2,313
학원	5	7	8	10	11	11

24 2020년과 2022년의 전체 어린이보호구역 수의 차는 몇 개소인가?

① 1,748개소
② 1,819개소
③ 1,828개소
④ 1,919개소

25 2019년에 학원을 제외한 어린이보호구역 시설 중 전년 대비 증가율이 가장 큰 시설은 무엇인가?

① 초등학교
② 유치원
③ 특수학교
④ 보육시설

26 다음 중 자료에 대한 설명으로 옳지 않은 것은?

① 2017년 어린이보호구역 수의 합계는 8,434개소이다.
② 2022년 어린이보호구역 수는 2017년보다 6,607개소 증가했다.
③ 2022년에 어린이보호구역으로 지정된 특수학교 수는 증가하지 않았다.
④ 초등학교 어린이보호구역 수는 계속해서 증가하고 있다.

※ K아파트의 자전거 보관소에서는 입주민들의 자전거를 편리하게 관리하기 위해 다음과 같은 방법으로 자전거에 일련번호를 부여한다. 이를 참고하여 이어지는 질문에 답하시오. **[27~28]**

• 일련번호 순서

종류	무게	동	호수				–	등록순서
A	L	1	1	1	0	1	–	1

• 자전거 종류 구분

일반 자전거			전기 자전거
성인용	아동용	산악용	
A	K	T	B

• 자전거 무게 구분

10kg 이하	10kg 초과 20kg 미만	20kg 이상
S	M	L

• 동 구분 : 101동부터 110동까지의 끝자리를 1자리 숫자로 기재(예 101동 – 1)
• 호수 : 4자리 숫자로 기재(예 1101호 – 1101)
• 등록순서 : 동일 세대주당 자전거 등록순서를 1자리로 기재

27 다음 중 자전거의 일련번호가 바르게 표기된 것은?

① MT1109–2
② AM2012–2
③ AB10121–1
④ KS90101–2

28 다음 중 일련번호가 'TM41205–2'인 자전거에 대한 설명으로 옳은 것은?

① 전기 모터를 이용해 주행할 수 있다.
② 자전거의 무게는 10kg 이하이다.
③ 204동 1205호에 거주하는 입주민의 자전거이다.
④ 자전거를 2대 이상 등록한 입주민의 자전거이다.

29 A ~ H 8명은 함께 여행을 가기로 하였다. 다음 〈조건〉에 따라 호텔의 방을 배정받는다고 할 때, 옳지 않은 것은?

조건

- A ~ H는 모두 하나씩 서로 다른 방을 배정받는다.
- 방이 상하로 이웃하고 있다는 것은 단면도상 방들이 위아래로 붙어있는 것을 의미한다.
- A, C, G는 호텔의 왼쪽 방을 배정받는다.
- B는 F의 위층 방을 배정받는다.
- A는 다리를 다쳐 가장 낮은 층을 배정받는다.
- F는 호텔의 오른쪽 방을 배정받는다.
- D는 G와 같은 층의 방을 배정받는다.
- 객실 번호가 적혀 있지 않은 곳은 이미 예약이 되어 방 배정이 불가능한 방이다.

〈호텔 단면도〉

	왼쪽	가운데	오른쪽
5층	501		503
4층	401		
3층			303
2층		202	203
1층	101	102	

① B와 F가 배정받은 방은 서로 상하로 이웃하고 있다.
② E는 호텔의 가운데 위치한 방을 배정받는다.
③ C는 4층에 위치한 방을 배정받는다.
④ E는 H보다 높은 층을 배정받는다.

PART 3

30 다음은 국내 K항공사에 대한 SWOT 분석 자료이다. 〈보기〉 중 ㉠, ㉡에 들어갈 내용을 바르게 짝지은 것은?

구분	내용
강점(Strength)	• 국내 1위 LCC(저비용항공사) • 차별화된 기내 특화 서비스
약점(Weakness)	• 기반 지역과의 갈등 • ㉠
기회(Opportunity)	• 항공사의 호텔 사업 진출 허가 • ㉡
위협(Threat)	• LCC 시장의 경쟁 심화 • 대형 항공사의 가격 인하 전략

보기

ㄱ. 소비자의 낮은 신뢰도
ㄴ. IOSA(안전 품질 기준) 인증 획득
ㄷ. 해외 여행객의 증가
ㄹ. 항공사에 대한 소비자의 기대치 상승

	㉠	㉡		㉠	㉡
①	ㄱ	ㄴ	②	ㄱ	ㄷ
③	ㄴ	ㄷ	④	ㄴ	ㄹ

31 정주, 경순, 민경이는 여름 휴가를 맞이하여 제주도, 일본, 대만 중 각각 한 곳으로 여행을 가는데, 게스트하우스 혹은 호텔에서 숙박할 수 있다. 다음 〈조건〉을 바탕으로 민경이의 여름 휴가 장소와 숙박 장소를 바르게 연결한 것은?(단, 세 사람 모두 이미 한번 다녀온 곳으로는 휴가를 가지 않는다)

조건

• 제주도의 호텔은 예약이 불가하여, 게스트하우스에서만 숙박할 수 있다.
• 호텔이 아니면 잠을 못 자는 경순이는 호텔을 가장 먼저 예약했다.
• 여행을 갈 때마다 호텔에 숙박했던 정주는 이번 여행은 게스트하우스를 예약했다.
• 대만으로 여행을 가는 사람은 앱 할인으로 호텔에 숙박한다.
• 작년에 정주는 제주도와 대만을 다녀왔다.

① 제주도 – 게스트하우스
② 제주도 – 호텔
③ 일본 – 호텔
④ 대만 – 게스트하우스

32 여행업체 가이드 A ~ D는 2021년부터 2023년까지 네덜란드, 독일, 영국, 프랑스에서 활동하였다. 다음 〈조건〉을 참고하였을 때, 항상 참인 것은?

조건

- 독일 가이드를 하면 항상 전년도에 네덜란드 가이드를 한다.
- 2022년에 B는 독일에서 가이드를 했다.
- 2021년에 C는 프랑스에서 가이드를 했다.
- 2021년에 프랑스 가이드를 한 사람은 2023년에 독일 가이드를 하지 않는다.
- 2021년에 D가 가이드를 한 곳에서 B가 2022년에 가이드를 하였다.
- 한 사람당 1년에 한 국가에서 가이드를 했으며, 한 번 가이드를 한 곳은 다시 가지 않았다.

① 2022년에 A와 2021년에 B는 다른 곳에서 가이드를 하였다.
② 2023년에 B는 영국에서 가이드를 하였다.
③ 2021 ~ 2023년 A와 D가 가이드를 한 곳은 동일하다.
④ 2024년에 C는 독일 가이드를 한다.

PART 3

33 K공사에 재직 중인 김대리는 10월에 1박 2일로 할머니댁을 방문하려고 한다. 다음 〈조건〉을 참고할 때, 김대리가 시골로 내려가는 날짜로 가능한 날은?

조건

- 10월은 1일부터 31일까지이며, 1일은 목요일, 9일은 한글날이다.
- 10월 1일은 추석이며, 김대리는 추석 다음날부터 5일간 제주도 여행을 가고, 돌아오는 날이 휴가 마지막 날이다.
- 김대리는 휴가 외에 이틀까지 연차를 더 쓸 수 있다.
- 김대리는 셋째 주 화요일부터 4일간 외부출장이 있으며, 그 다음 주 수요일과 목요일은 프로젝트 발표가 있다.
- 제주도 여행에서 돌아오는 마지막 날이 있는 주가 첫째 주이다.
- 주말 및 공휴일과 휴가에는 할머니댁에 가지 않고, 따로 연차를 쓰고 방문할 것이다.

① 3 ~ 4일
② 6 ~ 7일
③ 12 ~ 13일
④ 21 ~ 22일

※ 다음은 K가 여행지로 고른 후보지에 대한 항목별 점수표이다. 이어지는 질문에 답하시오. [34~35]

- K는 연휴를 맞이하여 가족들과 함께 여행을 가고자 한다.
- K는 최종점수가 가장 높은 여행지로 여행을 간다.
- 최종점수는 접근점수, 입지점수, 숙소점수, 날씨점수를 단순합산하여 도출한다.
- 접근점수는 다음 표에 따라 부여한다.

편도 소요시간	1시간 미만	1시간 이상 1시간 30분 미만	1시간 30분 이상 2시간 미만	2시간 이상
접근점수	30	25	20	15

- 입지점수는 다음 표에 따라 부여한다.

위치	바다	산	도심
입지점수	15	12	9

- 숙소점수는 다음 표에 따라 부여한다.

숙소만족도	1 ~ 3점	4 ~ 6점	7 ~ 8점	9 ~ 10점
숙소점수	10	12	15	20

- 날씨점수는 다음 표에 따라 부여한다.

날씨	맑음	흐림	비
날씨점수	20	15	5

- 각 여행지에 대한 정보는 다음과 같다.

여행지	편도 소요시간	위치	숙소만족도	날씨
A	2시간 15분	바다	8점	맑음
B	1시간 30분	산	7점	흐림
C	58분	산	9점	비
D	3시간 20분	바다	8점	비

34 다음 중 K가 선택할 여행지는?

① A ② B

③ C ④ D

35 K는 가족들의 의견을 고려하여, 숙소점수와 접근점수의 산정방식을 다음과 같이 수정하였다. 변경된 방식을 따를 때, K가 선택할 여행지는?

〈변경된 산정방식〉

• 변경된 접근점수

편도 소요시간	1시간 30분 미만	1시간 30분 이상 2시간 30분 미만	2시간 30분 이상 3시간 미만	3시간 이상
접근점수	30	27	24	21

• 변경된 숙소점수

숙소만족도	1 ~ 2점	3 ~ 5점	6 ~ 8점	9 ~ 10점
숙소점수	12	15	18	20

① A
② B
③ C
④ D

PART 3

※ K사는 자사 홈페이지 리뉴얼 중 실수로 임직원 전체 비밀번호가 초기화되는 사고가 발생하였고, 이에 개인정보 보호를 위해 다음과 같은 방식으로 임시 비밀번호를 부여하였다. 자료를 참고하여 이어지는 질문에 답하시오. **[36~38]**

〈임시 비밀번호 발급방식〉

임직원 개개인의 알파벳으로 구성된 아이디와 개인정보를 기준으로 다음의 방식을 적용한다.
1. 아이디의 알파벳 자음 대문자는 소문자로, 알파벳 자음 소문자는 대문자로 치환한다.
2. 아이디의 알파벳 중 모음 A, E, I, O, U, a, e, i, o, u를 각각 1, 2, 3, 4, 5, 6, 7, 8, 9, 0으로 치환한다.
3. 1과 2의 내용 뒤에 덧붙여 본인 성명 중 앞 두 자리를 입력한다. → 김손예진=김손
4. 3의 내용 뒤에 본인 생일 중 일자를 덧붙여 입력한다. → 8월 1일생=01

36 A씨의 임시 비밀번호가 'HW688강동20'이라면, A씨의 아이디로 옳은 것은?

① HWAII
② hwaii
③ HWAoo
④ hwaoo

37 직원의 아이디가 다음과 같을 때, 각 아이디의 임시 비밀번호로 옳지 않은 것은?(단, 이름은 김리안, 생일은 10월 1일로 통일한다)

	아이디	임시 비밀번호
①	JunkYY	j0NKyy김리01
②	HYTOre	hyt4R7김리01
③	rePLAY	R7pl1y김리01
④	JAsmIN	j6SM8n김리01

38 A씨가 다음의 문장에 임시 비밀번호 발급방식 1과 2를 적용하려고 한다. 이때 숫자 중 홀수는 모두 몇 개인가?

LIFE is too SHORT to be LITTLE

① 4개
② 5개
③ 6개
④ 7개

39 다음은 K제품의 생산계획을 나타낸 자료이다. 〈조건〉에 따라 공정이 진행될 때, 첫 번째 완제품이 생산되기 위해서는 최소 몇 시간이 소요되는가?

〈K제품 생산계획〉

공정	선행공정	소요시간
A	없음	3
B	A	1
C	B, E	3
D	없음	2
E	D	1
F	C	2

조건

- 공정별로 1명의 작업 담당자가 공정을 수행한다.
- A공정과 D공정의 작업 시점은 같다.
- 공정 간 제품의 이동 시간은 무시한다.

① 6시간 ② 7시간
③ 8시간 ④ 9시간

PART 3

40 A대리는 다가오는 9월에 결혼을 앞두고 있다. 다음 〈조건〉을 참고할 때, A대리의 결혼 날짜로 가능한 날은?

조건

- 9월은 1일부터 30일까지이며, 9월 1일은 금요일이다.
- 9월 30일부터 추석연휴가 시작되고 추석연휴 이틀 전엔 A대리가 주관하는 회의가 있다.
- A대리는 결혼식을 한 다음날 8박 9일간 신혼여행을 간다.
- 회사에서 신혼여행으로 주는 휴가는 5일이다.
- A대리는 신혼여행과 겹치지 않도록 수요일 3주 연속 치과 진료가 예약되어 있다.
- 신혼여행에서 돌아오는 날 부모님 댁에서 하루 자고, 그 다음날 출근할 예정이다.

① 1일 ② 2일
③ 22일 ④ 23일

41 K공사는 연말 시상식을 개최하여 한 해 동안 모범이 되거나 훌륭한 성과를 낸 직원을 독려하고자 한다. 시상 종류 및 인원, 상품에 대한 정보가 다음과 같을 때, 총상품구입비는 얼마인가?

〈시상내역〉

상 종류	수상인원(명)	상품
사내선행상	5	인당 금 도금 상패 1개, 식기 1세트
사회기여상	1	인당 은 도금 상패 1개, 신형 노트북 1대
연구공로상	2	인당 금 도금 상패 1개, 안마의자 1개, 태블릿 PC 1대
성과공로상	4	인당 은 도금 상패 1개, 만년필 2개, 태블릿 PC 1대
청렴모범상	2	인당 동 상패 1개, 안마의자 1개

- 상패 제작비용
  - 금 도금 상패 : 개당 55,000원(5개 이상 주문 시 개당 가격 10% 할인)
  - 은 도금 상패 : 개당 42,000원(주문수량 4개당 1개 무료 제공)
  - 동 상패 : 개당 35,000원
- 물품 구입비용(개당)
  - 식기 세트 : 450,000원
  - 신형 노트북 : 1,500,000원
  - 태블릿PC : 600,000원
  - 만년필 : 100,000원
  - 안마의자 : 1,700,000원

① 14,085,000원　　② 15,050,000원

③ 15,534,500원　　④ 16,805,000원

42 다음은 K학교의 성과급 기준표이다. 이를 적용해 K학교 교사들의 성과급 배점을 계산하고자 할 때, 〈보기〉 중 가장 높은 배점을 받을 교사는?

〈성과급 기준표〉

항목	평가사항	배점기준		배점
수업지도	주당 수업시간	24시간 이하	14점	20점
		25시간	16점	
		26시간	18점	
		27시간 이상	20점	
	수업 공개 유무	교사 수업 공개	10점	10점
		학부모 수업 공개	5점	
생활지도	담임 유무	담임교사	10점	10점
		비담임교사	5점	
담당 업무	업무 곤란도	보직교사	30점	30점
		비보직교사	20점	
경력	호봉	10호봉 이하	5점	30점
		11 ~ 15호봉	10점	
		16 ~ 20호봉	15점	
		21 ~ 25호봉	20점	
		26 ~ 30호봉	25점	
		31호봉 이상	30점	

※ 수업지도 항목에서 교사 수업 공개, 학부모 수업 공개를 모두 진행했을 경우 10점으로 배점하며, 수업 공개를 하지 않았을 경우 배점은 없다.

보기

구분	주당 수업시간	수업 공개 유무	담임 유무	업무 곤란도	호봉
A교사	20시간	–	담임교사	비보직교사	32호봉
B교사	29시간	–	비담임교사	비보직교사	35호봉
C교사	26시간	학부모 수업 공개	비담임교사	보직교사	22호봉
D교사	22시간	교사 수업 공개	담임교사	보직교사	17호봉

① A교사　　② B교사
③ C교사　　④ D교사

PART 3

43 K기업은 창고업체를 통해 아래 세 제품군을 보관하고 있다. 각 제품군에 대한 정보를 참고하여 다음 〈조건〉에 따라 K기업이 보관료로 지급해야 할 총금액은?

구분	매출액(억 원)	용량	
		용적(CUBIC)	무게(톤)
A제품군	300	3,000	200
B제품군	200	2,000	300
C제품군	100	5,000	500

조건

- A제품군은 매출액의 1%를 보관료로 지급한다.
- B제품군은 1CUBIC당 20,000원의 보관료를 지급한다.
- C제품군은 1톤당 80,000원의 보관료를 지급한다.

① 3억 2천만 원
② 3억 4천만 원
③ 3억 6천만 원
④ 3억 8천만 원

44 다음 자료를 근거로 판단할 때, 아동방과후교육 사업에서 허용되는 사업비 지출품목을 모두 고르면?

K부서는 아동방과후교육 사업을 운영하고 있다. 원칙적으로 사업비는 사용목적이 '사업 운영'인 경우에만 지출할 수 있다. 다만 다음 중 어느 하나에 해당하면 예외적으로 허용된다. 첫째, 품목당 단가가 10만 원 이하로 사용목적이 '서비스 제공'인 경우에 지출할 수 있다. 둘째, 사용연한이 1년 이내인 경우에 지출할 수 있다.

〈필요 물품 목록〉

품목	단가(원)	사용목적	사용연한
인형탈	120,000	사업 운영	2년
프로그램 대여	300,000	보고서 작성	6개월
의자	110,000	서비스 제공	5년
컴퓨터	950,000	서비스 제공	3년
클리어파일	500	상담일지 보관	2년
블라인드	99,000	서비스 제공	5년

① 프로그램 대여, 의자
② 컴퓨터, 클리어파일
③ 클리어파일, 블라인드
④ 인형탈, 프로그램 대여, 블라인드

45 재무팀에서는 주말 사무보조 직원을 채용하기 위해 공고문을 게재하였으며, 지원자 명단은 다음과 같다. 최소비용으로 가능한 많은 인원을 채용하고자 한다면 총 몇 명의 지원자를 채용할 수 있겠는가?(단, 급여는 지원자가 희망하는 금액으로 지급한다)

〈사무보조 직원 채용 공고문〉

• 업무내용 : 문서수발, 전화응대 등
• 지원자격 : 경력, 성별, 나이, 학력 무관
• 근무조건 : 장기(6개월 이상, 협의 불가) / 주말 11:00 ~ 22:00(협의 가능)
• 급여 : 협의 후 결정
• 연락처 : 02-000-0000

〈지원자 명단〉

성명	희망근무기간	근무가능시간	최소근무시간 (하루 기준)	희망임금 (시간당 / 원)
박소다	10개월	11:00 ~ 18:00	3시간	7,500
서창원	12개월	12:00 ~ 20:00	2시간	8,500
한승희	8개월	18:00 ~ 22:00	2시간	7,500
김병우	4개월	11:00 ~ 18:00	4시간	7,000
우병지	6개월	15:00 ~ 20:00	3시간	7,000
김래원	10개월	16:00 ~ 22:00	2시간	8,000
최지홍	8개월	11:00 ~ 18:00	3시간	7,000

※ 지원자 모두 주말 이틀 중 하루만 출근하기를 원함
※ 하루에 2회 이상 출근은 불가함

① 2명　② 3명
③ 4명　④ 5명

PART 3

46 다음은 K기업의 재고 관리 사례이다. 금요일까지 부품 재고 수량이 남지 않게 완성품을 만들 수 있도록 월요일에 주문할 A ~ C부품의 개수를 순서대로 바르게 나열한 것은?(단, 주어진 조건 이외에는 고려하지 않는다)

〈부품 재고 수량과 완성품 1개당 소요량〉

(단위 : 개)

부품명	부품 재고 수량	완성품 1개당 소요량
A	500	10
B	120	3
C	250	5

〈완성품 납품 수량〉

(단위 : 개)

항목 \ 요일	월	화	수	목	금
완성품 납품 개수	없음	30	20	30	20

※ 부품 주문은 월요일에 한 번 신청하며, 화요일 작업 시작 전에 입고된다.

※ 완성품은 부품 A, B, C를 모두 조립해야 한다.

	A	B	C
①	100	100	100
②	100	180	200
③	500	100	100
④	500	180	250

※ 부산에 근무하는 A대리는 항공편을 이용해 북경, 상해, 인천, 도쿄로 출장을 다녀올 계획이며, 항공편별 소요시간과 경비는 다음과 같다. 이어지는 질문에 답하시오. **[47~48]**

〈항공편별 소요시간〉

출발지＼도착지	북경	상해	인천	부산	도쿄
북경		20분	2시간	2시간 25분	4시간 10분
상해	20분		1시간 50분	2시간 35분	4시간 5분
인천	2시간	1시간 50분		45분	2시간 15분
부산	2시간 25분	2시간 35분	45분		1시간 5분
도쿄	4시간 10분	4시간 5분	2시간 15분	1시간 5분	

〈항공편별 편도 경비〉

출발지＼도착지	북경	상해	인천	부산	도쿄
북경		45,000원	350,000원	520,000원	1,125,000원
상해	45,000원		331,000원	542,000원	1,050,000원
인천	350,000원	331,000원		117,000원	310,000원
부산	520,000원	542,000원	117,000원		205,000원
도쿄	1,125,000원	1,050,000원	310,000원	205,000원	

PART 3

47 A대리는 부산에서 출발하여 북경, 상해, 인천, 도쿄를 각각 한 번씩만 방문한 후 부산으로 다시 돌아오고자 한다. 다음 이동경로 중 A대리가 부산으로 복귀하기까지 항공편 이동소요시간이 가장 짧은 경로는?

① 부산 – 북경 – 상해 – 인천 – 도쿄 – 부산
② 부산 – 북경 – 인천 – 상해 – 도쿄 – 부산
③ 부산 – 인천 – 상해 – 북경 – 도쿄 – 부산
④ 부산 – 인천 – 상해 – 도쿄 – 북경 – 부산

48 A대리는 부산에서 출발하여 북경, 상해, 인천, 도쿄를 각각 한 번씩만 방문한 후 부산으로 다시 돌아오고자 한다. 다음 이동경로 중 A대리가 마지막 방문지에 방문할 때까지 항공편에 필요한 경비가 가장 저렴한 경로는?

① 부산 – 북경 – 상해 – 인천 – 도쿄 – 부산
② 부산 – 상해 – 인천 – 북경 – 도쿄 – 부산
③ 부산 – 인천 – 상해 – 북경 – 도쿄 – 부산
④ 부산 – 도쿄 – 인천 – 상해 – 북경 – 부산

※ K공사 인사팀에 근무하고 있는 C대리는 A사원과 B차장의 승진심사를 위해 다음과 같이 작성하였다. 이어지는 질문에 답하시오. **[49~50]**

〈승진심사 점수표〉

(단위 : 점)

소속	직급	업무			업무평점	능력	태도	승진심사 평점
		업무실적	개인평가	조직기여도				
총무팀	A사원	86	70	80		80	60	
자산팀	B차장	80	85	90		77	85	85

※ 승진심사 평점은 업무평점 80%, 능력 10%, 태도 10%로 계산한다.
※ 업무평점은 직급에 따라 다음과 같은 계산식으로 계산된다.
※ 직급에 따른 업무항목별 계산 기준
- 사원 ~ 대리 : (업무실적)×0.5+(개인평가)×0.3+(조직기여도)×0.2
- 과장 ~ 부장 : (업무실적)×0.3+(개인평가)×0.2+(조직기여도)×0.5

49 B차장의 업무평점을 바르게 계산한 것은?

① 78점
② 80점
③ 83점
④ 86점

50 A사원의 승진심사 평점을 바르게 계산한 것은?

① 65점
② 70점
③ 78점
④ 82점

| 01 | 경영

01 5가지 성격 특성 요소(Big Five Personality Traits) 중 다음 〈보기〉에 해당하는 것은?

> 보기
>
> 과제 및 목적 지향성을 촉진하는 속성과 관련된 것으로, 심사숙고, 규준이나 규칙의 준수, 계획 세우기, 조직화, 과제의 준비 등과 같은 특질을 포함한다.

① 개방성(Openness to Experience)
② 성실성(Conscientiousness)
③ 외향성(Extraversion)
④ 수용성(Agreeableness)
⑤ 안정성(Emotional Stability)

02 다음 중 과학적 경영 전략에 대한 설명으로 옳지 않은 것은?

① 테일러의 과학적 관리법은 시간연구와 동작연구를 통해 노동자의 심리상태와 보상심리를 적용한 효과적인 과학적 경영 전략을 제시하였다.
② 포드 시스템은 노동자의 이동경로를 최소화하며 물품을 생산하거나, 고정된 생산라인에서 노동자가 계속해서 생산하는 방식을 통하여 불필요한 절차와 행동 요소들을 없애 생산성을 향상하였다.
③ 호손실험은 생산성에 비공식적 조직이 영향을 미친다는 사실을 밝혀낸 연구이다.
④ 목표설정이론은 인간이 합리적으로 행동한다는 기본적인 가정에 기초하여, 개인이 의식적으로 얻으려고 설정한 목표가 동기와 행동에 영향을 미친다는 이론이다.
⑤ 직무특성이론은 기술된 핵심 직무 특성이 종업원의 주요 심리 상태에 영향을 미치며, 이것이 다시 종업원의 직무 성과에 영향을 미친다고 주장한다.

03 다음 중 제품 – 시장 매트릭스에서 기존시장에 그대로 머물면서 신제품으로 매출을 늘려 시장점유율을 높여가는 성장전략은?

① 시장침투 전략
② 신제품개발 전략
③ 시장개발 전략
④ 다각화 전략
⑤ 신시장 전략

04 **다음 중 지식관리에 대한 설명으로 옳지 않은 것은?**

① 형식적 지식은 쉽게 체계화할 수 있는 특성이 있다.
② 암묵적 지식은 조직에서 명시적 지식보다 강력한 힘을 발휘하기도 한다.
③ 형식적 지식은 경쟁기업이 쉽게 모방하기 어려운 지식으로, 경쟁우위 창출의 기반이 된다.
④ 암묵적 지식은 사람의 머릿속에 있는 지식으로, 지적자본(Intellectual Capital)이라고도 한다.
⑤ 기업에서는 구성원의 지식공유를 활성화하기 위하여 인센티브(Incentive)를 도입한다.

05 **K기업은 완전경쟁시장에서 노동만을 이용하여 구두를 생산하여 판매한다. 이 시장에서 구두 한 켤레의 가격과 임금은 각각 1만 원과 65만 원으로 결정되었다. 노동자의 수와 생산량이 다음과 같을 때, 기업이 이윤을 극대화하기 위해서 고용하게 될 노동자 수는?**

노동자 수(명)	구두 생산량(켤레)	노동자 수(명)	구두 생산량(켤레)
1	150	4	390
2	240	5	450
3	320	6	500

① 2명
② 3명
③ 4명
④ 5명
⑤ 6명

06 **다음 중 목표관리(MBO)의 SMART 기법에 대한 설명으로 옳지 않은 것은?**

① Specific : 목표는 커다란 범위에서 추상적이어야 한다.
② Measurable : 목표는 그 결괏값이 측정 가능해야 한다.
③ Achievable : 목표는 적당히 도전적이어야 한다.
④ Result-Oriented : 목표는 결과지향적이어야 한다.
⑤ Time-Bound : 목표는 통상 6개월에서 1년 내에 달성이 가능해야 한다.

07 다음 〈보기〉 중 애덤스의 공정성이론(Equity Theory)의 불공정성으로 인한 긴장을 해소할 수 있는 방법을 모두 고르면?

보기

ㄱ. 투입의 변경
ㄷ. 준거대상의 변경
ㄴ. 산출의 변경
ㄹ. 현장 또는 조직으로부터 이탈

① ㄱ, ㄴ
② ㄷ, ㄹ
③ ㄱ, ㄴ, ㄷ
④ ㄱ, ㄷ, ㄹ
⑤ ㄱ, ㄴ, ㄷ, ㄹ

PART 3

08 경영혁신 방법론 중 하나인 비즈니스 프로세스 리엔지니어링(BPR)의 특징으로 옳지 않은 것은?

① 마이클 해머가 주창한 이론으로 작업공정을 검토 후 필요 없는 부분을 제거한다.
② 현재의 업무절차를 근본적으로 다시 생각하고 완전히 새롭게 설계한다.
③ 부서 내 업무보다는 부서 간 업무의 합리화에 초점을 맞춘다.
④ 품질, 비용, 속도, 서비스와 같은 업무성과의 점진적인 개선을 목표로 한다.
⑤ 반복적이고 불필요한 과정들을 제거하기 위해 업무상의 여러 단계들을 통합한다.

09 다음 중 시장지향적 마케팅에 대한 설명으로 옳지 않은 것은?

① 고객지향적 사고의 장점을 포함하면서 그 한계점을 극복하기 위한 포괄적 마케팅이다.
② 기업이 최종고객들과 원활한 교환을 통하여 최상의 가치를 제공하기 위함을 목표로 한다.
③ 기존 사업시장에 집중하여 경쟁우위를 점하기 위한 마케팅이다.
④ 다양한 시장 구성요소들이 원만하게 상호작용하며 마케팅 전략을 구축한다.
⑤ 외부사업 시장이나 이익 기회들을 확인하며, 때에 따라 기존사업 시장을 포기하기도 한다.

10 다음 중 복수 브랜드 전략(Multi Brand Strategy)에 대한 설명으로 옳지 않은 것은?

① 동일한 제품 범주 내에서 서로 경쟁하는 다수의 브랜드이다.
② 제품에 대한 충성도를 이끌 수 있다.
③ 동일한 제품 범주에서 시장을 세분화하여 운영한다.
④ 소비자들의 욕구와 동질성을 파악한 후 세분 시장마다 별도의 개별 브랜드를 도입한다.
⑤ 회사의 제품믹스를 공통점을 기준으로 제품집단을 나누어 집단마다 공통요소가 있는 개별 상표를 적용한다.

11 다음 중 연구조사방법론에서 사용하는 타당성(Validity)에 대한 설명으로 옳지 않은 것은?

① 기준 타당성(Criterion Related Validity)은 하나의 측정도구를 이용하여 측정한 결과와 다른 기준을 적용하여 측정한 결과를 비교했을 때 도출된 연관성의 정도이다.
② 구성 타당성(Construct Validity)은 연구에서 이용된 이론적 구성개념과 이를 측정하는 측정수단 간 일치하는 정도를 의미한다.
③ 내용 타당성(Content Validity)은 측정도구를 구성하는 측정지표 간 일관성이다.
④ 수렴적 타당성(Convergent Validity)은 동일한 개념을 다른 측정 방법으로 측정했을 때 측정된 값 간 상관관계를 의미한다.
⑤ 차별적 타당성(Discriminant Validity)은 서로 다른 이론적 구성개념을 나타내는 측정지표 간 관계를 의미하며, 서로 다른 구성개념을 측정하는 지표 간 상관관계가 낮을수록 차별적 타당성이 높다.

12 다음 〈보기〉의 사례에 해당하는 브랜드 개발 전략은?

> **보기**
>
> 바나나맛 우유는 1974년 출시된 이후 꾸준히 인기를 끌고 있는 장수 제품이다. 빙그레는 최근 기존의 바나나맛 우유에서 벗어나 멜론의 달콤한 향을 더한 메론맛 우유를 내놓았는데, 그로 인해 사람들은 기존 제품에서 벗어난 신선함에 관심을 가졌고, 바나나맛 우유라는 상표를 다시금 사람들의 머릿속에 기억시키는 전략적 성과를 거두었다.

① 카테고리 확장
② 라인 확장
③ 시장침투 전략
④ 생산라인 확대
⑤ 푸시(Push) 전략

13 다음 중 경제적 주문량(EOQ) 모형이 성립하기 위한 가정으로 옳지 않은 것은?

① 구입단가는 주문량과 관계없이 일정하다.
② 주문량은 한 번에 모두 도착한다.
③ 연간 재고 수요량을 정확히 파악하고 있다.
④ 단위당 재고유지비용과 1회당 재고주문비용은 주문량과 관계없이 일정하다.
⑤ 재고부족 현상이 발생할 수 있으며, 주문 시 정확한 리드타임이 적용된다.

14 다음 중 JIT(Just In Time) 시스템의 특징으로 옳지 않은 것은?

① 푸시(Push) 방식이다.
② 필요한 만큼의 자재만을 생산한다.
③ 공급자와 긴밀한 관계를 유지한다.
④ 가능한 소량 로트(Lot) 크기를 사용하여 재고를 관리한다.
⑤ 생산지시와 자재이동을 가시적으로 통제하기 위한 방법으로 칸반(Kanban)을 사용한다.

15 다음 〈보기〉 중 이자율 결정이론에 대한 설명으로 옳은 것을 모두 고르면?

보기

㉠ 고전학파는 실질이자율이 저축과 투자를 일치시키는 가격으로서의 역할을 수행한다고 주장하였다.
㉡ 케인스는 통화량의 변동이 장기적으로 물가수준의 변동만을 가져온다고 주장하였다.
㉢ 케인스는 화폐적 요인이 이자율 결정에 중요한 영향을 미친다고 주장하였다.
㉣ 오린과 로버트슨은 대부자금설을 통해 대부자금의 공급을 결정하는 요인으로 실물부문 수요와 화폐공급의 증감분을 주장하였다.

① ㉠, ㉡
② ㉠, ㉢
③ ㉡, ㉢
④ ㉡, ㉣
⑤ ㉢, ㉣

16 K제약회사가 신약개발 R&D에 투자하려고 한다. 이에 담당 임원은 200만 달러를 특정 연구에 쏟아 부어야 하는지를 결정해야 한다. 상황이 다음과 같을 때, 귀하가 의사결정자라면 어떻게 할 것인가?(단, 기대수익으로 가장 적절한 것을 결정한다)

> 이 연구개발프로젝트의 성공 여부는 확실하지 않으며, 의사결정자는 특허를 받는 기회를 70%로 보고 있다. 만일 특허를 받는다면 이 회사는 2,500만 달러의 기술료를 받아 다른 회사에 넘기거나, 1,000만 달러를 더 투자해 개발품을 직접 판매할 수 있다. 만일 직접 판매할 경우 수요가 몰릴 확률은 25%, 수요가 중간일 경우는 55%, 수요가 낮을 경우는 20%이다. 수요가 높으면 5,500만 달러를 판매 수입으로 벌 것으로 보이며, 수요가 중간인 경우는 3,300만 달러, 수요가 없는 경우에도 1,500만 달러를 벌 것으로 예상된다.

① 개발을 그만둔다.
② 개발한 다음 기술료를 받고, 특허를 외부에 판다.
③ 개발한 다음 직접 판매한다.
④ 개발이 된다 하더라도 특허를 받지 않는다.
⑤ 시장의 변화를 좀 더 지켜보고 결정한다.

17 다음 중 원가우위전략에 대한 설명으로 옳지 않은 것은?

① 원가우위에 영향을 미치는 여러 가지 요소를 활용하여 경쟁우위를 획득한다.
② 경쟁사보다 더 낮은 가격으로 제품이나 서비스를 생산하는 전략이다.
③ 가격, 디자인, 브랜드 충성도, 성능 등으로 우위를 점하는 전략이다.
④ 시장에 더 저렴한 제품이 출시되면 기존 고객의 충성도를 기대할 수 없다.
⑤ 시장점유율 확보에 유리하다.

18 다음 설명에 해당하는 이론은?

> • 조직의 생존을 위해 이해관계자들로부터 정당성을 얻는 것이 중요하다.
> • 동일 산업 내 조직 형태 및 경영 관행이 유사성을 보이는 것은 조직들이 서로 모방하기 때문이다.

① 대리인 이론
② 제도화 이론
③ 자원의존 이론
④ 전략적 선택 이론
⑤ 조직군 생태학 이론

19 다음 〈보기〉 중 서비스의 특성에 해당되는 것을 모두 고르면?

보기

ㄱ. 무형성 : 서비스는 보거나 만질 수 없다.
ㄴ. 비분리성 : 서비스는 생산과 소비가 동시에 발생한다.
ㄷ. 소멸성 : 서비스는 재고로 보관될 수 없다.
ㄹ. 변동성 : 서비스의 품질은 표준화가 어렵다.

① ㄱ, ㄴ, ㄷ
② ㄱ, ㄴ, ㄹ
③ ㄱ, ㄷ, ㄹ
④ ㄴ, ㄷ, ㄹ
⑤ ㄱ, ㄴ, ㄷ, ㄹ

PART 3

20 다음 중 조직설계 요소에서 통제범위에 대한 설명으로 옳지 않은 것은?

① 과업이 복잡할수록 통제범위는 좁아진다.
② 관리자가 스텝으로부터 업무상 조언과 지원을 많이 받을수록 통제의 범위가 좁아진다.
③ 관리자가 작업자에게 권한과 책임을 위임할수록 통제범위는 넓어진다.
④ 작업자와 관리자의 상호작용 및 피드백이 많이 필요할수록 통제범위는 좁아진다.
⑤ 작업자가 잘 훈련되고 작업동기가 높을수록 통제범위는 넓어진다.

21 다음 사례에서 리더가 보인 권력의 종류는?

평소 자신의 팀원들과 돈독한 친분을 유지하며 팀원들로부터 충성심과 존경을 한몸에 받는 A팀장이 얼마 전 진행하던 프로젝트의 최종 마무리 작업을 앞두고 뜻밖의 사고를 당해 병원에 입원하게 되었다. 해당 프로젝트의 마무리가 시급한 시점에 다급히 자신의 팀원들에게 업무를 인계하게 되었고, 팀원들은 모두가 한마음 한뜻이 되어 늦은 시간까지 자발적으로 근무하여 무사히 프로젝트를 마무리할 수 있었다.

① 합법적 권력
② 보상적 권력
③ 강압적 권력
④ 전문적 권력
⑤ 준거적 권력

22 **다음 중 샤인(Schein)이 제시한 경력 닻의 내용으로 옳지 않은 것은?**

① 전문역량 닻 : 일의 실제 내용에 주된 관심이 있으며, 전문분야에 종사하기를 원한다.
② 관리역량 닻 : 특정 전문영역보다 관리직에 주된 관심이 있다.
③ 자율지향 닻 : 조직의 규칙과 제약조건에서 벗어나 스스로 결정할 수 있는 경력을 선호한다.
④ 안전지향 닻 : 직업 및 고용의 안정성에 관심이 있으며 보수를 중요하게 여긴다.
⑤ 사업가적 창의성 닻 : 타인의 삶을 향상시키고 사회를 위해 봉사하는 데 주된 관심이 있다.

23 **다음 설명에 해당하는 지각 오류는?**

사람들은 자신의 성공에 대해서는 자신의 능력 때문이라고 생각하는 반면에, 실패에 대해서는 상황이나 운 때문이라고 생각한다.

① 자존적 편견
② 후광 효과
③ 투사
④ 통제의 환상
⑤ 대비 효과

24 **다음 중 STP 전략의 목표시장선정(Targeting) 단계에서 집중화 전략에 대한 설명으로 옳지 않은 것은?**

① 단일제품으로 단일화된 세부시장을 공략하여 니치마켓에서 경쟁력을 가질 수 있는 창업 기업에 적합한 전략이다.
② 자원이 한정되어 있을 때 자원을 집중화하고 시장 안에서의 강력한 위치를 점유할 수 있다.
③ 대기업 경쟁사의 진입이 쉬우며 위험이 분산되지 않을 경우 시장의 불확실성으로 높은 위험을 감수해야 한다.
④ 세분시장 내 소비자욕구의 변화에 민감하게 반응하여야 위험부담을 줄일 수 있다.
⑤ 대량생산 및 대량유통, 대량광고 등을 통해 규모의 경제로 비용을 최소화할 수 있다.

25 다음 중 마케팅믹스 4P와 로터본(Lauterborn)의 4C의 대응 관계가 옳지 않은 것은?

	4P	4C
①	기업 관점	소비자 관점
②	제품	소비자 문제해결
③	가격	소비자 비용
④	유통	유통의 편리성
⑤	판매 촉진	제품접근성

PART 3

26 다음은 K사의 상반기 매출액 실적치이다. 지수평활 계수 a가 0.1일 때, 단순 지수평활법으로 6월 매출액 예측치를 바르게 구한 것은?(단, 1월의 예측치는 220만 원이며, 모든 예측치는 소수점 둘째 자리에서 반올림한다)

(단위 : 만 원)

1월	2월	3월	4월	5월
240	250	230	220	210

① 222.8만 원
② 223.3만 원
③ 224.6만 원
④ 224.8만 원
⑤ 225.3만 원

27 다음 중 침투가격전략을 사용하기에 옳지 않은 경우는?

① 수요탄력성이 작을 때
② 규모의 경제가 가능할 때
③ 원가 경쟁력이 있을 때
④ 가격 민감도가 높을 때
⑤ 낮은 가격으로 잠재경쟁자들의 진입을 막을 수 있을 때

28 다음 중 생산시스템 측면에서 신제품 개발 프로세스를 순서대로 바르게 나열한 것은?

ㄱ. 아이디어 창출	ㄴ. 제품원형 개발 및 시험마케팅
ㄷ. 제품선정	ㄹ. 설계의 평가 및 개선
ㅁ. 예비설계	ㅂ. 최종설계

① ㄱ → ㄴ → ㄷ → ㄹ → ㅁ → ㅂ

② ㄱ → ㄷ → ㅁ → ㄹ → ㄴ → ㅂ

③ ㄴ → ㄱ → ㄷ → ㅁ → ㄹ → ㅂ

④ ㄴ → ㅁ → ㄹ → ㄱ → ㄷ → ㅂ

⑤ ㄷ → ㄹ → ㄴ → ㅁ → ㄱ → ㅂ

29 다음 5가지 주문작업을 1대의 기계에서 처리하고자 한다. 납기일, 남은 시간, 잔여처리시간이 다음과 같을 때 최소납기일우선법(EDD; Earlist Due Date)을 기준으로 작업순서를 결정하여 최우선으로 시작할 작업은?

주문작업	납기일	남은 시간	잔여처리시간
A	20일	19일	10일
B	31일	30일	5일
C	18일	17일	3일
D	15일	14일	6일
E	12일	11일	9일

① A
② B
③ C
④ D
⑤ E

30 다음 중 데이터 웨어하우스에 대한 설명으로 옳지 않은 것은?

① 데이터는 의사결정 주제 영역별로 분류되어 저장된다.

② 대용량 데이터에 숨겨져 있는 데이터 간 관계와 패턴을 탐색하고 모형화한다.

③ 데이터는 통일된 형식으로 변환 및 저장된다.

④ 데이터는 읽기 전용으로 보관되며, 더 이상 갱신되지 않는다.

⑤ 데이터는 시간정보와 함께 저장된다.

31 다음 중 GE/맥킨지 매트릭스에서 시장 지위를 유지하며 집중 투자를 고려해야 하는 위치는?

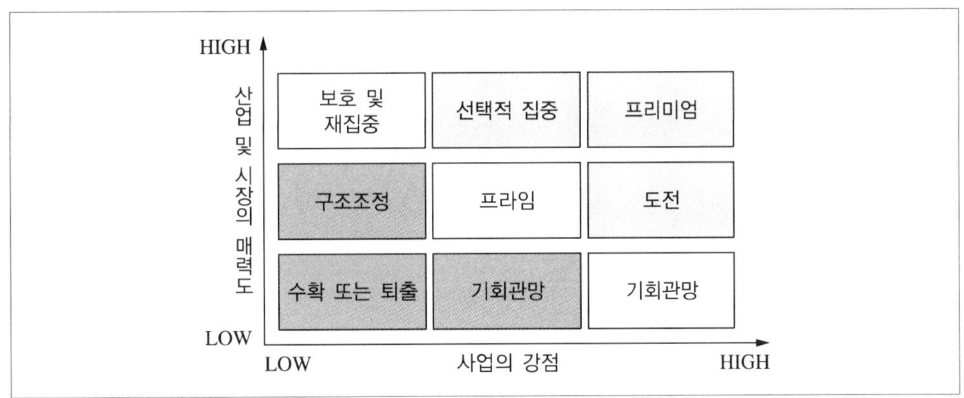

① 보호 및 재집중
② 구조조정
③ 선택적 집중
④ 수확 또는 퇴출
⑤ 프리미엄

32 다음은 마이클 포터(Michael Porter)의 산업구조 분석모델(Five Forces Model)이다. 빈칸 (A)에 들어갈 용어로 옳은 것은?

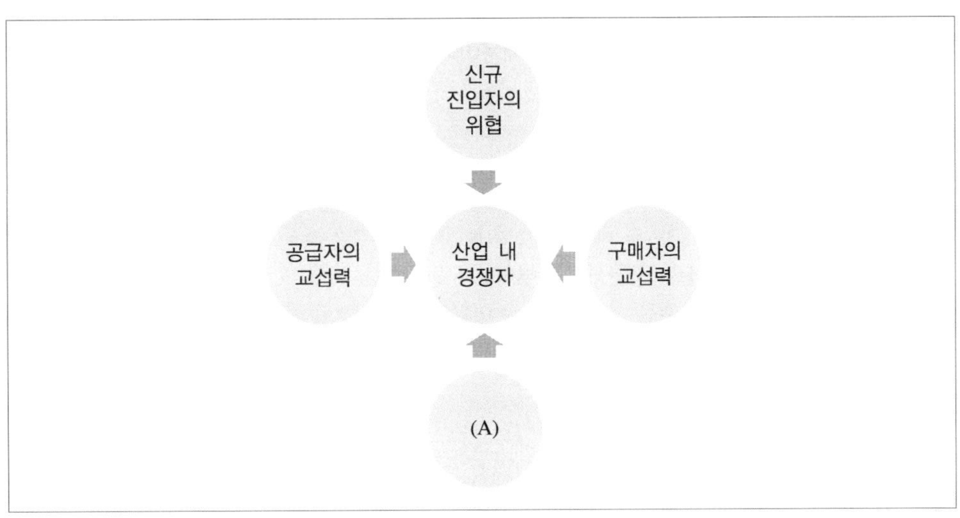

① 정부의 규제 완화
② 고객의 충성도
③ 공급업체의 규모
④ 가격의 탄력성
⑤ 대체재의 위협

33 다음 중 앤소프의 의사결정에 대한 내용으로 옳지 않은 것은?

① 전략적, 운영적, 관리적 의사결정으로 분류된다.
② 단계별 접근법을 따라 체계적인 분석이 가능하다.
③ 단계별로 피드백이 이루어진다.
④ 분석 결과에 따라 초기 기업 목적과 시작 단계에서의 평가수정이 불가능하다.
⑤ 단계별 의사결정과정은 기업의 위상과 목표 간의 차이를 줄이는 과정이다.

34 다음 중 BCG 매트릭스와 GE 매트릭스의 차이점으로 옳지 않은 것은?

① BCG 매트릭스는 GE 매트릭스에 비해 더 간단하며, BCG 매트릭스는 4개의 셀로 구성되는 반면 GE 매트릭스 9개의 셀로 구성된다.
② BCG 매트릭스의 기반이 되는 요인은 시장 성장과 시장점유율이고, GE 매트릭스의 기반이 되는 요인은 산업계의 매력과 비즈니스 강점이다.
③ BCG 매트릭스는 기업이 여러 사업부에 자원을 배치하는 데 사용되며, GE 매트릭스는 다양한 비즈니스 단위 간의 투자 우선순위를 결정하는 데 사용한다.
④ BCG 매트릭스에서는 하나의 측정만 사용되는 반면, GE 매트릭스에서는 여러 측정이 사용된다.
⑤ BCG 매트릭스는 기업이 그리드에서의 위치에 따라 제품 라인이나 비즈니스 유닛을 전략적으로 선택하는 데 사용하고, GE 매트릭스는 시장의 성장과 회사가 소유한 시장점유율을 반영한 성장 – 공유 모델로 이해할 수 있다.

35 다음은 유통경로의 설계전략에 대한 내용이다. 빈칸 (ㄱ) ~ (ㄷ)에 들어갈 내용을 순서대로 바르게 나열한 것은?

- ___(ㄱ)___ 유통은 가능한 많은 중간상들에게 자사의 제품을 취급하도록 하는 것으로 과자, 저가 소비재 등과 같이 소비자들이 구매의 편의성을 중시하는 품목에서 채택하는 방식이다.
- ___(ㄴ)___ 유통은 제품의 이미지를 유지하고 중간상들의 협조를 얻기 위해 일정 지역 내에서의 독점 판매권을 중간상에게 부여하는 방식이다.
- ___(ㄷ)___ 유통은 앞의 두 유통 대안의 중간 형태로 지역별로 복수의 중간상에게 자사의 제품을 취급할 수 있도록 하는 방식이다.

	(ㄱ)	(ㄴ)	(ㄷ)
①	전속적	집약적	선택적
②	집약적	전속적	선택적
③	선택적	집약적	전속적
④	전속적	선택적	집약적
⑤	집약적	선택적	전속적

36 다음 중 동기부여 이론에 대한 설명으로 옳지 않은 것은?

① 조직의 관점에서 동기부여는 목표달성을 위한 종업원의 지속적 노력을 효과적으로 발생시키는 것을 의미한다.
② 허즈버그(Herzberg)의 2요인 이론에 따르면 임금수준이 높아지면 직무에 대한 만족도 또한 높아진다.
③ 애덤스(Adams)의 공정성 이론은 다른 사람과의 상대적인 관계에서 동기요인이 작용한다는 것을 강조한다.
④ 로크(Locke)의 목표설정 이론은 추후 목표에 의한 관리(MBO)의 이론적 기반이 되었다.
⑤ 브룸(Vroom)의 기대이론에 따르면 유의성은 결과에 대한 개인의 선호도를 나타내는 것으로, 동기를 유발시키는 힘 또는 가치를 뜻한다.

PART 3

37 다음 중 보너스 산정방식에서 스캔론 플랜(Scanlon Plan)에 대한 설명으로 옳은 것은?

① 보너스 산정 비율은 생산액에 있어서 재료 및 에너지 등을 포함하여 계산한다.
② 노동비용을 판매액에서 재료 및 에너지, 간접비용을 제외한 부가가치로 나누어 계산한다.
③ 종업원의 참여는 거의 고려되지 않고 산업공학기법을 이용한 공식을 활용하여 계산한다.
④ 성과측정의 기준으로서 노동비용이나 생산비용, 생산 이외에도 품질 향상, 소비자 만족 등 각 기업이 중요성을 부여하는 부분에 초점을 둔 새로운 지표를 사용하여 계산한다.
⑤ 생산단위당 표준노동시간을 기준으로 노동생산성 및 비용 등 산정 조직의 효율성을 보다 직접적으로 측정하여 계산한다.

38 다음 중 직무현장훈련(OJT)에 대한 설명으로 옳지 않은 것은?

① 실습장 훈련, 인턴사원, 경영 게임법 등이 이에 속한다.
② 실제 현장에서 실제로 직무를 수행하면서 이루어지는 현직훈련이다.
③ 훈련 내용의 전이 정도가 높고 실제 업무와 직결되어 경제적인 장점을 가진다.
④ 훈련 방식의 역사가 오래되며, 생산직에서 보편화된 교육방식이라 할 수 있다.
⑤ 지도자의 높은 자질이 요구되고, 교육훈련 내용의 체계화가 어렵다.

39 **다음 중 사업부 조직(Divisional Structure)에 대한 설명으로 옳지 않은 것은?**

① 각 사업부는 제품의 생산과 판매에 대한 결정이 맡겨져 있으므로 이익센터가 된다.

② 제품별 사업부 조직은 사업부 내의 기능 간 조정이 용이하며, 시장특성에 따라 대응함으로써 소비자의 만족을 증대시킬 수 있다.

③ 사업부 간 연구개발, 회계, 판매, 구매 등의 활동이 조정되어 관리비가 줄어든다.

④ 사업부제는 기업의 조직을 제품별·지역별·시장별 등 포괄성 있는 사업별 기준에 따라 제1차적으로 편성하고, 각 부분조직을 사업부로 하여 대폭적인 자유재량권을 부여하는 분권적 조직이다.

⑤ 사업부 간의 중복으로 예산 낭비, 사업부 간 이기주의의 초래 등 문제점이 발생할 수 있다.

40 **다음 중 제품의 마케팅조사에 있어서 신뢰성에 대한 설명으로 옳지 않은 것은?**

① 동일한 조건·대상·개념에 대하여 반복 측정하였을 때 같은 값을 나타내는 정도이다.

② 측정 방법으로는 재검사법, 동형 검사법이 있다.

③ 내적 일관성법은 가능한 모든 반분 신뢰도의 평균값으로 신뢰성을 추정하는 방법이다.

④ 마케팅 조사의 신뢰도를 측정하는 방법으로 크론바흐 알파계수를 이용하기도 한다.

⑤ 체계적 오차는 측정도구와 관계없이 측정상황에 따라 발생하는 오차이며, 오차가 적다는 것은 신뢰성이 높다고 볼 수 있다.

| 02 | 경제

01 다음 〈보기〉 중 현금영수증 발급의무에 대한 설명으로 옳지 않은 것을 모두 고르면?

보기
㉠ 최종 소비자에게는 현금(소득공제), 사업자에게는 현금(지출증빙)을 표기하여 발급한다.
㉡ 의무발행업종이 현금영수증을 발급하지 않은 경우 미발급금액의 5%의 가산세를 부과한다.
㉢ 의무발행업종 사업자는 현금영수증가맹점에 가입하지 않아도 거래 액수에 상관없이 현금영수증을 미발급할 경우 과태료 또는 가산세를 부과한다.
㉣ 현금영수증 자진발급 기한은 현금을 받은 날부터 7일 이내이다.

① ㉠, ㉡
② ㉠, ㉢
③ ㉡, ㉢
④ ㉡, ㉣
⑤ ㉢, ㉣

PART 3

02 다음은 A국과 B국의 경제에 대한 자료이다. A국의 실질환율과 수출량의 변화로 옳은 것은?

구분	2021년	2022년
A국 통화로 표시한 B국 통화 1단위의 가치	1,000	1,150
A국의 물가지수	100	107
B국의 물가지수	100	103

	실질환율	수출량
①	불변	감소
②	11% 상승	증가
③	11% 하락	감소
④	19% 상승	증가
⑤	19% 하락	증가

03 다음 〈보기〉 중 기업 甲과 乙만 있는 상품시장에서 두 기업이 쿠르노(Cournot) 모형에 따라 행동하는 경우에 대한 설명으로 옳은 것을 모두 고르면?(단, 생산기술은 동일하다)

보기

ㄱ. 甲은 乙이 생산량을 결정하면 그대로 유지될 것이라고 추측한다.
ㄴ. 甲과 乙은 생산량 결정에서 서로 협력한다.
ㄷ. 甲, 乙 두 기업이 완전한 담합을 이루는 경우와 쿠르노 균형의 결과는 동일하다.
ㄹ. 추가로 기업이 시장에 진입하는 경우 균형가격은 한계비용에 접근한다.

① ㄱ, ㄷ
② ㄱ, ㄹ
③ ㄴ, ㄷ
④ ㄴ, ㄹ
⑤ ㄷ, ㄹ

04 다음 〈보기〉 중 독점기업의 가격차별 전략 중 하나인 이부가격제(Two-Part Pricing)에 대한 설명으로 옳은 것을 모두 고르면?

보기

ㄱ. 서비스 요금 설정에서 기본요금(가입비)과 초과사용량 요금(사용료)을 분리하여 부과하는 경우가 해당된다.
ㄴ. 적은 수량을 소비하는 소비자의 평균지불가격이 낮아진다.
ㄷ. 소비자잉여는 독점기업이 부과할 수 있는 가입비의 한도액이다.
ㄹ. 자연독점 하의 기업이 평균비용 가격설정으로 인한 손실을 보전하기 위해 선택한다.

① ㄱ, ㄴ
② ㄱ, ㄷ
③ ㄴ, ㄷ
④ ㄱ, ㄴ, ㄷ
⑤ ㄴ, ㄷ, ㄹ

05 A국 경제의 총수요곡선과 총공급곡선은 각각 $P=-Y_d+4$, $P=P_e+(Y_s-2)$이다. P_e가 3에서 5로 증가할 때, 균형소득수준(ㄱ)과 균형물가수준(ㄴ)의 변화는?(단, P는 물가수준, Y_d는 총수요, Y_s는 총공급, P_e는 기대물가수준이다)

	ㄱ	ㄴ
①	상승	상승
②	하락	상승
③	상승	하락
④	하락	하락
⑤	불변	불변

06 정부는 부동산 정책 3가지(A ~ C안) 중 하나를 선택해야 한다. 각 구성원의 만족도(효용)가 소득에 비례한다고 할 때, 사회후생차원에서 공리주의와 롤스의 견해를 바르게 설명한 것은?

구분	A안	B안	C안
구성원 1	10억 원	2억 원	3억 원
구성원 2	0원	5억 원	4억 원
구성원 3	3억 원	1억 원	5억 원

① 공리주의를 따르면 B안이 가장 바람직하다.
② 공리주의를 따르면 C안이 가장 바람직하다.
③ 롤스에 따르면 A안이 가장 바람직하다.
④ 롤스에 따르면 C안이 가장 바람직하다.
⑤ 롤스에 따르면 가장 바람직한 방안을 알 수 없다.

PART 3

07 재산이 900만 원인 지혜는 500만 원의 손실을 볼 확률이 $\frac{3}{10}$ 이고, 손실을 보지 않을 확률이 $\frac{7}{10}$ 이다. 보험회사는 지혜가 일정 금액을 보험료로 지불하면 손실 발생 시 손실 전액을 보전해주는 상품을 판매하고 있다. 지혜의 효용함수가 $U(X)=\sqrt{X}$ 이고 기대효용을 극대화한다고 할 때, 지혜가 보험료로 지불할 용의가 있는 최대금액은?

① 21만 원 ② 27만 원
③ 171만 원 ④ 729만 원
⑤ 750만 원

08 다음 중 공공재와 외부성에 대한 설명으로 옳지 않은 것은?

① 인류가 환경 파괴적 행동을 계속하게 된다면 궁극적으로 지구의 파멸을 초래할 수 있다는 것은 공유지 비극의 한 예이다.
② 코즈의 정리에 따르면 외부성으로 인해 영향을 받는 모든 이해 당사자들이 자유로운 협상에 의해 상호 간의 이해를 조정할 수 있다면 정부가 적극적으로 개입하지 않아도 시장에서 스스로 외부성 문제를 해결할 수 있다.
③ 한 소비자가 특정 재화를 소비함으로써 얻는 혜택이 그 재화를 소비하는 다른 소비자들의 수요에 의해 영향을 받는 경우 네트워크 외부성이 존재한다고 한다.
④ 환경오염과 같은 부의 외부성이 존재하는 경우 사적 비용이 사회적 비용보다 작기 때문에 사회적으로 바람직한 수준보다 더 많은 환경오염이 초래된다.
⑤ 양의 외부성으로 인한 과대생산 문제는 세금을 통해 내부화시킴으로써 해결할 수 있다.

09 A의 소득이 10,000원이고, X재와 Y재에 대한 총지출액도 10,000원이다. X재 가격이 1,000원이고 A의 효용이 극대화되는 소비량이 $X=6$이고 $Y=10$이라고 할 때, X재에 대한 Y재의 한계대체율(MRS_{XY})은?(단, 한계대체율은 체감한다)

① 0.5
② 1
③ 1.5
④ 2
⑤ 2.5

10 다음은 생산자 보조금 지급과 사회후생의 변화에 대한 그래프이다. 이에 대한 설명으로 옳지 않은 것은?(단, S_1 : 원래의 공급곡선, S_2 : 보조금 지급 이후의 공급곡선, D : 수요곡선, E_1 : 원래의 균형점, E_2 : 보조금 지급 이후의 균형점, P : 가격, Q : 수량을 나타낸다)

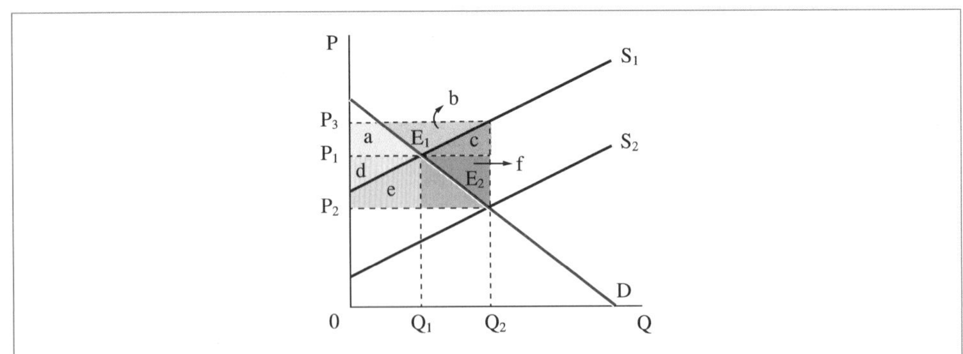

① 보조금 지급 후 생산자가 최종적으로 수취하는 가격은 P_3이다.
② 보조금 지급으로 인한 생산자잉여의 증가분은 a+b이다.
③ 낭비된 보조금의 크기는 c+f이다.
④ 보조금의 크기는 a+b+d+e이다.
⑤ 보조금 지급으로 인한 소비자잉여의 증가분은 d+e이다.

11 다음 〈보기〉 중 시장실패에 대한 설명으로 옳은 것을 모두 고르면?

보기

가. 사회적 편익이 사적 편익을 초과하는 외부성이 발생하면 시장의 균형생산량은 사회적으로 바람직한 수준보다 작다.
나. 코즈의 정리에 따르면 시장실패는 시장에서 해결될 수 없다.
다. 공공재의 공급을 사기업이 수행하게 되면 과잉공급이 이루어진다.
라. 공공재는 비배제성과 비경합성으로 인하여 시장실패의 원인이 될 수 있다.
마. 시장실패는 외부효과가 존재하는 경우나 소유권이 명확하게 규정되지 않은 경우에 발생할 수 있다.

① 가, 다, 라
② 가, 라, 마
③ 나, 다, 마
④ 가, 나, 라, 마
⑤ 나, 다, 라, 마

PART 3

12 다음 〈보기〉 중 A, B에 해당하는 사람을 바르게 구분한 것은?

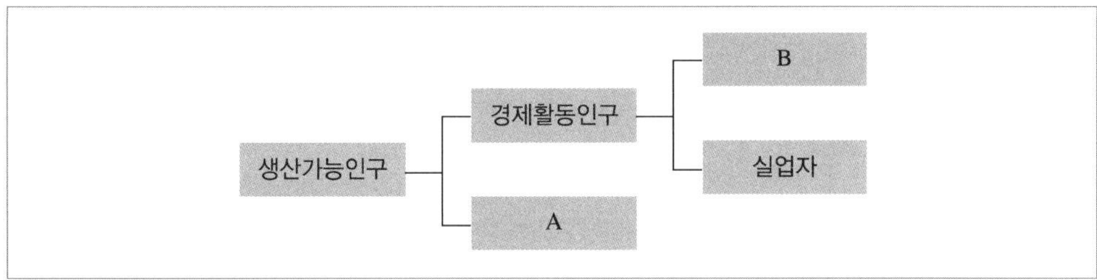

보기

가. 실직한 뒤에 구직활동을 포기한 아버지
나. 교통사고를 당해 휴직 중인 어머니
다. 아버지가 운영하는 가게에서 무보수로 아르바이트를 하고 있는 누나
라. 일거리가 적어 일주일에 하루만 일하는 형
마. 내년도 대학입시를 준비하는 동생

	A	B
①	가	나, 다, 라, 마
②	가, 나	다, 라, 마
③	가, 마	나, 다, 라
④	나, 마	가, 다, 라
⑤	라, 마	가, 나, 다

13 **다음 중 토빈(J. Tobin)의 q에 대한 설명으로 옳은 것은?**

① 장기적으로 임금변화율과 실업률의 관계를 설명하는 지표이다.

② q값이 1보다 클 경우 투자규모는 증가한다고 설명한다.

③ q값은 자본비용을 자본의 시장가치로 나눈 값으로 도출된다.

④ q값은 자본의 상대적 효율성을 나타내는 지표이며, 신규투자의 변화와는 관련이 없어 거시경제지표로 활용하기 어렵다.

⑤ 토빈은 장기적으로 q값이 0으로 근접하여 순투자가 일어나지 않는 경향이 있다고 주장하였다.

14 **다음 중 두 나라 사이에 교역이 이루어지는 기본원리에 대한 설명으로 옳은 것은?**

① 비교우위는 더 적은 양의 생산요소를 투입해 생산할 수 있는 능력을 말한다.

② 한 나라가 모든 재화에 절대적 우위가 있는 경우 교역은 이루어지지 않는다.

③ 한 나라가 이득을 보면 반드시 다른 나라는 손해를 본다.

④ 각국은 기회비용이 상대적으로 적은 재화를 생산한다.

⑤ 한 국가에서 모든 산업이 비교열위에 있는 경우도 있다.

15 **다음 중 금리의 주요 기능에 대한 설명으로 옳지 않은 것은?**

① 현재 및 장래 소비의 배분 역할을 한다.

② 경기 동향에 따른 자금 수급을 조정한다.

③ 금리가 상승하면 자금배분이 비효율적으로 되는 부작용이 발생할 수 있다.

④ 실물경제에 대한 파급효과를 통해 경기를 부양하거나 진정시킨다.

⑤ 금리상승을 통해 저축 증가, 소비 감소, 투자 감소 효과를 이끌어 낼 수 있다.

16 **다음 중 고전학파 모형에 대한 설명으로 옳지 않은 것은?**

① 이자율의 신축적인 조정을 통해 생산물시장의 불균형이 조정된다.

② 물가가 상승하면 즉각적으로 명목임금도 상승한다.

③ 대부자금을 통해 주입과 누출이 항상 일치하므로 총생산과 총지출도 항상 일치한다.

④ 고전학파 모형은 단기보다는 장기를 분석하는 데 더욱 적합한 모형이다.

⑤ 정부지출의 변화는 실질변수에 아무런 영향을 미칠 수 없다.

17 **종현이는 소득이나 통신요금에 관계없이 소득의 5분의 1을 통신비로 지출한다. 다음 〈보기〉 중 종현이의 통신 수요에 대한 설명으로 옳은 것을 모두 고르면?**

보기

가. 종현이의 소득이 증가하더라도 통신비의 지출은 변하지 않는다.
나. 종현이의 통신에 대한 수요곡선은 우하향하는 직선 형태를 가진다.
다. 통신요금이 10% 상승하면 종현이의 통신 수요량은 10% 하락한다.
라. 종현이의 통신은 가격변화에 따른 소득효과가 대체효과보다 큰 기펜재이다.

① 가
② 다
③ 가, 나
④ 나, 라
⑤ 다, 라

PART 3

18 **다음 중 독점기업에 대한 설명으로 옳은 것은?**

① 독점기업은 장기와 단기에 항상 초과이윤을 얻는다.
② 독점기업은 가격차별을 통해 항상 사회적 후생의 증가를 가져올 수 있으므로 무조건적으로 제재를 가하고 경쟁을 활성화시키려는 것은 좋지 않다.
③ 독점기업이 직면하는 시장수요함수가 $Q=1-2P$라면, 한계수입은 $MR=\frac{1}{2}-Q$이다(단, Q와 P는 각각 수요량과 가격이다).
④ 독점기업의 경우는 자유롭게 놔두는 것이 효율적인 결과를 스스로 도출할 수 있으므로 독점기업에 정부가 개입하는 것은 시장의 비효율성을 초래할 뿐이다.
⑤ 독점의 폐해를 시정하기 위하여 물품세를 부과하면 생산자잉여는 감소하지만 소비자잉여와 경제적 총잉여는 증가한다.

19 **다음 중 인플레이션 효과에 대한 설명으로 옳은 것은?**

① 인플레이션은 실질조세에 영향을 미치지 않는다.
② 인플레이션은 명목이자율을 낮춘다.
③ 인플레이션이 발생하면 명목소득이 불변일 때 실질소득은 증가한다.
④ 인플레이션이 발생하면 실질임금이 불변일 때 명목임금은 감소한다.
⑤ 인플레이션은 잦은 가격조정에 수반되는 비용을 초래한다.

20 **다음 중 새고전학파와 새케인스학파의 경기변동이론에 대한 설명으로 옳은 것은?**

① 새고전학파는 합리적 기대를 전제로 경기변동이론을 전개하는 반면, 새케인스학파는 적응적 기대를 전제로 경기변동이론을 전개한다.

② 새고전학파는 경기변동을 완전고용의 국민소득수준에서 이탈하면서 발생하는 현상으로 보는 반면, 새케인스학파는 완전고용의 국민소득수준 자체가 변하면서 발생하는 현상으로 본다.

③ 새고전학파나 새케인스학파 모두 정부의 재량적인 개입은 불필요하다고 주장한다.

④ 새고전학파는 항상 시장청산이 이루어진다고 보는 반면, 새케인스학파는 임금과 재화가격이 경직적이므로 시장청산이 이루어지지 않는다고 본다.

⑤ 새고전학파는 물가, 임금, 이자율 등 가격변수가 단기에는 경직적이라고 보는 반면, 새케인스학파는 가격변수가 신축적이라고 본다.

21 **다음 중 공공재의 특성에 대한 설명으로 옳은 것은?**

① 한 사람의 소비가 다른 사람의 소비를 감소시킨다.

② 소비에 있어서 경합성 및 배제성의 원리가 작용한다.

③ 무임승차 문제로 과소 생산의 가능성이 있다.

④ 공공재는 민간이 생산, 공급할 수 없다.

⑤ 시장에 맡기면 사회적으로 적절한 수준보다 과대공급될 우려가 있다.

22 **폐쇄경제에서 국내총생산이 소비, 투자, 그리고 정부지출의 합으로 정의된 항등식이 성립할 때, 다음 중 국내총생산과 대부자금시장에 대한 설명으로 옳지 않은 것은?**

① 총저축은 투자와 같다.

② 민간저축이 증가하면 투자가 증가한다.

③ 총저축은 민간저축과 정부저축의 합이다.

④ 민간저축이 증가하면 이자율이 하락하여 정부저축이 증가한다.

⑤ 정부저축이 감소하면 대부시장에서 이자율은 상승한다.

23 현재 K기업에서 자본의 한계생산은 노동의 한계생산보다 2배 크고, 노동가격이 8, 자본가격이 4이다. 이 기업이 동일한 양의 최종생산물을 산출하면서도 비용을 줄이는 방법은?(단, K기업은 노동과 자본만을 사용하고, 한계생산은 체감한다)

① 자본투입을 늘리고 노동투입을 줄인다.
② 노동투입을 늘리고 자본투입을 줄인다.
③ 비용을 더 이상 줄일 수 없다.
④ 자본투입과 노동투입을 모두 늘린다.
⑤ 자본투입과 노동투입을 모두 줄인다.

PART 3

24 다음 중 경기변동에 대한 설명으로 옳지 않은 것은?

① 투자는 소비에 비해 GDP 대비 변동성이 크므로 경기변동의 주요 원인이 된다.
② 기간 간 고른 소비가 어려운 저소득계층이 늘어나면, 이전에 비해 경기변동이 심해진다.
③ 실물적 경기변동은 경기변동을 자연실업률 자체가 변화하여 일어난다고 생각한다.
④ 총공급－총수요 모형에서 총수요의 변동이 경기변동의 요인이라고 본다면 물가는 경기와 반대로 움직인다.
⑤ 실질임금과 고용량은 단기적으로 양의 상관관계를 가지나, 장기적으로는 서로 관계가 없다.

25 휴대폰의 수요곡선은 $Q=-2P+100$이고, 공급곡선은 $Q=3P-20$이다. 정부가 휴대폰 1대당 10의 종량세 형태의 물품세를 공급자에게 부과하였다면, 휴대폰 공급자가 부담하는 총조세부담액은?(단, P는 가격, Q는 수량, $P>0$, $Q>0$이다)

① 120
② 160
③ 180
④ 200
⑤ 220

26 다음은 A사와 B사의 시간당 최대 생산량을 나타낸 자료이다. 이에 대한 설명으로 옳은 것은?

구분	A사	B사
모터(개)	4	2
펌프(개)	4	3

① A사는 펌프 생산에만 절대우위가 있다.
② B사는 펌프 생산에 비교우위가 있다.
③ B사는 모터 생산에 비교우위가 있다.
④ A사는 모터 생산에만 절대우위가 있다.
⑤ 펌프 생산은 A사가 담당하는 것이 합리적이다.

27 1950년대 이후 선진국 간의 무역이 크게 증가하였다. 다음 중 이러한 선진국 간의 무역 증가의 원인으로 옳은 것은?

① 규모의 경제
② 헥셔 – 올린 정리
③ 요소가격균등화 정리
④ 레온티에프의 역설
⑤ 리카도의 비교우위론

28 담배 가격은 4,500원이고, 담배 수요의 가격탄력성은 단위탄력적이다. 정부가 담배소비량을 10% 줄이고자 할 때, 담배가격의 인상분은 얼마인가?

① 45원
② 150원
③ 225원
④ 450원
⑤ 900원

29 엥겔곡선(EC; Engel Curve)이 다음과 같다면 X재는 무엇인가?

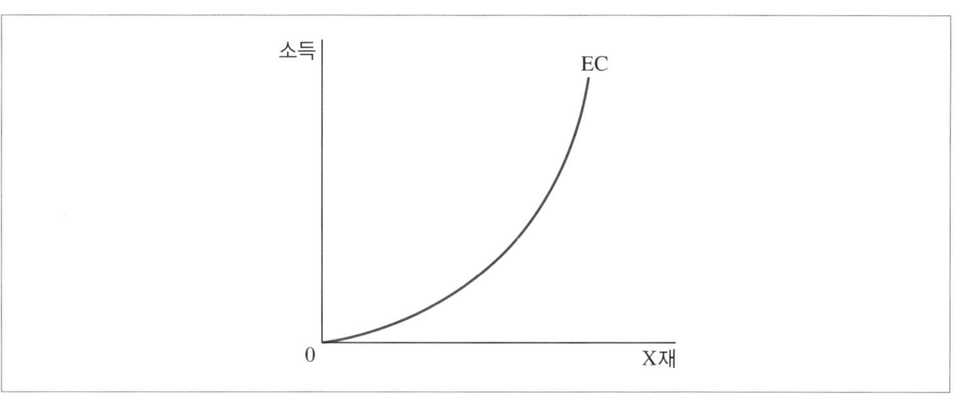

① 열등재
② 필수재
③ 보완재
④ 대체재
⑤ 사치재

30 다음 그림은 가격상한제가 실행되고 있는 밀가루시장이다. 밀의 가격이 하락하기 전의 공급곡선(S_0), 밀의 가격이 하락한 후의 공급곡선(S_1), 밀가루 수요곡선(D)이 다음과 같이 주어졌을 경우, 이에 대한 분석으로 옳은 것은?

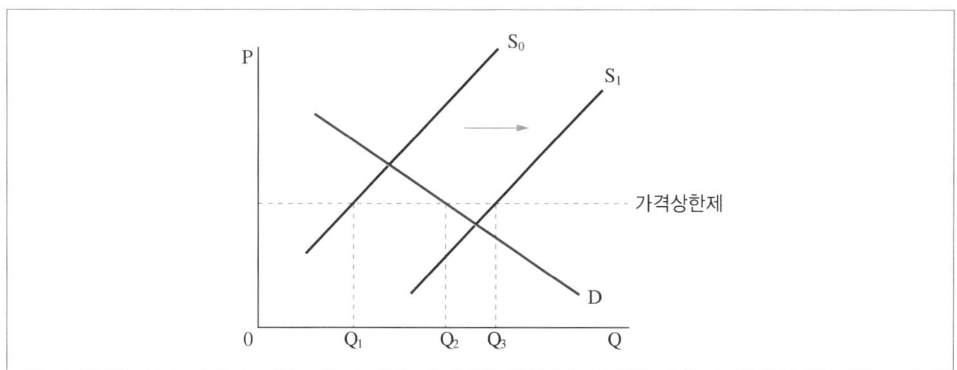

① 가격상한제의 예로 최저임금제가 있다.
② 밀 가격이 하락한 후에 밀가루의 암시장 거래량은 증가한다.
③ 밀 가격이 하락한 후에 밀가루 시장의 균형거래량은 Q_3이다.
④ 밀 가격의 변화와 상관없이 밀가루는 가격상한제 가격에서 거래된다.
⑤ 밀 가격이 하락하기 전에 밀가루의 초과수요가 (Q_1 ~ Q_2)만큼 존재한다.

31 어느 경제의 로렌츠곡선이 다음과 같이 주어져 있을 때, 이에 대한 설명으로 옳은 것은?

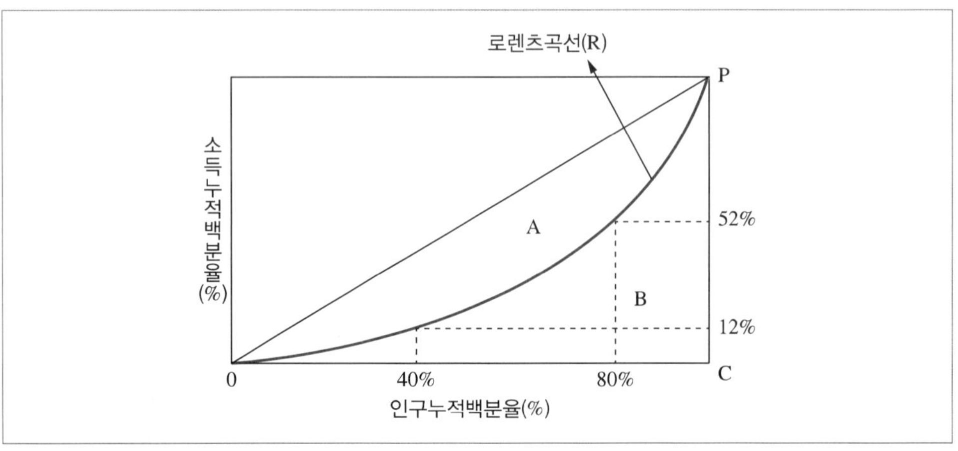

① 10분위분배율의 값은 4이다.
② 지니계수는 삼각형 OCP 면적을 면적 A로 나눈 값으로 산출한다.
③ 중산층 붕괴현상이 발생하면 A의 면적은 감소하고, B의 면적은 증가한다.
④ 불경기로 인해 저소득층의 소득이 상대적으로 크게 감소하면 A의 면적이 커진다.
⑤ 미국의 서브프라임모기지 사태는 로렌츠곡선을 대각선에 가깝도록 이동시킨다.

32 GDP는 특정 기간 동안 국가 내에서 생산된 최종재의 총합을 의미한다. 다음 〈보기〉 중 GDP 측정 시 포함되지 않는 것을 모두 고르면?

보기

ㄱ. 예금 지급에 따른 이자
ㄴ. 법률자문 서비스를 받으면서 지불한 금액
ㄷ. 요리를 위해 분식점에 판매된 고추장
ㄹ. 콘서트 티켓을 구입하기 위해 지불한 금액
ㅁ. 도로 신설에 따라 주변 토지의 가격이 상승하여 나타나는 자본이득

① ㄱ, ㄷ
② ㄴ, ㄹ
③ ㄴ, ㅁ
④ ㄷ, ㄹ
⑤ ㄷ, ㅁ

33 다음 중 소비자잉여와 생산자잉여에 대한 설명으로 옳지 않은 것은?

① 소비자잉여는 소비자의 선호 체계에 의존한다.
② 완전경쟁일 때보다 기업이 가격차별을 실시할 경우 소비자잉여가 줄어든다.
③ 완전경쟁시장에서는 소비자잉여와 생산자잉여의 합인 사회적 잉여가 극대화된다.
④ 독점시장의 시장가격은 완전경쟁시장의 가격보다 높게 형성되지만 소비자잉여는 줄어들지 않는다.
⑤ 소비자잉여는 어떤 상품에 소비자가 최대한으로 지급할 용의가 있는 가격에서 실제 지급한 가격을 차감한 차액이다.

PART 3

34 다음과 같은 폐쇄경제의 IS–LM 모형을 전제할 경우, 빈칸에 들어갈 용어가 바르게 연결된 것은?

- IS 곡선 : $r=5-0.1Y$(단, r은 이자율, Y는 국민소득이다)
- LM 곡선 : $r=0.1Y$
- 현재 경제상태가 국민소득은 30이고 이자율이 2.5라면, 상품시장은 ___ㄱ___이고 화폐시장은 ___ㄴ___이다.

	ㄱ	ㄴ
①	균형	균형
②	초과수요	초과수요
③	초과공급	초과공급
④	초과수요	초과공급
⑤	초과공급	초과수요

35 다음 중 파레토 최적에 대한 설명으로 옳지 않은 것은?

① 파레토효율성이란 일반적으로 한정된 자원의 효율적인 사용과 관련된 의미이다.
② 외부성이 존재해도 완전경쟁만 이루어진다면 파레토 최적의 자원배분은 가능하다.
③ 재화 간 소비자의 주관적 교환비율인 한계대체율이 생산자의 한계변환율과 서로 같아야 한다.
④ 후생경제학 제1정리에 의하여 시장실패요인이 없다면 일반경쟁균형에서의 자원배분은 파레토 최적이다.
⑤ 파레토효율성과 관련된 후생경제학의 제1정리와 제2정리에 있어서 소비자의 선호체계에 대한 기본 가정은 동일하지 않다.

36 **다음 중 임금 결정이론에 대한 설명으로 옳지 않은 것은?**

① 중첩임금계약(Staggered Wage Contracts) 모형은 실질임금이 경직적인 이유를 설명한다.
② 효율임금(Efficiency Wage) 이론에 따르면 실질임금이 근로자의 생산성 또는 근로의욕에 영향을 미친다.
③ 효율임금이론에 따르면 높은 임금이 근로자의 도덕적 해이(Moral Hazard)를 억제하는 데 기여한다.
④ 내부자 – 외부자 모형에 따르면 내부자의 실질임금이 시장균형보다 높아져서 비자발적 실업이 발생한다.
⑤ 내부자 – 외부자 모형에서 외부자는 실업상태에 있는 노동자로서 기업과 임금협상을 할 자격이 없는 사람을 말한다.

37 **다음 중 과점시장의 굴절수요곡선 이론에 대한 설명으로 옳지 않은 것은?**

① 한계수입곡선에는 불연속한 부분이 있다.
② 굴절수요곡선은 원점에 대해 볼록한 모양을 갖는다.
③ 한 기업이 가격을 내리면 나머지 기업들도 같이 내리려 한다.
④ 한 기업이 가격을 올리더라도 나머지 기업들은 따라서 올리려 하지 않는다.
⑤ 기업은 한계비용이 일정 범위 내에서 변해도 가격과 수량을 쉽게 바꾸려 하지 않는다.

38 **다음 중 기대가 부가된 필립스곡선(Expectation-Augmented Phillips Curve)에 대한 설명으로 옳지 않은 것은?**

① 중동전쟁으로 원유가격이 급등하면 필립스곡선이 이동한다.
② 오쿤의 법칙(Okun's Law)과 결합하여 총공급곡선을 도출할 수 있다.
③ 1970년대 스태그플레이션(Stagflation)을 설명하는 데 유용하다.
④ 기대 물가상승률이 합리적 기대에 따라 결정되면 예상된 통화정책은 실업률에 영향을 미치지 않는다.
⑤ 다른 조건이 일정하다면 필립스곡선의 기울기가 클수록 희생비율(Sacrifice Ratio)이 크다.

39 다음 중 빈칸 (가) ~ (라)에 들어갈 용어를 순서대로 바르게 나열한 것은?

- ___(가)___ : 구직활동 과정에서 일시적으로 실업 상태에 놓이는 것을 의미한다.
- ___(나)___ : 실업률과 GDP 갭(국민생산손실)은 정(+)의 관계이다.
- ___(다)___ : 실업이 높은 수준으로 올라가고 나면 경기 확장정책을 실시하더라도 다시 실업률이 감소하지 않는 경향을 의미한다.
- ___(라)___ : 경기 침체로 인한 총수요의 부족으로 발생하는 실업이다.

	(가)	(나)	(다)	(라)
①	마찰적 실업	오쿤의 법칙	이력 현상	경기적 실업
②	마찰적 실업	경기적 실업	오쿤의 법칙	구조적 실업
③	구조적 실업	이력 현상	경기적 실업	마찰적 실업
④	구조적 실업	이력 현상	오쿤의 법칙	경기적 실업
⑤	경기적 실업	오쿤의 법칙	이력 현상	구조적 실업

PART 3

40 자본이동 및 무역거래가 완전히 자유롭고 변동환율제도를 채택하고 있는 소규모 개방경제인 K국에서 확대재정정책이 실시되는 경우, IS-LM 모형에 의하면 최종 균형에서 국민소득과 환율은 정책 실시 이전의 최초 균형에 비해 어떻게 변하는가?(단, 물가는 고정되어 있다고 가정한다)

	국민소득	국민소득
①	불변	K국 통화 강세
②	증가	K국 통화 강세
③	감소	K국 통화 강세
④	증가	K국 통화 약세
⑤	감소	K국 통화 약세

| 03 | 회계

01 다음 중 유형자산에 대한 설명으로 옳은 것은?

① 유형자산의 공정가치가 장부금액을 초과하면 감가상각액을 인식하지 아니한다.
② 유형자산이 손상된 경우 장부금액과 회수가능액의 차액은 기타포괄손익으로 처리하고, 유형자산에서 직접 차감한다.
③ 건물을 재평가모형으로 평가하는 경우 감가상각을 하지 않고, 보고기간 말의 공정가치를 재무상태표에 보고한다.
④ 토지에 재평가모형을 최초 적용하는 경우 재평가손익이 발생하면 당기손익으로 인식한다.
⑤ 유형자산의 감가상각대상금액을 내용연수 동안 체계적으로 배부하기 위해 다양한 감가상각방법을 사용할 수 있다.

02 다음 중 예대금리 차이에 대한 설명으로 옳지 않은 것은?

① 예금금리와 대출금리의 차이를 말한다.
② 시중에 유동성이 풍부하면 은행이 예금금리를 낮춰 예대금리 차이를 높일 수 있다.
③ 은행은 예대금리 차이가 크면 클수록 이익이다.
④ 잔액기준 예대금리차는 한국은행의 금융기관 가중평균금리와 동일하게 산정된다.
⑤ 예대금리차는 각 은행에서 개별적으로 공시한다.

03 다음 중 금융자산과 관련한 회계처리로 옳지 않은 것은?

① 지분상품은 만기보유금융자산으로 분류할 수 없다.
② 매도가능금융자산에서 발행하는 배당금 수령액은 기타포괄이익으로 계상한다.
③ 매 회계연도말 지분상품은 공정가치로 측정하는 것이 원칙이다.
④ 최초 인식시점에 매도가능금융자산으로 분류하였다면 이후 회계연도에는 당기손익인식금융자산으로 재분류할 수 없다.
⑤ 최초 인식 이후 만기보유금융자산은 유효이자율법을 사용하여 상각후원가로 측정한다.

04 **다음 중 현금흐름표상 투자활동현금흐름에 해당하는 것은?**

① 설비 매각과 관련한 현금유입
② 자기주식의 취득에 따른 현금유출
③ 담보부사채 발행에 따른 현금유입
④ 종업원급여 지급에 따른 현금유출
⑤ 단기매매목적 유가증권의 매각에 따른 현금유입

05 **다음 중 표준원가계산의 고정제조간접원가 차이분석에 대한 설명으로 옳지 않은 것은?**

① 예산(소비)차이는 실제 발생한 고정제조간접원가와 기초에 설정한 고정제조간접원가 예산의 차이를 말한다.
② 고정제조간접원가는 조업도의 변화에 따라 능률적으로 통제할 수 있는 원가가 아니므로 능률차이를 계산하는 것은 무의미하다.
③ 조업도차이는 기준조업도와 실제생산량이 달라서 발생하는 것으로, 기준조업도 미만으로 실제조업을 한 경우에는 불리한 조업도차이가 발생한다.
④ 조업도차이는 고정제조간접원가 자체의 통제가 잘못되어 발생한 것으로 원가통제 목적상 중요한 의미를 갖는다.
⑤ 원가차이 중에서 불리한 차이는 표준원가보다 실제원가가 크다는 의미이므로 차이계정의 차변에 기입된다.

06 **다음 중 수익의 인식 및 측정에 대한 설명으로 옳은 것은?**

① 거래와 관련된 경제적 효익의 유입가능성이 높지 않더라도 수익금액을 신뢰성 있게 측정할 수 있다면 수익을 인식할 수 있다.
② 용역제공거래의 결과를 신뢰성 있게 추정할 수 있다면 용역의 제공으로 인한 수익은 용역의 제공이 완료된 시점에 인식한다.
③ 판매자가 판매대금의 회수를 확실히 할 목적만으로 해당 재화의 법적 소유권을 계속 가지고 있다면 소유에 따른 중요한 위험과 보상이 이전되었더라도 해당 거래를 수익으로 인식하지 않는다.
④ 수익으로 인식한 금액이 추후에 회수가능성이 불확실해지는 경우에는 인식한 수익금액을 조정할 수 있다.
⑤ 동일한 거래나 사건에 관련된 수익과 비용은 동시에 인식되나, 관련된 비용을 신뢰성 있게 측정할 수 없다면 수익을 인식할 수 없다.

07 (주)한국은 2023년 12월 말 화재로 인하여 재고자산 중 110,000원을 제외한 나머지가 소실되었다. 기초재고는 100,000원이고, 12월 말까지의 매입액과 매출액은 각각 600,000원, 400,000원이다. 과거 3년 동안의 평균 매출총이익률이 20%일 경우, 화재로 인하여 소실된 재고자산의 추정 금액은?

① 270,000원
② 320,000원
③ 380,000원
④ 600,000원
⑤ 700,000원

08 다음 중 무형자산의 회계처리로 옳은 것은?

① 무형자산에 대한 손상차손은 인식하지 않는다.
② 내용연수가 한정인 무형자산은 상각하지 않는다.
③ 내용연수가 비한정인 무형자산은 정액법에 따라 상각한다.
④ 무형자산은 유형자산과 달리 재평가모형을 선택할 수 없으며 원가모형을 적용한다.
⑤ 무형자산의 잔존가치는 영(0)이 아닌 경우가 있다.

09 다음은 (주)한국의 2023년 말 자산에 관한 내용이다. (주)한국의 2023년 말 현금 및 현금성자산은?

• 통화	50,000원
• 당좌차월	20,000원
• 수입인지	10,000원
• 양도성 예금증서(취득시 만기 90일)	20,000원
• 만기 2개월 남은 정기예금(1년 만기)	5,000원
• 당좌개설보증금	1,000원

① 70,000원
② 71,000원
③ 75,000원
④ 81,000원
⑤ 85,000원

10 다음 자료를 이용할 경우 재무상태표에 계상할 현금 및 현금성자산은?

• 지폐	30,000원
• 우표	10,000원
• 우편환증서	1,000원
• 임차보증금	50,000원
• 타인발행당좌수표	2,000원

① 33,000원
② 42,000원
③ 83,000원
④ 92,000원
⑤ 93,000원

PART 3

11 다음 중 차기로 이월되는 계정(영구계정)에 해당하지 않는 것은?

① 단기대여금
② 장기차입금
③ 산업재산권
④ 자본금
⑤ 이자비용

12 K회사는 제품매출액의 3%에 해당하는 금액을 제품보증비용(보증기간 2년)으로 추정하고 있다. 2021년의 매출액과 실제 보증청구로 인한 보증비용 지출액은 다음과 같다. 2022년 포괄손익계산서의 보증활동으로 인한 비용과 2022년 말 재무상태표의 충당부채 잔액은?(단, K회사는 2021년 초에 설립되었으며, 2022년의 매출은 없다고 가정한다)

제품매출액(2021년)	실제 보증비용 지출액	
	2021년	2022년
600,000원	14,000원	6,000원

	제품보증비	충당부채
①	2,000원	0원
②	3,000원	0원
③	4,000원	0원
④	5,000원	4,000원
⑤	6,000원	4,000원

13 K회사의 기말재고자산금액에 다음의 사항이 포함되어 있는 경우 이를 고려하여 감액할 재고자산 금액은 얼마인가?

> (1) 반품권이 부여된(반품가능성 예측불가능) 재고자산 10,000원(원가 8,500원)
> (2) 판매하여 운송 중인 상품 5,000원(도착지 인도조건)
> (3) 수탁상품 6,500원
> (4) 시송품 4,000원(원가 3,500원)

① 7,500원
② 8,000원
③ 8,500원
④ 9,000원
⑤ 9,500원

14 K회사의 2023년도 자료는 다음과 같다. 매출채권이 1회전하는 데 소요되는 기간은?(단, 회계기간은 1월 1일부터 12월 31일까지이다)

• 매출액	2,000,000원
• 기초매출채권	120,000원
• 기말매출채권	280,000원

① 14.6일
② 29.2일
③ 36.5일
④ 42.5일
⑤ 45.2일

15 다음 중 일반기업 회계기준상 유가증권을 분류할 때, 평가방법이 다른 것은 무엇인가?

① 단기매매 지분증권
② 매도가능 지분증권
③ 만기보유 채무증권
④ 단기매매 채무증권
⑤ 매도가능 채무증권

16 최근 2년간 총고정제조원가와 단위당 변동제조원가는 변화가 없으며, 생산량과 총제조원가는 다음과 같다. 2024년도에 총고정제조원가가 10% 증가할 경우, 생산량이 400단위일 때 총제조원가는?

구분	생산량	총제조원가(원)
2022년	200단위	600,000
2023년	300단위	800,000

① 1,000,000원
② 1,020,000원
③ 1,040,000원
④ 1,060,000원
⑤ 1,080,000원

PART 3

17 다음 중 자산, 부채 및 자본에 대한 설명으로 옳지 않은 것은?

① 자산은 과거 사건의 결과로 기업이 통제하고 있고 미래경제적 효익이 기업에 유입될 것으로 기대되는 자원이다.
② 부채는 과거 사건에 의하여 발생하였으며, 경제적 효익을 갖는 자원이 기업으로부터 유출됨으로써 이행될 것으로 기대되는 과거의무이다.
③ 자본은 기업의 자산에서 부채를 차감한 후의 잔여지분이다.
④ 자본은 주식회사의 경우 소유주가 출연한 자본, 이익잉여금, 이익잉여금 처분에 의한 적립금, 자본유지조정을 나타내는 적립금 등으로 구분하여 표시할 수 있다.
⑤ 자본은 납입자본, 기타자본, 기타포괄손익누계액, 이익잉여금으로 분류할 수 있다.

18 다음 중 〈보기〉의 빈칸에 들어갈 용어를 바르게 연결한 것은?

보기

- ___A___은 상품을 구입할 때마다 상품계정에 기록하며 상품을 판매하는 경우에 판매시점마다 매출액만큼을 수익으로 기록하고 동시에 상품원가를 매출원가로 기록하는 방법이다.
- ___B___은 기말실사를 통해 기말재고수량을 파악하고 판매가능수량[(기초재고수량)+(당기매입수량)]에서 실사를 통해 파악된 기말재고수량을 차감하여 매출수량을 결정하는 방법이다.

	A	B
①	기초재고조사법	기말재고조사법
②	계속기록법	기말재고조사법
③	계속기록법	실질재고조사법
④	기초재고조사법	실질재고조사법
⑤	기말재고조사법	실질재고조사법

19 다음 중 채권에 들어갈 계정과목으로 옳지 않은 것은?

구분	채권	채무
영업관련	A. 외상매출금	외상매입금
	B. 받을어음	지급어음
영업외	C. 미수금	미지급금
	D. 차입금	대여금
계약	E. 선급금	선수금

① A
② B
③ C
④ D
⑤ E

20 12월 한 달간 상품판매에 대한 자료가 다음과 같을 때, 매출액은 얼마인가?(단, 상품판매 가격은 단위당 100원으로 동일하다고 가정한다)

- 12월 1일에 상품 200개를 5개월 할부로 판매하고, 대금은 매월 말에 20%씩 받기로 하였다.
- 12월 17일에 상품 100개를 판매하였다.
- 12월 28일에 위탁상품 50개를 수탁자에게 발송하였고, 12월 31일에는 수탁자가 판매하지 않고 전량 보유 중이다.
- 12월 30일에 상품 50개를 도착지 인도 조건으로 판매하여 다음 달에 도착할 예정이다.

① 10,000원
② 15,000원
③ 20,000원
④ 25,000원
⑤ 30,000원

21 무위험이자율이 5%이고 시장포트폴리오의 기대수익률이 12%라고 가정할 때, 현재 균형주가를 유지하고 있는 주식 A～E에 대한 설명으로 옳지 않은 것은?

① 주식 A의 베타가 2라면 주식 A의 기대수익률은 19%이다.
② 주식 B의 베타가 －1일 수 있다.
③ 주식 C가 효율적 자산이라면 자본시장선상에 위치한다.
④ 주식 D가 비효율적 자산이라면 자본시장선 아래에 위치한다.
⑤ 주식 E가 비효율적 자산이라면 증권시장선 아래에 위치한다.

22 다음 〈보기〉 중 비금융부채에 속하는 것을 모두 고르면?

보기

ㄱ. 차입금
ㄴ. 선수금
ㄷ. 미지급법인세
ㄹ. 소득세예수금
ㅁ. 미지급비용

① ㄱ, ㄴ
② ㄱ, ㄷ
③ ㄱ, ㄹ, ㅁ
④ ㄴ, ㄷ, ㄹ
⑤ ㄴ, ㄷ, ㅁ

PART 3

23 다음 중 유동자산으로 분류되지 않는 것은?

① 기업의 정상영업주기 내에 실현될 것으로 예상하는 자산
② 주로 단기매매 목적으로 보유하고 있는 자산
③ 보고기간 후 12개월 이내에 실현될 것으로 예상하는 자산
④ 현금이나 현금성자산으로써 교환이나 부채 상환 목적으로의 사용에 대한 제한 기간이 보고기간 후 12개월 미만인 자산
⑤ 정상영업주기 및 보고기간 후 12개월 이내에 소비할 의도가 없는 자산

24 다음 〈보기〉 중 재무제표의 표시와 작성에 대한 설명으로 옳은 것을 모두 고르면?

보기

가. 재무상태표에 표시되는 자산과 부채는 반드시 유동자산과 비유동자산, 유동부채와 비유동부채로 구분하여 표시한다.
나. 영업활동을 위한 자산의 취득시점부터 그 자산이 현금이나 현금성자산으로 실현되는 시점까지 소요되는 기간이 영업주기이다.
다. 비용의 기능에 대한 정보가 미래현금흐름을 예측하는 데 유용하기 때문에 비용을 성격별로 분류하는 경우에는 비용의 기능에 대한 추가 정보를 공시하는 것이 필요하다.
라. 자본의 구성요소인 기타포괄손익누계액과 자본잉여금은 포괄손익계산서와 재무상태표를 연결시키는 역할을 한다.
마. 현금흐름표는 기업의 활동을 영업활동, 투자활동, 재무활동으로 구분한다.

① 가, 나
② 가, 다
③ 나, 다
④ 나, 마
⑤ 다, 라

25 어느 제품의 변동비용은 2,000원이고, 가격은 5,000원이다. 또한 이 제품을 만드는 기업의 총 고정비용이 500만 원일 때, 이 제품의 공헌이익률은 얼마인가?

① 0.2
② 0.6
③ 0.8
④ 1.2
⑤ 1.5

26 다음은 K사의 재무제표 중 일부이다. 해당 재무제표를 보고 자기자본이익률(ROE)을 바르게 구한 것은?

(단위 : 억 원)

매출액	4,000
자기자본	300
당기순이익	150
영업이익	820

① 50%
② 48%
③ 35%
④ 20%
⑤ 15%

27 다음 중 순현재가치법(NPV법)과 내부수익률법(IRR법)에 대한 설명으로 옳지 않은 것은?

① NPV법은 가치가산의 원리가 성립한다.
② IRR법은 분석의 결과가 금액의 크기가 아닌 수익률로 나타나므로 투자자들의 이해가능성이 높다.
③ IRR법은 계속하여 내부수익률로 재투자가 가능함을 가정한다.
④ 상호배타적인 두 투자안의 경우, NPV법과 IRR법의 의사결정이 일치할 수 있다.
⑤ 상호배타적인 두 투자안의 경우, NPV곡선의 교차점 우측에서 NPV법과 IRR법의 의사결정이 불일치한다.

28 다음 자료를 통해 매출총이익을 구하면?

총매출액	500,000원	매입할인	5,000원
매출할인	20,000원	기초상품 재고액	100,000원
매입환출	5,000원	매출에누리	5,000원
기말상품 재고액	110,000원	총매입액	200,000원

① 300,000원
② 295,000원
③ 290,000원
④ 275,000원
⑤ 270,000원

29 A는 2023년 1월 1일에 기계 1대를 구입하였다. 해당 기계의 취득원가는 100,000원이고 잔존가치는 16,810원일 때, 내용연수 5년 기준으로 2024년의 정률법을 적용한 감가상각비는?(단, 정률은 30%, 결산일은 12월 31일이다)

① 21,000원
② 25,700원
③ 30,000원
④ 32,870원
⑤ 35,000원

30 주식회사 K는 재고자산에 대해 가중평균법을 적용하고 있다. 실질재고조사법을 적용하였을 때, 다음 자료를 통해 11월의 매출원가는 얼마인가?

날짜	적요	수량	단가	금액
11월 1일	기초재고	1,000개	10원	10,000원
11월 15일	매입	2,000개	11원	22,000원
11월 18일	매출	(1,500개)	–	–
11월 25일	매입	1,000개	12원	12,000원
11월 30일	기말재고	2,000개	–	–

① 16,500원
② 21,000원
③ 22,000원
④ 22,500원
⑤ 23,000원

31 **K회사의 유동비율은 150%, 당좌비율은 70%이다. K회사가 은행으로부터 자금대출을 받기 위해서는 유동비율이 120% 이상이고 당좌비율이 100% 이상이어야 한다. 다음 중 K회사가 자금대출을 받기 위해 취해야 할 전략으로 옳은 것은?**

① 기계장치를 현금으로 매입한다.

② 장기차입금을 단기차입금으로 전환한다.

③ 외상거래처의 협조를 구해 매출채권을 적극적으로 현금화한다.

④ 단기매매금융자산(주식)을 추가 취득하여 현금비중을 줄인다.

⑤ 재고자산 판매를 통해 현금을 조기 확보하고 재고자산을 줄인다.

32 **다음 중 투자부동산에 대한 설명으로 옳지 않은 것은?**

① 투자부동산은 임대수익이나 시세차익을 얻기 위하여 보유하는 부동산을 말한다.

② 본사 사옥으로 사용하고 있는 건물은 투자부동산이 아니다.

③ 최초 인식 후 예외적인 경우를 제외하고 원가모형과 공정가치모형 중 하나를 선택하여 모든 투자부동산에 적용한다.

④ 원가모형을 적용하는 투자부동산은 손상회계를 적용한다.

⑤ 투자부동산에 대해 공정가치모형을 적용할 경우 공정가치 변동으로 발생하는 손익은 발생한 기간의 기타 포괄손익에 반영한다.

33 **다음 중 대리비용이론에 대한 설명으로 옳지 않은 것은?**

① 위임자와 대리인 간의 정보비대칭 상황을 전제한다.

② 대리비용의 발생원천에 따라 자기자본 대리비용과 부채 대리비용으로 구분된다.

③ 자기자본 대리비용은 외부주주의 지분율이 높을수록 커진다.

④ 부채 대리비용은 부채비율이 낮을수록 커진다.

⑤ 대리비용이 최소화되는 지점에서 최적 자본구조가 결정된다.

34 다음 중 원가에 대한 설명으로 옳은 것은?

① 기회원가는 미래에 발생할 원가로써 의사결정 시 고려하지 않는다.
② 관련범위 내에서 혼합원가는 조업도가 0이라도 원가는 발생한다.
③ 관련범위 내에서 생산량이 감소하면 단위당 고정원가도 감소한다.
④ 관련범위 내에서 생산량이 증가하면 단위당 변동원가도 증가한다.
⑤ 통제가능원가란 특정 관리자가 원가발생을 통제할 수는 있으나 책임질 수 없는 원가를 말한다.

35 다음 중 회계정보의 기능 및 역할, 적용환경에 대한 설명으로 옳지 않은 것은?

① 외부 회계감사를 통해 회계정보의 신뢰성이 제고된다.
② 회계정보의 수요자는 기업의 외부이용자뿐만 아니라 기업의 내부이용자도 포함된다.
③ 회계정보는 한정된 경제적 자원이 효율적으로 배분되도록 도와주는 기능을 담당한다.
④ 회계감사는 재무제표가 일반적으로 인정된 회계기준에 따라 적정하게 작성되었는지에 대한 의견 표명을 목적으로 한다.
⑤ 모든 기업은 한국채택국제회계기준을 적용하여야 한다.

PART 3

36 다음 중 유동부채에 대한 설명으로 옳지 않은 것은?

① 일반적으로 정상영업주기 내 또는 보고기간 후 12개월 이내에 결제하기로 되어 있는 부채이다.
② 미지급비용, 선수금, 수선충당부채, 퇴직급여부채 등은 유동부채에 포함된다.
③ 매입채무는 일반적 상거래에서 발생하는 부채로 유동부채에 속한다.
④ 유동부채는 보고기간 후 12개월 이상 부채의 결제를 연기할 수 있는 무조건의 권리를 가지고 있지 않다.
⑤ 종업원 및 영업원가에 대한 미지급비용 항목은 보고기간 후 12개월 후에 결제일이 도래한다 하더라도 유동부채로 분류한다.

37 다음 중 수정전시산표에 대한 설명으로 옳지 않은 것은?

① 통상 재무제표를 작성하기 이전에 거래가 오류없이 작성되었는지 자기검증하기 위하여 작성한다.
② 총계정원장의 총액 혹은 잔액을 한 곳에 모아놓은 표이다.
③ 결산 이전의 오류를 검증하는 절차로 원장 및 분개장과 더불어 필수적으로 작성해야 한다.
④ 복식부기의 원리를 전제로 한다.
⑤ 차변합계와 대변합계가 일치하더라도 계정분류, 거래인식의 누락 등에서 오류가 발생했을 수 있다.

38 다음 자료를 이용하여 매출총이익법으로 추정한 기말재고액은?

기초재고액	2,200원
당기매입액	4,300원
당기매출액	6,000원
원가에 대한 이익률	20%

① 500원
② 1,200원
③ 1,500원
④ 1,700원
⑤ 2,200원

39 다음 중 유형자산의 재평가에 대한 설명으로 옳은 것은?

① 재평가가 단기간에 수행되며 계속적으로 갱신된다면, 동일한 분류에 속하는 자산이라 하더라도 순차적으로 재평가할 수 없다.
② 감가상각대상 유형자산을 재평가할 때, 그 자산의 최초원가를 재평가금액으로 조정하여야 한다.
③ 특정 유형자산을 재평가할 때, 해당 자산이 포함되는 유형자산 분류 전체를 재평가한다.
④ 자산의 장부금액이 재평가로 인하여 감소된 경우에 그 자산에 대한 재평가잉여금의 잔액이 있더라도 재평가감소액 전부를 당기손익으로 인식한다.
⑤ 유형자산 항목과 관련하여 자본에 계상된 재평가잉여금은 그 자산이 제거될 때 이익잉여금으로 직접 대체할 수 없다.

40 다음 중 단기매매금융자산에 대한 설명으로 옳지 않은 것은?

① 단기매매금융자산의 취득과 직접 관련되는 거래원가는 최초 인식하는 공정가치에 가산한다.
② 단기매매금융자산의 처분에 따른 손익은 포괄손익계산서에 당기손익으로 인식한다.
③ 단기매매금융자산은 재무상태표에 공정가치로 표시한다.
④ 단기매매금융자산의 장부금액이 처분금액보다 작으면 처분이익이 발생한다.
⑤ 단기매매금융자산의 평가에 따른 손익은 포괄손익계산서에 당기손익으로 인식한다.

| 04 | 법

01 **다음 중 법률행위의 취소에 대한 설명으로 옳지 않은 것은?**

① 취소의 효과는 선의의 제3자에게 대항할 수 없는 것이 원칙이다.
② 취소할 수 있는 법률행위는 취소의 원인이 종료되기 전에 추인을 할 수 있는 것이 원칙이다.
③ 취소된 법률행위는 처음부터 무효인 것으로 보는 것이 원칙이다.
④ 취소할 수 있는 의사표시를 한 자의 대리인도 그 행위를 취소할 수 있다.
⑤ 취소할 수 있는 법률행위의 상대방이 확정한 경우, 그 취소는 그 상대방에 대한 의사표시로 한다.

02 **다음 중 관습법에 대한 설명으로 옳지 않은 것은?**

① 관습법은 당사자의 주장 · 입증이 있어야만 법원이 이를 판단할 수 있다.
② 민법 제1조에서는 관습법의 보충적 효력을 인정하고 있다.
③ 형법은 관습형법금지의 원칙이 적용된다.
④ 헌법재판소 다수의견에 의하면 관습헌법도 성문헌법과 동등한 효력이 있다.
⑤ 성문법이 발달하지 않은 국제법에서는 관습법이 중요한 법원이 된다.

03 **다음 중 타인이 일정한 행위를 하는 것을 참고 받아들여야 할 의무는?**

① 작위의무
② 수인의무
③ 간접의무
④ 권리반사
⑤ 평화의무

04 **다음 중 법의 체계에 대한 설명으로 옳은 것은?**

① 강행법과 임의법은 실정성 여부에 따른 구분이다.
② 고유법과 계수법은 적용대상에 따른 구분이다.
③ 실체법과 절차법은 법의 제정주체에 따른 구분이다.
④ 공법과 사법으로 분류하는 것은 영미법계의 특징이다.
⑤ 일반법과 특별법은 적용되는 효력 범위에 따른 구분이다.

05 **다음 중 상업사용인의 의무에 대한 설명으로 옳지 않은 것은?**

① 상업사용인은 영업주의 허락 없이 본인이 아닌 제3자의 계산으로라도 영업주의 영업부류에 속한 거래를 할 수 없다.
② 상업사용인은 영업주의 허락 없이 다른 상인의 사용인이 되지 못한다.
③ 의무를 위반한 상업사용인은 영업주에 대하여 손해를 배상할 책임이 있다.
④ 의무를 위반하여 한 거래 행위는 원칙적으로 무효이다.
⑤ 의무의 위반은 사용인에 대한 계약의 해지 또는 손해배상의 청구에 영향을 미치지 않는다.

06 **다음 중 법의 분류에 대한 설명으로 옳지 않은 것은?**

① 자연법은 시·공간을 초월하여 보편적으로 타당한 법을 의미한다.
② 임의법은 당사자의 의사에 의하여 그 적용이 배제될 수 있는 법을 말한다.
③ 부동산등기법은 사법이며, 실체법이다.
④ 오늘날 국가의 개입이 증대되면서 '사법의 공법화' 경향이 생겼다.
⑤ 민사소송법, 형사소송법, 행정소송법은 절차법에 해당된다.

07 **관할행정청 甲이 乙의 경비업 허가신청에 대해 거부처분을 한 경우, 이에 불복하는 乙이 제기할 수 있는 행정심판은 무엇인가?**

① 당사자심판
② 부작위위법확인심판
③ 거부처분부당확인심판
④ 의무이행심판
⑤ 특허심판

08 **다음 중 공법과 사법의 구별 기준에 대한 학설의 내용으로서 거리가 먼 것은?**

① 공익을 위한 것인가 사익을 위한 것인가에 따라 구별한다.
② 권력적인 것인가의 여부에 따라 구별한다.
③ 권력의무의 주체에 따라 구별한다.
④ 법규의 명칭에 따라 구별한다.
⑤ 법이 통치권 발동에 대한 것인지 아닌지에 따라 구별한다.

09 다음 중 법의 해석에 대한 설명으로 옳지 않은 것은?

① 법해석의 방법은 해석의 구속력 여부에 따라 유권해석과 학리해석으로 나눌 수 있다.
② 법해석의 목표는 법적 안정성을 저해하지 않는 범위 내에서 구체적 타당성을 찾는 데 두어야 한다.
③ 법의 해석에 있어 법률의 입법취지도 고려의 대상이 된다.
④ 민법, 형법, 행정법에서는 유추해석이 원칙적으로 허용된다.
⑤ 법에 내재해 있는 법의 이념과 목적, 그리고 사회적인 가치합리성에 기초한 입법의 정신 등을 객관화해야 한다.

10 다음 중 사회법에 대한 설명으로 옳지 않은 것은?

① 공법 영역에 사법적 요소를 가미하는 제3의 법영역이다.
② 노동법, 경제법, 사회보장법은 사회법에 속한다.
③ 자본주의의 부분적 모순을 수정하기 위한 법이다.
④ 사회적 · 경제적 약자의 이익 보호를 목적으로 한다.
⑤ 사회주의, 단체주의, 적극국가, 실질적 평등을 원리로 한다.

11 다음 중 법인에 대한 설명으로 옳지 않은 것은?

① 사단법인의 정관의 필요적 기재사항으로는 목적, 명칭, 사무소 소재지, 자산에 대한 규정, 이사의 임면, 사원의 자격, 존립시기나 해산사유를 정할 때의 그 시기 또는 사유 등이 있다.
② 법인의 이사가 수인인 경우에 사무집행은 정관의 규정에 따른다.
③ 재단법인은 법률, 정관, 목적, 성질, 그 외에 주무관청의 감독, 허가조건 등에 의하여 권리능력이 제한된다.
④ 사원총회는 법인사무 전반에 관하여 결의권을 가진다.
⑤ 법인의 해산이유로는 존립기간의 만료, 정관에 정한 해산사유의 발생, 목적인 사업의 성취나 불능 등을 볼 수 있다.

12 **다음 중 민법상 법인에 대한 설명으로 옳지 않은 것은?**

① 이사는 선량한 관리자의 주의로 그 직무를 행하여야 한다.
② 이사는 정관 또는 총회의 결의로 금지하지 아니한 사항에 한하여 타인으로 하여금 특정한 행위를 대리하게 할 수 있다.
③ 법인은 정관 또는 총회의 결의로 감사를 둘 수 있다.
④ 해산한 법인은 청산의 목적범위 내에서만 권리가 있고 의무를 부담한다.
⑤ 이사가 없거나 결원이 있는 경우에 이로 인하여 손해가 생길 염려 있는 때에는 법원은 이해관계인이나 검사의 청구에 의하여 특별대리인을 선임하여야 한다.

13 **다음 중 미성년자가 법정대리인의 동의 없이 유효한 법률행위를 할 수 있는 경우가 아닌 것은?**

① 혼인과 같은 신분행위
② 권리만을 얻거나 의무만을 면하는 행위
③ 범위를 정하여 처분을 허락한 재산의 처분
④ 영업이 허락된 미성년자가 그 영업에 관하여 하는 행위
⑤ 취직을 했을 때 임금을 청구하는 행위

14 **다음 중 민법상 과실(果實)에 해당하지 않는 것은?**

① 지상권의 지료
② 임대차에서의 차임
③ 특허권의 사용료
④ 젖소로부터 짜낸 우유
⑤ 과수원에서 재배한 사과

15 다음 중 법률행위의 조건에 대한 설명으로 옳지 않은 것은?

① 해제조건부 법률행위는 그 조건이 성취한 때로부터 그 효력이 생긴다.
② 조건이 사회질서에 반하는 것인 때에는 그 법률행위는 무효로 한다.
③ 조건의 성취가 아직 정하여지지 아니한 권리도 상속될 수 있다.
④ "내일 비가 오면 이 반지를 주겠다."는 약속은 정지조건부 법률행위이다.
⑤ 조건이 법률행위의 당시 이미 성취한 것인 경우, 그 조건이 정지조건이면 조건없는 법률행위로 한다.

16 다음 중 우리 민법이 의사표시의 효력발생시기에 대하여 채택하고 있는 원칙적인 입장은?

① 발신주의(發信主義)
② 도달주의(到達主義)
③ 요지주의(了知主義)
④ 공시주의(公示主義)
⑤ 속지주의(屬地主義)

PART 3

17 다음 중 의사표시의 효력발생에 대한 설명으로 옳지 않은 것은?

① 격지자 간의 계약은 승낙의 통지를 발한 때에 성립한다.
② 우리 민법은 도달주의를 원칙으로 하고 예외적으로 발신주의를 택하고 있다.
③ 의사표시의 부도착(不到着)의 불이익은 표의자가 입는다.
④ 표의자가 그 통지를 발한 후 도달하기 전에 사망하면 그 의사표시는 무효이다.
⑤ 상대방과 통정한 허위의 의사표시는 무효로 한다.

18 다음 중 법의 성격에 대한 설명으로 옳지 않은 것은?

① 자연법론자들은 법과 도덕은 그 고유한 영역을 가지고 있지만 도덕을 법의 상위개념으로 본다.
② 법은 타율성에, 도덕은 자율성에 그 실효성의 연원을 둔다.
③ 법은 인간행위에 대한 당위의 법칙이 아니라 필연의 법칙이다.
④ 법은 국가권력에 의하여 보장되는 사회규범의 하나이다.
⑤ 법은 그 위반의 경우에 타율적·물리적 강제를 통하여 원하는 상태와 결과를 실현하는 강제규범이다.

19 **다음 중 권리의 주체에 대한 설명으로 옳지 않은 것은?**

① 행위능력은 모든 자연인에게 인정되고 있다.
② 자연인은 생존한 동안 권리와 의무의 주체가 된다.
③ 실종선고를 받은 자는 실종기간이 만료하면 사망한 것으로 본다.
④ 민법은 원칙적으로 권리능력자로서 자연인과 법인만을 인정하고 있다.
⑤ 권리의 주체가 될 수 있는 지위 또는 자격을 가리켜 권리능력 또는 인격이라 한다.

20 **다음 중 법률효과가 처음부터 발생하지 않는 것은?**

① 착오
② 취소
③ 무효
④ 사기
⑤ 강박

21 **다음 중 주식회사에 대한 설명으로 옳지 않은 것은?**

① 자본금은 특정 시점에서 회사가 보유하고 있는 재산의 현재가치로서 주식으로 균등하게 분할되어 있다.
② 무액면주식의 발행도 허용되며, 액면주식이 발행되는 경우 1주의 금액은 100원 이상으로 하여야 한다.
③ 주주는 주식의 인수가액을 한도로 출자의무를 부담할 뿐, 회사의 채무에 대하여 책임을 지지 않는다.
④ 주권 발행 이후 6월이 경과한 때에는 주주는 자신의 주식을 자유롭게 양도 및 처분을 할 수 있다.
⑤ 주식이 수인의 공유에 속하는 때에 공유자는 주주의 권리를 행사할 자 1인을 정하여야 한다.

22 **다음 중 회사의 해산사유로 옳지 않은 것은?**

① 사장단의 동의 · 결의
② 존립기간의 만료 기타 정관으로 정한 사유의 발생
③ 사원이 1인으로 된 경우
④ 법원의 명령 · 판결
⑤ 회사의 합병 · 파산

23 다음 중 회사의 종류에 따른 지배인의 선임방법으로 옳지 않은 것은?

① 합명회사 : 총사원 과반수의 결의
② 합자회사 : 무한책임사원 과반수의 결의
③ 주식회사 : 사원총회의 결의
④ 유한회사 : 이사 과반수 결의 또는 사원총회의 보통결의
⑤ 유한책임회사 : 정관 또는 총사원의 동의

24 다음 중 지방자치단체의 조직에 대한 설명으로 옳지 않은 것은?

① 지방자치단체에 주민의 대의기관인 의회를 둔다.
② 지방자치단체의 장은 주민이 보통・평등・직접・비밀선거에 따라 선출한다.
③ 지방자치단체의 장은 법령의 범위 안에서 자치에 대한 조례를 제정할 수 있다.
④ 지방자치단체의 종류는 법률로 정한다.
⑤ 지방자치단체의 장의 임기는 4년으로 한다.

25 법무부장관이 외국인 A에게 귀화를 허가한 경우, 선거관리위원장은 귀화 허가가 무효가 아닌 한 귀화 허가에 하자가 있더라도 A가 한국인이 아니라는 이유로 선거권을 거부할 수 없다. 이처럼 법무부장관의 귀화 허가에 구속되는 행정행위의 효력은 무엇인가?

① 공정력
② 구속력
③ 형식적 존속력
④ 구성요건적 효력
⑤ 실질적 존속력

26 **다음 중 행정기관에 대한 설명으로 옳은 것은?**

① 다수 구성원으로 이루어진 합의제 행정청이 대표적인 행정청의 형태이며, 지방자치단체의 경우 지방의회가 행정청이다.

② 감사기관은 다른 행정기관의 사무나 회계처리를 검사하고 그 적부에 관해 감사하는 기관이다.

③ 자문기관은 행정청의 내부 실·국의 기관으로 행정청의 권한 행사를 보좌한다.

④ 의결기관은 행정청의 의사결정에 참여하는 권한을 가진 기관이지만 행정청의 의사를 법적으로 구속하지는 못한다.

⑤ 집행기관은 채권자의 신청에 의하여 강제집행을 실시할 직무를 갖지 못한다.

27 **다음 중 권력분립론에 대한 설명으로 옳지 않은 것은?**

① 로크(Locke)는 최고 권력은 국민에게 있고, 그 아래에 입법권, 입법권 아래에 집행권과 동맹권이 있어야 한다고 주장하였다.

② 몽테스키외(Montesquieu)의 권력분립론은 자의적인 권력 혹은 권력의 남용으로부터 개인의 자유와 권리를 보장하는 데 그 목적이 있다.

③ 권력분립론은 모든 제도를 정당화시키는 최고의 헌법원리이다.

④ 뢰벤슈타인(Lowenstein)은 권력분립에 대한 비판에서 국가작용을 정책결정, 정책집행, 정책통제로 구분하였다.

⑤ 적극적으로 능률을 증진시키기 위한 원리가 아니라, 권력의 남용 또는 권력의 자의적인 행사를 방지하려는 소극적인 권리이다.

28 **다음 중 국가배상에 대한 설명으로 옳은 것은?**

① 도로건설을 위해 자신의 토지를 수용당한 개인은 국가배상청구권을 가진다.

② 공무원이 직무수행 중에 적법하게 타인에게 손해를 입힌 경우 국가가 배상책임을 진다.

③ 도로·하천 등의 설치 또는 관리에 하자가 있어 손해를 받은 개인은 국가가 배상책임을 진다.

④ 공무원은 어떤 경우에도 국가배상청구권을 행사할 수 없다.

⑤ 국가배상법에서 규정하고 있는 손해배상은 손실보상으로도 볼 수 있다.

29 **다음 중 자유민주적 기본질서의 원리와 거리가 먼 것은?**

① 법치주의
② 권력분립주의
③ 의회민주주의
④ 포괄위임입법주의
⑤ 국민주권주의

30 **다음 중 현행 헌법상 정당설립과 활동의 자유에 대한 설명으로 옳지 않은 것은?**

① 정당의 설립은 자유이며, 복수정당제는 보장된다.
② 정당은 그 목적, 조직과 활동이 민주적이어야 한다.
③ 정당의 목적과 활동이 민주적 기본질서에 위배될 때에는 국회는 헌법재판소에 그 해산을 제소할 수 있다.
④ 국가는 법률이 정하는 바에 의하여 정당의 운영에 필요한 자금을 보조할 수 있다.
⑤ 정당은 국민의 정치적 의사형성에 참여하는 데 필요한 조직을 가져야 한다.

31 **다음 중 근대 입헌주의 헌법에 대한 설명으로 옳은 것은?**

① 영국을 제외하고 모든 나라는 헌법을 가지고 있다.
② 국법과 왕법을 구별하는 근본법 사상에 근거를 둔다.
③ 국가라고 하는 법적 단체가 있는 곳에는 헌법이 있다.
④ 공산주의 국가에도 헌법은 있다.
⑤ 헌법을 불문화할 필요가 있다.

32 **다음 중 비례대표제에 대한 설명으로 옳지 않은 것은?**

① 사표를 방지하여 소수자의 대표를 보장한다.
② 군소정당의 난립이 방지되어 정국의 안정을 가져온다.
③ 득표수와 정당별 당선의원의 비례관계를 합리화시킨다.
④ 그 국가의 정당사정을 고려하여 채택하여야 한다.
⑤ 명부의 형태에 따라 고정명부식, 가변명부식, 자유명부식으로 구분할 수 있다.

33 **다음 중 기본권의 효력에 대한 설명으로 옳지 않은 것은?**

① 기본권의 효력은 대국가적 효력을 갖는 것이 원칙이다.
② 기본권의 제3자적 효력에서 평등권은 간접 적용된다고 볼 수 있다.
③ 기본권의 사인(私人) 간의 직접적 효력을 헌법이 명문으로 규정한 예로, 근로3권과 언론・출판에 의한 명예 또는 권리침해 금지가 있다.
④ 기본권의 사인 간의 효력은 헌법이 직접적 효력을 규정함이 원칙이나, 예외적으로 간접적 효력을 갖는 경우도 있다.
⑤ 청구권적 기본권이나 사회권적 기본권은 그것이 법률로써 규정되었을 때 국가에 대하여 직접 그 권리를 행사할 수 있다.

34 **다음 중 법원(法源)에 대한 설명으로 옳지 않은 것은?**

① 법관이 재판을 할 때 있어서 적용하여야 할 기준이다.
② 죄형법정주의에 따라 관습형법은 인정되지 않는다.
③ 대통령령은 헌법에 근거를 두고 있다.
④ 민사에 관하여 법률에 규정이 없으면 관습법에 의하고 관습법이 없으면 조리에 의한다.
⑤ 영미법계 국가에서는 판례의 법원성이 부정된다.

35 **다음 중 헌법 제37조 제2항에 의한 기본권의 제한에 대한 설명으로 옳지 않은 것은?**

① 국회의 형식적 법률에 의해서만 제한할 수 있다.
② 처분적 법률에 의한 제한은 원칙적으로 금지된다.
③ 국가의 안전보장과 질서유지를 위해서만 제한할 수 있다.
④ 기본권의 본질적 내용은 침해할 수 없다.
⑤ 노동기본권의 제한에 대한 법적 근거를 밝히고 있다.

36 다음 중 법 앞의 평등에 대한 설명으로 옳지 않은 것은?

① 법 앞의 평등은 절대적인 것이 아니고 상대적인 것이다.
② 법의 적용뿐만 아니라 법 내용의 평등까지 요구한다.
③ 독일에서는 자의의 금지를, 미국에서는 합리성을 그 기준으로 들고 있다.
④ 차별금지 사유인 성별, 종교, 사회적 신분 등은 열거적 규정이다.
⑤ 모든 사람은 보통법 아래에서 평등하다는 것이다.

PART 3

37 다음 중 법체계에 대한 설명으로 옳지 않은 것은?

① 일반적으로 승인된 국제법규는 국내법과 같은 효력을 가진다.
② 대통령의 긴급명령은 법률과 같은 효력을 가진다.
③ 민법이 사법이므로 민사소송법도 사법에 속한다.
④ 민법과 상법은 실체법이다.
⑤ 형사소송법은 절차법이다.

38 다음 인권선언과 관계된 사건들을 시간 순서대로 바르게 나열한 것은?

① 권리청원 → 마그나 카르타 → 미국의 독립선언 → 프랑스의 인권선언
② 마그나 카르타 → 프랑스의 인권선언 → 연방헌법 → 영국의 권리장전
③ 버지니아 권리장전 → 마그나 카르타 → 프랑스의 인권선언 → 영국의 인신보호법
④ 마그나 카르타 → 영국의 권리장전 → 미국의 독립선언 → 프랑스의 인권선언
⑤ 버지니아 권리장전 → 영국의 인신보호법 → 마그나 카르타 → 프랑스의 인권선언

39 **다음 중 형사소송법상 공소기각의 판결을 해야 하는 경우로 옳지 않은 것은?**

① 피고인에 대하여 재판권이 없는 때
② 친고죄 사건에 대하여 고소의 취소가 있는 때
③ 공소가 취소되었을 때
④ 공소제기의 절차가 법률의 규정에 위반하여 무효일 때
⑤ 공소가 제기된 사건에 대하여 다시 공소가 제기되었을 때

40 **다음 중 죄형법정주의의 내용으로 옳지 않은 것은?**

① 소급효 금지의 원칙
② 관습형법 금지의 원칙
③ 유추해석 금지의 원칙
④ 상대적 부정기형 금지의 원칙
⑤ 명확성의 원칙

PART 4
채용 가이드

CHAPTER

01 블라인드 채용 소개

1. 블라인드 채용이란?

채용 과정에서 편견이 개입되어 불합리한 차별을 야기할 수 있는 출신지, 가족관계, 학력, 외모 등의 편견요인은 제외하고, 직무능력만을 평가하여 인재를 채용하는 방식입니다.

2. 블라인드 채용의 필요성

- 채용의 공정성에 대한 사회적 요구
  - 누구에게나 직무능력만으로 경쟁할 수 있는 균등한 고용기회를 제공해야 하나, 아직도 채용의 공정성에 대한 불신이 존재
  - 채용상 차별금지에 대한 법적 요건이 권고적 성격에서 처벌을 동반한 의무적 성격으로 강화되는 추세
  - 시민의식과 지원자의 권리의식 성숙으로 차별에 대한 법적 대응 가능성 증가
- 우수인재 채용을 통한 기업의 경쟁력 강화 필요
  - 직무능력과 무관한 학벌, 외모 위주의 선발로 우수인재 선발기회 상실 및 기업경쟁력 약화
  - 채용 과정에서 차별 없이 직무능력중심으로 선발한 우수인재 확보 필요
- 공정한 채용을 통한 사회적 비용 감소 필요
  - 편견에 의한 차별적 채용은 우수인재 선발을 저해하고 외모・학벌 지상주의 등의 심화로 불필요한 사회적 비용 증가
  - 채용에서의 공정성을 높여 사회의 신뢰수준 제고

3. 블라인드 채용의 특징

편견요인을 요구하지 않는 대신 직무능력을 평가합니다.

※ 직무능력중심 채용이란?
기업의 역량기반 채용, NCS기반 능력중심 채용과 같이 직무수행에 필요한 능력과 역량을 평가하여 선발하는 채용방식을 통칭합니다.

4. 블라인드 채용의 평가요소

직무수행에 필요한 지식, 기술, 태도 등을 과학적인 선발기법을 통해 평가합니다.

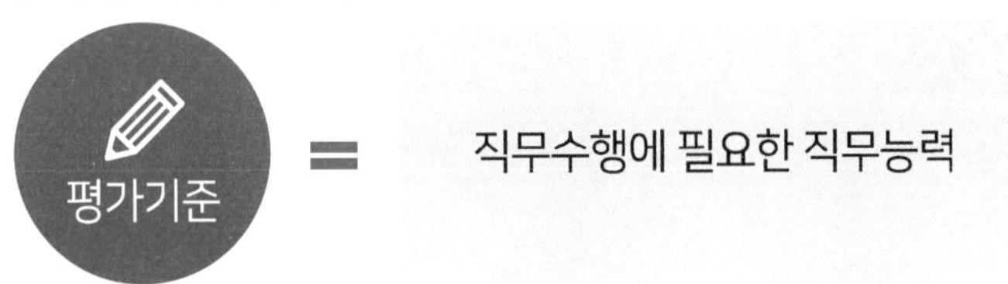

※ 과학적 선발기법이란?
직무분석을 통해 도출된 평가요소를 서류, 필기, 면접 등을 통해 체계적으로 평가하는 방법으로 입사지원서, 자기소개서, 직무수행능력평가, 구조화 면접 등이 해당됩니다.

5. 블라인드 채용 주요 도입 내용

- 입사지원서에 인적사항 요구 금지
  - 인적사항에는 출신지역, 가족관계, 결혼여부, 재산, 취미 및 특기, 종교, 생년월일(연령), 성별, 신장 및 체중, 사진, 전공, 학교명, 학점, 외국어 점수, 추천인 등이 해당
  - 채용 직무를 수행하는 데 있어 반드시 필요하다고 인정될 경우는 제외
    예 특수경비직 채용 시 : 시력, 건강한 신체 요구
    연구직 채용 시 : 논문, 학위 요구 등
- 블라인드 면접 실시
  - 면접관에게 응시자의 출신지역, 가족관계, 학교명 등 인적사항 정보 제공 금지
  - 면접관은 응시자의 인적사항에 대한 질문 금지

PART 4

6. 블라인드 채용 도입의 효과성

- 구성원의 다양성과 창의성이 높아져 기업 경쟁력 강화
  - 편견을 없애고 직무능력 중심으로 선발하므로 다양한 직원 구성 가능
  - 다양한 생각과 의견을 통하여 기업의 창의성이 높아져 기업경쟁력 강화
- 직무에 적합한 인재선발을 통한 이직률 감소 및 만족도 제고
  - 사전에 지원자들에게 구체적이고 상세한 직무요건을 제시함으로써 허수 지원이 낮아지고, 직무에 적합한 지원자 모집 가능
  - 직무에 적합한 인재가 선발되어 직무이해도가 높아져 업무효율 증대 및 만족도 제고
- 채용의 공정성과 기업이미지 제고
  - 블라인드 채용은 사회적 편견을 줄인 선발 방법으로 기업에 대한 사회적 인식 제고
  - 채용과정에서 불합리한 차별을 받지 않고 실력에 의해 공정하게 평가를 받을 것이라는 믿음을 제공하고, 지원자들은 평등한 기회와 공정한 선발과정 경험

CHAPTER

02 서류전형 가이드

01 채용공고문

1. 채용공고문의 변화

기존 채용공고문	변화된 채용공고문
• 취업준비생에게 불충분하고 불친절한 측면 존재 • 모집분야에 대한 명확한 직무관련 정보 및 평가기준 부재 • 해당분야에 지원하기 위한 취업준비생의 무분별한 스펙 쌓기 현상 발생	• NCS 직무분석에 기반한 채용공고를 토대로 채용전형 진행 • 지원자가 입사 후 수행하게 될 업무에 대한 자세한 정보 공지 • 직무수행내용, 직무수행 시 필요한 능력, 관련된 자격, 직업기초능력 제시 • 지원자가 해당 직무에 필요한 스펙만을 준비할 수 있도록 안내
• 모집부문 및 응시자격 • 지원서 접수 • 전형절차 • 채용조건 및 처우 • 기타사항	• 채용절차 • 채용유형별 선발분야 및 예정인원 • 전형방법 • 선발분야별 직무기술서 • 우대사항

2. 지원 유의사항 및 지원요건 확인

채용 직무에 따른 세부사항을 공고문에 명시하여 지원자에게 적격한 지원 기회를 부여함과 동시에 채용과정에서의 공정성과 신뢰성을 확보합니다.

구성	내용	확인사항
모집분야 및 규모	고용형태(인턴 계약직 등), 모집분야, 인원, 근무지역 등	채용직무가 여러 개일 경우 본인이 해당되는 직무의 채용규모 확인
응시자격	기본 자격사항, 지원조건	지원을 위한 최소자격요건을 확인하여 불필요한 지원을 예방
우대조건	법정·특별·자격증 가점	본인의 가점 여부를 검토하여 가점 획득을 위한 사항을 사실대로 기재
근무조건 및 보수	고용형태 및 고용기간, 보수, 근무지	본인이 생각하는 기대수준에 부합하는지 확인하여 불필요한 지원을 예방
시험방법	서류·필기·면접전형 등의 활용방안	전형방법 및 세부 평가기법 등을 확인하여 지원전략 준비
전형일정	접수기간, 각 전형 단계별 심사 및 합격자 발표일 등	본인의 지원 스케줄을 검토하여 차질이 없도록 준비
제출서류	입사지원서(경력·경험기술서 등), 각종 증명서 및 자격증 사본 등	지원요건 부합 여부 및 자격 증빙서류 사전에 준비
유의사항	임용취소 등의 규정	임용취소 관련 법적 또는 기관 내부 규정을 검토하여 해당여부 확인

02 직무기술서

직무기술서란 직무수행의 내용과 필요한 능력, 관련 자격, 직업기초능력 등을 상세히 기재한 것으로 입사 후 수행하게 될 업무에 대한 정보가 수록되어 있는 자료입니다.

1. 채용분야

설명

NCS 직무분류 체계에 따라 직무에 대한 「대분류 – 중분류 – 소분류 – 세분류」 체계를 확인할 수 있습니다. 채용 직무에 대한 모든 직무기술서를 첨부하게 되며 실제 수행 업무를 기준으로 세부적인 분류정보를 제공합니다.

<table>
<tr><th>채용분야</th><th colspan="4">분류체계</th></tr>
<tr><th>사무행정</th><th>대분류</th><th>중분류</th><th>소분류</th><th>세분류</th></tr>
<tr><td rowspan="4">분류코드</td><td rowspan="4">02. 경영·회계·사무</td><td rowspan="4">03. 재무·회계</td><td rowspan="2">01. 재무</td><td>01. 예산</td></tr>
<tr><td>02. 자금</td></tr>
<tr><td rowspan="2">02. 회계</td><td>01. 회계감사</td></tr>
<tr><td>02. 세무</td></tr>
</table>

2. 능력단위

설명

직무분류 체계의 세분류 하위능력단위 중 실질적으로 수행할 업무의 능력만 구체적으로 파악할 수 있습니다.

<table>
<tr><td rowspan="4">능력단위</td><td>(예산)</td><td>03. 연간종합예산수립
05. 확정예산 운영</td><td>04. 추정재무제표 작성
06. 예산실적 관리</td></tr>
<tr><td>(자금)</td><td>04. 자금운용</td><td></td></tr>
<tr><td>(회계감사)</td><td>02. 자금관리
05. 회계정보시스템 운용
07. 회계감사</td><td>04. 결산관리
06. 재무분석</td></tr>
<tr><td>(세무)</td><td>02. 결산관리
07. 법인세 신고</td><td>05. 부가가치세 신고</td></tr>
</table>

3. 직무수행내용

설명

세분류 영역의 기본정의를 통해 직무수행내용을 확인할 수 있습니다. 입사 후 수행할 직무내용을 구체적으로 확인할 수 있으며, 이를 통해 입사서류 작성부터 면접까지 직무에 대한 명확한 이해를 바탕으로 자신의 희망직무인지 아닌지, 해당 직무가 자신이 알고 있던 직무가 맞는지 확인할 수 있습니다.

<table>
<tr><td rowspan="4">직무수행내용</td><td>(예산) 일정기간 예상되는 수익과 비용을 편성, 집행하며 통제하는 일</td></tr>
<tr><td>(자금) 자금의 계획 수립, 조달, 운용을 하고 발생 가능한 위험 관리 및 성과평가</td></tr>
<tr><td>(회계감사) 기업 및 조직 내·외부에 있는 의사결정자들이 효율적인 의사결정을 할 수 있도록 유용한 정보를 제공, 제공된 회계정보의 적정성을 파악하는 일</td></tr>
<tr><td>(세무) 세무는 기업의 활동을 위하여 주어진 세법범위 내에서 조세부담을 최소화시키는 조세전략을 포함하고 정확한 과세소득과 과세표준 및 세액을 산출하여 과세당국에 신고·납부하는 일</td></tr>
</table>

4. 직무기술서 예시

태도	(예산) 정확성, 분석적 태도, 논리적 태도, 타 부서와의 협조적 태도, 설득력
	(자금) 분석적 사고력
	(회계 감사) 합리적 태도, 전략적 사고, 정확성, 적극적 협업 태도, 법률준수 태도, 분석적 태도, 신속성, 책임감, 정확한 판단력
	(세무) 규정 준수 의지, 수리적 정확성, 주의 깊은 태도
우대 자격증	공인회계사, 세무사, 컴퓨터활용능력, 변호사, 워드프로세서, 전산회계운용사, 사회조사분석사, 재경관리사, 회계관리 등
직업기초능력	의사소통능력, 문제해결능력, 자원관리능력, 대인관계능력, 정보능력, 조직이해능력

5. 직무기술서 내용별 확인사항

항목	확인사항
모집부문	해당 채용에서 선발하는 부문(분야)명 확인 예 사무행정, 전산, 전기
분류체계	지원하려는 분야의 세부직무군 확인
주요기능 및 역할	지원하려는 기업의 전사적인 기능과 역할, 산업군 확인
능력단위	지원분야의 직무수행에 관련되는 세부업무사항 확인
직무수행내용	지원분야의 직무군에 대한 상세사항 확인
전형방법	지원하려는 기업의 신입사원 선발전형 절차 확인
일반요건	교육사항을 제외한 지원 요건 확인(자격요건, 특수한 경우 연령)
교육요건	교육사항에 대한 지원요건 확인(대졸 / 초대졸 / 고졸 / 전공 요건)
필요지식	지원분야의 업무수행을 위해 요구되는 지식 관련 세부항목 확인
필요기술	지원분야의 업무수행을 위해 요구되는 기술 관련 세부항목 확인
직무수행태도	지원분야의 업무수행을 위해 요구되는 태도 관련 세부항목 확인
직업기초능력	지원분야 또는 지원기업의 조직원으로서 근무하기 위해 필요한 일반적인 능력사항 확인

03 입사지원서

1. 입사지원서의 변화

기존지원서		능력중심 채용 입사지원서
직무와 관련 없는 학점, 개인신상, 어학점수, 자격, 수상경력 등을 나열하도록 구성	VS	해당 직무수행에 꼭 필요한 정보들을 제시할 수 있도록 구성

기존지원서		능력중심 채용 입사지원서	
직무기술서	→	인적사항	성명, 연락처, 지원분야 등 작성 (평가 미반영)
직무수행내용		교육사항	직무지식과 관련된 학교교육 및 직업교육 작성
요구지식 / 기술		자격사항	직무관련 국가공인 또는 민간자격 작성
관련 자격증		경력 및 경험사항	조직에 소속되어 일정한 임금을 받거나(경력) 임금 없이(경험) 직무와 관련된 활동 내용 작성
사전직무경험			

2. 교육사항

- 지원분야 직무와 관련된 학교 교육이나 직업교육 혹은 기타교육 등 직무에 대한 지원자의 학습 여부를 평가하기 위한 항목입니다.
- 지원하고자 하는 직무의 학교 전공교육 이외에 직업교육, 기타교육 등을 기입할 수 있기 때문에 전공 제한 없이 직업교육과 기타교육을 이수하여 지원이 가능하도록 기회를 제공합니다.
  (기타교육 : 학교 이외의 기관에서 개인이 이수한 교육과정 중 지원직무와 관련이 있다고 생각되는 교육내용)

구분	교육과정(과목)명	교육내용	과업(능력단위)

PART 4

3. 자격사항

- 채용공고 및 직무기술서에 제시되어 있는 자격 현황을 토대로 지원자가 해당 직무를 수행하는 데 필요한 능력을 가지고 있는지를 평가하기 위한 항목입니다.
- 채용공고 및 직무기술서에 기재된 직무관련 필수 또는 우대자격 항목을 확인하여 본인이 보유하고 있는 자격사항을 기재합니다.

자격유형	자격증명	발급기관	취득일자	자격증번호

4. 경력 및 경험사항

- 직무와 관련된 경력이나 경험 여부를 표현하도록 하여 직무와 관련한 능력을 갖추었는지를 평가하기 위한 항목입니다.
- 해당 기업에서 직무를 수행함에 있어 필요한 사항만을 기록하게 되어 있기 때문에 직무와 무관한 스펙을 갖추지 않아도 됩니다.
- 경력 : 금전적 보수를 받고 일정기간 동안 일했던 경우
- 경험 : 금전적 보수를 받지 않고 수행한 활동

※ 기업에 따라 경력 / 경험 관련 증빙자료 요구 가능

구분	조직명	직위 / 역할	활동기간(년 / 월)	주요과업 / 활동내용

Tip

입사지원서 작성 방법

○ 경력 및 경험사항 작성

- 직무기술서에 제시된 지식, 기술, 태도와 지원자의 교육사항, 경력(경험)사항, 자격사항과 연계하여 개인의 직무역량에 대해 스스로 판단 가능

○ 인적사항 최소화

- 개인의 인적사항, 학교명, 가족관계 등을 노출하지 않도록 유의

부적절한 입사지원서 작성 사례

- 학교 이메일을 기입하여 학교명 노출
- 거주지 주소에 학교 기숙사 주소를 기입하여 학교명 노출
- 자기소개서에 부모님이 재직 중인 기업명, 직위, 직업을 기입하여 가족관계 노출
- 자기소개서에 석·박사 과정에 대한 이야기를 언급하여 학력 노출
- 동아리 활동에 대한 내용을 학교명과 더불어 언급하여 학교명 노출

04 자기소개서

1. 자기소개서의 변화

- 기존의 자기소개서는 지원자의 일대기나 관심 분야, 성격의 장·단점 등 개괄적인 사항을 묻는 질문으로 구성되어 지원자가 자신의 직무능력을 제대로 표출하지 못합니다.
- 능력중심 채용의 자기소개서는 직무기술서에 제시된 직업기초능력(또는 직무수행능력)에 대한 지원자의 과거 경험을 기술하게 함으로써 평가 타당도의 확보가 가능합니다.

1. 우리 회사와 해당 지원 직무분야에 지원한 동기에 대해 기술해 주세요.
2. 자신이 경험한 다양한 사회활동에 대해 기술해 주세요.
3. 지원 직무에 대한 전문성을 키우기 위해 받은 교육과 경험 및 경력사항에 대해 기술해 주세요.
4. 인사업무 또는 팀 과제 수행 중 발생한 갈등을 원만하게 해결해 본 경험이 있습니까? 당시 상황에 대한 설명과 갈등의 대상이 되었던 상대방을 설득한 과정 및 방법을 기술해 주세요.
5. 과거에 있었던 일 중 가장 어려웠었던(힘들었었던) 상황을 고르고, 어떤 방법으로 그 상황을 해결했는지를 기술해 주세요.

Tip

자기소개서 작성 방법

① 자기소개서 문항이 묻고 있는 평가 역량 추측하기

> 예시
>
> • 팀 활동을 하면서 갈등 상황 시 상대방의 니즈나 의도를 명확히 파악하고 해결하여 목표 달성에 기여했던 경험에 대해서 작성해 주시기 바랍니다.
>
> • 다른 사람이 생각해내지 못했던 문제점을 찾고 이를 해결한 경험에 대해 작성해 주시기 바랍니다.

② 해당 역량을 보여줄 수 있는 소재 찾기(시간×역량 매트릭스)

예시

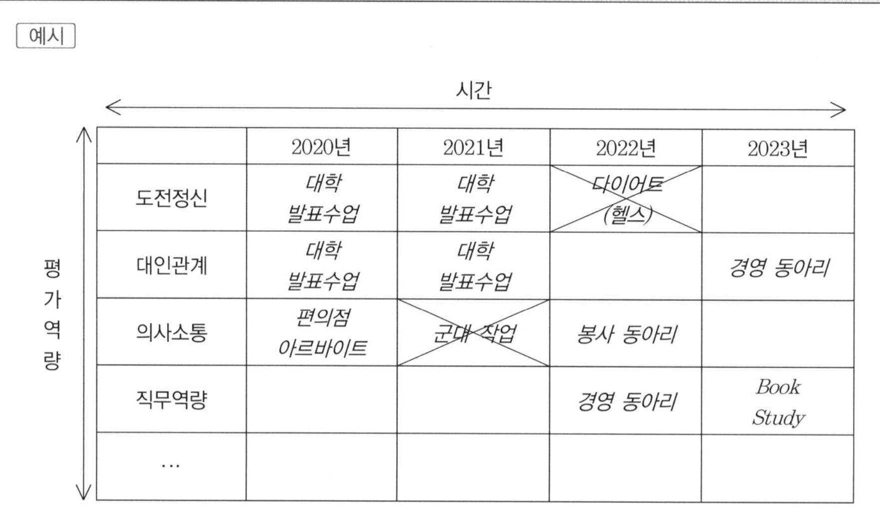

시간

평가역량

	2020년	2021년	2022년	2023년
도전정신	*대학 발표수업*	*대학 발표수업*	*다이어트(헬스)*	
대인관계	*대학 발표수업*	*대학 발표수업*		*경영 동아리*
의사소통	*편의점 아르바이트*	*군대 작업*	*봉사 동아리*	
직무역량			*경영 동아리*	*Book Study*
…				

③ 자기소개서 작성 Skill 익히기

• 두괄식으로 작성하기

• 구체적 사례를 사용하기

• '나'를 중심으로 작성하기

• 직무역량 강조하기

• 경험 사례의 차별성 강조하기

CHAPTER

03 인성검사 소개 및 모의테스트

01 인성검사 유형

인성검사는 지원자의 성격특성을 객관적으로 파악하고 그것이 각 기업에서 필요로 하는 인재상과 가치에 부합하는가를 평가하기 위한 검사입니다. 인성검사는 KPDI(한국인재개발진흥원), K-SAD(한국사회적성개발원), KIRBS(한국행동과학연구소), SHR(에스에이치알) 등의 전문기관을 통해 각 기업의 특성에 맞는 검사를 선택하여 실시합니다. 대표적인 인성검사의 유형에는 크게 다음과 같은 세 가지가 있으며, 채용 대행업체에 따라 달라집니다.

1. KPDI 검사

조직적응성과 직무적합성을 알아보기 위한 검사로 인성검사, 인성역량검사, 인적성검사, 직종별 인적성검사 등의 다양한 검사 도구를 구현합니다. KPDI는 성격을 파악하고 정신건강 상태 등을 측정하고, 직무검사는 해당 직무를 수행하기 위해 기본적으로 갖추어야 할 인지적 능력을 측정합니다. 역량검사는 특정 직무 역할을 효과적으로 수행하는 데 직접적으로 관련 있는 개인의 행동, 지식, 스킬, 가치관 등을 측정합니다.

2. KAD(Korea Aptitude Development) 검사

K-SAD(한국사회적성개발원)에서 실시하는 적성검사 프로그램입니다. 개인의 성향, 지적 능력, 기호, 관심, 흥미도를 종합적으로 분석하여 적성에 맞는 업무가 무엇인가 파악하고, 직무수행에 있어서 요구되는 기초능력과 실무능력을 분석합니다.

3. SHR 직무적성검사

직무수행에 필요한 종합적인 사고 능력을 다양한 적성검사(Paper and Pencil Test)로 평가합니다. SHR의 모든 직무능력검사는 표준화 검사입니다. 표준화 검사는 표본집단의 점수를 기초로 규준이 만들어진 검사이므로 개인의 점수를 규준에 맞추어 해석 · 비교하는 것이 가능합니다. S(Standardized Tests), H(Hundreds of Version), R(Reliable Norm Data)을 특징으로 하며, 직군 · 직급별 특성과 선발 수준에 맞추어 검사를 적용할 수 있습니다.

02 인성검사와 면접

인성검사는 특히 면접질문과 관련성이 높습니다. 면접관은 지원자의 인성검사 결과를 토대로 질문을 하기 때문입니다. 일관적이고 이상적인 답변을 하는 것이 가장 좋지만, 실제 시험은 매우 복잡하여 전문가라 해도 일정 성격을 유지하면서 답변을 하는 것이 힘듭니다. 또한, 인성검사에는 라이 스케일(Lie Scale) 설문이 전체 설문 속에 교묘하게 섞여 들어가 있으므로 겉치레적인 답을 하게 되면 회답태도의 허위성이 그대로 드러나게 됩니다. 예를 들어 '거짓말을 한 적이 한 번도 없다.'에 '예'로 답하고, '때로는 거짓말을 하기도 한다.'에 '예'라고 답하여 라이 스케일의 득점이 올라가게 되면 모든 회답의 신빙성이 사라지고 '자신을 돋보이게 하려는 사람'이라는 평가를 받을 수 있으므로 주의해야 합니다. 따라서 모의테스트를 통해 인성검사의 유형과 실제 시험 시 어떻게 문제를 풀어야 하는지 연습해 보고 체크한 부분 중 자신의 단점과 연결되는 부분은 면접에서 질문이 들어왔을 때 어떻게 대처해야 하는지 생각해 보는 것이 좋습니다.

03 유의사항

1. 기업의 인재상을 파악하라!

인성검사를 통해 개인의 성격 특성을 파악하고 그것이 기업의 인재상과 가치에 부합하는지를 평가하는 시험이기 때문에 해당 기업의 인재상을 먼저 파악하고 시험에 임하는 것이 좋습니다. 모의테스트에서 인재상에 맞는 가상의 인물을 설정하고 문제에 답해 보는 것도 많은 도움이 됩니다.

2. 일관성 있는 대답을 하라!

짧은 시간 안에 다양한 질문에 답을 해야 하는데, 그 안에는 중복되는 질문이 여러 번 나옵니다. 이때 앞서 자신이 체크했던 대답을 잘 기억해뒀다가 일관성 있는 답을 하는 것이 중요합니다.

3. 모든 문항에 대답하라!

많은 문제를 짧은 시간 안에 풀려다 보니 다 못 푸는 경우도 종종 생깁니다. 하지만 대답을 누락하거나 끝까지 다 못했을 경우 좋지 않은 결과를 가져올 수도 있으니 최대한 주어진 시간 안에 모든 문항에 답할 수 있도록 해야 합니다.

04 KPDI 모의테스트

※ 모의테스트는 질문 및 답변 유형 연습을 위한 것으로 실제 시험과 다를 수 있습니다.
※ 인성검사는 정답이 따로 없는 유형의 검사이므로 결과지를 제공하지 않습니다.

번호	내용	예	아니요
001	나는 솔직한 편이다.	☐	☐
002	나는 리드하는 것을 좋아한다.	☐	☐
003	법을 어겨서 말썽이 된 적이 한 번도 없다.	☐	☐
004	거짓말을 한 번도 한 적이 없다.	☐	☐
005	나는 눈치가 빠르다.	☐	☐
006	나는 일을 주도하기보다는 뒤에서 지원하는 것을 선호한다.	☐	☐
007	앞일은 알 수 없기 때문에 계획은 필요하지 않다.	☐	☐
008	거짓말도 때로는 방편이라고 생각한다.	☐	☐
009	사람이 많은 술자리를 좋아한다.	☐	☐
010	걱정이 지나치게 많다.	☐	☐
011	일을 시작하기 전 재고하는 경향이 있다.	☐	☐
012	불의를 참지 못한다.	☐	☐
013	처음 만나는 사람과도 이야기를 잘 한다.	☐	☐
014	때로는 변화가 두렵다.	☐	☐
015	나는 모든 사람에게 친절하다.	☐	☐
016	힘든 일이 있을 때 술은 위로가 되지 않는다.	☐	☐
017	결정을 빨리 내리지 못해 손해를 본 경험이 있다.	☐	☐
018	기회를 잡을 준비가 되어 있다.	☐	☐
019	때로는 내가 정말 쓸모없는 사람이라고 느낀다.	☐	☐
020	누군가 나를 챙겨주는 것이 좋다.	☐	☐
021	자주 가슴이 답답하다.	☐	☐
022	나는 내가 자랑스럽다.	☐	☐
023	경험이 중요하다고 생각한다.	☐	☐
024	전자기기를 분해하고 다시 조립하는 것을 좋아한다.	☐	☐

PART 4

025	감시받고 있다는 느낌이 든다.	☐	☐
026	난처한 상황에 놓이면 그 순간을 피하고 싶다.	☐	☐
027	세상엔 믿을 사람이 없다.	☐	☐
028	잘못을 빨리 인정하는 편이다.	☐	☐
029	지도를 보고 길을 잘 찾아간다.	☐	☐
030	귓속말을 하는 사람을 보면 날 비난하고 있는 것 같다.	☐	☐
031	막무가내라는 말을 들을 때가 있다.	☐	☐
032	장래의 일을 생각하면 불안하다.	☐	☐
033	결과보다 과정이 중요하다고 생각한다.	☐	☐
034	운동은 그다지 할 필요가 없다고 생각한다.	☐	☐
035	새로운 일을 시작할 때 좀처럼 한 발을 떼지 못한다.	☐	☐
036	기분 상하는 일이 있더라도 참는 편이다.	☐	☐
037	업무능력은 성과로 평가받아야 한다고 생각한다.	☐	☐
038	머리가 맑지 못하고 무거운 느낌이 든다.	☐	☐
039	가끔 이상한 소리가 들린다.	☐	☐
040	타인이 내게 자주 고민상담을 하는 편이다.	☐	☐

05 SHR 모의테스트

※ 모의테스트는 질문 및 답변 유형 연습을 위한 것으로 실제 시험과 다를 수 있습니다.
※ 인성검사는 정답이 따로 없는 유형의 검사이므로 결과지를 제공하지 않습니다.

※ 이 성격검사의 각 문항에는 서로 다른 행동을 나타내는 네 개의 문장이 제시되어 있습니다. 이 문장들을 비교하여, 자신의 평소 행동과 가장 가까운 문장을 'ㄱ' 열에 표기하고, 가장 먼 문장을 'ㅁ' 열에 표기하십시오.

01 나는 ________________

	ㄱ	ㅁ
A. 실용적인 해결책을 찾는다.	☐	☐
B. 다른 사람을 돕는 것을 좋아한다.	☐	☐
C. 세부 사항을 잘 챙긴다.	☐	☐
D. 상대의 주장에서 허점을 잘 찾는다.	☐	☐

02 나는 ________________

	ㄱ	ㅁ
A. 매사에 적극적으로 임한다.	☐	☐
B. 즉흥적인 편이다.	☐	☐
C. 관찰력이 있다.	☐	☐
D. 임기응변에 강하다.	☐	☐

03 나는 ________________

	ㄱ	ㅁ
A. 무서운 영화를 잘 본다.	☐	☐
B. 조용한 곳이 좋다.	☐	☐
C. 가끔 울고 싶다.	☐	☐
D. 집중력이 좋다.	☐	☐

04 나는 ________________

	ㄱ	ㅁ
A. 기계를 조립하는 것을 좋아한다.	☐	☐
B. 집단에서 리드하는 역할을 맡는다.	☐	☐
C. 호기심이 많다.	☐	☐
D. 음악을 듣는 것을 좋아한다.	☐	☐

05 나는 ______________________

	ㄱ	ㅁ
A. 타인을 늘 배려한다.	☐	☐
B. 감수성이 예민하다.	☐	☐
C. 즐겨하는 운동이 있다.	☐	☐
D. 일을 시작하기 전에 계획을 세운다.	☐	☐

06 나는 ______________________

	ㄱ	ㅁ
A. 타인에게 설명하는 것을 좋아한다.	☐	☐
B. 여행을 좋아한다.	☐	☐
C. 정적인 것이 좋다.	☐	☐
D. 남을 돕는 것에 보람을 느낀다.	☐	☐

07 나는 ______________________

	ㄱ	ㅁ
A. 기계를 능숙하게 다룬다.	☐	☐
B. 밤에 잠이 잘 오지 않는다.	☐	☐
C. 한 번 간 길을 잘 기억한다.	☐	☐
D. 불의를 보면 참을 수 없다.	☐	☐

08 나는 ______________________

	ㄱ	ㅁ
A. 종일 말을 하지 않을 때가 있다.	☐	☐
B. 사람이 많은 곳을 좋아한다.	☐	☐
C. 술을 좋아한다.	☐	☐
D. 휴양지에서 편하게 쉬고 싶다.	☐	☐

09 나는 ______________________________

	ㄱ	ㅁ
A. 뉴스보다는 드라마를 좋아한다.	☐	☐
B. 길을 잘 찾는다.	☐	☐
C. 주말엔 집에서 쉬는 것이 좋다.	☐	☐
D. 아침에 일어나는 것이 힘들다.	☐	☐

10 나는 ______________________________

	ㄱ	ㅁ
A. 이성적이다.	☐	☐
B. 할 일을 종종 미룬다.	☐	☐
C. 어른을 대하는 게 힘들다.	☐	☐
D. 불을 보면 매혹을 느낀다.	☐	☐

11 나는 ______________________________

	ㄱ	ㅁ
A. 상상력이 풍부하다.	☐	☐
B. 예의 바르다는 소리를 자주 듣는다.	☐	☐
C. 사람들 앞에 서면 긴장한다.	☐	☐
D. 친구를 자주 만난다.	☐	☐

12 나는 ______________________________

	ㄱ	ㅁ
A. 나만의 스트레스 해소 방법이 있다.	☐	☐
B. 친구가 많다.	☐	☐
C. 책을 자주 읽는다.	☐	☐
D. 활동적이다.	☐	☐

CHAPTER

04 면접전형 가이드

01 면접유형 파악

1. 면접전형의 변화

기존 면접전형에서는 일상적이고 단편적인 대화나 지원자의 첫인상 및 면접관의 주관적인 판단 등에 의해서 입사 결정 여부를 판단하는 경우가 많았습니다. 이러한 면접전형은 면접 내용의 일관성이 결여되거나 직무 관련 타당성이 부족하였고, 면접에 대한 신뢰도에 영향을 주었습니다.

기존 면접(전통적 면접)		능력중심 채용 면접(구조화 면접)
• 일상적이고 단편적인 대화 • 인상, 외모 등 외부 요소의 영향 • 주관적인 판단에 의존한 총점 부여 ⇩ • 면접 내용의 일관성 결여 • 직무관련 타당성 부족 • 주관적인 채점으로 신뢰도 저하	VS	• 일관성 – 직무관련 역량에 초점을 둔 구체적 질문 목록 – 지원자별 동일 질문 적용 • 구조화 – 면접 진행 및 평가 절차를 일정한 체계에 의해 구성 • 표준화 – 평가 타당도 제고를 위한 평가 Matrix 구성 – 척도에 따라 항목별 채점, 개인 간 비교 • 신뢰성 – 면접진행 매뉴얼에 따라 면접위원 교육 및 실습

2. 능력중심 채용의 면접 유형

① 경험 면접
- 목적 : 선발하고자 하는 직무 능력이 필요한 과거 경험을 질문합니다.
- 평가요소 : 직업기초능력과 인성 및 태도적 요소를 평가합니다.

② 상황 면접
- 목적 : 특정 상황을 제시하고 지원자의 행동을 관찰함으로써 실제 상황의 행동을 예상합니다.
- 평가요소 : 직업기초능력과 인성 및 태도적 요소를 평가합니다.

③ 발표 면접
- 목적 : 특정 주제와 관련된 지원자의 발표와 질의응답을 통해 지원자 역량을 평가합니다.
- 평가요소 : 직무수행능력과 인지적 역량(문제해결능력)을 평가합니다.

④ 토론 면접
- 목적 : 토의과제에 대한 의견수렴 과정에서 지원자의 역량과 상호작용능력을 평가합니다.
- 평가요소 : 직무수행능력과 팀워크를 평가합니다.

02 면접유형별 준비 방법

1. 경험 면접

① 경험 면접의 특징

- 주로 직업기초능력에 관련된 지원자의 과거 경험을 심층 질문하여 검증하는 면접입니다.
- 직무능력과 관련된 과거 경험을 평가하기 위해 심층 질문을 하며, 이 질문은 지원자의 답변에 대하여 '꼬리에 꼬리를 무는 형식'으로 진행됩니다.

> - 능력요소, 정의, 심사 기준
>   - 평가하고자 하는 능력요소, 정의, 심사기준을 확인하여 면접위원이 해당 능력요소 관련 질문을 제시합니다.
> - Opening Question
>   - 능력요소에 관련된 과거 경험을 유도하기 위한 시작 질문을 합니다.
> - Follow-up Question
>   - 지원자의 경험 수준을 구체적으로 검증하기 위한 질문입니다.
>   - 경험 수준 검증을 위한 상황(Situation), 임무(Task), 역할 및 노력(Action), 결과(Result) 등으로 질문을 구분합니다.

경험 면접의 형태

[면접관 1] [면접관 2] [면접관 3]

[지원자]

〈일대다 면접〉

[면접관 1] [면접관 2] [면접관 3]

[지원자 1] [지원자 2] [지원자 3]

〈다대다 면접〉

② 경험 면접의 구조

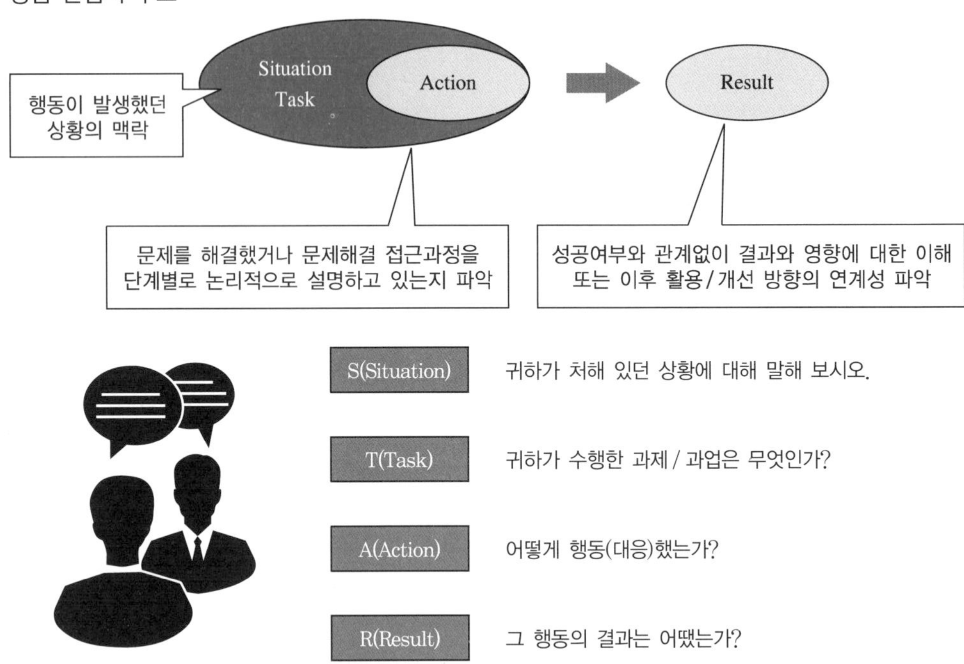
Situation
Task
Action
Result
행동이 발생했던 상황의 맥락
문제를 해결했거나 문제해결 접근과정을 단계별로 논리적으로 설명하고 있는지 파악
성공여부와 관계없이 결과와 영향에 대한 이해 또는 이후 활용/개선 방향의 연계성 파악
S(Situation) 귀하가 처해 있던 상황에 대해 말해 보시오.
T(Task) 귀하가 수행한 과제 / 과업은 무엇인가?
A(Action) 어떻게 행동(대응)했는가?
R(Result) 그 행동의 결과는 어땠는가?

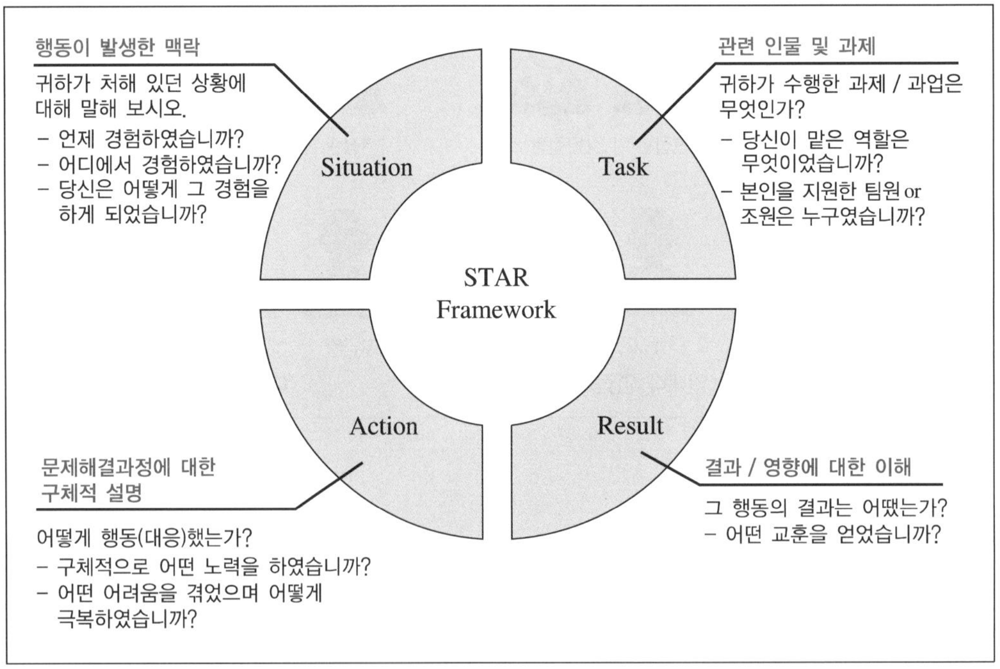
(   )에 관한 과거 경험에 대하여 말해 보시오.
행동이 발생한 맥락
귀하가 처해 있던 상황에 대해 말해 보시오.
- 언제 경험하였습니까?
- 어디에서 경험하였습니까?
- 당신은 어떻게 그 경험을 하게 되었습니까?
관련 인물 및 과제
귀하가 수행한 과제 / 과업은 무엇인가?
- 당신이 맡은 역할은 무엇이었습니까?
- 본인을 지원한 팀원 or 조원은 누구였습니까?
Situation
Task
STAR Framework
Action
Result
문제해결과정에 대한 구체적 설명
어떻게 행동(대응)했는가?
- 구체적으로 어떤 노력을 하였습니까?
- 어떤 어려움을 겪었으며 어떻게 극복하였습니까?
결과 / 영향에 대한 이해
그 행동의 결과는 어땠는가?
- 어떤 교훈을 얻었습니까?

③ 경험 면접 질문 예시(직업윤리)

시작 질문	
1	남들이 신경 쓰지 않는 부분까지 고려하여 절차대로 업무(연구)를 수행하여 성과를 낸 경험을 구체적으로 말해 보시오.
2	조직의 원칙과 절차를 철저히 준수하며 업무(연구)를 수행한 것 중 성과를 향상시킨 경험에 대해 구체적으로 말해 보시오.
3	세부적인 절차와 규칙에 주의를 기울여 실수 없이 업무(연구)를 마무리한 경험을 구체적으로 말해 보시오.
4	조직의 규칙이나 원칙을 고려하여 성실하게 일했던 경험을 구체적으로 말해 보시오.
5	타인의 실수를 바로잡고 원칙과 절차대로 수행하여 성공적으로 업무를 마무리하였던 경험에 대해 말해 보시오.

후속 질문		
상황 (Situation)	상황	구체적으로 언제, 어디에서 경험한 일인가?
		어떤 상황이었는가?
	조직	어떤 조직에 속해 있었는가?
		그 조직의 특성은 무엇이었는가?
		몇 명으로 구성된 조직이었는가?
	기간	해당 조직에서 얼마나 일했는가?
		해당 업무는 몇 개월 동안 지속되었는가?
	조직규칙	조직의 원칙이나 규칙은 무엇이었는가?
임무 (Task)	과제	과제의 목표는 무엇이었는가?
		과제에 적용되는 조직의 원칙은 무엇이었는가?
		그 규칙을 지켜야 하는 이유는 무엇이었는가?
	역할	당신이 조직에서 맡은 역할은 무엇이었는가?
		과제에서 맡은 역할은 무엇이었는가?
	문제의식	규칙을 지키지 않을 경우 생기는 문제점 / 불편함은 무엇인가?
		해당 규칙이 왜 중요하다고 생각하였는가?
역할 및 노력 (Action)	행동	업무 과정의 어떤 장면에서 규칙을 철저히 준수하였는가?
		어떻게 규정을 적용시켜 업무를 수행하였는가?
		규정은 준수하는 데 어려움은 없었는가?
	노력	그 규칙을 지키기 위해 스스로 어떤 노력을 기울였는가?
		본인의 생각이나 태도에 어떤 변화가 있었는가?
		다른 사람들은 어떤 노력을 기울였는가?
	동료관계	동료들은 규칙을 철저히 준수하고 있었는가?
		팀원들은 해당 규칙에 대해 어떻게 반응하였는가?
		규칙에 대한 태도를 개선하기 위해 어떤 노력을 하였는가?
		팀원들의 태도는 당신에게 어떤 자극을 주었는가?
	업무추진	주어진 업무를 추진하는 데 규칙이 방해되진 않았는가?
		업무수행 과정에서 규정을 어떻게 적용하였는가?
		업무 시 규정을 준수해야 한다고 생각한 이유는 무엇인가?

PART 4

결과 (Result)	평가	규칙을 어느 정도나 준수하였는가?
		그렇게 준수할 수 있었던 이유는 무엇이었는가?
		업무의 성과는 어느 정도였는가?
		성과에 만족하였는가?
		비슷한 상황이 온다면 어떻게 할 것인가?
	피드백	주변 사람들로부터 어떤 평가를 받았는가?
		그러한 평가에 만족하는가?
		다른 사람에게 본인의 행동이 영향을 주었다고 생각하는가?
	교훈	업무수행 과정에서 중요한 점은 무엇이라고 생각하는가?
		이 경험을 통해 느낀 바는 무엇인가?

2. 상황 면접

① 상황 면접의 특징

직무 관련 상황을 가정하여 제시하고 이에 대한 대응능력을 직무관련성 측면에서 평가하는 면접입니다.

- 상황 면접 과제의 구성은 크게 2가지로 구분
  - 상황 제시(Description) / 문제 제시(Question or Problem)
- 현장의 실제 업무 상황을 반영하여 과제를 제시하므로 직무분석이나 직무전문가 워크숍 등을 거쳐 현장성을 높임
- 문제는 상황에 대한 기본적인 이해능력(이론적 지식)과 함께 실질적 대응이나 변수 고려능력(실천적 능력) 등을 고르게 질문해야 함

상황 면접의 형태

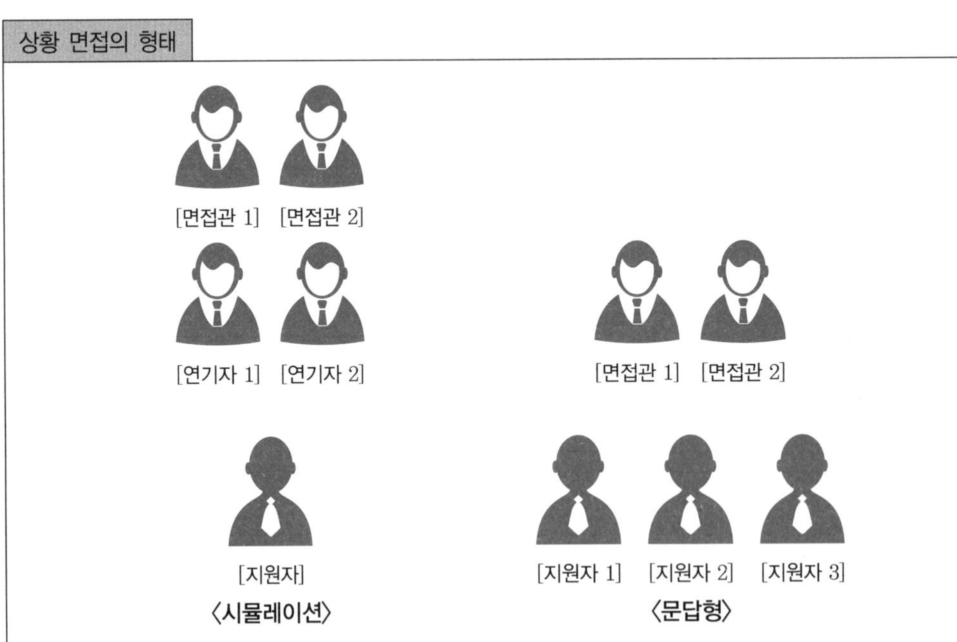

② 상황 면접 예시

상황 제시	인천공항 여객터미널 내에는 다양한 용도의 시설(사무실, 통신실, 식당, 전산실, 창고 면세점 등)이 설치되어 있습니다.	실제 업무 상황에 기반함
	금년에 소방배관의 누수가 잦아 메인 배관을 교체하는 공사를 추진하고 있으며, 당신은 이번 공사의 담당자입니다.	배경 정보
	주간에는 공항 운영이 이루어져 주로 야간에만 배관 교체 공사를 수행하던 중, 시공하는 기능공의 실수로 배관 연결 부위를 잘못 건드려 고압배관의 소화수가 누출되는 사고가 발생하였으며, 이로 인해 인근 시설물에 누수에 의한 피해가 발생하였습니다.	구체적인 문제 상황
문제 제시	일반적인 소방배관의 배관연결(이음)방식과 배관의 이탈(누수)이 발생하는 원인에 대해 설명해 보시오.	문제 상황 해결을 위한 기본 지식 문항
	담당자로서 본 사고를 현장에서 긴급히 처리하는 프로세스를 제시하고, 보수완료 후 사후적 조치가 필요한 부분 및 재발방지 방안에 대해 설명해 보시오.	문제 상황 해결을 위한 추가 대응 문항

3. 발표 면접

① 발표 면접의 특징

- 직무관련 주제에 대한 지원자의 생각을 정리하여 의견을 제시하고, 발표 및 질의응답을 통해 지원자의 직무능력을 평가하는 면접입니다.
- 발표 주제는 직무와 관련된 자료로 제공되며, 일정 시간 후 지원자가 보유한 지식 및 방안에 대한 발표 및 후속 질문을 통해 직무적합성을 평가합니다.

> • 주요 평가요소
> – 설득적 말하기 / 발표능력 / 문제해결능력 / 직무관련 전문성
> • 이미 언론을 통해 공론화된 시사 이슈보다는 해당 직무분야에 관련된 주제가 발표면접의 과제로 선정되는 경우가 최근 들어 늘어나고 있음
> • 짧은 시간 동안 주어진 과제를 빠른 속도로 분석하여 발표문을 작성하고 제한된 시간 안에 면접관에게 효과적인 발표를 진행하는 것이 핵심

발표 면접의 형태

〈개별 과제 발표〉 〈팀 과제 발표〉

※ 면접관에게 시각적 효과를 사용하여 메시지를 전달하는 쌍방향 커뮤니케이션 방식
※ 심층면접을 보완하기 위한 방안으로 최근 많은 기업에서 적극 도입하는 추세

② 발표 면접 예시

1. 지시문

당신은 현재 A사에서 직원들의 성과평가를 담당하고 있는 팀원이다. 인사팀은 지난주부터 사내 조직문화관련 인터뷰를 하던 도중 성과평가제도에 관련된 개선 니즈가 제일 많다는 것을 알게 되었다. 이에 팀장님은 인터뷰 결과를 종합하려 성과평가제도 개선 아이디어를 A4용지에 정리하여 신속 보고할 것을 지시하셨다. 당신에게 남은 시간은 1시간이다. 자료를 준비하는 대로 당신은 팀원들이 모인 회의실에서 5분 간 발표할 것이며, 이후 질의응답을 진행할 것이다.

2. 배경자료

〈성과평가제도 개선에 대한 인터뷰〉

최근 A사는 회사 사세의 급성장으로 인해 작년보다 매출이 두 배 성장하였고, 직원 수 또한 두 배로 증가하였다. 회사의 성장은 임금, 복지에 대한 상승 등 긍정적인 영향을 주었으나 업무의 불균형 및 성과보상의 불평등 문제가 발생하였다. 또한 수시로 입사하는 신입직원과 경력직원, 퇴사하는 직원들까지 인원들의 잦은 변동으로 인해 평가해야 할 대상이 변경되어 현재의 성과평가제도로는 공정한 평가가 어려운 상황이다.

[생산부서 김상호]
우리 팀은 지난 1년 동안 생산량이 급증했기 때문에 수십 명의 신규인력이 급하게 채용되었습니다. 이 때문에 저희 팀장님은 신규 입사자들의 이름조차 기억 못할 때가 많이 있습니다. 성과평가를 제대로 하고 있는지 의문이 듭니다.

[마케팅 부서 김흥민]
개인의 성과평가의 취지는 충분히 이해합니다. 그러나 현재 평가는 실적기반이나 정성적인 평가가 많이 포함되어 있어 객관성과 공정성에는 의문이 드는 것이 사실입니다. 이러한 상황에서 평가제도를 재수립하지 않고, 인센티브에 계속 반영한다면, 평가제도에 대한 반감이 커질 것이 분명합니다.

[교육부서 홍경민]
현재 교육부서는 인사팀과 밀접하게 일하고 있습니다. 그럼에도 인사팀에서 실시하는 성과평가제도에 대한 이해가 부족한 것 같습니다.

[기획부서 김경호 차장]
저는 저의 평가자 중 하나가 연구부서의 팀장님인데, 일 년에 몇 번 같이 일하지 않는데 어떻게 저를 평가할 수 있을까요? 특히 연구팀은 저희가 예산을 배정하는데, 저에게는 좋지만….

4. 토론 면접

① 토론 면접의 특징

- 다수의 지원자가 조를 편성해 과제에 대한 토론(토의)을 통해 결론을 도출해가는 면접입니다.
- 의사소통능력, 팀워크, 종합인성 등의 평가에 용이합니다.

> • 주요 평가요소
> – 설득적 말하기, 경청능력, 팀워크, 종합인성
> • 의견 대립이 명확한 주제 또는 채용분야의 직무 관련 주요 현안을 주제로 과제 구성
> • 제한된 시간 내 토론을 진행해야 하므로 적극적으로 자신 있게 토론에 임하고 본인의 의견을 개진할 수 있어야 함

토론 면접의 형태

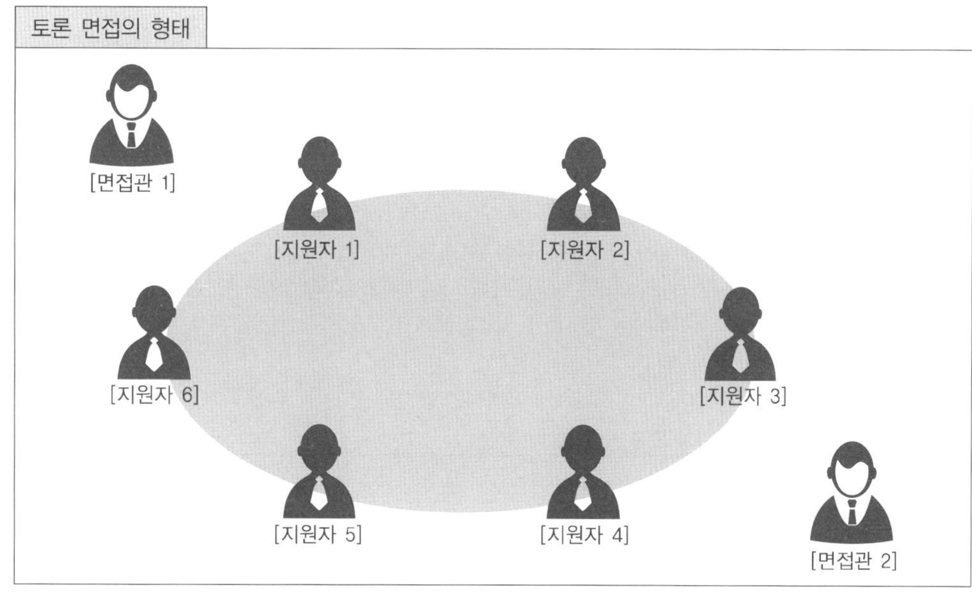

PART 4

② 토론 면접 예시

고객 불만 고충처리
1. 들어가며
최근 우리 상품에 대한 고객 불만의 증가로 고객고충처리 TF가 만들어졌고 당신은 여기에 지원해 배치받았다. 당신의 업무는 불만을 가진 고객을 만나서 애로사항을 듣고 처리해 주는 일이다. 주된 업무로는 고객의 니즈를 파악해 방향성을 제시해 주고 그 해결책을 마련하는 일이다. 하지만 경우에 따라서 고객의 주관적인 의견으로 인해 제대로 된 방향으로 의사결정을 하지 못할 때가 있다. 이럴 경우 설득이나 논쟁을 해서라도 의견을 관철시키는 것이 좋을지 아니면 고객의 의견대로 진행하는 것이 좋을지 결정해야 할 때가 있다. 만약 당신이라면 이러한 상황에서 어떤 결정을 내릴 것인지 여부를 자유롭게 토론해 보시오.
2. 1분 자유 발언 시 준비사항
• 당신은 의견을 자유롭게 개진할 수 있으며 이에 따른 불이익은 없습니다. • 토론의 방향성을 이해하고, 내용의 장점과 단점이 무엇인지 문제를 명확히 말해야 합니다. • 합리적인 근거에 기초하여 개선방안을 명확히 제시해야 합니다. • 제시한 방안을 실행 시 예상되는 긍정적·부정적 영향요인도 동시에 고려할 필요가 있습니다.
3. 토론 시 유의사항
• 토론 주제문과 제공해드린 메모지, 볼펜만 가지고 토론장에 입장할 수 있습니다. • 사회자의 지정 또는 발표자가 손을 들어 발언권을 획득할 수 있으며, 사회자의 통제에 따릅니다. • 토론회가 시작되면, 팀의 의견과 논거를 정리하여 1분간의 자유발언을 할 수 있습니다. 순서는 사회자가 지정합니다. 이후에는 자유롭게 상대방에게 질문하거나 답변을 하실 수 있습니다. • 핸드폰, 서적 등 외부 매체는 사용하실 수 없습니다. • 논제에 벗어나는 발언이나 지나치게 공격적인 발언을 할 경우, 위에서 제시한 유의사항을 지키지 않을 경우 불이익을 받을 수 있습니다.

03 면접 Role Play

1. 면접 Role Play 편성

- 교육생끼리 조를 편성하여 면접관과 지원자 역할을 교대로 진행합니다.
- 지원자 입장과 면접관 입장을 모두 경험해 보면서 면접에 대한 적응력을 높일 수 있습니다.

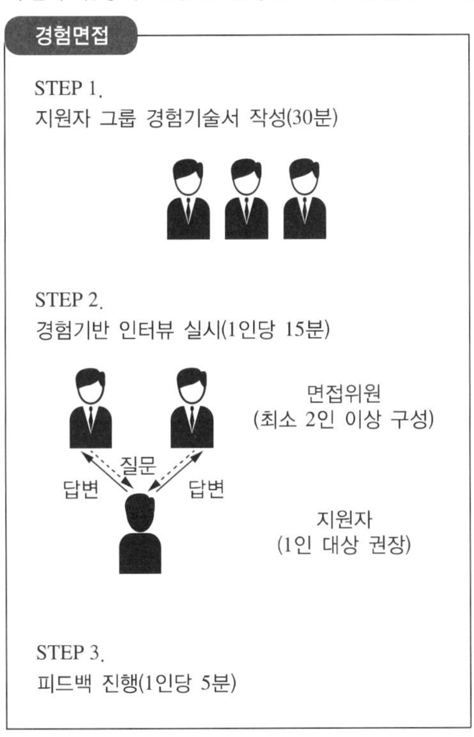

경험면접
STEP 1.
지원자 그룹 경험기술서 작성(30분)
STEP 2.
경험기반 인터뷰 실시(1인당 15분)
면접위원
(최소 2인 이상 구성)
질문
답변
답변
지원자
(1인 대상 권장)
STEP 3.
피드백 진행(1인당 5분)

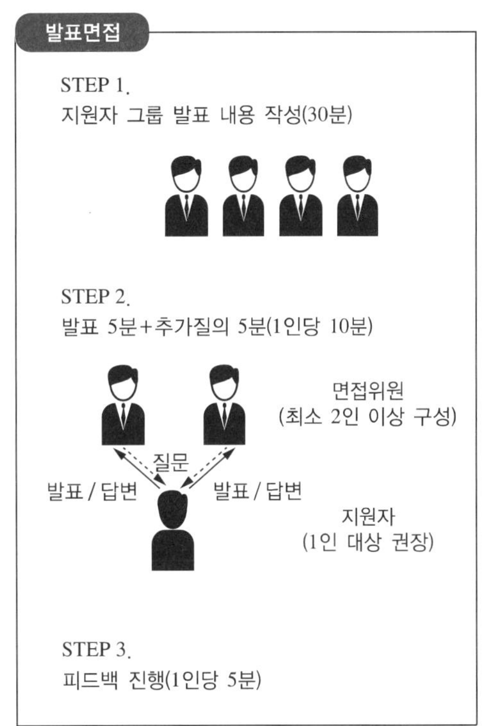

발표면접
STEP 1.
지원자 그룹 발표 내용 작성(30분)
STEP 2.
발표 5분+추가질의 5분(1인당 10분)
면접위원
(최소 2인 이상 구성)
질문
발표 / 답변
발표 / 답변
지원자
(1인 대상 권장)
STEP 3.
피드백 진행(1인당 5분)

Tip

면접 준비하기

1. 면접 유형 확인 필수
   - 기업마다 면접 유형이 상이하기 때문에 해당 기업의 면접 유형을 확인하는 것이 좋음
   - 일반적으로 실무진 면접, 임원면접 2차례에 거쳐 면접을 실시하는 기업이 많고 실무진 면접과 임원 면접에서 평가요소가 다르기 때문에 유형에 맞는 준비방법이 필요
2. 후속 질문에 대한 사전 점검
   - 블라인드 채용 면접에서는 주요 질문과 함께 후속 질문을 통해 지원자의 직무능력을 판단 → STAR 기법을 통한 후속 질문에 미리 대비하는 것이 필요

CHAPTER

05 한국관광공사 면접 기출질문

한국관광공사의 면접전형은 필기전형 합격자를 대상으로, 1차 면접전형과 2차 면접전형으로 나누어 이루어진다. 1차 면접전형은 직무 상황에 대해 발표 및 질의하는 직무능력 면접, 회화 및 독해 능력 등을 평가하는 외국어 면접으로 진행한다. 2차 면접전형은 역량 면접으로 진행하며, 조직 적합성 · 적응 능력 · 일반 인성 등을 평가한다.

1. 2023년 기출질문

- K-문화와 지역 관광 활성화 방안에 대해 말해 보시오.
- 웰니스(Wellness) 관광에 대해 영어로 설명해 보시오.
- 한국관광공사의 온라인 콘텐츠로 무엇이 좋을지 말해 보시오.
- 최근에 본 한국관광공사의 콘텐츠 중 기억에 남는 것을 말해 보시오.
- 새로운 아이디어를 낸 경험이 있다면 말해 보시오.
- 조직을 변화시킨 경험이 있다면 말해 보시오.
- 한국관광공사의 고객이 누구라고 생각하는지 말해 보시오.
- 본인은 조직에 빠르게 적응하는 편인가? 느리게 적응하는 편인가?
- 불합리한 원칙을 겪은 경험이 있다면 말해 보시오.
- 본인에게 부족하다고 생각하는 역량을 단답형으로 말해 보시오.
- 아시아 태평양 관광협회에 대해 아는 대로 설명해 보시오.
- 비대면 관광의 성장 방안에 대해 말해 보시오.
- 비대면 관광 콘텐츠에 대한 아이디어를 말해 보시오.
- 국내 관광을 활성화하기 위한 방안을 말해 보시오.
- 예상치 못한 상황으로 야근을 하게 된다면 어떻게 할 것인지 말해 보시오.
- 본인의 미래 계획에 대해 말해 보시오.
- 관광과 관련된 업무는 처음인데 잘 적응할 수 있겠는가?
- 갈등을 해결한 경험이 있다면 말해 보시오.
- 업무를 하면서 가장 기억에 남는 손님에 대해 말해 보시오.
- 해외 경험이 있다면 말해 보시오.
- 창의력을 발휘한 경험이 있다면 말해 보시오.
- 본인이 생각하는 갑질이란 무엇인지 말해 보시오.
- 본인을 한 단어로 표현해 보시오.

2. 2022년 기출질문

- 한국 관광의 문제점에 대해 말해 보시오.
- 한국관광공사에서 해 보고 싶은 사업이 있다면 무엇인지 말해 보시오.
- 한국관광공사 사업과 관련해서든 그 외적인 것이든 본인이 괜찮다고 생각하는 관광 콘텐츠가 있는가?
- 코로나 이후 관광 산업은 어떻게 변할지 예상하여 말해 보시오.
- 본인의 성격상 장점과 단점에 대해 말해 보시오.
- 본인의 단점은 무엇이며, 이를 극복하려고 어떠한 노력을 하였는지 말해 보시오.
- 한국관광공사가 하는 일이 무엇인지 설명해 보시오.
- 한국관광공사의 본사와 지사의 역할과 그 차이점에 대해 설명해 보시오.
- 상사의 부당한 지시가 있다면 어떻게 대처할 것인지 말해 보시오.
- 관광과 관련된 직무 경험이 있다면 말해 보시오.
- 현재 한국관광공사에서 진행 중인 사업에는 무엇이 있는지 말해 보시오.

3. 2021년 기출질문

- 코로나로 인한 관광 산업의 위축에 대해 설명하고, 관광 산업의 조기 활성화를 위해 한국관광공사가 할 수 있는 일은 무엇인지 말해 보시오.
- 한국관광공사에 입사해서 관광 산업의 발전을 위해 해 보고 싶은 계획이 있는가?
- 조직생활을 하면서 겪은 갈등 상황과 이를 해결하기 위한 방안에 대해 말해 보시오.
- 사회생활 중 업무 외적인 부분에서 겪은 어려움이 있다면 말해 보시오.
- 본인이 지원한 직무와 맞지 않는 업무를 하게 된다면 어떻게 할 것인지 말해 보시오.
- 한국관광공사에 입사 후 5년 뒤의 본인은 어떠한 모습일지 말해 보시오.
- 본인이 깊이 빠져 있는 분야가 있는가? 그 분야는 한국관광공사에 도움이 될 수 있는지 말해 보시오.
- 팀 프로젝트 활동 시 본인은 리더형인가? 팔로워형인가?
- 한국관광공사의 스마트 관광도시 조성사업에 대해 설명해 보시오.
- 한국관광공사를 알게 된 계기에 대해 말해 보시오.
- 한국관광공사에서 하는 일에는 어떤 것이 있는지 설명해 보시오.
- 한국관광공사에 지원하기 위하여 어떤 노력을 했는지 말해 보시오.
- 한국관광공사의 존재 이유와 가치에 대해 설명해 보시오.
- 평소 다른 사람들이 본인을 어떻게 평가하는지 말해 보시오.
- 만약 회사 동료가 본인에게 일을 미룬다면 어떻게 대처할 것인지 말해 보시오.
- 과중한 업무를 맡게 된다면 어떻게 대처할 것인지 말해 보시오.
- 민원 응대 경험이 있다면 말해 보시오.
- 한국관광공사에 지원하게 된 이유를 말해 보시오.
- 다른 사람에게 추천하고 싶은 여행지와 그 이유에 대해 말해 보시오.
- 트래블버블에 대해 설명해 보시오.
- 한국관광공사 SNS의 장점과 단점에 대해 설명해 보시오.
- 나만의 마케팅 방안에 대해 말해 보시오.
- 한국관광공사의 미흡한 점과 그 해결 방안을 말해 보시오.
- MZ세대의 여행 트렌드에 대해 설명해 보시오.

4. 2020년 기출질문

- 한국관광공사를 알게 된 계기는 무엇인지 말해 보시오.
- 한국관광공사에서 근무하고 싶은 분야는 무엇인지 말해 보시오.
- 본인의 역량과 장점에 대해 말해 보시오.
- 업무를 진행하면서 가장 중요하게 생각하는 것은 무엇인지 말해 보시오.
- 가장 자신 있는 자신의 경력에 대해 말해 보시오.
- 자동차 렌트 사업과 관련하여 한국관광공사 SNS 활용 방안에 대해 말해 보시오.
- 무엇을 계획하여 성공한 경험이 있다면 말해 보시오.
- 한국관광공사에 입사를 준비하면서 했던 대외 활동에 대해 말해 보시오.
- 외국인에게 소개하고 싶은 국내 여행상품에 대해 말해 보시오.
- 한국만이 가지고 있는 차별화된 관광자원은 무엇인지 말해 보시오.
- 동아시아 관광객을 유치하기 위한 방안에 대해 말해 보시오.
- 한국 관광 안내체계의 문제점과 그 보안책에 대해 말해 보시오.
- 관광 산업에 대한 국내외 민간투자 확대 방안에 대해 말해 보시오.
- 남한과 북한이 연계된 관광 산업 활성화 방안에 대해 말해 보시오.
- 입사 후 본인의 업무 비전과 포부에 대해 말해 보시오.
- 한국관광공사 기업이미지 홍보 방안에 대해 말해 보시오.
- 본인이 수행하고 싶은 관광 분야나 사업에 대해 말해 보시오.
- 최근의 한일관계 악화가 한국 관광 산업에 미칠 영향과 한국관광공사가 대비해야 할 것은 무엇인지 말해 보시오.
- 한국관광공사를 모르는 사람에게 한국관광공사를 어떠한 방안으로 설명할 것인지 말해 보시오.
- 여러 가지 업무가 한 번에 겹치면 어떻게 해결할 것인지 말해 보시오.
- 의료 관광은 의료 산업인지 관광 산업인지 정하고, 그 이유에 대해 설명해 보시오.
- 관광의 정의에 대해 설명해 보시오.
- 마케팅의 정의에 대해 설명해 보시오.
- 실제 맡게 될 업무가 예상과 다를 경우 어떻게 할 것인지 말해 보시오.
- 평창 동계 올림픽 시설의 사후 활용 방안에 대해 말해 보시오.
- 한국 관광의 질적 향상을 위해 한국관광공사가 해야 할 일은 무엇인지 말해 보시오.
- MICE의 의미에 대해 설명해 보시오.
- 해외여행 경험과 가장 추천하고 싶은 여행지에 대해 말해 보시오.
  - 여행지가 국내 관광에 비해 더 좋았다면 그 이유에 대해 말해 보시오.
- 우리나라 관광 산업 인프라의 문제점에 대해 말해 보시오.
- 관광 산업을 위한 인프라 설치로 인해 훼손되는 자연에 대한 본인의 견해를 말해 보시오.
- 현 시점에서 한국관광공사의 기회요인과 위기요인에 대해 말해 보시오.
- 외국인 관광객 유치 방안에 대해 말해 보시오.
- 본인이 존경하는 인물과 그 이유에 대해 말해 보시오.
- 한국관광공사에 본인이 기여할 수 있는 것은 무엇인지 말해 보시오.

교육은 우리 자신의 무지를 점차 발견해 가는 과정이다.

- 윌 듀란트 -

“오늘 당신의 노력은 아름다운 꽃의 물이 될 것입니다.”

그러나, 이 꽃을 볼 때 사람들은 이 꽃의 아름다움과 향기만을 사랑하고 칭찬하였지, 이 꽃을 그렇게 아름답게 어여쁘게 만들어 주는 병 속의 물은 조금도 생각지 않는 것이 보통입니다.

만일 이 꽃병 속에 들어 있는 물을 죄다 쏟아 버리고 빈 병에다 이 꽃을 꽂아 보십시오.

아무리 아름답고 어여쁜 꽃이기로서니 단 한 송이의 꽃을 피울 수 있으며, 단 한 번이라도 꽃 향기를 날릴 수 있겠는가?

우리는 여기서 아무리 본바탕이 좋고 아름다운 꽃이라도 보이지 않는 물의 숨은 힘이 없으면 도저히 그 빛과 향기를 자랑할 수 없는 것을 알았습니다.

– 방정환의 「우리 뒤에 숨은 힘」 중 –

SD에듀 2024 최신판

한국관광공사

정답 및 해설

최신 출제경향 완벽 반영

합격의 별을 따자

2023년 공기업 기출복원문제

NCS 출제유형 + 전공

모의고사 4회

SDC

SDC는 SD에듀 데이터 센터의 약자로 약 30만 개의 NCS · 적성 문제 데이터를 바탕으로 최신출제경향을 반영하여 문제를 출제합니다.

Add+

특별부록

CHAPTER 01

2023년 주요 공기업

NCS 기출복원문제

01	02	03	04	05	06	07	08	09	10	11	12	13	14	15	16	17	18	19	20
⑤	⑤	④	④	②	⑤	④	①	②	④	④	①	④	③	③	③	②	②	①	④
21	22	23	24	25	26	27	28	29	30	31	32	33	34	35	36	37	38	39	40
①	③	②	③	④	①	④	⑤	②	④	④	①	⑤	④	②	④	⑤	③	①	③
41	42	43	44	45	46	47	48	49	50										
③	③	②	③	②	④	②	⑤	④	④										

01

정답 ⑤

제시문의 세 번째 문단에 따르면 스마트 글라스 내부 센서를 통해 충격과 기울기를 감지할 수 있어, 작업자에게 위험한 상황이 발생할 경우 통보 시스템을 통해 바로 파악할 수 있게 되었음을 알 수 있다.

오답분석

① 첫 번째 문단에 따르면 스마트 글라스를 통한 작업자의 음성인식만으로 철도시설물 점검이 가능해졌음을 알 수 있지만, 다섯 번째 문단에 따르면 아직 철도시설물 보수 작업은 가능하지 않음을 알 수 있다.
② 첫 번째 문단에 따르면 스마트 글라스의 도입 이후에도 사람의 작업이 필요함을 알 수 있다.
③ 세 번째 문단에 따르면 스마트 글라스의 도입으로 추락 사고나 그 밖의 위험한 상황을 미리 예측할 수 있어 이를 방지할 수 있게 되었음을 알 수 있지만, 실제로 안전사고 발생 횟수가 감소하였는지는 알 수 없다.
④ 두 번째 문단에 따르면 여러 단계를 거치던 기존 작업 방식에서 스마트 글라스의 도입으로 작업을 한 번에 처리할 수 있게 된 것을 통해 작업 시간이 단축되었음을 알 수 있지만, 필요한 작업 인력의 감소 여부는 알 수 없다.

02

정답 ⑤

네 번째 문단에 따르면 인공지능 등의 스마트 기술 도입으로 까치집 검출 정확도는 95%까지 상승하였으므로 까치집 제거율 또한 상승할 것임을 예측할 수 있으나, 근본적인 문제인 까치집 생성의 감소를 기대할 수는 없다.

오답분석

① 세 번째 문단과 네 번째 문단에 따르면 정확도가 65%에 불과했던 인공지능의 까치집 식별 능력이 딥러닝 방식의 도입으로 95%까지 상승했음을 알 수 있다.
② 세 번째 문단에서 시속 150km로 빠르게 달리는 열차에서의 까치집 식별 정확도는 65%에 불과하다는 내용으로 보아, 빠른 속도에서는 인공지능의 사물 식별 정확도가 낮음을 알 수 있다.
③ 네 번째 문단에 따르면 작업자의 접근이 어려운 곳에는 드론을 띄워 까치집을 발견 및 제거하는 기술도 시범 운영하고 있다고 하였다.
④ 세 번째 문단에 따르면 실시간 까치집 자동 검출 시스템 개발로 실시간으로 위험 요인의 위치와 이미지를 작업자에게 전달할 수 있게 되었다.

03

정답 ④

제시문의 두 번째 문단에 따르면 CCTV는 열차 종류에 따라 운전실에서 실시간으로 상황을 파악할 수 있는 네트워크 방식과 각 객실에서의 영상을 저장하는 개별 독립 방식으로 설치된다고 하였다. 따라서 개별 독립 방식으로 설치된 일부 열차에서는 각 객실의 상황을 실시간으로 파악하지 못할 수 있다.

오답분석

① 첫 번째 문단에 따르면 2023년까지 현재 운행하고 있는 열차의 모든 객실에 CCTV를 설치하겠다는 내용으로 보아, 현재 모든 열차의 모든 객실에 CCTV가 설치되지 않았음을 유추할 수 있다.
② 첫 번째 문단에 따르면 2023년까지 모든 열차 승무원에게 바디 캠을 지급하겠다고 하였다. 이에 따라 승객이 승무원을 폭행하는 등의 범죄 발생 시 해당 상황을 녹화한 바디 캠 영상이 있어 수사의 증거자료로 사용할 수 있게 되었다.
③ 두 번째 문단에 따르면 CCTV는 사각지대 없이 설치되며 일부는 휴대 물품 보관대 주변에도 설치된다고 하였다. 따라서 인적 피해와 물적 피해 모두 예방할 수 있게 되었다.
⑤ 세 번째 문단에 따르면 CCTV 품평회와 시험을 통해 제품의 형태와 색상, 재질, 진동과 충격 등에 대한 적합성을 고려한다고 하였다.

04

정답 ④

작년 K대학교의 재학생 수는 6,800명이고 남학생 수와 여학생 수의 비가 8 : 9이므로, 남학생 수는 $6,800\times\frac{8}{8+9}=3,200$명이고, 여학생 수는 $6,800\times\frac{9}{8+9}=3,600$명이다. 올해 줄어든 남학생 수와 여학생 수의 비가 12 : 13이므로 올해 K대학교에 재학 중인 남학생 수와 여학생 수의 비는 $(3,200-12k):(3,600-13k)=7:8$이다.

$7\times(3,600-13k)=8\times(3,200-12k)$

$\rightarrow 25,200-91k=25,600-96k$

$\rightarrow 5k=400$

$\therefore\ k=80$

따라서 올해 K대학교에 재학 중인 남학생 수는 $3,200-12\times80=2,240$명이고, 여학생 수는 $3,600-13\times80=2,560$명이므로 올해 K대학교의 전체 재학생 수는 $2,240+2,560=4,800$명이다.

05

정답 ②

마일리지 적립 규정에 회원 등급과 관련된 내용은 없으며, 마일리지 적립은 지불한 운임의 액수, 더블적립 열차 탑승 여부, 선불형 교통카드 Rail+ 사용 여부에 따라서만 결정된다.

오답분석

① KTX 마일리지는 KTX 열차 이용 시에만 적립된다.
③ 비즈니스 등급은 기업회원 여부와 관계없이 최근 1년간의 활동내역을 기준으로 부여된다.
④ 반기 동안 추석 및 설 명절 특별수송기간 탑승 건을 제외하고 4만 점을 적립하면 VIP 등급을 부여받는다.
⑤ VVIP 등급과 VIP 등급 고객은 한정된 횟수 내에서 무료 업그레이드 쿠폰으로 KTX 특실을 KTX 일반실 가격에 구매할 수 있다.

06

정답 ⑤

K공사를 통한 예약 접수는 온라인 쇼핑몰 홈페이지를 통해서만 가능하며, 오프라인(방문) 접수는 우리·농협은행의 창구를 통해서만 이루어진다.

오답분석

① 구매자를 대한민국 국적자로 제한한다는 내용은 없다.
② 단품으로 구매 시 1인당 화종별 최대 3장으로 총 9장, 세트로 구매할 때도 1인당 최대 3세트로 총 9장까지 신청이 가능하며, 세트와 단품은 중복신청이 가능하므로 1인당 구매 가능한 최대 개수는 18장이다.
③ 우리·농협은행의 계좌가 없다면, K공사 온라인 쇼핑몰을 이용하거나 우리·농협은행에 직접 방문하여 구입할 수 있다.
④ 총발행량은 예약 주문 이전부터 화종별 10,000장으로 미리 정해져 있다.

07

정답 ④

우리·농협은행 계좌 미보유자인 외국인 A씨가 예약 신청을 할 수 있는 방법은 두 가지이다. 하나는 신분증인 외국인등록증을 지참하고 우리·농협은행의 지점을 방문하여 신청하는 것이고, 다른 하나는 K공사 온라인 쇼핑몰에서 가상계좌 방식으로 신청하는 것이다.

오답분석

① A씨는 외국인이므로 창구 접수 시 지참해야 하는 신분증은 외국인등록증이다.
② K공사 온라인 쇼핑몰에서는 가상계좌 방식을 통해서만 예약 신청이 가능하다.
③ 홈페이지를 통한 신청이 가능한 은행은 우리은행과 농협은행뿐이다.
⑤ 우리·농협은행의 홈페이지를 통해 예약 접수를 하려면 해당 은행에 미리 계좌가 개설되어 있어야 한다.

08

정답 ①

3종 세트는 186,000원, 단품은 각각 63,000원이므로 5명의 구매 금액을 계산하면 다음과 같다.

- A : (186,000×2)+63,000=435,000원
- B : 63,000×8=504,000원
- C : (186,000×2)+(63,000×2)=498,000원
- D : 186,000×3=558,000원
- E : 186,000+(63,000×4)=438,000원

따라서 가장 많은 금액을 지불한 사람은 D이며, 구매 금액은 558,000원이다.

09

정답 ②

허리디스크는 디스크의 수핵이 탈출하여 생긴 질환이므로 허리를 굽히거나 앉아 있을 때 디스크에 가해지는 압력이 높아져 통증이 더 심해진다. 반면 척추관협착증의 경우 서 있을 때 척추관이 더욱 좁아지게 되어 통증이 더욱 심해진다.

오답분석

① 허리디스크는 디스크의 탄력 손실이나 갑작스런 충격으로 인해 균열이 생겨 발생하고, 척추관협착증은 오랜 기간 동안 황색 인대가 두꺼워져 척추관에 변형이 일어나 발생하므로 허리디스크가 더 급작스럽게 증상이 나타난다.
③ 허리디스크는 자연치유가 가능하지만, 척추관협착증은 불가능하다. 따라서 허리디스크는 주로 통증을 줄이고 안정을 취하는 보존치료를 하지만, 척추관협착증은 변형된 부분을 제거하는 외과적 수술을 한다.
④ 허리디스크와 척추관협착증 모두 척추 중앙의 신경 다발(척수)이 압박받을 수 있으며, 심할 경우 하반신 마비 증세를 보일 수 있으므로 빠른 치료를 받는 것이 중요하다.

10

정답 ④

고령인 사람이 서 있을 때 통증이 나타난다면 퇴행성 척추질환인 척추관협착증(요추관협착증)일 가능성이 높다. 반면 허리디스크(추간판탈출증)는 젊은 나이에도 디스크에 급격한 충격이 가해지면 발생할 수 있고, 앉아 있을 때 통증이 심해진다. 따라서 ㉠에는 척추관협착증, ㉡에는 허리디스크가 들어가야 한다.

11

정답 ④

제시문은 장애인 건강주치의 시범사업을 소개하며 3단계 시범사업에서 기존과 달라지는 내용을 위주로 설명하고 있다. 따라서 가장 처음에 와야 할 문단은 3단계 장애인 건강주치의 시범사업을 소개하는 (마) 문단이다. 이어서 장애인 건강주치의 시범사업 세부 서비스를 소개하는 문단이 와야 하는데, 서비스 종류를 소개하는 문장이 있는 (다) 문단이 이어지는 것이 가장 적절하다. 그리고 2번째 서비스인 주장애관리를 소개하는 (가) 문단이 와야 하며, 그 다음으로 3번째 서비스인 통합관리 서비스와 추가적으로 방문 서비스를 소개하는 (라) 문단이 오는 것이 적절하다. 마지막으로 장애인 건강주치의 시범사업에 신청하는 방법을 소개하며 글을 끝내는 것이 적절하므로 (나) 문단이 이어져야 한다. 따라서 글의 순서를 바르게 나열하면 (마) – (다) – (가) – (라) – (나)이다.

12

정답 ①

- 2019년 직장가입자 건강보험금 및 지역가입자 건강보험금 징수율
  - 직장가입자 : $\frac{6,698,187}{6,706,712}\times 100 ≒ 99.87\%$
  - 지역가입자 : $\frac{886,396}{923,663}\times 100 ≒ 95.97\%$
- 2020년 직장가입자 건강보험금 및 지역가입자 건강보험금 징수율
  - 직장가입자 : $\frac{4,898,775}{5,087,163}\times 100 ≒ 96.3\%$
  - 지역가입자 : $\frac{973,681}{1,003,637}\times 100 ≒ 97.02\%$
- 2021년 직장가입자 건강보험금 및 지역가입자 건강보험금 징수율
  - 직장가입자 : $\frac{7,536,187}{7,763,135}\times 100 ≒ 97.08\%$
  - 지역가입자 : $\frac{1,138,763}{1,256,137}\times 100 ≒ 90.66\%$
- 2022년 직장가입자 건강보험금 및 지역가입자 건강보험금 징수율
  - 직장가입자 : $\frac{8,368,972}{8,376,138}\times 100 ≒ 99.91\%$
  - 지역가입자 : $\frac{1,058,943}{1,178,572}\times 100 ≒ 89.85\%$.

따라서 직장가입자 건강보험금 징수율이 가장 높은 해는 2022년이고, 지역가입자 건강보험금 징수율이 가장 높은 해는 2020년이다.

13

정답 ④

이뇨제의 1인 투여량은 60mL/일이고 진통제의 1인 투여량은 60mg/일이므로 이뇨제를 투여한 환자 수와 진통제를 투여한 환자 수의 비는 이뇨제 사용량과 진통제 사용량의 비와 같다.

- 2018년 : $3,000\times 2 < 6,720$
- 2019년 : $3,480\times 2 = 6,960$
- 2020년 : $3,360\times 2 < 6,840$
- 2021년 : $4,200\times 2 > 7,200$
- 2022년 : $3,720\times 2 > 7,080$

따라서 2018년과 2020년에 진통제를 투여한 환자 수는 이뇨제를 투여한 환자 수의 2배보다 많다.

오답분석

① 2022년에 사용량이 감소한 의약품은 이뇨제와 진통제로 이뇨제의 사용량 감소율은 $\frac{3,720-4,200}{4,200}\times 100 ≒ -11.43\%$p이고, 진통제의 사용량 감소율은 $\frac{7,080-7,200}{7,200}\times 100 ≒ -1.67\%$p이다. 따라서 전년 대비 2022년 사용량 감소율이 가장 큰 의약품은 이뇨제이다.

② 5년 동안 지사제 사용량의 평균은 $\frac{30+42+48+40+44}{5}=40.8$정이고, 지사제의 1인 1일 투여량은 2정이다. 따라서 지사제를 투여한 환자 수의 평균은 $\frac{40.8}{2}=20.4$이므로 약 20명이다.

③ 이뇨제 사용량은 매년 '증가 – 감소 – 증가 – 감소'를 반복하였다.

14

정답 ③

분기별 사회복지사 인력의 합은 다음과 같다.

- 2022년 3분기 : 391+670+1,887=2,948명
- 2022년 4분기 : 385+695+1,902=2,982명
- 2023년 1분기 : 370+700+1,864=2,934명
- 2023년 2분기 : 375+720+1,862=2,957명

분기별 전체 보건인력 중 사회복지사 인력의 비율은 다음과 같다.

- 2022년 3분기 : $\frac{2,948}{80,828}\times 100 \fallingdotseq 3.65\%$
- 2022년 4분기 : $\frac{2,982}{82,582}\times 100 \fallingdotseq 3.61\%$
- 2023년 1분기 : $\frac{2,934}{86,236}\times 100 \fallingdotseq 3.40\%$
- 2023년 2분기 : $\frac{2,957}{86,707}\times 100 \fallingdotseq 3.41\%$

따라서 옳지 않은 것은 ③이다.

15

정답 ③

건강생활실천지원금제 신청자 목록에 따라 신청자별로 확인하면 다음과 같다.

- A : 주민등록상 주소지는 시범지역에 속하지 않는다.
- B : 주민등록상 주소지는 관리형에 속하지만, 고혈압 또는 당뇨병 진단을 받지 않았다.
- C : 주민등록상 주소지는 예방형에 속하고, 체질량지수와 혈압이 건강관리가 필요한 사람이므로 예방형이다.
- D : 주민등록상 주소지는 관리형에 속하고, 고혈압 진단을 받았으므로 관리형이다.
- E : 주민등록상 주소지는 예방형에 속하고, 체질량지수와 공복혈당 건강관리가 필요한 사람이므로 예방형이다.
- F : 주민등록상 주소지는 시범지역에 속하지 않는다.
- G : 주민등록상 주소지는 관리형에 속하고, 당뇨병 진단을 받았으므로 관리형이다.
- H : 주민등록상 주소지는 시범지역에 속하지 않는다.
- I : 주민등록상 주소지는 예방형에 속하지만, 필수조건인 체질량지수가 정상이므로 건강관리가 필요한 사람에 해당하지 않는다.

따라서 예방형 신청이 가능한 사람은 C, E이고, 관리형 신청이 가능한 사람은 D, G이다.

16

정답 ③

출산장려금 지급 시기의 가장 우선순위인 임신일이 가장 긴 임산부는 B, D, E임산부이다. 이 중에서 만 19세 미만인 자녀 수가 많은 임산부는 D, E임산부이고, 소득 수준이 더 낮은 임산부는 D임산부이다. 따라서 D임산부가 가장 먼저 출산장려금을 받을 수 있다.

17

정답 ②

제시문은 행위별수가제에 대한 것으로 환자, 의사, 건강보험 재정 등 많은 곳에서 한계점이 있다고 설명하면서 건강보험 고갈을 막기 위해 다양한 지불방식을 도입하는 등 구조적인 개편이 필요함을 설명하고 있다. 따라서 글의 주제로 '행위별수가제의 한계점'이 가장 적절하다.

18

정답 ②

- 구상(求償) : 무역 거래에서 수량 · 품질 · 포장 따위에 계약 위반 사항이 있는 경우, 매주(賣主)에게 손해 배상을 청구하거나 이의를 제기하는 일
- 구제(救濟) : 자연적인 재해나 사회적인 피해를 당하여 어려운 처지에 있는 사람을 도와줌

19

정답 ①

- (운동에너지)$=\frac{1}{2}\times$(질량)$\times$(속력)$^2=\frac{1}{2}\times2\times4^2=16$J
- (위치에너지)=(질량)$\times$(중력가속도)$\times$(높이)$=2\times10\times0.5=10$J
- (역학적 에너지)=(운동에너지)+(위치에너지)$=16+10=26$J

공의 역학적 에너지는 26J이고, 튀어 오를 때 가장 높은 지점에서 운동에너지가 0이므로 역학적 에너지는 위치에너지와 같다. 따라서 공이 튀어 오를 때 가장 높은 지점에서의 위치에너지는 26J이다.

20

정답 ④

출장지까지 거리는 $200\times1.5=300$km이므로 시속 60km의 속력으로 달릴 때 걸리는 시간은 5시간이고, 약속시간보다 1시간 늦게 도착하므로 약속시간은 4시간 남았다. 300km를 시속 60km의 속력으로 달리다 도중에 시속 90km의 속력으로 달릴 때 약속시간보다 30분 일찍 도착했으므로, 이때 걸린 시간은 $4-\frac{1}{2}=\frac{7}{2}$시간이다.

시속 90km의 속력으로 달린 거리를 $x$km라 하면

$\frac{300-x}{60}+\frac{x}{90}=\frac{7}{2}$

$\rightarrow 900-3x+2x=630$

$\therefore x=270$

따라서 A부장이 시속 90km의 속력으로 달린 거리는 270km이다.

21

정답 ①

상품의 원가를 x원이라 하면 처음 판매가격은 $1.23x$원이다.

여기서 1,300원을 할인하여 판매했을 때 얻은 이익은 원가의 10%이므로

$(1.23x-1{,}300)-x=0.1x$

$\rightarrow 0.13x=1{,}300$

$\therefore x=10{,}000$

따라서 상품의 원가는 10,000원이다.

22

정답 ③

G와 B의 자리를 먼저 고정하고, 양 끝에 앉을 수 없는 A의 위치를 토대로 경우의 수를 계산하면 다음과 같다.

- G가 가운데에 앉고, B가 G의 바로 왼쪽에 앉는 경우의 수

	A	B	G			
		B	G	A		
		B	G		A	

$3\times4!=72$가지

- G가 가운데에 앉고, B가 G의 바로 오른쪽에 앉는 경우의 수

	A		G	B		
		A	G	B		
			G	B	A	

$3\times4!=72$가지

따라서 조건과 같이 앉을 때 가능한 경우의 수는 $72+72=144$가지이다.

23

정답 ②

유치원생이 11명일 때 평균 키는 113cm이므로 유치원생 11명의 키의 합은 113×11=1,243cm이다. 키가 107cm인 유치원생이 나갔으므로 남은 유치원생 10명의 키의 합은 1,243−107=1,136cm이다. 따라서 남은 유치원생 10명의 키의 평균은 $\frac{1,136}{10}$ = 113.6cm이다.

24

정답 ③

'우회수송'은 사고 등의 이유로 직통이 아닌 다른 경로로 우회하여 수송한다는 뜻이기 때문에 '우측 선로로 변경'은 순화로 적절하지 않다.

오답분석

① '열차시격'에서 '시격'이란 '사이에 뜬 시간'이라는 뜻의 한자어로, 열차와 열차 사이의 간격, 즉 배차간격으로 순화할 수 있다.
② '전차선'이란 선로를 의미하고, '단전'은 전기의 공급이 중단됨을 말한다. 따라서 바르게 순화되었다.
④ '핸드레일(Handrail)'은 난간을 뜻하는 영어 단어로, 우리말로는 '안전손잡이'로 순화할 수 있다.
⑤ '키스 앤 라이드(Kiss and Ride)'는 헤어질 때 키스를 하는 영미권 문화에서 비롯된 용어로, 환승정차구역을 지칭한다.

25

정답 ④

세 번째 문단을 통해 정부가 철도 중심 교통체계 구축을 위해 노력하고 있음을 알 수는 있으나, 구체적으로 시행된 조치는 언급되지 않았다.

오답분석

① 첫 번째 문단을 통해 전 세계적으로 탄소중립이 주목받자 이에 대한 방안으로 등장한 것이 철도 수송임을 알 수 있다.
② 첫 번째 문단과 두 번째 문단을 통해 철도 수송의 확대가 온실가스 배출량의 획기적인 감축을 가져올 것임을 알 수 있다.
③ 네 번째 문단을 통해 '중앙선 안동 ~ 영천 간 궤도' 설계 시 탄소 감축 방안으로 저탄소 자재인 유리섬유 보강근이 철근 대신 사용되었음을 알 수 있다.
⑤ 네 번째 문단을 통해 S철도공단은 철도 중심 교통체계 구축을 위해 건설 단계에서부터 친환경·저탄소 자재를 적용하였고, 탄소 감축을 위해 2025년부터는 모든 철도건축물을 일정한 등급 이상으로 설계하기로 결정하였음을 알 수 있다.

26

정답 ①

제시문을 살펴보면 먼저 첫 번째 문단에서는 이산화탄소로 메탄올을 만드는 곳이 있다며 관심을 유도하고, 두 번째 문단에서 메탄올을 어떻게 만들고 어디에서 사용하는지 구체적으로 설명함으로써 탄소 재활용의 긍정적인 측면을 부각하고 있다. 하지만 세 번째 문단에서는 앞선 내용과 달리 이렇게 만들어진 메탄올의 부정적인 측면을 설명하고, 네 번째 문단에서는 이와 같은 이유로 탄소 재활용에 대한 결론이 나지 않았다며 글이 마무리되고 있다. 따라서 글의 주제로 적절한 것은 탄소 재활용의 이면을 모두 포함하는 내용인 ①이다.

오답분석

② 두 번째 문단에 한정된 내용이므로 제시문 전체를 다루는 주제로 보기에는 적절하지 않다.
③ 지열발전소의 부산물을 통해 메탄올이 만들어진 것은 맞지만, 새롭게 탄생된 연료로 보기는 어려우며, 글의 전체를 다루는 주제로 보기에도 적절하지 않다.
④·⑤ 제시문의 첫 번째 문단과 두 번째 문단에서는 버려진 이산화탄소 및 부산물의 재활용을 통해 '메탄올'을 제조함으로써 미래 원료를 해결할 수 있을 것처럼 보이지만, 이어지는 세 번째 문단과 네 번째 문단에서는 이렇게 만들어진 '메탄올'이 과연 미래 원료로 적합한지 의문점이 제시되고 있다. 따라서 글의 주제로 보기에는 적절하지 않다.

27

정답 ④

A ~ C철도사의 차량 1량당 연간 승차인원 수는 다음과 같다.

- 2020년
  - A철도사 : $\frac{775,386}{2,751}$ ≒ 281.86천 명/년/1량
  - B철도사 : $\frac{26,350}{103}$ ≒ 255.83천 명/년/1량
  - C철도사 : $\frac{35,650}{185}$ ≒ 192.7천 명/년/1량
- 2021년
  - A철도사 : $\frac{768,776}{2,731}$ ≒ 281.5천 명/년/1량
  - B철도사 : $\frac{24,746}{111}$ ≒ 222.94천 명/년/1량
  - C철도사 : $\frac{33,130}{185}$ ≒ 179.08천 명/년/1량
- 2022년
  - A철도사 : $\frac{755,376}{2,710}$ ≒ 278.74천 명/년/1량
  - B철도사 : $\frac{23,686}{113}$ ≒ 209.61천 명/년/1량
  - C철도사 : $\frac{34,179}{185}$ ≒ 184.75천 명/년/1량

따라서 3년간 차량 1량당 연간 평균 승차인원 수는 C철도사가 가장 적다.

오답분석

① 2020 ~ 2022년의 C철도사 차량 수는 185량으로 변동이 없다.

② 2020 ~ 2022년의 연간 승차인원 비율은 모두 A철도사가 가장 높다.

③ A ~ C철도사의 2020년의 전체 연간 승차인원 수는 775,386+26,350+35,650=837,386천 명, 2021년의 전체 연간 승차인원 수는 768,776+24,746+33,130=826,652천 명, 2022년의 전체 연간 승차인원 수는 755,376+23,686+34,179=813,241천 명으로 매년 감소하였다.

⑤ 2020 ~ 2022년의 C철도사 차량 1량당 연간 승차인원 수는 각각 192.7천 명, 179.08천 명, 184.75천 명이므로 모두 200천 명 미만이다.

28

정답 ⑤

2018년 대비 2022년에 석유 생산량이 감소한 국가는 C, F이며, 석유 생산량 감소율은 다음과 같다.

- C : $\frac{4,025,936-4,102,396}{4,102,396}\times100$ ≒ −1.9%p
- F : $\frac{2,480,221-2,874,632}{2,874,632}\times100$ ≒ −13.7%p

따라서 석유 생산량 감소율이 가장 큰 국가는 F이다.

오답분석

① 석유 생산량이 매년 증가한 국가는 A, B, E, H로 총 4개이다.

② 2018년 대비 2022년에 석유 생산량이 증가한 국가의 석유 생산량 증가량은 다음과 같다.

- A : 10,556,259−10,356,185=200,074bbl/day
- B : 8,567,173−8,251,052=316,121bbl/day
- D : 5,442,103−5,321,753=120,350bbl/day

• E : 335,371－258,963=76,408bbl/day
• G : 1,336,597－1,312,561=24,036bbl/day
• H : 104,902－100,731=4,171bbl/day

따라서 석유 생산량 증가량이 가장 많은 국가는 B이다.

③ E국가의 연도별 석유 생산량을 H국가의 석유 생산량과 비교하면 다음과 같다.

• 2018년 : $\frac{258,963}{100,731} \fallingdotseq 2.6$
• 2019년 : $\frac{273,819}{101,586} \fallingdotseq 2.7$
• 2020년 : $\frac{298,351}{102,856} \fallingdotseq 2.9$
• 2021년 : $\frac{303,875}{103,756} \fallingdotseq 2.9$
• 2022년 : $\frac{335,371}{104,902} \fallingdotseq 3.2$

따라서 2022년 E국가의 석유 생산량은 H국가 석유 생산량의 약 3.2배이므로 옳지 않다.

④ 석유 생산량 상위 2개국은 매년 A, B이며, 매년 석유 생산량의 차이는 다음과 같다.

• 2018년 : 10,356,185－8,251,052=2,105,133bbl/day
• 2019년 : 10,387,665－8,297,702=2,089,963bbl/day
• 2020년 : 10,430,235－8,310,856=2,119,379bbl/day
• 2021년 : 10,487,336－8,356,337=2,130,999bbl/day
• 2022년 : 10,556,259－8,567,173=1,989,086bbl/day

따라서 A와 B국가의 석유 생산량의 차이는 '감소－증가－증가－감소'를 보이므로 옳지 않다.

29

정답 ②

제시된 법에 따라 공무원인 친구가 받을 수 있는 선물의 금액은 1회에 100만 원이다.

$12x < 100 \rightarrow x < \frac{100}{12} = \frac{25}{3} \fallingdotseq 8.33$

따라서 A씨는 수석을 최대 8개 보낼 수 있다.

30

정답 ④

거래처로 가기 위해 C와 G를 거쳐야 하므로, C를 먼저 거치는 최소 이동거리와 G를 먼저 거치는 최소 이동거리를 비교해 본다.

• 본사－C－D－G－거래처
  6+3+3+4=16km
• 본사－E－G－D－C－F－거래처
  4+1+3+3+3+4=18km

따라서 최소 이동거리는 16km이다.

31

정답 ④

• 볼펜을 30자루 구매하면 개당 200원씩 할인되므로 800×30=24,000원이다.
• 수정테이프를 8개 구매하면 2,500×8=20,000원이지만, 10개를 구매하면 개당 1,000원이 할인되어 1,500×10=15,000원이므로 10개를 구매하는 것이 더 저렴하다.
• 연필을 20자루 구매하면 연필 가격의 25%가 할인되므로 400×20×0.75=6,000원이다.
• 지우개를 5개 구매하면 300×5=1,500원이며 지우개에 대한 할인은 적용되지 않는다.

따라서 총금액은 24,000+15,000+6,000+1,500=46,500원이고 3만 원을 초과했으므로 10% 할인이 적용되어 46,500×0.9=41,850원이다. 또한 할인 적용 전 금액이 5만 원 이하이므로 배송료 5,000원이 추가로 부과되어 41,850+5,000=46,850원이 된다. 그런데 만약 비품을 3,600원어치 추가로 주문하면 46,500+3,600=50,100원이므로 할인 적용 전 금액이 5만 원을 초과하여 배송료가 무료가 되고, 총금액이 3만 원을 초과했으므로 지불할 금액은 10% 할인이 적용된 50,100×0.9=45,090원이 된다. 그러므로 지불 가능한 가장 저렴한 금액은 45,090원이다.

32

정답 ①

A ~ E가 받는 성과급을 구하면 다음과 같다.

직원	직책	매출 순이익	기여도	성과급 비율	성과급
A	팀장	4,000만 원	25%	매출 순이익의 5%	1.2×4,000×0.05=240만 원
B	팀장	2,500만 원	12%	매출 순이익의 2%	1.2×2,500×0.02=60만 원
C	팀원	1억 2,500만 원	3%	매출 순이익의 1%	12,500×0.01=125만 원
D	팀원	7,500만 원	7%	매출 순이익의 3%	7,500×0.03=225만 원
E	팀원	800만 원	6%	–	0원

따라서 가장 많은 성과급을 받는 사람은 A이다.

33

정답 ⑤

2023년 6월의 학교폭력 신고 건수는 7,530+1,183+557+601=9,871건으로, 10,000건 미만이다.

오답분석

① • 2023년 1월의 학교폭력 상담 건수 : 9,652−9,195=457건
  • 2023년 2월의 학교폭력 상담 건수 : 10,109−9,652=457건
  따라서 2023년 1월과 2023년 2월의 학교폭력 상담 건수는 같다.

② 학교폭력 상담 건수와 신고 건수 모두 2023년 3월에 가장 많다.

③ 전월 대비 학교폭력 상담 건수가 가장 크게 감소한 때는 2023년 5월이지만, 학교폭력 신고 건수가 가장 크게 감소한 때는 2023년 4월이다.

④ 전월 대비 학교폭력 상담 건수가 증가한 월은 2022년 9월과 2023년 3월이고, 이때 학교폭력 신고 건수 또한 전월 대비 증가하였다.

34

정답 ④

연도별 전체 발전량 대비 유류·양수 자원 발전량은 다음과 같다.

• 2018년 : $\frac{6,605}{553,256}\times 100 \fallingdotseq 1.2\%$

• 2019년 : $\frac{6,371}{537,300}\times 100 \fallingdotseq 1.2\%$

• 2020년 : $\frac{5,872}{550,826}\times 100 \fallingdotseq 1.1\%$

• 2021년 : $\frac{5,568}{553,900}\times 100 \fallingdotseq 1\%$

• 2022년 : $\frac{5,232}{593,958}\times 100 \fallingdotseq 0.9\%$

따라서 2022년의 유류·양수 자원 발전량은 전체 발전량의 1% 미만이다.

오답분석

① 원자력 자원 발전량과 신재생 자원 발전량은 매년 증가하였다.

② 연도별 석탄 자원 발전량의 전년 대비 감소폭은 다음과 같다.
  • 2019년 : 226,571−247,670=−21,099GWh
  • 2020년 : 221,730−226,571=−4,841GWh
  • 2021년 : 200,165−221,730=−21,565GWh
  • 2022년 : 198,367−200,165=−1,798GWh
  따라서 석탄 자원 발전량의 전년 대비 감소폭이 가장 큰 해는 2021년이다.

③ 연도별 신재생 자원 발전량 대비 가스 자원 발전량은 다음과 같다.

- 2018년 : $\frac{135,072}{36,905} \times 100 ≒ 366\%$
- 2019년 : $\frac{126,789}{38,774} \times 100 ≒ 327\%$
- 2020년 : $\frac{138,387}{44,031} \times 100 ≒ 314\%$
- 2021년 : $\frac{144,976}{47,831} \times 100 ≒ 303\%$
- 2022년 : $\frac{160,787}{50,356} \times 100 ≒ 319\%$

따라서 연도별 신재생 자원 발전량 대비 가스 자원 발전량이 가장 큰 해는 2018년이다.

⑤ 전체 발전량이 증가한 해는 2020 ~ 2022년이며, 그 증가폭은 다음과 같다.

- 2020년 : 550,826－537,300＝13,526GWh
- 2021년 : 553,900－550,826＝3,074GWh
- 2022년 : 593,958－553,900＝40,058GWh

따라서 전체 발전량의 전년 대비 증가폭이 가장 큰 해는 2022년이다.

35

정답 ②

㉠ 퍼실리테이션(Facilitation)이란 '촉진'을 의미하며, 어떤 그룹이나 집단이 의사결정을 잘하도록 도와주는 일을 가리킨다. 최근 많은 조직에서는 보다 생산적인 결과를 가져올 수 있도록 그룹이 나아갈 방향을 알려 주고, 주제에 대한 공감을 이룰 수 있도록 능숙하게 도와주는 퍼실리테이터를 활용하고 있다. 퍼실리테이션에 의한 문제해결 방법은 깊이 있는 커뮤니케이션을 통해 서로의 문제점을 이해하고 공감함으로써 창조적인 문제해결을 도모한다. 소프트 어프로치나 하드 어프로치 방법은 타협점의 단순 조정에 그치지만, 퍼실리테이션에 의한 방법은 초기에 생각하지 못했던 창조적인 해결 방법을 도출한다. 동시에 구성원의 동기가 강화되고 팀워크도 한층 강화된다는 특징을 보인다. 이 방법을 이용한 문제해결은 구성원이 자율적으로 실행하는 것이며, 제3자가 합의점이나 줄거리를 준비해 놓고 예정대로 결론이 도출되어 가도록 해서는 안 된다.

㉡ 하드 어프로치에 의한 문제해결방법은 상이한 문화적 토양을 가지고 있는 구성원을 가정하여 서로의 생각을 직설적으로 주장하고 논쟁이나 협상을 통해 의견을 조정해 가는 방법이다. 이때 중심적 역할을 하는 것이 논리, 즉 사실과 원칙에 근거한 토론이다. 제3자는 이것을 기반으로 구성원에게 지도와 설득을 하고 전원이 합의하는 일치점을 찾아내려고 한다. 이러한 방법은 합리적이긴 하지만 잘못하면 단순한 이해관계의 조정에 그치고 말아서 그것만으로는 창조적인 아이디어나 높은 만족감을 이끌어내기 어렵다.

㉢ 소프트 어프로치에 의한 문제해결방법은 대부분의 기업에서 볼 수 있는 전형적인 스타일로 조직 구성원들은 같은 문화적 토양을 가지고 이심전심으로 서로를 이해하는 상황을 가정한다. 코디네이터 역할을 하는 제3자는 결론으로 끌고 갈 지점을 미리 머릿속에 그려가면서 권위나 공감에 의지하여 의견을 중재하고, 타협과 조정을 통하여 해결을 도모한다. 결론이 애매하게 끝나는 경우가 적지 않으나, 그것은 그것대로 이심전심을 유도하여 파악하면 된다. 소프트 어프로치에서는 문제해결을 위해서 직접 표현하는 것이 바람직하지 않다고 여기며, 무언가를 시사하거나 암시를 통하여 의사를 전달하고 기분을 서로 통하게 함으로써 문제해결을 도모하려고 한다.

36

정답 ④

네 번째 조건을 제외한 모든 조건과 그 대우를 논리식으로 표현하면 다음과 같다.

- $\sim(D \lor G) \rightarrow F$ / $\sim F \rightarrow (D \land G)$
- $F \rightarrow \sim E$ / $E \rightarrow \sim F$
- $\sim(B \lor E) \rightarrow \sim A$ / $A \rightarrow (B \land E)$

네 번째 조건에 따라 A가 투표를 하였으므로, 세 번째 조건의 대우에 의해 B와 E 모두 투표를 하였다. 또한 E가 투표를 하였으므로, 두 번째 조건의 대우에 따라 F는 투표하지 않았으며, F가 투표하지 않았으므로 첫 번째 조건의 대우에 따라 D와 G는 모두 투표하였다. A, B, D, E, G 5명이 모두 투표하였으므로 네 번째 조건에 따라 C는 투표하지 않았다. 따라서 투표를 하지 않은 사람은 C와 F이다.

37

정답 ⑤

VLOOKUP 함수는 열의 첫 열에서 수직으로 검색하여 원하는 값을 출력하는 함수이다. 함수의 형식은 「=VLOOKUP(찾을 값,범위,열 번호,찾기 옵션)」이며 이 중 근사값을 찾기 위해서는 찾기 옵션에 1을 입력하고, 정확히 일치하는 값을 찾기 위해서는 0을 입력해야 한다. 상품코드 S3310897의 값을 일정한 범위에서 찾아야 하는 것이므로 범위는 절대참조로 지정해야 하며, 크기 중은 범위 중 3번째 열에 위치하고, 정확히 일치하는 값을 찾아야 하므로 입력해야 하는 함수식은 「=VLOOKUP("S3310897",$B$2:$E$8,3,0)」이다.

오답분석

①·② HLOOKUP 함수를 사용하려면 찾고자 하는 값은 '중'이고, [B2:E8] 범위에서 찾고자 하는 행 'S3310897'은 6번째 행이므로 「=HLOOKUP("중",$B$2:$E$8,6,0)」을 입력해야 한다.

③·④ '중'은 테이블 범위에서 3번째 열이다.

38

정답 ③

Windows Game Bar로 녹화한 영상의 저장 위치는 파일 탐색기를 사용하여 [내 PC] – [동영상] – [캡처] 폴더를 원하는 위치로 옮겨 변경할 수 있다.

39

정답 ①

RPS 제도 이행을 위해 공급의무자는 일정 비율 이상(의무공급비율)을 신재생에너지로 발전해야 한다. 하지만 의무공급비율은 매년 확대되고 있고, 여기에 맞춰 신재생에너지 발전설비를 계속 추가하는 것은 시간적, 물리적으로 어려우므로 공급의무자는 신재생에너지 공급자로부터 REC를 구매하여 의무공급비율을 달성한다.

오답분석

② 신재생에너지 공급자가 공급의무자에게 REC를 판매하기 위해서는 에너지관리공단 신재생에너지센터, 한국전력거래소 등 공급인증기관으로부터 공급 사실을 증명하는 공급인증서를 신청해 발급받아야 한다.

③ 2021년 8월 이후 에너지관리공단에서 운영하는 REC 거래시장을 통해 일반기업도 REC를 구매하여 온실가스 감축실적으로 인정받을 수 있게 되었다.

④ REC에 명시된 공급량은 발전방식에 따라 가중치를 곱해 표기하므로 실제 공급량과 다를 수 있다.

40

정답 ③

빈칸 ㉠의 앞 문장은 공급의무자가 신재생에너지 발전설비 확대를 통한 RPS 달성에는 한계점이 있음을 설명하고, 뒷 문장은 이에 대한 대안으로서 REC 거래를 설명하고 있다. 따라서 빈칸에 들어갈 접속부사는 '그러므로'가 가장 적절하다.

41

정답 ③

오답분석

① 인증서의 유효기간은 발급일로부터 3년이다. 2020년 10월 6일에 발급받은 REC의 만료일은 2023년 10월 6일이므로 이미 만료되어 거래할 수 없다.

② 천연가스는 화석연료이므로 REC를 발급받을 수 없다.

④ 기업에 판매하는 REC는 에너지관리공단에서 거래시장을 운영한다.

42

정답 ③

수소는 연소 시 탄소를 배출하지 않는 친환경에너지이지만, 수소혼소 발전은 수소와 함께 액화천연가스(LNG)를 혼합하여 발전하므로 기존 LNG 발전에 비해 탄소 배출량은 줄어들지만, 여전히 탄소를 배출한다.

오답분석

① 수소혼소 발전은 기존의 LNG 발전설비를 활용할 수 있기 때문에 화석연료 발전에서 친환경에너지 발전으로 전환하는 데 발생하는 사회적·경제적 충격을 완화할 수 있다.
② 높은 온도로 연소되는 수소는 공기 중의 질소와 반응하여 질소산화물(NOx)을 발생시키며, 이는 미세먼지와 함께 대기오염의 주요 원인으로 작용한다.
④ 수소혼소 발전에서 수소를 혼입하는 양이 많아질수록 발전에 사용하는 LNG를 많이 대체하므로 탄소 배출량은 줄어든다.

43

정답 ②

보기에 주어진 문장은 접속부사 '따라서'로 시작하므로 수소가 2050 탄소중립 실현을 위한 최적의 에너지원이 되는 이유 뒤에 와야 한다. 따라서 보기는 수소 에너지의 장점과 이어지는 (나)에 들어가는 것이 가장 적절하다.

44

정답 ③

• 총무팀 : 연필, 지우개, 볼펜, 수정액의 수량이 기준 수량보다 적다.
  – 최소 주문 수량 : 연필 15자루, 지우개 15개, 볼펜 40자루, 수정액 15개
  – 최대 주문 수량 : 연필 60자루, 지우개 90개, 볼펜 120자루, 수정액 60개
• 연구개발팀 : 볼펜, 수정액의 수량이 기준 수량보다 적다.
  – 최소 주문 수량 : 볼펜 10자루, 수정액 10개
  – 최대 주문 수량 : 볼펜 120자루, 수정액 60개
• 마케팅홍보팀 : 지우개, 볼펜, 수정액, 테이프의 수량이 기준 수량보다 적다.
  – 최소 주문 수량 : 지우개 5개, 볼펜 45자루, 수정액 25개, 테이프 10개
  – 최대 주문 수량 : 지우개 90개, 볼펜 120자루, 수정액 60개, 테이프 40개
• 인사팀 : 연필, 테이프의 수량이 기준 수량보다 적다.
  – 최소 주문 수량 : 연필 5자루, 테이프 15개
  – 최대 주문 수량 : 연필 60자루, 테이프 40개

따라서 비품 신청 수량이 바르지 않은 팀은 마케팅홍보팀이다.

45

정답 ②

N사에서 A지점으로 가려면 1호선으로 역 2개를 지난 후 2호선으로 환승하여 역 5개를 더 가야 한다.
따라서 편도로 이동하는 데 걸리는 시간은 $(2\times2)+3+(2\times5)=17$분이므로 왕복하는 데 걸리는 시간은 $17\times2=34$분이다.

46

정답 ④

• A지점 : $(900\times2)+(950\times5)=6{,}550$m
• B지점 : $900\times8=7{,}200$m
• C지점 : $(900\times2)+(1{,}300\times4)=7{,}000$m 또는 $(900\times5)+1{,}000+1{,}300=6{,}800$m
• D지점 : $(900\times5)+(1{,}000\times2)=6{,}500$m 또는 $(900\times2)+(1{,}300\times3)+1{,}000=6{,}700$m

따라서 이동거리가 가장 짧은 지점은 D지점이다.

47

정답 ②

- A지점 : 이동거리는 6,550m이고 기본요금 및 거리비례 추가비용은 2호선 기준이 적용되므로 1,500+100=1,600원이다.
- B지점 : 이동거리는 7,200m이고 기본요금 및 거리비례 추가비용은 1호선 기준이 적용되므로 1,200+50×4=1,400원이다.
- C지점 : 이동거리는 7,000m이고 기본요금 및 거리비례 추가비용은 4호선 기준이 적용되므로 2,000+150=2,150원이다. 또는 이동거리가 6,800m일 때, 기본요금 및 거리비례 추가비용은 4호선 기준이 적용되므로 2,000+150=2,150원이다.
- D지점 : 이동거리는 6,500m이고 기본요금 및 거리비례 추가비용은 3호선 기준이 적용되므로 1,800+100×3=2,100원이다. 또는 이동거리가 6,700m일 때, 기본요금 및 거리비례 추가비용은 4호선 기준이 적용되므로 2,000+150=2,150원이다.

따라서 이동하는 데 드는 비용이 가장 적은 지점은 B지점이다.

48

정답 ⑤

미국 컬럼비아 대학교에서 만들어낸 치즈케이크는 7가지의 반죽형 식용 카트리지로 만들어졌다. 따라서 페이스트를 층층이 쌓아서 만드는 FDM 방식을 사용하여 제작하였음을 알 수 있다.

오답분석

① PBF / SLS 방식 3D 푸드 프린터는 설탕 같은 분말 형태의 재료를 접착제나 레이저로 굳혀 제작하는 것이므로 설탕 케이크 장식을 제작하기에 적절한 방식이다.
② 3D 푸드 프린터는 질감을 조정하거나, 맛을 조정하여 음식을 제작할 수 있으므로 식감 등으로 발생하는 편식을 줄일 수 있다.
③ 3D 푸드 프린터는 음식을 제작할 때 개인별로 필요한 영양소를 첨가하는 등 사용자 맞춤 식단을 제공할 수 있다는 장점이 있다.
④ 네 번째 문단에서 현재 3D 푸드 프린터의 한계점을 보면 디자인적 · 심리적 요소로 인해 3D 푸드 프린터로 제작된 음식에 거부감이 들 수 있다고 하였다.

49

정답 ④

(라) 문장이 포함된 문단은 3D 푸드 프린터의 장점에 대해 설명하는 문단이며, 특히 대체육 프린팅의 장점에 대해 소개하고 있다. 그러나 (라) 문장은 대체육의 단점에 대해 서술하고 있으므로 네 번째 문단에 추가로 서술하거나 삭제하는 것이 적절하다.

오답분석

① (가) 문장은 컬럼비아 대학교에서 3D 푸드 프린터로 만들어 낸 치즈케이크의 특징을 설명하는 문장이므로 적절하다.
② (나) 문장은 현재 주로 사용되는 3D 푸드 프린터의 작동 방식을 설명하는 문장이므로 적절하다.
③ (다) 문장은 3D 푸드 프린터의 장점을 소개하는 세 번째 문단의 중심내용이므로 적절하다.
⑤ (마) 문장은 3D 푸드 프린터의 한계점인 '디자인으로 인한 심리적 거부감'을 서술하고 있으므로 적절하다.

50

정답 ④

네 번째 문단은 3D 푸드 프린터의 한계 및 개선점을 설명한 문단으로, 3D 푸드 프린터의 장점을 설명한 세 번째 문단과 역접관계에 있다. 따라서 '그러나'가 적절한 접속부사이다.

오답분석

① ㉠ 앞에서 서술된 치즈케이크의 특징이 대체육과 같은 다른 관련 산업에서 주목하게 된 이유가 되므로 '그래서'는 적절한 접속부사이다.
② ㉡ 앞의 문장은 3D 푸드 프린터의 장점을 소개하는 세 번째 문단의 중심내용이고 뒤의 문장은 이에 대한 예시를 설명하고 있으므로 '예를 들어'는 적절한 접속부사이다.
③ ㉢의 앞과 뒤는 다른 내용이지만 모두 3D 푸드 프린터의 장점을 나열한 것이므로 '또한'은 적절한 접속부사이다.
⑤ ㉤의 앞과 뒤는 다른 내용이지만 모두 3D 푸드 프린터의 단점을 나열한 것이므로 '게다가'는 적절한 접속부사이다.

CHAPTER 02

2023년 주요 공기업

전공 기출복원문제

01 경영

01	02	03	04	05	06	07	08	09	10	11	12	13	14	15	16	17	18	19	20
⑤	②	③	①	④	④	①	⑤	②	①	③	④	④	③	③	④	④	④	③	②

01

정답 ⑤

페이욜은 기업활동을 기술활동, 영업활동, 재무활동, 회계활동, 관리활동, 보전활동 6가지 분야로 구분하였다.

오답분석

② 차별 성과급제, 기능식 직장제도, 과업관리, 계획부 제도, 작업지도표 제도 등은 테일러의 과학적 관리법을 기본이론으로 한다.
③ 포드의 컨베이어 벨트 시스템은 생산원가를 절감하기 위해 표준 제품을 정하고 대량생산하는 방식을 정립한 것이다.
④ 베버의 관료제 조직은 계층에 의한 관리, 분업화, 문서화, 능력주의, 사람과 직위의 분리, 비개인성의 6가지 특징을 가지며, 이를 통해 조직을 가장 합리적이고 효율적으로 운영할 수 있다고 주장한다.

02

정답 ②

논리적인 자료 제시를 통해 높은 이해도를 이끌어 내는 것은 이성적 소구에 해당된다.

오답분석

① 감성적 소구는 감정전이형 광고라고도 하며, 브랜드 이미지 제고, 호의적 태도 등을 목표로 한다.
③ 감성적 소구 방법으로 유머 소구, 공포 소구, 성적 소구 등이 해당된다.
④ 이성적 소구는 자사 제품이 선택되어야만 하는 이유 또는 객관적 근거를 제시하고자 하는 방법이다.
⑤ 이성적 소구는 위험성이 있거나 새로운 기술이 적용된 제품 등의 지식과 정보를 제공함으로써 표적소비자들이 제품을 선택할 수 있게 한다.

03

정답 ③

단수가격은 심리학적 가격 결정으로, 1,000원, 10,000원의 단위로 가격을 결정하지 않고 900원, 990원, 9,900원 등 단수로 가격을 결정하여 상대적으로 저렴하게 보이게 하는 가격전략이다.

오답분석

① 명성가격 : 판매자의 명성이나 지위를 나타내는 제품을 수요가 증가함에 따라 높게 설정하는 가격이다.
② 준거가격 : 소비자가 상품 가격을 평가할 때 자신의 기준이나 경험을 토대로 생각하는 가격이다.
④ 관습가격 : 소비자들이 오랜 기간 동안 일정금액으로 구매해 온 상품의 특정 가격이다.
⑤ 유인가격 : 잘 알려진 제품을 저렴하게 판매하여 소비자들을 유인하기 위한 가격이다.

04

정답 ①

가치사슬은 미시경제학 또는 산업조직론을 기반으로 하는 분석 도구이다.

오답분석

② 가치사슬은 기업의 경쟁우위를 강화하기 위한 기본적 분석 도구로, 기업이 수행하는 활동을 개별적으로 나누어 분석한다.
③ 구매, 제조, 물류, 판매, 서비스 등을 기업의 본원적 활동으로 정의한다.
④ 인적자원 관리, 인프라, 기술개발, 조달활동 등을 기업의 지원적 활동으로 정의한다.
⑤ 각 가치사슬의 이윤은 전체 수입에서 가치창출을 위해 발생한 모든 비용을 제외한 값이다.

05

정답 ④

㉡ 자동화 기계 도입에 따른 다기능공 활용이 늘어나면, 작업자는 여러 기능을 숙달해야 하는 부담이 증가한다.
㉣ 혼류 생산을 통해 공간 및 설비 이용률을 향상시킨다.

오답분석

㉠ 현장 낭비 제거를 통해 원가를 낮추고 생산성을 향상시킬 수 있다.
㉢ 소 LOT 생산을 통해 재고율을 감소시켜 재고비용, 공간 등을 줄일 수 있다.

06

정답 ④

주식회사 발기인의 인원 수는 별도의 제한이 없다.

오답분석

① 주식회사의 법인격에 대한 설명이다.
② 출자자의 유한책임에 대한 설명이다(상법 제331조).
③ 주식은 자유롭게 양도할 수 있는 것이 원칙이다.
⑤ 주식회사는 사원(주주)의 수가 다수인 경우가 많기 때문에 사원이 직접 경영에 참여하기보다는 이사회로 경영권을 위임한다.

07

정답 ①

ELS는 주가연계증권으로, 사전에 정해진 조건에 따라 수익률이 결정되며 만기가 있다.

오답분석

② 주가연계파생결합사채(ELB)에 대한 설명이다.
③ 주가지수연동예금(ELD)에 대한 설명이다.
④ 주가연계신탁(ELT)에 대한 설명이다.
⑤ 주가연계펀드(ELF)에 대한 설명이다.

08

정답 ⑤

오답분석

①・② 파이프라인재고 또는 이동재고는 구매대금은 지급하였으나, 이동 중에 있는 재고를 말한다.
③ 주기재고는 주기적으로 일정한 단위로 품목을 발주함에 따라 발생하는 재고를 말한다.
④ 예비재고는 미래에 수요가 상승할 것을 기대하고 사전에 비축하는 재고를 말한다.

09

정답 ②

블룸의 기대이론에 대한 설명으로, 기대감, 수단성, 유의성을 통해 구성원의 직무에 대한 동기 부여를 결정한다고 주장하였다.

오답분석

① 허즈버그의 2요인이론에 대한 설명이다.
③ 매슬로의 욕구 5단계이론에 대한 설명이다.
④ 맥그리거의 XY이론에 대한 설명이다.
⑤ 로크의 목표설정이론에 대한 설명이다.

10

정답 ①

시장세분화 단계에서는 시장을 기준에 따라 세분화하고, 각 세분시장의 고객 프로필을 개발하여 차별화된 마케팅을 실행한다.

오답분석

②·③ 표적시장 선정 단계에서는 각 세분시장의 매력도를 평가하여 표적시장을 선정한다.
④ 포지셔닝 단계에서는 각각의 시장에 대응하는 포지셔닝을 개발하고 전달한다.
⑤ 재포지셔닝 단계에서는 자사와 경쟁사의 경쟁위치를 분석하여 포지셔닝을 조정한다.

11

정답 ③

• (당기순이익)=(총수익)−(총비용)=35억−20억=15억 원
• (기초자본)=(기말자본)−(당기순이익)=65억−15억=50억 원
• (기초부채)=(기초자산)−(기초자본)=100억−50억=50억 원

12

정답 ④

상위에 있는 욕구를 충족시키지 못하면 하위에 있는 욕구는 더욱 크게 증가하여, 하위욕구를 충족시키기 위해 훨씬 더 많은 노력이 필요하게 된다.

오답분석

① 심리학자 앨더퍼가 인간의 욕구에 대해 매슬로의 욕구 5단계설을 발전시켜 주장한 이론이다.
②·③ 존재욕구를 기본적 욕구로 정의하며, 관계욕구, 성장욕구로 계층화하였다.

13

정답 ④

사업 다각화는 무리하게 추진할 경우 수익성에 악영향을 줄 수 있다는 단점이 있다.

오답분석

① 지속적인 성장을 추구하여 미래 유망산업에 참여하고, 구성원에게 더 많은 기회를 줄 수 있다.
② 기업이 한 가지 사업만 영위하는 데 따르는 위험에 대비할 수 있다.
③ 보유자원 중 남는 자원을 활용하여 범위의 경제를 실현할 수 있다.

14

정답 ③

직무분석 → 직무기술서 / 직무명세서 → 직무평가 → 직무설계의 순서로 직무관리를 진행하며, 직무분석을 통해 업무특성과 업무담당자의 특성을 파악하고, 이를 토대로 어떤 직무가 적합할지 평가하여 대상자의 최종 직무를 설계한다.

15

정답 ③

종단분석은 시간과 비용의 제약으로 인해 표본 규모가 작을수록 좋으며, 횡단분석은 집단의 특성 또는 차이를 분석해야 하므로 표본이 일정 규모 이상일수록 정확하다.

16

정답 ④

채권이자율이 시장이자율보다 높아지면 채권가격은 액면가보다 높은 가격에 거래된다. 단, 만기에 가까워질수록 채권가격이 하락하여 가격위험에 노출된다.

오답분석

①·②·③ 채권이자율이 시장이자율보다 낮은 할인채에 대한 설명이다.

17

정답 ④

물음표(Question Mark) 사업은 신규 사업 또는 현재 시장점유율은 낮으나, 향후 성장 가능성이 높은 사업이다. 기업 경영 결과에 따라 개(Dog) 사업 또는 스타(Star) 사업으로 바뀔 수 있다.

오답분석

① 스타(Star) 사업 : 성장률과 시장점유율이 모두 높아서 계속 투자가 필요한 유망 사업이다.
② 현금젖소(Cash Cow) 사업 : 높은 시장점유율로 현금창출은 양호하나, 성장 가능성은 낮은 사업이다.
③ 개(Dog) 사업 : 성장률과 시장점유율이 모두 낮아 철수가 필요한 사업이다.

18

정답 ④

시험을 망쳤음에도 불구하고 난이도를 이유로 괜찮다고 생각하는 자기합리화의 사례로 볼 수 있다.

오답분석

①·②·③ 인지부조화의 사례로서 개인이 가지고 있는 신념, 태도, 감정 등에 대해 일관성을 가지지 못하고 다르게 행동하는 것을 의미한다.

19

정답 ③

M&A는 해외 직접투자에 해당하는 진출 방식이다.

오답분석

①·②·④ 계약에 의한 해외 진출 방식이다.

20

정답 ②

테일러의 과학적 관리법에서는 작업에 사용하는 도구 등을 표준화하여 관리 비용을 낮추고 효율성을 높이는 것을 추구한다.

오답분석

① 과학적 관리법의 특징 중 표준화에 대한 설명이다.
③ 과학적 관리법의 특징 중 동기부여에 대한 설명이다.
④ 과학적 관리법의 특징 중 통제에 대한 설명이다.

02 경제

01	02	03	04	05	06	07	08	09	10	11	12	13	14	15					
⑤	②	①	④	⑤	①	④	③	③	④	④	③	①	③	④					

01

정답 ⑤

가격탄력성이 1보다 크면 탄력적이라고 할 수 있다.

오답분석

① · ② 수요의 가격탄력성은 가격의 변화에 따른 수요의 변화를 의미하며, 분모는 상품 가격의 변화량을 상품 가격으로 나눈 값이며, 분자는 수요량의 변화량을 수요량으로 나눈 값이다.

③ 대체재가 많을수록 해당 상품 가격 변동에 따른 수요의 변화는 더 크게 반응하게 된다.

02

정답 ②

GDP 디플레이터는 명목 GDP를 실질 GDP로 나누어 물가상승 수준을 예측할 수 있는 물가지수로, 국내에서 생산된 모든 재화와 서비스 가격을 반영한다. 따라서 GDP 디플레이터를 구하는 계산식은 (명목 GDP)÷(실질 GDP)×100이다.

03

정답 ①

한계소비성향은 소비의 증가분을 소득의 증가분으로 나눈 값으로, 소득이 1,000만 원 늘었을 때 현재 소비자들의 한계소비성향이 0.7이므로 소비는 700만 원이 늘었다고 할 수 있다. 따라서 소비의 변화폭은 700이다.

04

정답 ④

㉠ 환율이 상승하면 제품을 수입하기 위해 더 많은 원화를 필요로 하고, 이에 따라 수입이 감소하게 되므로 순수출이 증가한다.

㉡ 국내이자율이 높아지면 국내자산 투자수익률이 좋아져 해외로부터 자본유입이 확대되고, 이에 따라 환율은 하락한다.

㉢ 국내물가가 상승하면 상대적으로 가격이 저렴한 수입품에 대한 수요가 늘어나 환율은 상승한다.

05

정답 ⑤

독점적 경쟁시장은 광고, 서비스 등 비가격경쟁이 가격경쟁보다 더 활발히 진행된다.

06

정답 ①

케인스학파는 경기침체 시 정부가 적극적으로 개입하여 총수요의 증대를 이끌어야 한다고 주장하였다.

오답분석

② 고전학파의 거시경제론에 대한 설명이다.

③ 케인스학파의 거시경제론에 대한 설명이다.

④ 고전학파의 이분법에 대한 설명이다.

⑤ 케인스학파의 화폐중립성에 대한 설명이다.

07

정답 ④

오답분석

① 매몰비용의 오류 : 이미 투입한 비용과 노력 때문에 경제성이 없는 사업을 지속하여 손실을 키우는 것을 의미한다.
② 감각적 소비 : 제품을 구입할 때, 품질, 가격, 기능보다 디자인, 색상, 패션 등을 중시하는 소비 패턴을 의미한다.
③ 보이지 않는 손 : 개인의 사적 영리활동이 사회 전체의 공적 이익을 증진시키는 것을 의미한다.
⑤ 희소성 : 사람들의 욕망에 비해 그 욕망을 충족시켜 주는 재화나 서비스가 부족한 현상을 의미한다.

08

정답 ③

- (실업률)=(실업자)÷(경제활동인구)×100
- (경제활동인구)=(취업자)+(실업자)

∴ 5,000÷(20,000+5,000)×100=20%

09

정답 ③

(한계비용)=(총비용 변화분)÷(생산량 변화분)

- 생산량이 50일 때 총비용 : 16(평균비용)×50(생산량)=800
- 생산량이 100일 때 총비용 : 15(평균비용)×100(생산량)=1,500

따라서 한계비용은 700÷50=14이다.

10

정답 ④

A국은 노트북을 생산할 때 기회비용이 더 크기 때문에 TV 생산에 비교우위가 있고, B국은 TV를 생산할 때 기회비용이 더 크기 때문에 노트북 생산에 비교우위가 있다.

구분	노트북 1대	TV 1대
A국	TV 0.75	노트북 1.33
B국	TV 1.25	노트북 0.8

11

정답 ④

다이내믹 프라이싱의 단점은 소비자 후생이 감소해 소비자의 만족도가 낮아진다는 것이다. 이로 인해 기업이 소비자의 불만에 직면할 수 있다는 리스크가 발생한다.

12

정답 ③

빅맥 지수는 동질적으로 판매되는 상품의 가치는 동일하다는 가정하에 나라별 화폐로 해당 제품의 가격을 평가하여 구매력을 비교하는 것이다.

맥도날드의 대표적 햄버거인 빅맥 가격을 기준으로 한 이유는 전 세계에서 가장 동질적으로 판매되고 있기 때문이며, 이처럼 품질, 크기, 재료가 같은 물건이 세계 여러 나라에서 팔릴 때 나라별 물가를 비교하기 수월하다.

오답분석

㉠ 빅맥 지수는 영국 경제지인 이코노미스트에서 최초로 고안하였다.
㉣ 빅맥 지수에 사용하는 빅맥 가격은 제품 가격만 반영하고 서비스 가격은 포함하지 않기 때문에 나라별 환율에 대한 상대적 구매력 평가 외에 다른 목적으로 사용하기에는 측정값이 정확하지 않다.

13

정답 ①

확장적 통화정책은 국민소득을 증가시켜 이에 따른 보험료 인상 등 세수확대 요인으로 작용한다.

오답분석

② 이자율이 하락하고, 소비 및 투자가 증가한다.
③·④ 긴축적 통화정책이 미치는 영향이다.

14

정답 ③

토지, 설비 등이 부족하면 한계 생산가치가 떨어지기 때문에 노동자를 많이 고용하는 게 오히려 손해이다. 따라서 노동 수요곡선은 왼쪽으로 이동한다.

오답분석

① 노동 수요는 재화에 대한 수요가 아닌 재화를 생산하기 위해 파생되는 수요이다.
② 상품 가격이 상승하면 기업은 더 많은 제품을 생산하기 위해 노동자를 더 많이 고용한다.
④ 노동에 대한 인식이 긍정적으로 변화하면 노동시장에 더 많은 노동력이 공급된다.

15

정답 ④

S씨가 달리기를 선택할 경우 (기회비용)=1(순편익)+8(암묵적 기회비용)=9로 기회비용이 가장 작다.

오답분석

① 헬스를 선택할 경우
(기회비용)=2(순편익)+8(암묵적 기회비용)=10
② 수영을 선택할 경우
(기회비용)=5(순편익)+8(암묵적 기회비용)=13
③ 자전거를 선택할 경우
(기회비용)=3(순편익)+7(암묵적 기회비용)=10

03 회계

01	02	03	04	05	06	07	08	09	10										
③	②	④	③	③	①	③	①	②	③										

01

정답 ③

매출액순이익률은 당기순이익을 매출액으로 나눈 값이다.

오답분석

① 유동비율은 유동자산을 유동부채로 나눈 값으로 안정성 비율에 해당한다.
② 부채비율은 부채를 자기자본으로 나눈 값으로 안정성 비율에 해당한다.
④ 총자산회전율은 매출액을 평균총자산으로 나눈 값으로 활동성 비율에 해당한다.

02

정답 ②

(당기 제조원가)=(당기 총 제조원가)+[(기초 재공품 재고액)−(기말 재공품 재고액)]
(당기 총 제조원가)=(재료비)+(노무비)+(제조비)=140,000원
(당기 제조원가)=140,000+(40,000−20,000)=160,000원

03

정답 ④

유동비율이 높다는 것은 기업이 보유하고 있는 현금성 자산이 많다는 의미로 활발한 투자와는 거리가 있다.

오답분석

①·② 유동비율은 1년 이내 현금화가 가능한 자산을 1년 이내 갚아야 하는 부채로 나눈 값이다.
③ 유동자산에 매출채권, 재고자산이 포함됨에 따라 매출이 부진하여 재고가 많이 쌓인 기업의 유동비율이 높게 나타나는 경우도 있다.

04

정답 ③

(매출총이익)=(매출액)−(매출원가)=100,000,000−60,000,000=40,000,000원
(영업이익)=(매출총이익)−(판관비)=40,000,000−10,000,000=30,000,000원
(법인세 차감 전 이익)=(영업이익)+(영업외이익)−(영업외비용)=30,000,000+5,000,000−10,000,000=25,000,000원
법인세비용은 당기순이익을 계산할 때 사용한다.

05

정답 ③

당기 판매된 재고자산을 모두 동일한 단가라고 가정하는 것은 총평균법에 대한 설명이다.

06

정답 ①

애덤 스미스의 절대우위론에 대한 설명이다.

오답분석

②·③ 리카르도의 비교우위론에 대한 설명이다.
④ 제품 생산에 따른 기회비용이 더 낮은 국가가 상대국에 비해 해당 제품 생산에서 비교우위에 있다고 할 수 있다.

07

정답 ③

(주당이익)=(보통주 귀속 당기순이익)÷(보통주 주식 수)
(보통주 귀속 당기순이익)=(전체 당기순이익)−(우선주 주주 배당금)=2,000,000,000−200,000,000=1,800,000,000원
(주당이익)=1,800,000,000원÷10,000,000주=180원

08

정답 ①

외상매출금은 거래처와의 거래에 의하여 발생하는 영업상 미수채권으로 대표적인 유동자산(당좌자산)이다.

오답분석

② 증가하면 차변에, 감소하면 대변에 기록한다.
③ 기업이 보유자산을 판매하고 받지 못한 대금은 미수금에 해당한다.
④ 외상매출금은 원칙적으로 이자가 붙지 않는다.

09

정답 ②

(유형자산 취득원가)=(구입가격)+(직접관련원가)+(추정복구원가)
광고 및 판촉활동 원가는 기타관련원가로 취득원가 계산 시 포함하지 않는다.

오답분석

①·③ 직접관련원가에 해당한다.
④ 추정복구원가에 해당한다.

10

정답 ③

(기초 재고자산 금액)+(당기매입액)=(매출원가)+(기말 재고자산 금액)
(당기매입액)=(판매가능금액)−(기초 재고자산 금액)=300,000,000−200,000,000=100,000,000원
200,000,000+100,000,000=80,000,000+(기말 재고자산)
(기말 재고자산)=220,000,000원

04 법

01	02	03	04	05	06	07	08	09											
④	①	③	⑤	②	④	④	①	③											

01

정답 ④

근로자참여 및 협력증진에 관한 법은 집단적 노사관계법으로, 노동조합과 사용자단체 간의 노사관계를 규율한 법이다. 노동조합 및 노동관계조정법, 근로자참여 및 협력증진에 관한 법, 노동위원회법, 교원의 노동조합설립 및 운영 등에 관한 법률, 공무원직장협의회법 등이 이에 해당한다.

나머지는 근로자와 사용자의 근로계약을 체결하는 관계에 대해 규율한 법으로, 개별적 근로관계법이라고 한다. 근로기준법, 최저임금법, 산업안전보건법, 직업안정법, 남녀고용평등법, 선원법, 산업재해보상보험법, 고용보험법 등이 이에 해당한다.

02

정답 ①

용익물권은 타인의 토지나 건물 등 부동산의 사용가치를 지배하는 제한물권으로, 민법상 지상권, 지역권, 전세권이 이에 속한다.

용익물권의 종류

- 지상권 : 타인의 토지에 건물이나 수목 등을 설치하여 사용하는 물권
- 지역권 : 타인의 토지를 자기 토지의 편익을 위하여 이용하는 물권
- 전세권 : 전세금을 지급하고 타인의 토지 또는 건물을 사용·수익하는 물권

03

정답 ③

- 선고유예 : 형의 선고유예를 받은 날로부터 2년이 경과한 때에는 면소된 것으로 간주한다(형법 제60조).
- 집행유예 : 양형의 조건을 참작하여 그 정상에 참작할 만한 사유가 있는 때에는 1년 이상 5년 이하의 기간 형의 집행을 유예할 수 있다(형법 제62조 제1항).

04

정답 ⑤

몰수의 대상(형법 제48조 제1항)

1. 범죄행위에 제공하였거나 제공하려고 한 물건
2. 범죄행위로 인하여 생겼거나 취득한 물건
3. 제1호 또는 제2호의 대가로 취득한 물건

05

정답 ②

상법상 법원에는 상사제정법(상법전, 상사특별법령, 상사조약), 상관습법, 판례, 상사자치법(회사의 정관, 이사회 규칙), 보통거래약관, 조리 등이 있다. 조례는 해당되지 않는다.

06

 ④

촉법소년의 적용 연령은 10세 이상 14세 미만이고, 우범소년의 적용 연령은 10세 이상의 소년(19세 미만)이다.

보호의 대상과 송치 및 통고(소년법 제4조 제1항)

다음 각 호의 어느 하나에 해당하는 소년은 소년부의 보호사건으로 심리한다.

1. 죄를 범한 소년(범죄소년)
2. 형벌 법령에 저촉되는 행위를 한 10세 이상 14세 미만인 소년(촉법소년)
3. 다음 각 목에 해당하는 사유가 있고 그의 성격이나 환경에 비추어 앞으로 형벌 법령에 저촉되는 행위를 할 우려가 있는 10세 이상인 소년(우범소년)
   가. 집단으로 몰려다니며 주위 사람들에게 불안감을 조성하는 성벽이 있는 것
   나. 정당한 이유 없이 가출하는 것
   다. 술을 마시고 소란을 피우거나 유해환경에 접하는 성벽이 있는 것

07

 ④

환경보전의 의무는 국민뿐만 아니라 국가에도 적용되는 기본 의무이다.

헌법에 명시된 기본 의무

- 교육의 의무 : 모든 국민은 그 보호하는 자녀에게 적어도 초등교육과 법률이 정하는 교육을 받게 할 의무를 진다(헌법 제31조 제2항).
- 근로의 의무 : 모든 국민은 근로의 의무를 진다. 국가는 근로의 의무의 내용과 조건을 민주주의 원칙에 따라 법률로 정한다(헌법 제32조 제2항).
- 환경보전의 의무 : 모든 국민은 건강하고 쾌적한 환경에서 생활할 권리를 가지며, 국가와 국민은 환경보전을 위하여 노력하여야 한다(헌법 제35조 제1항).
- 납세의 의무 : 모든 국민은 법률이 정하는 바에 의하여 납세의 의무를 진다(헌법 제38조).
- 국방의 의무 : 모든 국민은 법률이 정하는 바에 의하여 국방의 의무를 진다(헌법 제39조 제1항).

08

정답 ①

행정청의 처분의 효력 유무 또는 존재 여부를 확인하는 심판은 행정심판의 종류 중 무효등확인심판에 해당한다(행정심판법 제5조 제2호).

헌법 제111조 제1항

헌법재판소는 다음 사항을 관장한다.

1. 법원의 제청에 의한 법률의 위헌여부 심판
2. 탄핵의 심판
3. 정당의 해산 심판
4. 국가기관 상호 간, 국가기관과 지방자치단체 간 및 지방자치단체 상호 간의 권한쟁의에 관한 심판
5. 법률이 정하는 헌법소원에 관한 심판

09

정답 ③

채권 · 재산권의 소멸시효(민법 제162조)

① 채권은 10년간 행사하지 아니하면 소멸시효가 완성한다.

② 채권 및 소유권 이외의 재산권은 20년간 행사하지 아니하면 소멸시효가 완성한다.

PART 1

직업기초능력평가

CHAPTER

01 의사소통능력

출제유형분석 01 실전예제

01

정답 ④

오답분석

① 제시문에서 언급되지 않은 내용이다.

② '무질서 상태'가 '체계가 없는' 상태라고 할 수 없다. 그것이 '혼란스러운 상태'를 의미하는지도 제시문을 통해서는 알 수 없다.

③ 현실주의자들이 숙명론, 결정론적이라고 비판당하는 것이다.

02

정답 ②

아이들이 따뜻한 구들에 누워 자는 것이 습관이 되어 사지의 활동량이 적어 발육이 늦어진 것이지 체온을 높였기 때문에 발육이 늦어진 것은 아니다.

03

정답 ④

제시문의 세 번째 문단에서 '상품에 응용된 과학 기술이 복잡해지고 첨단화되면서 상품 정보에 대한 소비자의 정확한 이해도 기대하기 어려워졌다.'는 내용을 통해 확인할 수 있다.

04

정답 ③

제시문에서 레비스트로스는 신화 자체의 사유 방식이나 특성을 특정 시대의 것으로 한정하는 오류를 범하고 있다고 언급하였다. 과거 신화시대에 생겨난 신화적 사유는 신화가 재현되고 재생되는 한 여전히 시간과 공간을 뛰어 넘어 현재화되고 있다.

출제유형분석 02 실전예제

01

정답 ④

문단별 중심 내용은 다음과 같다.

(가) 가장 기본적인 요소이자 핵심인 물 관련 사업

(나) 수질의 중요성과 물 활용의 효율성

(다) 오늘날 물의 쓰임과 가치

따라서 ④가 (나)의 제목으로 적절하다.

오답분석

① (가)의 제목으로 적절한 문구이다.
② (다)의 제목으로 적절한 문구이다.
③ (가), (나), (다)와 관련 없는 내용이다.

02

정답 ④

제시문에서는 우리 민족과 함께해 온 김치의 역사를 비롯하여 김치의 특징과 다양성 등을 함께 이야기하고 있으며, 복합 산업으로 발전하면서 규모가 성장하고 있는 김치 산업에 관해서도 이야기하고 있다. 따라서 글 전체의 내용을 아우를 수 있는 글의 제목으로 가장 적절한 것은 ④이다.

오답분석

① 첫 번째 문단이나 두 번째 문단의 소제목은 될 수 있으나, 글 전체 내용을 나타내는 제목으로는 적절하지 않다.
② 세 번째 문단에서 김치 산업에 관한 내용을 언급하고 있지만, 이는 현재 김치 산업의 시장 규모에 대한 내용일 뿐이므로 산업의 활성화 방안과는 거리가 멀다.

03

정답 ③

제시문은 우유니 사막의 위치와 형성, 특징 등 우유니 사막의 자연지리적 특징에 대한 글이다.

04

정답 ④

제시문에 따르면 상상력은 정해진 개념이나 목적이 없는 상황에서 그 개념이나 목적을 찾는 역할을 하고, 이때 주어진 목적지(개념)가 없으며, 반드시 성취해야 할 그 어떤 것도 없기 때문에 자유로운 유희이다. 따라서 제목으로 가장 적절한 것은 '자유로운 유희로서의 상상력의 역할'이다.

오답분석

① 제시문의 내용은 칸트 철학 내에서의 상상력이 어떤 조건에서 작동되며 또 어떤 역할을 하는지 기술하고 있으므로 상상력의 재발견이라는 제목은 적절하지 않다.
② 제시문에서는 상상력을 인식능력이라고 규정하는 부분을 찾을 수 없다.
③ 상상력은 주어진 개념이 없을 경우 새로운 개념들을 가능하게 산출하는 것이므로 목적 없는 활동이라고는 볼 수 없다.

출제유형분석 03 실전예제

01

정답 ①

- 첫 번째 빈칸 : 공간 정보가 정보 통신 기술의 발전으로 시간에 따른 변화를 반영할 수 있게 되었다는 빈칸 뒤의 내용을 통해 빈칸에는 시간에 따른 공간의 변화를 포함한 공간 정보를 이용할 수 있게 되면서 '최적의 경로 탐색'이 가능해졌다는 내용의 ㉠이 적절함을 알 수 있다.
- 두 번째 빈칸 : ㉡은 빈칸 앞 문장의 '탑승할 버스 정류장의 위치, 다양한 버스 노선, 최단 시간 등을 분석하여 제공하는' 지리정보 시스템이 '더 나아가' 제공하는 정보에 관해 이야기한다. 따라서 빈칸에는 ㉡이 적절하다.
- 세 번째 빈칸 : 빈칸 뒤의 내용에서는 공간 정보가 활용되고 있는 다양한 분야와 앞으로 활용될 수 있는 분야를 이야기하고 있으므로 빈칸에는 공간 정보의 활용 범위가 계속 확대되고 있다는 ㉢이 적절함을 알 수 있다.

PART 1

02

정답 ①

첫 번째 빈칸에는 문장의 서술어가 '때문이다'로 되어 있으므로 빈칸에는 이와 호응하는 '왜냐하면'이 와야 한다. 다음으로 두 번째 빈칸에는 문장의 내용이 앞 문장과 상반되는 내용이 아닌, 앞 문장을 부연하는 내용이므로 병렬 기능의 접속 부사 '그리고'가 들어가야 한다. 마지막으로 세 번째 빈칸은 내용상 결론에 해당하므로 '그러므로'가 적절하다.

03

정답 ③

오래된 물건은 실용성으로 따질 수 없는 가치를 지니고 있지만, 그 가치가 보편성을 지닌 것은 아니다. 사람들의 손때가 묻은 오래된 물건들은 보편적이라기보다는 개별적이고 특수한 가치를 지니고 있다고 할 수 있다.

04

정답 ④

도로명주소는 위치정보체계 도입을 위하여 도로에는 도로명을, 건물에는 건물번호를 부여하는 도로방식에 의한 주소체계로 국가교통, 우편배달 및 생활편의시설 등의 위치정보 확인에 활용되고 있다. ④는 도로명주소의 활용 분야와 거리가 멀다.

출제유형분석 04 실전예제

01

정답 ④

해외여행 전에는 반드시 질병관리본부 홈페이지를 방문하여 해외감염병 발생 상황을 확인하고, 필요한 예방접종과 예방약 등을 미리 준비해야 한다.

오답분석

①·③ 해외여행 중 지켜야 할 감염병 예방 행동이다.
② 해외여행을 마치고 입국 시에 지켜야 할 감염병 예방 행동이다.

02

정답 ③

제시문에서는 아이들이 어른에게서보다 어려운 문제 해득력이나 추상력을 필요로 하지 않는 텔레비전을 통해서 더 많은 것을 배우므로 어린이나 젊은이들에게서 어른에 대한 두려움이나 존경을 찾기 어렵다고 주장한다. 이러한 주장에 대한 반박으로는 아이들은 텔레비전보다 학교의 선생님이나 친구들과 더 많은 시간을 보내고, 텔레비전이 아이들에게 부정적 영향만 끼치는 것은 아니며, 아이들의 그러한 행동에 영향을 미치는 다른 요인이 있다는 것이 적절하다. 따라서 텔레비전이 인간의 필요성을 충족시킨다는 ③은 제시문에 대한 반박으로 적절하지 않다.

03

정답 ③

도킨스에 따르면 인간 개체는 유전자라는 진정한 주체의 매체에 지나지 않게 된다. 이러한 생각에는 살아가고 있는 구체적 생명체를 경시하게 되는 논리가 잠재되어 있다. 따라서 무엇이 진정한 주체인가에 대한 물음이 필자의 문제 제기로 적절하다.

04

정답 ④

제시문에서는 인간에게 사회성과 반사회성이 공존하고 있다고 설명하고 있으며, 이 중 반사회성이 없다면 재능을 꽃피울 수 없다고 하였으므로 사회성만으로도 자신의 재능을 키울 수 있다는 주장인 ④가 반론이 될 수 있다. 반사회성이 재능을 계발한다는 주장을 포함하는 동시에 반사회성을 포함한 다른 어떤 요소가 있어야 한다는 주장인 ②는 제시문에 대한 직접적인 반론은 될 수 없다.

05

정답 ④

배심원들이 의견을 바꾸어 나간 것은 다른 배심원들의 동조에 영향을 미쳤던 만장일치 여부에 따른 결정에서 끝까지 손을 들지 않은 한 명의 배심원으로 인해 동조의 정도가 급격히 약화되었기 때문이다. 특정 정보를 제공하는 사람의 권위와 그에 대한 신뢰도가 높을 때 동조 현상이 강하게 나타날 수 있지만, 처음에 유죄라고 생각했던 배심원들은 반대한 배심원의 권위에 따라 동조한 것이 아니라 타당한 증거에 따라 의견을 바꾼 것으로 볼 수 있다.

오답분석

① 자신의 판단에 대한 확신이 들지 않을수록 동조 현상이 강하게 나타난다고 하였으므로 배심원들은 소년이 살인범이라는 확신이 없었을 것이다.
② 사람들은 집단으로부터 소외되지 않기 위해 동조를 하게 된다고 하였으므로 배심원들은 집단으로부터 소외되지 않기 위해 손을 들었을 것이다.
③ 지지자 집단의 규모가 클수록 지지를 이끌어내는 데 효과적으로 작용한다고 하였으므로 대다수의 배심원이 손을 들었기 때문에 나머지 배심원들도 뒤늦게 손을 들 수 있었을 것이다.

PART 1

출제유형분석 05 실전예제

01

정답 ④

재산이 많은 사람은 약간의 세율 변동에도 큰 영향을 받는다. 그러므로 '영향이 크기 때문에'로 수정해야 한다.

02

정답 ③

8번의 '우 도로명주소' 항목에 따르면 우편번호를 먼저 기재한 다음, 행정기관이 위치한 도로명 및 건물번호 등을 기재해야 한다.

오답분석

① 6번 항목에 따르면 직위가 있는 경우에는 직위를 쓰고, 직위가 없는 경우에는 직급을 온전하게 써야 한다.
② 7번 항목에 따르면 시행일과 접수일란에 기재하는 연월일은 각각 마침표(.)를 찍어 숫자로 기재하여야 한다.
④ 11번 항목에 따르면 전자우편주소는 행정기관에서 공무원에게 부여한 것을 기재하여야 한다.

03

정답 ②

'-로써'는 어떤 일의 수단이나 도구를 나타내는 격조사이며, '-로서'는 지위나 신분 또는 자격을 나타내는 격조사이다. 서비스 이용자의 증가가 오투오 서비스 운영 업체에 많은 수익을 내도록 한 수단이 되므로 ⓒ에는 '증가함으로써'가 적절하다.

CHAPTER

02 수리능력

출제유형분석 01 실전예제

01

정답 ④

중국인 중 관광을 목적으로 온 사람의 수를 x명으로 놓고, 문제의 설명대로 표를 만들면 다음과 같다.

(단위 : 명)

구분	중국인	중국인이 아닌 외국인	합계
인원	30	70	100
관광을 목적으로 온 외국인	x	14	20

관광을 목적으로 온 외국인은 20%이므로, 중국인 중 관광으로 온 사람은 6명이어야 한다.

따라서 $x=6$이며, 중국인 중 관광을 목적으로 온 사람일 확률은 $\frac{6}{30}=\frac{1}{5}$이다.

02

정답 ①

구간단속구간의 제한 속도를 $x$km/h라고 할 때, 시간에 대한 방정식을 세우면 다음과 같다.

$\frac{390-30}{80}+\frac{30}{x}=5$

$\rightarrow 4.5+\frac{30}{x}=5$

$\rightarrow \frac{30}{x}=0.5$

$\therefore x=60$

따라서 구간단속구간의 제한 속도는 60km/h이다.

03

정답 ④

500g의 설탕물에 녹아있는 설탕의 양을 xg이라고 하자.

3%의 설탕물 200g에 들어있는 설탕의 양은 $\frac{3}{100}\times 200=6$g이다.

$\frac{x+6}{500+200}\times 100=7$

$\rightarrow x+6=49$

$\therefore x=43$

따라서 500g의 설탕에 녹아있는 설탕의 양은 43g이다.

04

정답 ①

지도의 축척이 1 : 50,000이므로, A호텔에서 B공원까지 실제 거리는 $10 \times 50,000 = 500,000cm=5$km이다.

따라서 신영이가 A호텔에서 출발하여 B공원에 도착하는 데 걸리는 시간은 $\frac{5}{30}=\frac{1}{6}=10$분이다.

05

정답 ②

- 국내 여행을 선호하는 남학생 수 : $30-16=14$명
- 국내 여행을 선호하는 여학생 수 : $20-14=6$명

따라서 국내 여행을 선호하는 학생 수는 $14+6=20$명이므로 구하는 확률은 $\frac{14}{20}=\frac{7}{10}$이다.

06

정답 ④

K공사에서 출장지까지의 거리를 $x$km라 하자.

이때 K공사에서 휴게소까지의 거리는 $\frac{4}{10}x=\frac{2}{5}x$km, 휴게소에서 출장지까지의 거리는 $\left(1-\frac{2}{5}\right)x=\frac{3}{5}x$km이다.

$\left(\frac{2}{5}x \times \frac{1}{75}\right)+\frac{30}{60}+\left(\frac{3}{5}x \times \frac{1}{75+25}\right)=\frac{200}{60}$

$\rightarrow \frac{2}{375}x+\frac{3}{500}x=\frac{17}{6}$

$\rightarrow 8x+9x=4,250$

$\therefore x=250$

따라서 K공사에서 출장지까지의 거리는 250km이다.

07

정답 ④

먼저 시간을 최소화하기 위해서는 기계를 이용한 포장과 손으로 포장하는 작업을 함께 병행해야 한다. 100개 제품을 포장하는 데 손으로 하는 포장은 300분이 걸리고 기계로 하는 포장은 200분에 휴식 50분을 더해 250분이 걸린다. 300분과 250분의 최소공배수 1,500분을 기준으로 계산하면 손의 경우 500개, 기계의 경우 600개를 만들 수 있다. 그러므로 1,500분 동안 1,100개를 만들 수 있다. 손은 6분에 2개를 포장하고 기계는 3개를 포장하므로 6분에 5개를 포장할 수 있고, 100개를 포장하는 데는 120분이 걸린다. 따라서 총 1,620분이 걸리므로 $1,620 \div 60=27$시간이 걸린다.

08

정답 ④

음료를 포장해 가는 고객의 수를 n명이라고 하면 카페 내에서 이용하는 고객의 수는 $(100-n)$명이다. 포장을 하는 고객은 6,400원의 수익을 주지만 카페 내에서 이용하는 고객은 서비스 비용인 1,500원을 제외한 4,900원의 수익을 준다.

즉, 고객에 대한 수익은 $6,400n+4,900(100-n) \rightarrow 1,500n+490,000$이고,

가게 유지 비용에 대한 손익은 $1,500n+490,000-535,000 \rightarrow 1,500n-45,000$이다.

이 값이 0보다 커야 수익이 발생하므로 $1,500n-45,000>0 \rightarrow 1,500n>45,000$

$\therefore n>30$

따라서 최소 31명이 음료 포장을 이용해야 수익이 발생하게 된다.

09

정답 ④

340km를 100km/h로 달리면 3.4시간이 걸린다. 휴게소에서 쉰 시간 30분(0.5시간)을 더해 원래 예정에는 3.9시간 뒤에 서울 고속터미널에 도착해야 한다. 하지만 도착 예정시간보다 2시간 늦게 도착했으므로 실제 걸린 시간은 5.9시간이 되고, 휴게소에서 예정인 30분보다 6분(0.1시간)을 더 쉬었으니 쉬는 시간을 제외한 버스의 이동시간은 5.3시간이다. 그러므로 실제 경언이가 탄 버스의 평균 속도는 $340 \div 5.3 \fallingdotseq 64$km/h이다.

PART 1

출제유형분석 02 실전예제

01

정답 ④

2021년 관광 수입이 가장 많은 국가는 중국(44,400백만 달러)이며, 가장 적은 국가는 한국(17,300백만 달러)이다. 두 국가의 2022년 관광 지출 대비 관광 수입 비율을 계산하면 다음과 같다.

- 한국 : $\frac{13,400}{30,600} \times 100 ≒ 43.8\%$
- 중국 : $\frac{32,600}{257,700} \times 100 ≒ 12.7\%$

따라서 두 국가의 비율 차이는 43.8−12.7=31.1%p이다.

02

정답 ①

50대 해외・국내여행 평균횟수는 매년 1.2회씩 증가하는 것을 알 수 있다.
따라서 빈칸에 들어갈 수는 31.2+1.2=32.4이다.

03

정답 ④

정확한 값을 계산하기보다 우선 자료에서 해결 실마리를 찾아, 적절하지 않은 선택지를 제거하는 방식으로 접근하는 것이 좋다.
먼저 효과성을 기준으로 살펴보면, 1순위인 C부서의 효과성은 3,000÷1,500=2이고, 2순위인 B부서의 효과성은 1,500÷1,000=1.5이다. 따라서 3순위 A부서의 효과성은 1.5보다 낮아야 한다는 것을 알 수 있다. 그러므로 A부서의 목표량 (가)는 500÷(가)<1.5 → (가)>333.3…으로 적어도 333보다는 커야 한다. 따라서 (가)가 300인 ①은 제외된다.
효율성을 기준으로 살펴보면, 2순위인 A부서의 효율성은 500÷(200+50)=2이다. 따라서 1순위인 B부서의 효율성은 2보다 커야 한다는 것을 알 수 있다. 그러므로 B부서의 인건비 (나)는 1,500÷[(나)+200]>2 → (나)<550으로 적어도 550보다는 작아야 한다. 따라서 (나)가 800인 ②는 제외된다.
남은 것은 ③과 ④인데, 먼저 ③부터 대입해보면 C부서의 효율성이 3,000÷(1,200+300)=2로 2순위인 A부서의 효율성과 같다. 따라서 정답은 ④이다.

04

정답 ③

- 1인 1일 사용량에서 영업용 사용량이 차지하는 비중 : $\frac{80}{282} \times 100 ≒ 28.37\%$
- 1인 1일 가정용 사용량의 하위 두 항목이 차지하는 비중 : $\frac{20+13}{180} \times 100 ≒ 18.33\%$

05

정답 ③

2023년 방송산업 종사자 수는 모두 32,443명이다. '2023년 추세'에서는 지상파(지상파DMB 포함)만 언급하고 있으므로 다른 분야의 인원은 고정되어 있다. 지상파 방송사(지상파DMB 포함)는 전년보다 301명이 늘어났으므로 2022년 방송산업 종사자 수는 32,443−301=32,142명이다.

출제유형분석 03 실전예제

01

정답 ④

ㄱ. 영어 관광통역 안내사 자격증 취득자는 2021년에 344명으로 전년 대비 감소하였으며, 스페인어 관광통역 안내사 자격증 취득자는 2021년에 전년 대비 동일하였고, 2022년에 3명으로 전년 대비 감소하였다.

ㄷ. 태국어 관광통역 안내사 자격증 취득자 수 대비 베트남어 관광통역 안내사 자격증 취득자 수의 비율은 2019년에 $\frac{4}{8}\times100=$50%, 2020년에 $\frac{15}{35}\times100\fallingdotseq42.9$%이므로 2020년에 전년 대비 감소하였다.

ㄹ. 2020년에 불어 관광통역 안내사 자격증 취득자 수는 전년 대비 동일한 반면, 스페인어 관광통역 안내사 자격증 취득자 수는 전년 대비 증가하였다.

오답분석

ㄴ. 2020 ~ 2022년의 일어 관광통역 안내사 자격증 취득자 수의 8배는 각각 266명, 137명, 153명인데, 중국어 관광통역 안내사 자격증 취득자 수는 2,468명, 1,963명, 1,418명이므로 각각 8배 이상이다.

02

정답 ④

㉠·㉢ 제시된 자료를 통해 확인할 수 있다.

㉣ TV홈쇼핑 판매수수료율 순위 자료를 보면 여행패키지의 판매수수료율은 8.4%이다. 반면, 백화점 판매수수료율 순위 자료에 여행패키지 판매수수료율이 제시되지 않았지만 상위 5위와 하위 5위의 판매수수료율을 통해 여행패키지 판매수수료율은 20.8%보다 크고 31.1%보다 낮다는 것을 추론할 수 있다. 즉, $8.4\times2=16.8<20.8$이므로 여행패키지 상품군의 판매수수료율은 백화점이 TV홈쇼핑의 2배 이상이라는 설명은 옳다.

오답분석

㉡ 백화점 판매수수료율 순위 자료를 보면 여성정장과 모피의 판매수수료율은 각각 31.7%, 31.1%이다. 반면, TV홈쇼핑 판매수수료율 순위 자료에는 여성정장과 모피의 판매수수료율이 제시되지 않았다. 상위 5위와 하위 5위의 판매수수료율을 통해 제시되지 않은 상품군의 판매수수료율은 28.7%보다 높고 36.8%보다 낮은 것을 추측할 수 있다. 즉, TV홈쇼핑의 여성정장과 모피의 판매수수료율이 백화점보다 높은지 낮은지 판단할 수 없다.

03

정답 ③

ㄴ. 2020년 대비 2023년 모든 분야의 침해사고 건수는 감소하였으나, 50%p 이상 줄어든 것은 스팸릴레이 한 분야이다.

ㄹ. 기타 해킹 분야의 2023년 침해사고 건수는 2021년 대비 증가했으므로 옳지 않은 설명이다.

오답분석

ㄱ. 단순침입시도 분야의 침해사고는 매년 스팸릴레이 분야의 침해사고 건수의 두 배 이상인 것을 확인할 수 있다.

ㄷ. 2022년 홈페이지 변조 분야의 침해사고 건수가 차지하는 비중은 $\frac{5,216}{16,135}\times100\fallingdotseq32.3$%로, 35% 이하이다.

04

정답 ④

2019년과 2023년에는 출생아 수와 사망자 수의 차이가 20만 명이 되지 않는다.

PART 1

05

정답 ②

2022년의 50대 선물환거래 금액은 1,980억×0.306=605.88억 원이며, 2023년은 2,084억×0.297=618.948억 원이다. 따라서 2022년 대비 2023년의 50대 선물환거래 금액 증가량은 618.948−605.88=13.068억 원이므로 13억 원 이상이다.

오답분석

① 2022 ~ 2023년의 전년 대비 10대의 선물환거래 금액 비율 증감 추이는 '증가 – 감소'이고, 20대는 '증가 – 증가'이다.

③ 2021 ~ 2023년의 40대 선물환거래 금액은 다음과 같다.

- 2021년 : 1,920억×0.347=666.24억 원
- 2022년 : 1,980억×0.295=584.1억 원
- 2023년 : 2,084억×0.281=585.604억 원

따라서 2023년의 40대 선물환거래 금액은 전년 대비 증가했으므로 40대의 선물환거래 금액은 지속적으로 감소하고 있지 않다.

④ 2023년의 10 ~ 40대 선물환거래 금액 총비율은 2.5+13+26.7+28.1=70.3%로, 2022년의 50대 비율의 2.5배인 30.6%×2.5=76.5%보다 낮다.

CHAPTER

03 문제해결능력

출제유형분석 01 실전예제

01

정답 ②

'안압지 – 석굴암 – 첨성대 – 불국사'는 세 번째로 방문한 곳이 첨성대라면, 첫 번째로 방문한 곳은 불국사라는 다섯 번째 조건에 맞지 않는다.

02

정답 ②

첫 번째, 네 번째 조건을 이용하면 '미국 – 일본 – 캐나다' 순으로 여행한 사람의 수가 많음을 알 수 있다.
두 번째 조건에 의해 일본을 여행한 사람은 미국 또는 캐나다 여행을 했다. 따라서 일본을 여행했지만 미국을 여행하지 않은 사람은 캐나다 여행을 했고, 세 번째 조건에 의해 중국을 여행하지 않았다.

오답분석

①·④ 주어진 조건만으로는 알 수 없다.
③ 미국을 여행한 사람이 가장 많지만 일본과 중국을 여행한 사람을 합한 수보다 많은지는 알 수 없다.

03

정답 ④

다섯 번째 조건에 따라 C항공사는 제일 앞번호인 1번 부스에 위치하며, 세 번째 조건에 따라 G면세점과 H면세점은 양 끝에 위치한다. 이때 네 번째 조건에서 H면세점 반대편에는 E여행사가 위치한다고 하였으므로 5번 부스에는 H면세점이 올 수 없다. 따라서 5번 부스에는 G면세점이 위치한다. 또한 첫 번째 조건에 따라 같은 종류의 업체는 같은 라인에 위치할 수 없으므로 H면세점은 G면세점과 다른 라인인 4번 부스에 위치하고, 4번 부스 반대편인 8번 부스에는 E여행사가, 4번 부스 바로 옆인 3번 부스에는 F여행사가 위치한다. 나머지 조건에 따라 부스의 위치를 정리하면 다음과 같다.

1) 경우 1

C항공사	A호텔	F여행사	H면세점
복도			
G면세점	B호텔	D항공사	E여행사

2) 경우 2

C항공사	B호텔	F여행사	H면세점
복도			
G면세점	A호텔	D항공사	E여행사

따라서 항상 참이 되는 것은 ④이다.

04

정답 ④

제시된 조건을 식으로 표현하면 다음과 같다.

- 첫 번째 조건의 대우 : A → C
- 네 번째 조건의 대우 : C → ~E
- 두 번째 조건 : ~E → B
- 세 번째 조건의 대우 : B → D

위의 조건식을 정리하면 A → C → ~E → B → D이므로 주말 여행에 참가하는 사람은 A, B, C, D 4명이다.

05

정답 ③

을과 무의 진술이 모순되므로 둘 중 한 명은 참, 다른 한 명은 거짓을 말한다. 여기서 을의 진술이 참일 경우 무뿐만 아니라 갑의 진술도 거짓이 되어 두 명이 거짓을 진술한 것이 되므로 문제의 조건에 위배된다. 따라서 을의 진술이 거짓, 무의 진술이 참이다. 그러므로 A강좌는 을이, B와 C강좌는 갑과 정이, D강좌는 무가 담당하고, 병은 강좌를 담당하지 않는다.

06

정답 ④

먼저 갑의 진술을 기준으로 경우의 수를 나누어 보면 다음과 같다.

i) A의 근무지는 광주이다(○), D의 근무지는 서울이다(×).

병의 진술을 먼저 살펴보면, A의 근무지가 광주라는 것이 이미 고정되어 있으므로 앞 문장인 'C의 근무지는 광주이다.'는 거짓이 된다. 따라서 뒤 문장인 'D의 근무지는 부산이다.'가 참이 되어야 한다. 다음으로 을의 진술을 살펴보면, 앞 문장인 'B의 근무지는 광주이다.'는 거짓이며 뒤 문장인 'C의 근무지는 세종이다.'가 참이 되어야 한다. 이를 정리하면 다음과 같다.

A	B	C	D
광주	서울	세종	부산

ii) A의 근무지는 광주이다(×), D의 근무지는 서울이다(○).

병의 진술을 먼저 살펴보면, 뒤 문장인 'D의 근무지는 부산이다.'는 거짓이 되며, 앞 문장인 'C의 근무지는 광주이다.'는 참이 된다. 다음으로 을의 진술을 살펴보면 앞 문장인 'B의 근무지는 광주이다.'가 거짓이 되므로, 뒤 문장인 'C의 근무지는 세종이다.'는 참이 되어야 한다. 그러나 이미 C의 근무지는 광주로 확정되어 있기 때문에 모순이 발생한다. 따라서 ii)의 경우는 성립하지 않는다.

A	B	C	D
		광주 세종(모순)	서울

따라서 보기에서 반드시 참인 것은 ㄱ, ㄴ, ㄷ이다.

출제유형분석 02 실전예제

01

정답 ①

제시된 자료는 K섬유회사의 SWOT 분석을 통해 강점(S), 약점(W), 기회(O), 위기(T) 요인을 분석한 것으로, SO전략과 WO전략은 발전 방안으로서 적절하다.

오답분석

ㄴ. ST전략에서 경쟁업체에 특허 기술을 무상 이전하는 것은 경쟁이 더 심화될 수 있으므로 적절하지 않다.

ㄹ. WT전략에서는 기존 설비에 대한 재투자보다는 수요에 맞게 다양한 제품을 유연하게 생산할 수 있는 신규 설비에 대한 투자가 필요하다.

02

정답 ②

ㄱ. 기술개발을 통해 연비를 개선하는 것은 막대한 R&D 역량이라는 강점으로 휘발유의 부족 및 가격의 급등이라는 위협을 회피하거나 최소화하는 전략에 해당하므로 적절하다.

ㄹ. 생산설비에 막대한 투자를 했기 때문에 차량모델 변경의 어려움이라는 약점이 있는데, 레저용 차량 전반에 대한 수요 침체 및 다른 회사들과의 경쟁이 심화되고 있으므로 생산량 감축을 고려할 수 있다.

ㅁ. 생산 공장을 한 곳만 가지고 있다는 약점이 있지만 새로운 해외시장이 출현하고 있는 기회를 살려서 국내 다른 지역이나 해외에 공장들을 분산 설립할 수 있을 것이다.
ㅂ. 막대한 R&D 역량이라는 강점을 이용하여 휘발유의 부족 및 가격의 급등이라는 위협을 회피하거나 최소화하기 위해 경유용 레저 차량 생산을 고려할 수 있다.

오답분석

ㄴ. 소형 레저용 차량에 대한 수요 증대라는 기회 상황에서 대형 레저용 차량을 생산하는 것은 적절하지 않은 전략이다.
ㄷ. 차량모델 변경의 어려움이라는 약점을 보완하는 전략도 아니고, 소형 또는 저가형 레저용 차량에 대한 선호가 증가하는 기회에 대응하는 전략도 아니다. 또한, 차량 안전 기준의 강화 같은 규제 강화는 기회 요인이 아니라 위협 요인이다.
ㅅ. 기회는 새로운 해외시장의 출현인데 내수 확대에 집중하는 것은 기회를 살리는 전략이 아니다.

03

정답 ②

국내 금융기관에 대한 SWOT 분석 결과는 다음과 같다.

강점(Strength)	약점(Weakness)
• 높은 국내 시장 지배력 • 우수한 자산건전성 • 뛰어난 위기관리 역량	• 은행과 이자수익에 편중된 수익구조 • 취약한 해외 비즈니스와 글로벌 경쟁력
기회(Opportunity)	**위협(Threat)**
• 해외 금융시장 진출 확대 • 기술 발달에 따른 핀테크의 등장 • IT 인프라를 활용한 새로운 수익 창출	• 새로운 금융 서비스의 등장 • 글로벌 금융기관과의 경쟁 심화

㉠ SO전략은 강점을 살려 기회를 포착하는 전략으로, 강점인 국내 시장 점유율을 기반으로 핀테크 사업에 진출하려는 ㉠은 적절한 SO전략으로 볼 수 있다.
㉢ ST전략은 강점을 살려 위협을 회피하는 전략으로, 강점인 우수한 자산건전성을 강조하여 글로벌 금융기관과의 경쟁에서 우위를 차지하려는 ㉢은 적절한 ST전략으로 볼 수 있다.

오답분석

㉡ WO전략은 약점을 보완하여 기회를 포착하는 전략이다. 그러나 위기관리 역량은 국내 금융기관이 지니고 있는 강점에 해당하므로 WO전략으로 적절하지 않다.
㉣ 해외 비즈니스 역량을 강화하여 해외 금융시장에 진출하는 것은 약점을 보완하여 기회를 포착하는 WO전략에 해당한다.

출제유형분석 03 실전예제

01

정답 ③

• 기현 : 관광숙박업에 속하는 호텔관리사 자격증과 호텔경영사 자격증의 발급기관은 모두 한국관광공사이므로 올바른 기관에 문의하였다.
• 미라 : 외국인 친구의 제출서류인 반명함판 사진과 신분증 중 여권 사본 1부를 준비하게 하였으므로 적절한 행동이다.

오답분석

• 정원 : 관광통역안내사 자격증의 전형관리기관은 산업인력공단이므로 지자체가 아닌 산업인력공단에 문의하여야 한다.
• 시연 : 의료관광업의 국제의료관광 코디네이터 자격증 발급은 산업인력공단에서 하므로 한국관광공사가 아닌 산업인력공단으로 가야 한다.

02

정답 ③

제시된 직원 투표 결과를 정리하면 다음과 같다.

(단위 : 표)

여행상품	1인당 비용(원)	총무팀	영업팀	개발팀	홍보팀	공장1	공장2	합계
A	500,000	2	1	2	0	15	6	26
B	750,000	1	2	1	1	20	5	30
C	600,000	3	1	0	1	10	4	19
D	1,000,000	3	4	2	1	30	10	50
E	850,000	1	2	0	2	5	5	15
합계		10	10	5	5	80	30	140

㉠ 가장 인기 높은 여행상품은 D이다. 그러나 공장1의 고려사항은 회사에 손해를 줄 수 있으므로, 2박 3일 여행상품이 아닌 1박 2일 여행상품 중 가장 인기 있는 B가 선택된다. 따라서 750,000×140=105,000,000원이 필요하므로 옳다.

㉢ 공장1의 A, B 투표 결과가 바뀐다면 여행상품 A, B의 투표 수가 각각 31, 25표가 되어 선택되는 여행상품이 A로 변경된다.

오답분석

㉡ 가장 인기 높은 여행상품은 D이므로 옳지 않다.

03

정답 ②

주어진 자료를 표로 정리하면 다음과 같다.

선택		B여행팀	
		관광지에 간다	관광지에 가지 않는다
A여행팀	관광지에 간다	(10, 15)	(15, 10)
	관광지에 가지 않는다	(25, 20)	(35, 15)

- A여행팀의 최대효용
  - B여행팀이 관광지에 가는 경우 : A여행팀이 관광지에 가지 않을 때 25의 최대효용을 얻는다.
  - B여행팀이 관광지에 가지 않는 경우 : A여행팀이 관광지에 가지 않을 때 35의 최대효용을 얻는다.

  따라서 A여행팀은 B여행팀의 선택에 상관없이 관광지에 가지 않아야 효용이 발생하며, 이때의 최대효용은 35이다.
- B여행팀의 최대효용
  - A여행팀이 관광지에 가는 경우 : B여행팀이 관광지에 갈 때 15의 최대효용을 얻는다.
  - A여행팀이 관광지에 가지 않는 경우 : B여행팀이 관광지에 갈 때 20의 최대효용을 얻는다.

  따라서 B여행팀은 A여행팀의 선택에 상관없이 관광지에 가야 효용이 발생하며, 이때의 최대효용은 20이다.

이를 종합하면, A여행팀은 관광지에 가지 않을 때, B여행팀은 관광지에 갈 때 효용이 극대화되고, 총효용은 45(=25+20)이다.

04

정답 ①

오답분석

② 법정대리인이 자녀와 함께 방문한 경우 법정대리인의 실명확인증표로 인감증명서를 대체 가능하다.

③ 만 18세인 지성이가 전자금융서비스를 변경하기 위해서는 법정대리인 동의서와 성명・주민등록번호・사진이 포함된 학생증이 필요하다. 학생증에 주민등록번호가 포함되지 않은 경우, 미성년자의 기본증명서가 추가로 필요하다.

④ 법정대리인 신청 시 부모 각각의 동의서가 필요하다.

05

정답 ①

T주임이 이동할 거리는 총 12+18=30km이다. T주임이 렌트한 H차량은 연비가 10km/L이며 1L 단위로 주유가 가능하므로 3L를 주유하여야 한다. H차량의 연료인 가솔린은 리터당 1.4달러이므로 총 유류비는 3L×1.4달러=4.2달러이다.

06

정답 ④

T주임이 시속 60km로 이동하는 구간은 18+25=43km이다. 또한 시속 40km로 이동하는 구간은 12km이다. 따라서 첫 번째 구간의 소요시간은 $\frac{43\text{km}}{60\text{km/h}}$=43분이며, 두 번째 구간의 소요시간은 $\frac{12\text{km}}{40\text{km/h}}$=18분이다. 그러므로 총 이동시간은 43+18=61분, 즉 1시간 1분이다.

출제유형분석 04 실전예제

01

정답 ②

서울 지점의 C씨에게 배송할 제품과 경기남부 지점의 B씨에게 배송할 제품에 대한 기호를 모두 기록해야 한다.

- C씨 : MS11EISS
  - 재료 : 연강(MS)
  - 판매량 : 1box(11)
  - 지역 : 서울(E)
  - 윤활유 사용 : 윤활작용(I)
  - 용도 : 스프링(SS)
- B씨 : AHSS00SSST
  - 재료 : 초고강도강(AHSS)
  - 판매량 : 1set(00)
  - 지역 : 경기남부(S)
  - 윤활유 사용 : 밀폐작용(S)
  - 용도 : 타이어코드(ST)

02

정답 ④

알파벳 순서에 따라 숫자로 변환하면 다음과 같다.

a	b	c	d	e	f	g	h	i
1	2	3	4	5	6	7	8	9
j	k	l	m	n	o	p	q	r
10	11	12	13	14	15	16	17	18
s	t	u	v	w	x	y	z	–
19	20	21	22	23	24	25	26	–

'intellectual'의 품번을 규칙에 따라 정리하면 다음과 같다.

- 1단계 : 9, 14, 20, 5, 12, 12, 5, 3, 20, 21, 1, 12
- 2단계 : 9+14+20+5+12+12+5+3+20+21+1+12=134
- 3단계 : |(14+20+12+12+3+20+12)−(9+5+5+21+1)|=|93−41|=52
- 4단계 : (134+52)÷4+134=46.5+134=180.5
- 5단계 : 180.5를 소수점 첫째 자리에서 버림하면 180이다.

따라서 제품의 품번은 180이다.

03

정답 ③

가장 먼저 살펴볼 것은 '3번 전구'인데, 이에 대해 언급된 사람은 A와 C 두 사람이다. 먼저 C는 3번 전구를 그대로 둔다고 하였고, A는 이 전구가 켜져 있다면 전구를 끄고, 꺼진 상태라면 그대로 둔다고 하였다. 그리고 B는 3번 전구에 대해 어떠한 행동도 취하지 않는다. 즉 3번 전구에 영향을 미치는 사람은 A뿐이며 이를 통해 3번 전구는 A, B, C가 방에 출입한 순서와 무관하게 최종적으로 꺼지게 된다는 것을 알 수 있다.

그렇다면 나머지 1, 2, 4, 5, 6이 최종적으로 꺼지게 되는 순서를 찾으면 된다. C의 단서에 이 5개의 전구가 모두 꺼지는 상황이 언급되어 있으므로, C를 가장 마지막에 놓고 A－B－C와 B－A－C를 판단해 보면 다음과 같다.

먼저 A－B－C의 순서로 판단해 보면, 아래와 같은 결과를 얻게 되어 답이 되지 않음을 알 수 있다.

전구 번호	1	2	3	4	5	6
상태	○	○	○	×	×	×
A	○	○	×	×	×	×
B	○	×	×	○	×	○
C	○	×	×	×	×	×

다음으로 B－A－C의 순서로 판단해 보면, 다음과 같은 결과를 얻게 되므로 ③이 답이 됨을 알 수 있다.

전구 번호	1	2	3	4	5	6
상태	○	○	○	×	×	×
B	○	×	○	○	×	○
A	○	×	×	○	×	×
C	×	×	×	×	×	×

04

정답 ④

발행형태가 4로 전집이기 때문에 한 권으로만 출판된 것이 아님을 알 수 있다.

오답분석

① 국가번호가 05(미국)로 미국에서 출판되었다.
② 서명식별번호가 1011로 1011번째 발행되었다. 441은 발행자 번호로 이 책을 발행한 출판사의 발행자번호가 441이라는 것을 의미한다.
③ 발행자번호는 441로 세 자리로 이루어져 있다.

CHAPTER

04 자원관리능력

출제유형분석 01 실전예제

01

정답 ①

조건에 따라 K자동차를 대여할 수 없는 날을 표시하면 다음과 같다.

〈2월 달력〉

일	월	화	수	목	금	토
	1	2 × 짝수 날 점검	3	4 × 짝수 날 점검	5	6 × 짝수 날 점검
7	8	9 × 업무	10 × 업무	11 × 설 연휴	12 × 설 연휴	13 × 설 연휴
14	15 × 출장	16 × 출장	17	18	19	20
21	22	23	24 × C 대여 예약	25 × C 대여 예약	26 × C 대여 예약	27
28						

따라서 K자동차를 대여할 수 있는 날은 주말을 포함한 18 ~ 20일, 19 ~ 21일, 20 ~ 22일, 21 ~ 23일이므로 수요일(17일)은 K자동차를 대여할 수 있는 첫날이 될 수 없다.

02

정답 ③

자동차 부품 생산조건에 따라 반자동라인과 자동라인의 시간당 부품 생산량을 구하면 다음과 같다.

- 반자동라인 : 4시간에 300개의 부품을 생산하므로, 8시간에 300개×2=600개의 부품을 생산한다. 하지만 8시간마다 2시간씩 생산을 중단하므로, 8+2=10시간에 600개의 부품을 생산하는 것과 같다. 따라서 시간당 부품 생산량은 $\frac{600\text{개}}{10\text{시간}}=60$개이다.
  이때 반자동라인에서 생산된 부품의 20%는 불량이므로, 시간당 정상 부품 생산량은 60개×(1−0.2)=48개이다.
- 자동라인 : 3시간에 400개의 부품을 생산하므로, 9시간에 400개×3=1,200개의 부품을 생산한다. 하지만 9시간마다 3시간씩 생산을 중단하므로, 9+3=12시간에 1,200개의 부품을 생산하는 것과 같다. 따라서 시간당 부품 생산량은 $\frac{1,200\text{개}}{12\text{시간}}=100$개이다.
  이때 자동라인에서 생산된 부품의 10%는 불량이므로, 시간당 정상 부품 생산량은 100개×(1−0.1)=90개이다.

따라서 반자동라인과 자동라인에서 시간당 생산하는 정상 부품의 생산량은 48+90=138개이므로, 34,500개를 생산하는 데 $\frac{34,500\text{개}}{138\text{개/h}}=250$시간이 소요되었다.

03

정답 ④

팀원들의 모든 스케줄이 비어 있는 시간대인 16:00 ~ 17:00가 가장 적절하다.

04

정답 ④

10월 20 ~ 21일은 주중이며, 출장 혹은 연수 일정이 없고, 부서이동 전에 해당되므로 김대리가 경기본부의 전기점검을 수행할 수 있는 일정이다.

오답분석

① 10월 6 ~ 7일은 김대리의 연수기간이므로 전기점검을 진행할 수 없다.
② 10월 11 ~ 12일은 주말인 11일을 포함하고 있다.
③ 10월 14 ~ 15일 중 15일은 목요일로, 김대리가 경인건설본부로 출장을 가는 날짜이다.

출제유형분석 02 실전예제

01

정답 ④

- 일비 : 하루에 10만 원씩 지급 → 100,000×3=300,000원
- 숙박비 : 실비 지급 → B호텔 2박 → 250,000×2=500,000원
- 식비 : 8 ~ 9일까지는 3식이고 10일에는 점심 기내식을 제외하여 아침만 포함
  → (10,000×3)+(10,000×3)+(10,000×1)=70,000원
- 교통비 : 실비 지급 → 84,000+10,000+16,300+17,000+89,000=216,300원
- 합계 : 300,000+500,000+70,000+216,300=1,086,300원

따라서 T차장이 받을 수 있는 여비는 1,086,300원이다.

02

정답 ③

각 문화생활에 신청한 직원의 수와 정원을 비교하면 다음과 같다.

(단위 : 명)

구분	연극 '지하철 1호선'	영화 '서울의 봄'	음악회 '차이코프스키'	미술관 '마네 · 모네'
신청인원	14	26	13	4
정원	20	30	10	30

음악회의 신청인원이 정원 3명을 초과하여 다시 신청을 해야 한다. 자료에서 정원이 초과된 인원은 1인당 금액이 비싼 문화생활 순으로 남은 정원을 채운다고 했으므로 그 순서는 '음악회 – 연극 – 미술관 – 영화'이다. 따라서 3명은 정원이 남은 연극을 신청하게 되어 연극의 신청인원은 14+3=17명이 된다.

문화생활 정보의 기타 사항을 보면 연극과 영화는 할인 조건에 해당되므로 할인 적용을 받는다. 따라서 이번 달 문화생활 티켓 구매에 필요한 예산은 (17×20,000×0.85)+(26×12,000×0.5)+(10×50,000)+(4×13,000)=997,000원이다.

03

정답 ②

8:20에 터미널에 도착하여 A회사 AM 9:00 항로 2 여객선을 선택하면, 오전 중에 가장 저렴한 비용으로 섬에 들어갈 수 있다.

04

정답 ④

• A씨 부부의 왕복 비용 : (59,800×2)×2=239,200원
• 만 6세 아들의 왕복 비용 : (59,800×0.5)×2=59,800원
• 만 3세 딸의 왕복 비용 : 59,800×0.25=14,950원

따라서 A씨 가족이 지불한 교통비는 239,200+59,800+14,950=313,950원이다.

PART 1

출제유형분석 03 실전예제

01

정답 ①

조건에 따라 가중치를 적용한 각 후보 도서들의 점수를 나타내면 다음과 같다.

(단위 : 점)

도서명	흥미도 점수	유익성 점수	1차 점수	2차 점수
재테크, 답은 있다	6×3=18	8×2=16	34	34
여행학개론	7×3=21	6×2=12	33	33+1=34
부장님의 서랍	6×3=18	7×2=14	32	–
IT혁명의 시작	5×3=15	8×2=16	31	–
경제정의론	4×3=12	5×2=10	22	–
건강제일주의	8×3=24	5×2=10	34	34

1차 점수가 높은 3권은 '재테크, 답은 있다', '여행학개론', '건강제일주의'이다. 이 중 '여행학개론'은 해외저자의 서적이므로 2차 선정에서 가점 1점을 받는다. 1차 선정된 도서 3권의 2차 점수가 34점으로 모두 동일하므로, 유익성 점수가 가장 낮은 '건강제일주의'가 탈락한다. 따라서 최종 선정될 도서는 '재테크, 답은 있다'와 '여행학개론'이다.

02

정답 ①

두 번째 조건에서 총구매금액이 30만 원 이상이면 총금액에서 5%를 할인해 주므로 한 벌당 가격이 300,000÷50=6,000원 이상인 품목은 할인적용이 들어간다. 업체별 품목 금액을 보면 모든 품목이 6,000원 이상이므로 5% 할인 적용대상이다. 따라서 모든 품목에 할인이 적용되어 정가로 비교가 가능하다.

세 번째 조건에서 차순위 품목이 1순위 품목보다 총금액이 20% 이상 저렴한 경우 차순위를 선택한다고 했으므로 한 벌당 가격으로 계산하면 1순위인 카라 티셔츠의 20% 할인된 가격은 8,000×0.8=6,400원이다. 정가가 6,400원 이하인 품목은 A업체의 티셔츠이므로 지사장은 1순위인 카라 티셔츠보다 2순위인 A업체의 티셔츠를 구입할 것이다.

03

정답 ④

어떤 컴퓨터를 구매하더라도 각각 사는 것보다 세트로 사는 것이 한 세트[(모니터)+(본체)]당 약 5만 원에서 10만 원 정도 이득이다. 하지만 세트 혜택이 아닌 다른 혜택에 해당하는 조건에서는 비용을 비교해 봐야 한다. 컴퓨터별 구매 비용을 계산하면 다음과 같다.

• A컴퓨터 : 80만 원×15대=1,200만 원
• B컴퓨터 : (75만 원×15대)−100만 원=1,025만 원
• C컴퓨터 : (20만 원×10대)+(20만 원×0.85×5대)+(60만 원×15대)=1,185만 원 또는 70만 원×15대=1,050만 원
• D컴퓨터 : 66만 원×15대=990만 원

따라서 D컴퓨터만 예산 범위인 1,000만 원 내에서 구매할 수 있으므로 조건을 만족하는 컴퓨터는 D컴퓨터이다.

04

정답 ④

사진별로 개수에 따른 총 용량을 구하면 다음과 같다.

- 반명함 : 150×8,000=1,200,000KB(1,200MB)
- 신분증 : 180×6,000=1,080,000KB(1,080MB)
- 여권 : 200×7,500=1,500,000KB(1,500MB)
- 단체사진 : 250×5,000=1,250,000KB(1,250MB)

모든 사진의 총용량을 더하면 1,200+1,080+1,500+1,250=5,030MB이다.
5,030MB는 5.030GB이므로, 필요한 USB 최소 용량은 5GB이다.

출제유형분석 04 실전예제

01

 ①

2/5(토)에 근무하기로 예정된 1팀 차도선이 개인사정으로 근무를 대체하려고 할 경우, 그 주에 근무가 없는 3팀의 한 명과 바꿔야 한다. 대체근무자인 하선오는 3팀에 소속된 인원이긴 하나, 대체근무일이 2/12(토)로 1팀인 차도선이 근무하게 될 경우 2/13(일)에도 1팀이 근무하는 날이기 때문에 주말 근무 규정에 따라 옳지 않다.

02

정답 

C대리의 업무평가 점수는 직전연도인 2023년의 업무평가 점수인 89점에서 지각 1회에 따른 5점, 결근 1회에 따른 10점을 제한 74점이다. 따라서 승진대상에 포함되지 못하므로, 그대로 대리일 것이다.

오답분석

① A사원은 근속연수가 4년 미만이므로 승진대상이 아니다.
② B주임은 출산휴가 35일을 제외하면 근속연수가 4년 미만이므로 승진대상이 아니다.
④ 승진대상에 대한 자료를 보았을 때 대리가 될 수 없다.

03

정답 

제시된 근무지 이동 규정과 신청 내용에 따라 상황을 정리하면 다음과 같다.

직원	1년 차 근무지	2년 차 근무지	3년 차 근무지	이동지역	전년도 평가
A	대구	–	–	종로	–
B	여의도	광주	–	영등포	92
C	종로	대구	여의도	제주 / 광주	88
D	영등포	종로	–	광주 / 제주 / 대구	91
E	광주	영등포	제주	여의도	89

근무지 이동 규정에 따라 2번 이상 같은 지역을 신청할 수 없고 D는 1년 차와 2년 차에 서울 지역에서 근무하였으므로 3년 차에는 지방으로 가야 한다. 따라서 D는 신청지로 배정받지 못할 것이다.

오답분석

- A는 1년 차 근무를 마친 직원이므로 우선 반영되어 자신이 신청한 종로로 이동하게 된다.
- B는 E와 함께 영등포를 신청하였으나, B의 전년도 평가점수가 더 높아 B가 영등포로 이동한다.
- 3년 차에 지방 지역인 제주에서 근무한 E는 A가 이동할 종로와 B가 이동할 영등포를 제외한 수도권 지역인 여의도로 이동하게 된다.

- D는 자신이 2년 연속 근무한 적 있는 수도권 지역으로 이동이 불가능하므로, 지방 지역인 광주, 제주, 대구 중 한 곳으로 이동하게 된다.
- 이때, C는 자신이 근무하였던 대구로 이동하지 못하므로, D가 광주로 이동한다면 C는 제주로, D가 대구로 이동한다면 C는 광주 혹은 제주로 이동한다.
- 1년 차 신입은 전년도 평가 점수를 100으로 보므로 신청한 근무지에서 근무할 수 있다. 따라서 1년 차에 대구에서 근무한 A는 입사 시 대구를 1년 차 근무지로 신청하였을 것임을 알 수 있다.

PART 1

많이 보고 많이 겪고 많이 공부하는 것은 배움의 세 기둥이다.

– 벤자민 디즈라엘리 –

PART 2

직무능력평가

CHAPTER 01

경영

적중예상문제

01	02	03	04	05	06	07	08	09	10	11	12	13	14	15	16	17	18	19	20
③	③	③	①	①	②	⑤	⑤	③	①	②	③	④	①	②	①	①	①	①	②

01

정답 ③

ㄱ. 이윤 극대화의 1차 조건은 $MR=MC$를 만족할 때이다. 즉, 재화 1단위를 더 판매할 때 추가로 얻는 수입과 재화 1단위를 더 생산할 때 추가 비용이 같아져야 함을 의미한다.

ㄴ. 이윤 극대화의 2차 조건은 한계수입곡선의 기울기보다 한계비용곡선의 기울기가 더 커야 한다는 것이다. 이는 한계비용곡선이 한계수입곡선을 아래에서 위로 교차해야 함을 의미한다.

오답분석

ㄷ. 평균수입곡선과 평균비용곡선이 교차하는 것은 이윤 극대화 조건과 아무런 관계가 없다.

02

정답 ③

인지 부조화 이론은 페스팅거에 의해 제시된 이론으로, 자신이 가진 내적 신념이나 태도에 일치하지 않을 때 긴장상태(불편한 상태)가 발생되는 상황으로 소비 맥락에서 일어나는 인지 부조화를 구매 후 부조화라고 한다. 따라서 이러한 불편한 상태는 자신의 기대를 낮추거나 다른 정당성을 부여함으로써 구매 후 부조화를 해소한다. 가격이 높은 제품일수록 구매 후 부조화는 더욱 커지게 된다.

03

정답 ③

제시된 설명은 컨조인트 분석(Conjoint Analysis)에 해당한다.

04

정답 ①

페이욜의 경영활동

- 기술적 활동 : 생산, 제조, 가공
- 상업적 활동 : 구매, 판매, 교환
- 재무적 활동 : 자본의 조달과 운용
- 보호적 활동 : 재화와 종업원의 보호
- 회계적 활동 : 재산목록, 대차대조표, 원가, 통계 등
- 관리적 활동 : 계획, 조직, 명령, 조정, 통제

05

정답 ①

기준금리 인하는 자산가격의 상승을 유도한다.

오답분석

② 천연가스 가격이 오르면 대체재인 원유를 찾는 소비자가 늘어나게 되어 공급이 늘어나므로 공급곡선은 오른쪽으로 이동한다.

③ 초과공급에 대한 설명이다.

④ CD금리는 CD(양도성예금증서)가 유통시장에서 거래될 때 적용받는 이자율이다.
⑤ 기준금리는 2016년까지 연 12회였으나, 2017년부터 연 8회로 변경되었다.

06

정답 ②

직무특성모형은 핵크만과 올드햄(Hackman & Oldham)에 의해 제시된 이론으로 현대적 직무설계의 이론적 지침이 되고 있다.

직무특성모형의 핵심직무차원
• 기술의 다양성
• 과업의 정체성
• 과업의 중요성
• 자율성
• 피드백

PART 2

07

정답 ⑤

오답분석

① CRM(Customer Relationship Management) : 고객관계관리라고 하며, 기업이 고객의 정보를 축적 및 관리하여 필요한 서비스를 제공할 수 있도록 하는 것이다.
② SCM(Supply Chain Management) : 공급망관리라고 하며, 공급망 전체를 하나의 통합된 개체로 보고 이를 최적화하고자 하는 경영 방식이다.
③ DSS(Decision Support System) : 의사결정지원시스템이라고 하며, ERP를 통해서 수집된 자료를 요약·분석·가공하여 경영관리자의 의사결정을 지원하는 시스템이다.
④ KMS(Knowledge Management System) : 지식관리시스템이라고 하며, 기업 내 흩어져 있는 지적 자산을 활용할 수 있는 형태로 변환하여 관리 및 공유할 수 있도록 하는 시스템이다.

08

정답 ⑤

포터는 기업의 가치 창출 활동을 본원적 활동(Primary Activities)과 지원 활동(Support Activities)의 2가지 범주로 구분하고 있다.
• 본원적 활동(Primary Activities) : 입고, 운영·생산, 출고, 마케팅 및 영업, 서비스
• 지원 활동(Support Activities) : 회사 인프라, 인적자원관리, 기술개발, 구매 활동

09

정답 ③

BCG 매트릭스는 기업이 사업에 대한 전략을 결정할 때 시장점유율과 시장성장률을 고려한다고 가정하고 이 두 가지 요소를 기준으로 별(Star) 사업, 현금젖소(Cash Cow) 사업, 물음표(Question Mark) 사업, 개(Dog) 사업으로 나누었다. 현금젖소(Cash Cow)는 시장성장률은 낮지만 높은 상대적 시장점유율을 유지하고 있는 영역으로, 제품수명주기 상에서 성숙기에 속하는 영역이다.

10

정답 ①

기대이론(Expectancy Theory)이란 구성원 개인의 동기부여의 강도를 성과에 대한 기대와 성과의 유의성에 의해 설명함으로써 동기유발을 위한 동기요인들의 상호작용에 관심을 둔 이론이다.
브룸(V. Vroom)의 기대이론에 의하면 동기부여(Motivation)는 기대(Expectancy)·수단성(Instrumentality)·유의성(Valence)의 3요소에 영향을 받는다. 이때, 유의성은 특정 보상에 대해 갖는 선호의 강도, 수단성은 성과달성에 따라 주어지리라고 믿는 보상의 정도이고, 기대는 어떤 활동이 특정 결과를 가져오리라고 믿는 가능성을 말한다. 따라서 '(동기부여의 강도)=(기대감)×(수단성)×(유의성)'으로 나타낼 수 있다.

11

정답 ②

오답분석

① 지주회사 : 다른 회사의 주식을 소유함으로써 사업활동을 지배하는 것을 주된 사업으로 하는 회사이다.
③ 컨글로머리트 : 복합기업, 다종기업이라고도 하며, 서로 업종이 다른 이종기업 간의 결합에 의한 기업형태이다.
④ 트러스트 : 동일산업 부문에서의 자본의 결합을 축으로 한 독점적 기업결합이다.
⑤ 콘체른 : 법률적으로 독립하고 있는 몇 개의 기업이 출자 등의 자본적 연휴를 기초로 하는 지배·종속 관계에 의해 형성되는 기업결합체이다.

12

정답 ③

오답분석

① 서열법 : 피평정자의 근무성적을 서로 비교해서 그들 간의 서열을 정하여 평정하는 방법이다.
② 평정척도법 : 관찰하려는 행동에 대해 어떤 질적 특성의 차이를 몇 단계로 구분하여 판단하는 방법이다.
④ 중요사건기술법 : 피평정자의 근무실적에 큰 영향을 주는 중요사건들을 평정자로 하여금 기술하게 하거나 주요 사건들에 대한 설명구를 미리 만들고 평정자로 하여금 해당되는 사건에 표시하게 하는 평정방법이다.
⑤ 목표관리법 : 전통적인 충동관리나 상사 위주의 지식적 관리가 아닌 공동목표를 설정·이행·평가하는 전 과정에서 아랫사람의 능력을 인정하고 그들과 공동노력을 함으로써 개인목표와 조직목표 사이, 상부목표와 하부목표 사이에 일관성이 있도록 하는 관리방법이다.

13

정답 ④

제품믹스란 특정 판매업자가 구매자들에게 제공하는 모든 제품의 배합으로 제품계열과 품목들의 집합을 의미하는데, 어떤 제품믹스이든 폭과 깊이 및 다양성·일관성 면에서 분석될 수 있다.

14

정답 ①

초기고가전략은 가격 변화에 둔감한 경우, 즉 수요의 가격탄력성이 작은 경우에 채택해야 한다.

15

정답 ②

맥그리거(D. McGregor)의 X－Y이론

- X이론 : 명령통제에 관한 전통적 견해이며 낡은 인간관이다.
  - 인간은 선천적으로 일을 싫어하며 가능한 한 일을 하지 않고 지냈으면 한다.
  - 기업 내의 목표달성을 위해서는 통제·명령·상벌이 필요하다.
  - 종업원은 대체로 평범하며, 자발적으로 책임을 지기보다는 명령받기를 좋아하고 안전제일주의의 사고·행동을 취한다.
- Y이론 : 인간의 행동에 관한 여러 사회과학의 성과를 토대로 한 것이다.
  - 종업원들은 자발적으로 일할 마음을 가지게 된다.
  - 개개인의 목표와 기업목표의 결합을 꾀할 수 있다.
  - 일의 능률을 향상시킬 수 있다.

16

정답 ①

제시된 자료의 기회비용을 계산해 보면 다음과 같다.

구분	컴퓨터 1대 생산에 따른 기회비용	TV 1대 생산에 따른 기회비용
A국가	TV : 2.5(=20÷8)	컴퓨터 : 0.4(=8÷20)
B국가	TV : 5(=10÷2)	컴퓨터 : 0.2(=2÷10)

컴퓨터 1대 생산에 따른 기회비용이 A국가(2.5)가 B국가(5)보다 낮으므로 비교우위에 있다고 할 수 있다.

17

정답 ①

기업의 지배권을 가진 소유경영자가 전문경영자에 비해 상대적으로 더 강력한 리더십을 발휘할 수 있다. 주식회사의 대형화와 복잡화에 따라 조직의 경영을 위한 전문지식과 기술을 가진 전문경영자를 고용하여 기업의 운영을 전담시키게 된다. 전문경영자의 장점으로는 합리적 의사결정의 가능, 기업문화와 조직 혁신에 유리, 지배구조의 투명성 등이 있다. 단점으로는 책임에 대한 한계, 느린 의사결정, 단기적인 이익에 집착, 대리인 문제의 발생 등이 있다.

18

정답 ①

합병의 동기에는 시너지효과가설, 저평가설, 경영자주의가설, 대리이론 등이 있다. 시너지효과가설이란 합병 전 각 개별기업 가치의 단순 합보다 합병 후 기업가치가 더 커지는 시너지효과를 얻기 위한 합병의 동기를 의미한다. 시너지효과에는 영업시너지와 재무시너지가 있는데, 영업시너지란 합병에 따라 현금흐름이 증가하여 기업가치가 증대되는 것을 의미하며, 재무시너지는 합병에 따라 자본비용이 감소하여 기업가치가 증대되는 효과를 의미한다.

19

정답 ①

테일러시스템은 표준작업량을 산출하여 노동의욕을 고취시키기 위해 차별적인 성과급제도를 채택한 관리방식이다.

20

정답 ②

조직 의사결정은 제약된 합리성 혹은 제한된 합리성에 기초하게 된다고 주장한 사람은 사이먼(H. Simon)이다.

CHAPTER 02

경제

적중예상문제

01	02	03	04	05	06	07	08	09	10	11	12	13	14	15	16	17	18	19	20
①	③	④	④	①	③	③	③	④	③	②	②	①	①	③	②	⑤	①	④	⑤

01

정답 ①

100만$\times(1+0.05)^2=1,102,500$원이므로 명목이자율은 10.25%이다.

실질이자율은 명목이자율에서 물가상승률을 뺀 값이므로 $10.25-\left(\frac{53-50}{50}\times 100\right)=10.25-6=4.25$%이다.

02

정답 ③

케인스가 주장한 절약의 역설은 개인이 소비를 줄이고 저축을 늘리는 경우 저축한 돈이 투자로 이어지지 않기 때문에 사회 전체적으로 볼 때 오히려 소득의 감소를 초래할 수 있다는 이론이다. 저축을 위해 줄어든 소비로 인해 생산된 상품은 재고로 남게 되고 이는 총수요 감소로 이어져 결국 국민소득이 줄어들 수 있다.

03

정답 ④

GDP 디플레이터는 명목 GDP와 실질 GDP 간의 비율로서 국민경제 전체의 물가압력을 측정하는 지수로 사용되며, 통화량 목표설정에 있어서도 기준 물가상승률로 사용된다.

04

정답 ④

효용이 극대화가 되는 지점은 무차별곡선과 예산선이 접하는 지점이다. 따라서 무차별곡선의 기울기인 한계대체율과 예산선의 기울기 값이 같을 때 효용이 극대화된다. $MRS_{xy}=\frac{MU_x}{MU_y}=\frac{P_x}{P_y}$이고, $MU_x=600$, $P_x=200$, $P_y=300$이므로, $MU_y=900$이 되고, 한계효용이 900이 될 때까지 Y를 소비하므로, Y의 소비량은 4개가 된다.

05

정답 ①

차선이론이란 모든 파레토효율성 조건이 동시에 충족되지 못하는 상황에서 더 많은 효율성 조건이 충족된다고 해서 더 효율적인 자원배분이라는 보장이 없다는 이론이다. 차선이론에 따르면 점진적인 제도개혁을 통해서 일부의 효율성 조건을 추가로 충족시킨다고 해서 사회후생이 증가한다는 보장이 없다. 한편, 후생경제학에서 효율성은 파레토효율성을 통하여 평가하고, 공평성은 사회후생함수(사회무차별곡선)를 통해 평가한다. 후생경제학의 제1정리를 따르면 모든 경제주체가 합리적이고 시장실패 요인이 없으면 완전경쟁시장에서 자원배분은 파레토효율적이다.

06

정답 ③

생산물 가격이 하락할수록 생산요소의 수요는 감소하므로 노동수요곡선이 좌측으로 이동하면서 새로운 균형에서는 임금과 고용량이 모두 감소한다.

07

정답 ③

오답분석

마. 어떤 정책을 실시할 때 정책 실행시차가 부재한다면 정부정책이 보다 효과적이 될 가능성이 높다.

08

정답 ③

- 변동 전 균형가격은 $4P+P=600$이므로 균형가격 P는 120이다.
- 변동 전 균형거래량은 $4\times120=480$이고, 변동 후 균형가격은 $4P+P=400$이므로 균형가격 P는 80이다. 따라서 변동 후 균형거래량은 $4\times80=320$이다.

09

정답 ④

명목임금은 150만 원 인상되었으므로 10%가 증가했지만, 인플레이션율 12%를 고려한 실질임금은 12−10=2% 감소하였다.

PART 2

10

정답 ③

$$(\text{실업률})=\frac{(\text{실업자 수})}{(\text{경제활동인구})}\times100=\frac{(\text{실업자 수})}{(\text{취업자 수})+(\text{실업자 수})}\times100$$

ㄴ. 실업자가 비경제활동인구로 전환되면 분자와 분모 모두 작아지게 되는데 이때 분자의 감소율이 더 크므로 실업률은 하락한다.
ㄷ. 비경제활동인구가 취업자로 전환되면 분모가 커지게 되므로 실업률은 하락한다.

오답분석

ㄱ. 취업자가 비경제활동인구로 전환되면 분모가 작아지므로 실업률은 상승한다.
ㄹ. 비경제활동인구가 실업자로 전환되면 분자와 분모 모두 커지게 되는데 이때 분자의 상승률이 더 크므로 실업률은 상승한다.

11

정답 ②

독점적 경쟁기업은 단기에는 초과이윤을 얻을 수도 있고, 손실을 볼 수도 있으며, 정상이윤만 획득할 수도 있으나, 장기에는 정상이윤만 얻게 된다.

12

정답 ②

오답분석

ㄴ. 평균비용곡선이 상승할 때, 한계비용곡선은 평균비용곡선 위에 있다.
ㄹ. 총가변비용곡선을 총고정비용만큼 상방으로 이동시키면 총비용곡선이 도출되므로 총가변비용곡선의 기울기와 총비용곡선의 기울기는 같다.

13

정답 ①

$$EOQ=\sqrt{\frac{2\times(\text{수요량})\times(\text{주문비})}{(\text{재고유지비용})}}$$

(재고유지비용)=(단위당 단가)×(재고유지비율)$=10\times0.4=4$

$$[\text{K전자의 경제적 주문량}(EOQ)]=\sqrt{\frac{2\times20\times10}{4}}=10$$

14

정답 ①

조세부담의 귀착

$$\frac{(\text{수요의 가격탄력성})}{(\text{공급의 가격탄력성})}=\frac{(\text{생산자 부담})}{(\text{소비자 부담})}$$

수요의 가격탄력성이 0이므로 생산자 부담은 0이고 모두 소비자 부담이 된다.

15

정답 ③

독점적 경쟁시장에서는 제품의 차별화가 클수록 수요의 가격탄력성은 작아져서 서로 다른 가격의 수준을 이루게 된다.

16

정답 ②

기업이 이윤을 극대화하기 위해서는 한계생산물가치와 임금이 같아질 때까지 고용량을 증가시켜야 한다. 한계생산물은 노동 1단위를 추가로 투입해서 얻는 생산물의 증가분이므로 5이고 임금과 같아지기 위해서는 5×(한계생산물가치)=20,000원이 되어야 하므로 한계생산물가치는 4,000원이다. 완전경쟁에서 이윤 극대화의 조건은 한계수입생산과 한계요소비용, 즉 한계수입과 한계비용이 같아야 하므로 한계비용도 4,000원이 된다.

17

정답 ⑤

슈타켈버그(Stackelberg) 모형에서는 두 기업 중 하나 또는 둘 모두가 '생산량'에 관해 추종자가 아닌 선도자의 역할을 한다.

18

정답 ①

완전경쟁기업은 가격과 한계비용이 같아지는($P=MC$) 점에서 생산하므로, 주어진 비용함수를 미분하여 한계비용을 구하면 $MC=10q$이다. 시장전체의 단기공급곡선은 개별기업의 공급곡선을 수평으로 합한 것이므로 시장 전체의 단기공급곡선은 $P=\frac{1}{10}Q$로 도출된다. 이제 시장수요함수와 공급함수를 연립해서 계산하면 $350-60P=10P$이므로 $P=5$이다.

19

정답 ④

실업률이란 일할 능력과 취업 의사가 있는 사람 가운데 실업자가 차지하는 비율로서 실업자를 경제활동인구로 나누어 계산한다. 단, 만 15세 이상 생산가능인구 중 학생, 주부, 환자 등은 경제활동인구에서 제외된다. 호준이 여동생은 가정주부이고 남동생은 대학생이기 때문에 비경제활동이므로 호준이 가족의 경제활동인구는 아버지, 어머니, 호준이 총 3명이다. 이 중 호준이와 어머니가 실업자이므로 호준이 가족의 실업률은 $67\%\left(\fallingdotseq\frac{2}{3}\times100\right)$이다.

20

정답 ⑤

제시된 그림 속 수요곡선의 방정식은 $P=-Q+100$이다. 예를 들면, 가격이 100원이면 X재의 수요량은 0이고, 가격이 30원이면 X재의 수요량은 70이다. 수요곡선이 우하향의 직선인 경우 수요곡선상의 우하방으로 이동할수록 수요의 가격탄력성이 점점 작아진다. 그러므로 수요곡선상의 모든 점에서 수요의 가격탄력성이 다르게 나타난다. X재는 정상재이므로 소득이 증가하면 수요곡선이 오른쪽으로 이동한다. 한편, X재와 대체관계에 있는 Y재의 가격이 오르면 X재의 수요가 증가하므로 X재의 수요곡선은 오른쪽으로 이동한다. 수요의 가격탄력성이 1일 경우는 수용곡선상의 중점이므로 이때의 X재 가격은 50원이다. 독점기업은 항상 수요의 가격탄력성보다 큰 구간에서 재화를 생산하므로 독점기업이 설정하는 가격은 50원 이상이다.

CHAPTER

03

회계

적중예상문제

01	02	03	04	05	06	07	08	09	10	11	12	13	14	15	16	17	18	19	20
④	③	⑤	③	③	③	②	②	③	③	②	①	⑤	①	⑤	⑤	③	②	③	⑤

PART 2

01

정답 ④

금리가 하락하는 경우, 경기가 불황에 빠져 기업과 가계의 장기채권 발행 및 투자가 감소한다고 판단할 수 있다.

오답분석

①·② 장기채는 환금성이 낮아 그만큼 유동성 프리미엄이 붙기 때문에 금리가 그만큼 높다.
③ 단기채 금리는 정책금리 변화를 반영하며, 장기채 금리는 경기 상황을 반영한다.
⑤ 장기채 금리가 낮아지고 단기채 금리가 높아져서 금리가 역전되면 이는 경기 침체 우려를 나타낸다고 볼 수 있다.

02

정답 ③

재고자산의 매입원가는 매입가격에 수입관세와 제세금, 매입운임, 하역료, 완제품, 원재료 및 용역의 취득과정에 직접 관련된 기타 원가를 가산한 금액이다. 매입할인, 리베이트 및 기타 유사한 항목은 매입원가를 결정할 때 차감한다.

03

정답 ⑤

선급금과 선수금은 각각 비금융자산과 비금융부채에 해당한다.

금융자산과 금융부채

구분	금융자산	금융부채
금융	현금 및 현금성 자산, 매출채권, 대여금, 받을어음, 지분상품 및 채무상품, 투자사채 등	매입채무, 지급어음, 차입금, 사채 등
비금융	선급금, 선급비용, 재고자산, 유형자산, 무형자산 등	선수금, 선수수익, 충당부채, 미지급법인세 등

04

정답 ③

현금흐름 정보는 발생주의가 아니라 현금주의에 의하여 작성되므로, 다른 재무제표의 단점을 보완한다.

05

정답 ③

ㄴ. 가수금은 이미 현금으로 받았으나 아직 계정과목이나 금액 등을 확정할 수 없어 일시적으로 처리하는 부채계정으로 기말 재무상태표에는 그 내용을 나타내는 적절한 계정으로 대체하여 표시해야 한다.
ㄷ. 당좌차월은 당좌예금잔액을 초과하여 수표를 발행하면 발생하는 것으로 기말 재무상태표에는 단기차입금 계정으로 표기한다.

06

정답 ③

영업활동으로 인한 현금흐름	500,000원
매출채권(순액) 증가	+50,000
재고자산 감소	−40,000
미수임대료의 증가	+20,000
매입채무의 감소	+20,000
유형자산처분손실	−30,000
당기순이익	520,000원

07

정답 ②

주식을 할인발행하더라도 총자본은 증가한다.

오답분석

① 중간배당(현금배당)을 실시하면 이익잉여금을 감소시키게 되므로 자본이 감소한다.
③ 자기주식은 자본조정 차감항목이므로 자기주식을 취득하는 경우 자본이 감소한다.
④ 당기순손실이 발생하면 이익잉여금을 감소시키게 되므로 자본이 감소한다.
⑤ 매도가능금융자산의 평가에 따른 손실(100,000원)이 발생하였으므로 자본이 감소한다.

08

정답 ②

발생주의 원칙은 실제 현금이 들어오거나 나가지 않았어도 거래가 발생했다면 비용과 수익을 인식하여야 한다는 것이다.

오답분석

①·③·④·⑤ 손익계산서는 기업회계 기준서에서 규정하고 있는 재무제표 작성과 표시 기준에 따라 작성하여야 한다.

09

정답 ③

검증가능성은 둘 이상의 회계담당자가 동일한 경제적 사건에 대하여 동일한 측정방법으로 각각 독립적으로 측정하더라도 각각 유사한 측정치에 도달하게 되는 속성을 말한다. 즉, 검증가능성은 정보가 나타내고자 하는 경제적 현상을 충실히 표현하는지를 정보이용자가 확인하는 데 도움을 주는 보강적 질적 특성이다.

재무정보의 질적 특성

근본적 질적 특성	• 목적적합성	• 충실한 표현
보강적 질적 특성	• 비교가능성 • 적시성	• 검증가능성 • 이해가능성

10

정답 ③

분개장은 주요부이고, 현금출납장은 보조기입장이다.

회계장부

주요부		분개장, 총계정원장
보조부	보조기입장	현금출납장, 매입장, 매출장, 어음기입장 등
	보조원장	상품재고장, 매입처원장, 매출처원장 등

11

정답 ②

화폐의 시간가치 영향이 중요한 경우 충당부채는 의무를 이행하기 위하여 예상되는 지출액의 현재가치로 평가한다. 또한 할인율은 부채의 특유한 위험과 화폐의 시간가치에 대한 현행 시장의 평가를 반영한 세전 이율이다. 이 할인율에는 미래현금흐름을 추정할 때 고려한 위험을 반영하지 아니한다.

12

정답 ①

일부 부채는 상당한 정도의 추정을 해야만 측정이 가능할 수 있다. 이러한 부채를 충당부채라고도 한다.

오답분석

② 자산 측정기준으로서의 역사적 원가는 현행원가와 비교하여 신뢰성이 더 높다. 신뢰성 있는 정보란 그 정보에 중요한 오류나 편의가 없고, 그 정보가 나타내고자 하거나 나타낼 것이 합리적으로 기대되는 대상을 충실하게 표현하고 있다고 정보이용자가 믿을 수 있는 정보를 말한다.
③ 보고기업의 경제적 자원과 청구권의 변동은 그 기업의 재무성과, 채무상품 또는 지분상품의 발행과 같은 그 밖의 사건 또는 거래에서 발생한다.
④ 일반목적재무보고서는 보고기업의 가치를 보여주기 위해 고안된 것이 아니지만, 현재 및 잠재적 투자자, 대여자 및 기타 채권자가 보고기업의 가치를 추정하는 데 도움이 되는 정보를 제공한다.
⑤ 기업은 그 경영활동을 청산하거나 중요하게 축소할 의도나 필요성을 갖고 있지 않다는 가정을 적용한다. 만약 이러한 의도나 필요성이 있다면 재무제표는 계속기업을 가정한 기준과는 다른 기준을 적용하여 작성하는 것이 타당할 수 있으며, 이때 적용한 기준은 별도로 공시하여야 한다.

PART 2

13

정답 ⑤

기업어음은 자금조달이 간소한 반면, 투자자에게 회사채에 비해 상대적으로 높은 금리를 지급한다.

오답분석

① 기업어음은 어음법의 적용을 받고, 회사채는 자본시장법의 적용을 받는다.
② 기업어음은 발행을 위해서 이사회의 결의가 필요 없으나, 회사채는 이사회의 결의가 필요하다.
③ 기업어음은 수요예측이 필요 없으나, 회사채는 수요예측을 필수적으로 해야 한다.
④ 기업어음의 변제순위는 회사채 변제순위보다 후순위이다.

14

정답 ①

영업활동 현금흐름은 직접법 또는 간접법 중 하나의 방법으로 보고할 수 있다. 직접법이란 총현금유입과 총현금유출을 주요 항목별로 구분하여 표시하는 방법을 말한다. 직접법은 간접법에서 파악할 수 없는 정보를 제공하고 미래현금흐름을 추정하는 데 보다 유용한 정보를 제공하기 때문에 한국채택국제회계기준에서는 직접법을 사용할 것을 권장하고 있다.

오답분석

② 단기매매목적으로 보유하는 유가증권의 취득과 판매에 따른 현금흐름은 영업활동으로 분류한다.
③ 일반적으로 법인세로 납부한 현금은 영업활동으로 인한 현금유출에 포함된다.
④ 당기순이익의 조정을 통해 영업활동 현금흐름을 계산하는 방법은 간접법이다.
⑤ 영업을 통해 획득한 현금에서 영업을 위해 지출한 현금을 차감하는 방식으로 영업활동 현금흐름을 계산하는 방법은 직접법이다.

15

정답 ⑤

내용연수가 비한정인 무형자산의 내용연수를 유한 내용연수로 변경하는 것은 회계추정의 변경으로 회계처리한다.

회계정책의 변경과 회계추정의 변경

구분	개념	적용 예
회계정책의 변경	재무제표의 작성과 보고에 적용되던 회계정책을 다른 회계정책으로 바꾸는 것을 말한다. 회계정책이란 기업이 재무보고의 목적으로 선택한 기업회계기준과 그 적용방법을 말한다.	• 한국채택국제회계기준에서 회계정책의 변경을 요구하는 경우 • 회계정책의 변경을 반영한 재무제표가 거래, 기타 사건 또는 상황이 재무상태, 재무성과 또는 현금흐름에 미치는 영향에 대하여 신뢰성 있고 더 목적적합한 정보를 제공하는 경우
회계추정의 변경	회계에서는 미래 사건의 불확실성의 경제적 사건을 추정하여 그 추정치를 재무제표에 보고하여야 할 경우가 많은데 이를 회계추정의 변경이라고 한다.	• 대손 • 재고자산 진부화 • 금융자산이나 금융부채의 공정가치 • 감가상각자산의 내용연수 또는 감가상각자산에 내재된 미래경제적 효익의 기대소비행태 • 품질보증의무

16

정답 ⑤

원가동인의 변동에 의하여 활동원가가 변화하는가에 따라 활동원가는 고정원가와 변동원가로 구분된다. 고정원가는 고정제조간접비와 같이 원가동인의 변화에도 불구하고 변화하지 않는 원가이며, 변동원가는 원가동인의 변화에 따라 비례적으로 변화하는 원가로 직접재료비, 직접노무비 등이 해당된다. 일반적으로 활동기준원가계산에서는 전통적인 고정원가, 변동원가의 2원가 분류체계 대신 단위기준, 배치기준, 제품기준, 설비기준 4원가 분류체계를 이용한다.

활동기준원가계산
기업에서 수행되고 있는 활동(Activity)을 기준으로 자원, 활동, 제품 / 서비스의 소모관계를 자원과 활동, 활동과 원가대상 간의 상호 인과관계를 분석하여 원가를 배부함으로써 원가대상의 정확한 원가와 성과를 측정하는 새로운 원가계산방법이다.

17

정답 ③

오답분석

① 재무상태표는 일정시점에 있어서 기업의 재무상태인 자산, 부채 및 자본에 관한 정보를 제공한다.
② 포괄손익계산서는 일정기간 동안 기업의 경영성과를 나타낸다.
④ 현금흐름표는 당해 회계기간의 현금의 유입과 유출내용을 적정하게 표시하는 보고서이다.
⑤ 재무제표는 재무상태표, 손익계산서, 현금흐름표, 자본변동표로 구성한다.

18

정답 ②

차입금 상환을 면제받는 것은 부채의 감소에 해당한다.

부채의 감소
- 차입금 상환을 면제받다.
- 차입금을 자본금으로 전환하다.
- 차입금을 갚다.

19

정답 ③

(당기총포괄이익)=(기말자본)−(기초자본)−(유상증자)
=[(기말자산)−(기말부채)]−[(기초자산)−(기초부채)]−(유상증자)
=(7,500,000−3,000,000)−(5,500,000−3,000,000)−500,000
=4,500,000−2,500,000−500,000
=1,500,000원

20

정답 ⑤

제품보증에 따라 부채가 발생하는 경우와 같이 자산의 인식을 수반하지 않는 부채가 발생하는 경우에는 포괄손익계산서에 비용을 동시에 인식한다.

CHAPTER 04

법

적중예상문제

01	02	03	04	05	06	07	08	09	10	11	12	13	14	15	16	17	18	19	20
④	①	④	④	④	②	③	①	③	①	③	②	②	①	③	③	③	④	②	③

01

정답 ④

범죄의 성립과 처벌은 행위 시의 법률에 따른다(형법 제1조 제1항).

오답분석

① 헌법 제53조 제7항
② 헌법 제13조 제2항
③ 헌법 제84조
⑤ 헌법 제6조 제1항

02

정답 ①

역사적으로 속인주의에서 속지주의로 변천해 왔고, 오늘날 국제사회에서 영토의 상호존중과 상호평등원칙이 적용되므로, 속지주의가 원칙이며 예외적으로 속인주의가 가미된다.

03

정답 ④

관습 또한 사회규범의 하나이므로 합목적성과 당위성에 기초한다. 법과 구별되는 관습의 특징으로는 자연발생적 현상, 반복적 관행, 사회적 비난 등이 있다.

04

정답 ④

법은 권리에 대응하는 의무가 있는 반면(양면적), 도덕은 의무에 대응하는 권리가 없다(일면적).

05

정답 ④

민법은 인간이 사회생활을 영위함에 있어 상호 간에 지켜야 할 법을 의미하는 것으로, 사법(私法) 중 일반적으로 적용되는 일반사법이다.

06

정답 ②

법률용어로서의 선의(善意)는 어떤 사실을 알지 못하는 것을 의미하며, 악의(惡意)는 어떤 사실을 알고 있는 것을 뜻한다.

오답분석

① 문리해석과 논리해석은 학리해석의 범주에 속한다.
③ 유추해석에 대한 설명이다.

④ · ⑤ 추정(推定)은 불명확한 사실을 일단 인정하는 것으로 정하여 법률효과를 발생시키되 나중에 반증이 있을 경우 그 효과를 발생시키지 않는 것을 말한다. 간주(看做)는 '간주한다=본다=의제한다'로 쓰이며, 추정과는 달리 나중에 반증이 나타나도 이미 발생된 효과를 뒤집을 수 없는 것을 말한다. 예를 들어 어음법 제29조 제1항에서 '말소는 어음의 반환 전에 한 것으로 추정한다.'라는 규정이 있는데, 만약 어음의 반환 이후에 말소했다는 증거가 나오면 어음의 반환 전에 했던 것은 없었던 걸로 하고, 어음의 반환 이후에 한 것으로 인정한다. 그러나 만약 '말소는 어음의 반환 전에 한 것으로 본다.'라고 했다면 나중에 반환 후에 했다는 증거를 제시해도 그 효력이 뒤집어지지 않는다. 즉, 원래의 판정과 마찬가지로 어음의 반환 전에 한 것으로 한다.

07

정답 ③

민법은 속인주의 내지 대인고권의 효과로 거주지 여하를 막론하고 모든 한국인에게 적용된다.

08

정답 ①

간주(의제)는 추정과 달리 반증만으로 번복이 불가능하고 취소절차를 거쳐야만 그 효과를 전복시킬 수 있다. 따라서 사실의 확정에 있어서 간주는 그 효력이 추정보다 강하다고 할 수 있다.

오답분석

② '~한 것으로 본다.'라고 규정하고 있으면 이는 간주규정이다.
③ 실종선고를 받은 자는 전조의 기간이 만료한 때에 사망한 것으로 본다(민법 제28조).
④ 추정에 대한 설명이다.
⑤ 간주에 대한 설명이다.

09

정답 ③

실종선고를 받아도 당사자가 존속한다면 그의 권리능력은 소멸되지 않는다. 실종선고기간이 만료한 때 사망한 것으로 간주된다(민법 제28조).

10

정답 ①

피성년후견인의 법정대리인인 성년후견인은 피성년후견인의 재산상 법률행위에 대한 대리권과 취소권 등을 갖지만 원칙적으로 동의권은 인정되지 않는다. 따라서 피성년후견인이 법정대리인의 동의를 얻어서 한 재산상 법률행위는 무효이다.

오답분석

③ 민법 제6조
④ 민법 제17조 제1항
⑤ 민법 제13조 제1항

11

정답 ③

상업등기부의 종류에는 상호등기부, 미성년자등기부, 법정대리인등기부, 지배인등기부, 합자조합등기부, 합명회사등기부, 합자회사등기부, 유한책임회사등기부, 주식회사등기부, 유한회사등기부, 외국회사등기부 11종이 있다(상업등기법 제11조 제1항).

12

정답 ②

회사가 가진 자기주식은 의결권이 없다(상법 제369조 제2항).

오답분석

① 상법 제289조 제1항 제7호
③ 상법 제293조
④ 상법 제312조
⑤ 상법 제292조

13

정답 ②

행정행위(처분)의 부관이란 행정행위의 일반적인 효과를 제한하기 위하여 주된 의사표시에 붙여진 종된 의사표시로, 행정처분에 대하여 부가할 수 있다. 부관의 종류에는 조건, 기한, 부담 등이 있다.

- 조건 : 행정행위의 효력의 발생 또는 소멸을 발생이 불확실한 장래의 사실에 의존하게 하는 행정청의 의사표시로, 조건성취에 의하여 당연히 효력을 발생하게 하는 정지조건과 당연히 그 효력을 상실하게 하는 해제조건이 있다.
- 기한 : 행정행위의 효력의 발생 또는 소멸을 발생이 장래에 도래할 것이 확실한 사실에 의존하게 하는 행정청의 의사표시로, 기한의 도래로 행정행위가 당연히 효력을 발생하는 시기와 당연히 효력을 상실하는 종기가 있다.
- 부담 : 행정행위의 주된 의사표시에 부가하여 그 상대방에게 작위・부작위・급부・수인의무를 명하는 행정청의 의사표시로, 특허・허가 등의 수익적 행정행위에 붙여지는 것이 보통이다.
- 철회권의 유보 : 행정행위의 주된 의사표시에 부수하여, 장래 일정한 사유가 있는 경우에 그 행정행위를 철회할 수 있는 권리를 유보하는 행정청의 의사표시이다(숙박업 허가를 하면서 윤락행위를 하면 허가를 취소한다는 경우).

14

정답 ①

기판력은 확정된 재판의 판단 내용이 소송당사자와 후소법원을 구속하고, 이와 모순되는 주장・판단을 부적법으로 하는 소송법상의 효력이므로, 행정행위의 특징과는 관련 없다.

15

정답 ③

헌법 제130조 제3항의 내용이다.

오답분석

① 헌법개정은 국회 재적의원 과반수 또는 대통령의 발의로 제안된다(헌법 제128조 제1항).
② 개정은 가능하나 그 헌법개정 제안 당시의 대통령에 대하여는 효력이 없다(헌법 제128조 제2항).
④ 헌법개정안에 대한 국회의결은 재적의원 3분의 2 이상의 찬성을 얻어야 한다(헌법 제130조 제1항).
⑤ 국회는 헌법개정안이 공고된 날로부터 60일 이내에 의결하여야 한다(헌법 제130조 제1항).

16

정답 ③

일반적으로 도급인과 수급인 사이에는 지휘・감독의 관계가 없으므로 도급인은 수급인이나 수급인의 피용자의 불법행위에 대하여 사용자로서의 배상책임이 없는 것이지만, 도급인이 수급인에 대하여 특정한 행위를 지휘하거나 특정한 사업을 도급시키는 경우와 같은 이른바 노무도급의 경우에는 비록 도급인이라고 하더라도 사용자로서의 배상책임이 있다(대판 2005.11.10., 선고 2004다37676).

17

정답 ③

헌법전문의 법적 효력에 대해서는 학설대립으로 논란의 여지가 있어 전문이 본문과 같은 법적 성질을 '당연히' 내포한다고 단정지을 수는 없다.

18

 ④

자유민주적 기본질서의 내용에 기본적 인권의 존중, 권력분립주의, 법치주의, 사법권의 독립은 포함되지만, 계엄선포 및 긴급명령권, 복수정당제는 포함되지 않는다.

19

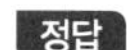 ②

정당방위는 위법한 침해에 대한 방어행위이므로 상대방은 이에 대해 정당방위를 할 수 없으나 긴급피난은 할 수 있다.

오답분석

① 자구행위는 이미 침해된 청구권을 보전하기 위한 사후적 긴급행위이다.
③ 긴급피난은 위법한 침해일 것을 요하지 않으므로 긴급피난에 대해서는 긴급피난을 할 수 있다.
④ 정당행위는 위법성이 조각된다(형법 제20조).
⑤ 처분할 수 있는 자의 승낙에 의하여 그 법익을 훼손한 행위는 위법성이 조각된다(형법 제24조).

20

정답 

재단법인의 기부행위나 사단법인의 정관은 반드시 서면으로 작성하여야 한다.

사단법인과 재단법인의 비교

구분	사단법인	재단법인
구성	2인 이상의 사원	일정한 목적에 바쳐진 재산
의사결정	사원총회	정관으로 정한 목적(설립자의 의도)
정관변경	총사원 3분의 2 이상의 동의 요(要)	원칙적으로 금지

배우기만 하고 생각하지 않으면 얻는 것이 없고, 생각만 하고 배우지 않으면 위태롭다.

-공자-

PART 3
최종점검 모의고사

최종점검 모의고사

01 직업기초능력평가

01	02	03	04	05	06	07	08	09	10	11	12	13	14	15	16	17	18	19	20
①	③	③	④	③	④	③	①	③	④	②	③	④	④	②	①	④	④	②	①
21	22	23	24	25	26	27	28	29	30	31	32	33	34	35	36	37	38	39	40
②	②	④	④	④	②	④	④	④	②	①	④	③	③	①	②	④	③	④	①
41	42	43	44	45	46	47	48	49	50										
③	④	④	④	④	④	①	④	④	③										

01

정답 ①

㉠에서 다섯 번째 줄의 접속어 '그러나'를 기준으로 앞부분은 사물인터넷 사업의 경제적 가치 및 외국의 사물인터넷 투자 추세, 뒷부분은 우리나라의 사물인터넷 사업 현황에 대하여 설명하고 있다. 따라서 두 문단으로 나누는 것이 적절하다.

오답분석

② 문장 앞부분에서 '통계에 따르면'으로 시작하고 있으므로, 이와 호응되는 서술어를 능동 표현인 '예상하며'로 바꾸는 것은 어색하다.
③ 우리나라의 사물인터넷 시장이 선진국에 비해 확대되지 못하고 있는 것은 사물인터넷 관련 기술을 확보하지 못한 결과이다. 따라서 수정하는 것은 옳지 않다.
④ 문맥상 '기술력을 갖추다.'라는 의미가 되어야 하므로 '확보'로 바꾸어야 한다.

02

정답 ③

제시문에서 '최고의 진리는 언어 이전 혹은 언어 이후의 무언(無言)의 진리이다.', '동양 사상의 정수(精髓)는 말로써 말이 필요 없는 경지'라고 한 부분을 보았을 때 동양 사상은 언어적 지식을 초월하는 진리를 추구한다는 것이 제시문의 주제이다.

03

정답 ③

㉠의 앞에서는 평화로운 시대에는 시인의 존재가 문화의 비싼 장식으로 여겨질 수 있다고 하였으나, ㉠의 뒤에서는 조국이 비운에 빠졌거나 통일을 잃었을 때는 시인이 민족의 예언가 또는 선구자가 될 수 있다고 하였다. 따라서 ㉠에는 역접의 의미인 '그러나'가 적절하다.
㉡의 앞에서는 과거에 탄압받던 폴란드 사람들이 시인을 예언자로 여겼던 사례를 제시하고 있으며, ㉡의 뒤에서는 또 다른 사례로 불행한 시절 이탈리아와 벨기에 사람들이 시인을 조국 그 자체로 여겼던 점을 제시하고 있다. 따라서 ㉡에는 '거기에다 더'라는 의미를 지닌 '또한'이 적절하다.

04

정답 ④

㉣은 '조사했더니, … 하였습니다.'가 되어야 호응이 자연스럽다. 그런데 '탐구 계획도 정해 놓았습니다.'라고 하고 있으므로 ㉣은 '조사했으므로'가 아닌 '조사했으며'로 수정하는 것이 적절하다.

오답분석

① ㉠은 선발 이후 자신이 어떻게 할 것인지를 밝히고 있다. 따라서 제시문의 제목과 어울리지 않으므로 삭제한다.
② ㉡은 잉카 문명에 대한 관심이 처음 생긴 계기를 말하고 있다. 이는 첫 번째 문단보다는 두 번째 문단과 잘 어울린다. 따라서 문단 내의 통일성을 위해 ㉡을 두 번째 문단으로 옮기는 것이 적절하다.
③ ㉢에서 '매력'은 '사람의 마음을 사로잡아 끄는 힘'이라는 뜻이고, '매료'는 '사람의 마음을 완전히 사로잡아 홀리게 함'이라는 뜻이다. 따라서 ㉢은 의미가 중복된 표현이므로 수정하는 것이 적절하다.

05

정답 ③

샌드위치를 소개하는 (다) 문단이 가장 먼저 오는 것이 적절하며, 그 다음으로 샌드위치 이름의 유래를 소개하는 (나) 문단이 적절하다. 그 뒤를 이어 샌드위치 백작에 대한 평가가 엇갈림을 설명하는 (가) 문단이, 마지막으로는 이러한 엇갈린 평가를 구체적으로 설명하는 (라) 문단이 적절하다.

PART 3

06

정답 ④

음식 이름의 주인공인 샌드위치 백작은 일부에서는 유능한 정치인·군인이었던 인물로 평가되는 반면, 다른 한편에서는 무능한 도박꾼으로 평가되고 있는 것을 볼 때 ④가 빈칸에 들어갈 내용으로 가장 적절하다.

07

정답 ③

글쓴이는 현대의 조각이 물아일체(物我一體)의 경지가 아닌, 재료 자체가 고유하게 지닌 물성(物性)을 드러내는 경향이 강하다고 보았다. 따라서 '정신의 물화(物化)'로 치닫게 되지나 않을지 염려하고 있으며, 자기의 마음을 빚어내었던 재경과 포정의 예를 통해 조각과 인간 정신의 조화를 이야기하고 있다.

08

정답 ①

(A)는 무아(無我)의 경지에서 조각의 재료와 자신의 마음을 일치시키는 물아일체(物我一體)의 조각 정신을 강조한 부분이므로, 이러한 관점으로 내린 평가로는 ①이 가장 적절하다.

09

정답 ③

㉠의 조각은 정신을 재료에 일치시키는 물아일체(物我一體)의 경지를 의미한다. ⓐ는 재료를 깎는 행위, ⓑ는 형상을 단순 모방하거나 재현하여 깎는 행위, ⓓ는 깎고 쪼고 잘라내는 조각의 기본 행위로 물아일체(物我一體)의 경지와는 거리가 멀다. 반면, ⓒ는 재경의 조각으로 물아일체(物我一體)의 경지에 오른 조각을 의미한다.

10

정답 ④

제시문은 방송의 발달이 문화에 끼치는 영향과 방송의 위상 변화를 방송의 기술적·산업적 성격을 바탕으로 서술하고 나서 방송 매체에 대한 비판 정신을 가져야 함을 주장하고 있다. 논의 과정에서 구체적 사례를 들고, 전문가의 견해를 인용하고는 있으나, 친숙한 대상에 빗대어 유추하고 있는 것은 아니다.

11

정답 ②

제시문은 방송 메커니즘의 양면성에 대해 언급하고 나서 21세기 대중문화가 생산적이고 유익한 것이 되고 안 되고는 우리가 매스 미디어의 내용에 어떤 가치를 담아내느냐에 달려 있다고 강조하고 있다. 이는 결국 대중문화에 큰 영향력을 미치는 매스 미디어에 대해 비판 정신을 갖추어야 함을 강조한 것으로 볼 수 있다.

12

정답 ③

4차 산업혁명이란 제조업과 IT기술 등 기존의 산업을 융합하여 새로운 산업을 탄생시키는 변화를 의미하므로 ③이 가장 적절하다.

오답분석

①·④ 1차 산업혁명에 해당한다.

② 2차 산업혁명에 해당한다.

13

정답 ④

보기에서 클라우스 슈밥은 4차 산업혁명을 '전 세계의 사회, 산업, 문화적 르네상스를 불러올 과학 기술의 대전환기'로 표현하였다. 이는 (라)의 앞 문단에서 이야기하는 4차 산업혁명이 빠른 속도로 전 산업 분야에 걸쳐 전체 경제·사회 체제에 변화를 가져올 것으로 전망되기 때문이다. 즉, 보기의 '이 같은 이유'는 (라) 앞 문단의 전체 내용을 의미하므로 보기가 들어갈 위치로 (라)가 가장 적절하다.

14

정답 ④

영업원 및 판매 관련직의 취업률은 $\left(\frac{733}{3,083}\right)\times 100 \fallingdotseq 23.8\%$이다.

오답분석

① 구직 대비 취업률은 기계 관련직이 $\left(\frac{345}{1,110}\right)\times 100 \fallingdotseq 31.1\%$로 가장 높다.

② 법률·경찰·소방·교도 관련직과 미용·숙박·여행·오락·스포츠 관련직이 해당한다.

③ 금융보험 관련직이 해당한다.

15

정답 ②

ㄱ. $2,141\times 1.3 \fallingdotseq 2,783 < 2,925$이므로 옳다.

ㄷ. 2023년 4월 미국인 제주도 관광객 수는 2,056명으로 2022년 4월 홍콩인 제주도 관광객 수의 35%인 $6,066\times 0.35 \fallingdotseq 2,123$명보다 적다.

오답분석

ㄴ. 제시된 자료는 2023년 4월의 전년 대비 증감률에 대한 것이므로, 제시된 자료만으로는 2023년 3월과 4월을 비교할 수 없다.

ㄹ. 기타를 제외한 2023년 4월 제주도 관광객이 전년 동월 대비 25%p 이상 감소한 아시아 국가는 홍콩, 싱가포르, 말레이시아, 인도네시아 4개국이다.

16

정답 ①

관광객 수가 가장 많은 국가는 B국이며, 가장 적은 국가는 E국이다. 따라서 두 국가의 관광객 수 차이는 $50-20=30$만 명이다.

17

정답 ④

A ~ E국 중 2023년 동안 관광객 수가 같은 국가는 40만 명인 C, D국이다. 따라서 두 국가의 관광객들의 평균 여행일수의 합은 4+3=7일이다.

18

 ④

ㄴ. 2022년 대비 2023년 외국인 관람객 수의 감소율 : $\frac{3,849-2,089}{3,849}\times 100 \fallingdotseq 45.73\%p$

따라서 2023년 외국인 관람객 수는 전년 대비 43%p 이상 감소하였다.

ㄹ. 제시된 그래프를 보면 2021년과 2023년 전체 관람객 수는 전년보다 감소했으며, 증가폭은 2020년이 2022년보다 큼을 확인할 수 있다. 그래프에 제시되지 않은 2017년, 2018년, 2019년의 전년 대비 전체 관람객 수 증가폭과 2020년의 전년 대비 전체 관람객 수 증가폭을 비교하면 다음과 같다.

- 2017년 : (6,805+3,619)−(6,688+3,355)=381천 명
- 2018년 : (6,738+4,146)−(6,805+3,619)=460천 명
- 2019년 : (6,580+4,379)−(6,738+4,146)=75천 명
- 2020년 : (7,566+5,539)−(6,580+4,379)=2,146천 명

따라서 전체 관람객 수가 전년 대비 가장 많이 증가한 해는 2020년이다.

오답분석

ㄱ. 제시된 자료를 통해 확인할 수 있다.

ㄷ. 제시된 그래프를 보면 2020 ~ 2023년 전체 관람객 수와 유료 관람객 수는 증가 – 감소 – 증가 – 감소의 추이를 보인다.

19

- 2024년 예상 유료 관람객 수 : 5,187×1.24≒6,431천 명

  2024년 예상 무료 관람객 수 : 3,355×2.4=8,052천 명

  ∴ 2024년 예상 전체 관람객 수 : 6,431+8,052=14,483천 명
- 2024년 예상 외국인 관람객 수 : 2,089+35=2,124천 명

20

 ①

나영이와 현지가 같이 간 거리는 150×30=4,500m이고, 집에서 공원까지의 거리는 150×50=7,500m이다. 나영이가 집에 가는 데 걸린 시간은 4,500÷300=15분이고, 다시 공원까지 가는 데 걸린 시간은 7,500÷300=25분이다.

따라서 둘이 헤어진 후 현지가 공원에 도착하기까지 걸린 시간은 20분이고, 나영이가 걸린 시간은 40분이므로 나영이는 현지가 도착하고 20분 후에 공원에 도착한다.

21

 ②

- 내일 비가 오고 모레 비가 안 올 확률 : $\frac{1}{5}\times\frac{2}{3}=\frac{2}{15}$
- 내일 비가 안 오고 모레 비가 안 올 확률 : $\frac{4}{5}\times\frac{7}{8}=\frac{7}{10}$

$\therefore \frac{2}{15}+\frac{7}{10}=\frac{5}{6}$

22

정답 ②

오답분석

① 주어진 자료에서 2023년 6월 한국을 관광한 일본인 관광객 수는 전월 대비 감소했다.
③ 주어진 자료에서 2023년 6월 중국을 관광한 일본인 관광객 수는 전월 대비 감소했다.
④ 주어진 자료에서 2023년 8월 중국인 관광객의 한국 내 지출액은 전월 대비 감소했다.

23

정답 ④

2021년 7월부터 2022년 12월까지 17개월간 매출액은 1,520−510=1,010만 원 감소했다. 따라서 $\frac{1,010}{17} \fallingdotseq 59.4$이므로 매달 60만 원씩 감소하였다.

오답분석

①·② K국 여행자가 감소하는 2021년 7월 이후 매출이 줄어들고 있으므로 옳다.
③ 여행자 수 그래프가 거의 평행하게 변화하므로 옳다.

24

정답 ④

(5,946+6,735+131+2,313+11)−(5,850+5,476+126+1,755+10)=15,136−13,217=1,919개소

25

정답 ④

- 초등학교 : $\frac{5,654-5,526}{5,526} \times 100 \fallingdotseq 2.32\%p$
- 유치원 : $\frac{2,781-2,602}{2,602} \times 100 \fallingdotseq 6.88\%p$
- 특수학교 : $\frac{107-93}{93} \times 100 \fallingdotseq 15.05\%p$
- 보육시설 : $\frac{1,042-778}{778} \times 100 \fallingdotseq 33.93\%p$

따라서 보육시설의 증가율이 가장 크다.

26

정답 ②

2022년의 어린이보호구역 수의 합계는 15,136(=5,946+6,735+131+2,313+11)개소이고, 2017년 어린이보호구역 수의 합계는 8,434(=5,365+2,369+76+619+5)개소이므로 2022년 어린이보호구역 수는 2017년보다 6,702개소 증가했다.

오답분석

① 2017년 어린이보호구역 수의 합계는 8,434개소이다.
③ 2022년에 어린이보호구역으로 지정된 특수학교 수는 131개소로, 2021년과 동일하다.
④ 초등학교 어린이보호구역 수는 해마다 계속해서 증가하고 있다.

27

정답 ④

'KS90101-2'는 아동용 10kg 이하의 자전거로, 109동 101호 입주민이 2번째로 등록한 자전거이다.

오답분석

① 등록순서를 제외한 일련번호는 7자리로 구성되어야 하며, 종류와 무게 구분 번호의 자리가 서로 바뀌어야 한다.
② 등록순서를 제외한 일련번호는 7자리로 구성되어야 한다.
③ 자전거 무게를 구분하는 두 번째 자리에는 L, M, S 중 하나만 올 수 있다.

28

정답 ④

마지막의 숫자는 동일 세대주가 자전거를 등록한 순서를 나타내므로 해당 자전거는 2번째로 등록한 자전거임을 알 수 있다. 따라서 자전거를 2대 이상 등록한 입주민의 자전거이다.

오답분석

① 'T'를 통해 산악용 자전거임을 알 수 있다.
② 'M'을 통해 자전거의 무게는 10kg 초과 20kg 미만임을 알 수 있다.
③ 104동 1205호에 거주하는 입주민의 자전거이다.

29

정답 ④

먼저 다섯 번째 조건에 따르면 A는 가장 낮은 층인 101호, 102호 중 하나를 배정받는데, 세 번째 조건에 따라 왼쪽 방을 배정받으므로 101호를 배정받는다.
그리고 세 번째와 일곱 번째 조건에 의해 G는 D와 같은 층에서 왼쪽 방을 이용해야 하므로, 배정 가능한 방이 2개인 5층을 배정받는다. 따라서 G는 501호, D는 503호를 배정받는다. 그러면 세 번째 조건에 따라 C는 남은 왼쪽 방인 401호를 배정받게 된다. 또한 여섯 번째 조건에 의해 F는 오른쪽 방을 배정받아야 하며, 네 번째 조건에 따르면 B는 F보다 높은 층을 배정받아야 하므로, 303호는 B가, 203호는 F가 배정받는다.
위의 내용을 정리하면 다음과 같다.

	왼쪽	가운데	오른쪽
5층	501 – G		503 – D
4층	401 – C		
3층			303 – B
2층		202	203 – F
1층	101 – A	102	

남은 인원인 E와 H는 102호와 202호에 배정받는다. 그러나 제시된 조건만으로는 이 중 어느 방을 각각 배정받을지는 확정지을 수 없으므로, E는 H보다 높은 층을 배정받을 수도 아닐 수도 있다. 따라서 옳지 않은 설명은 ④이다.

PART 3

30

정답 ②

ㄱ. 소비자의 낮은 신뢰도는 K항공사가 겪고 있는 문제에 해당하므로 내부환경인 약점 요인에 해당한다.
ㄷ. 해외 여행객의 증가는 항공사가 성장할 수 있는 기회가 되므로 외부환경에서 비롯되는 기회 요인에 해당한다.

오답분석

ㄴ. 안전 품질 기준에 대한 인증 획득은 기업이 가진 경영자원에 해당하므로 내부환경인 강점 요인에 해당한다.
ㄹ. 항공사에 대한 소비자의 기대치가 상승한다는 것은 그만큼 항공사가 만족시켜야 할 요건들이 많아진다는 것을 의미하므로 외부환경에서 비롯되는 위협 요인에 해당한다.

31

정답 ①

주어진 조건을 표로 나타내면 다음과 같다.

구분	제주도	일본	대만
정주		게스트하우스	
경순			호텔
민경	게스트하우스		

따라서 민경이는 제주도로 여행을 가고, 게스트하우스에서 숙박한다.

32

정답 ④

주어진 조건을 표로 정리하면 다음과 같다.

구분	2021년	2022년	2023년
A	영국	네덜란드	독일
B	네덜란드	독일	프랑스
C	프랑스	영국	네덜란드
D	독일	프랑스	영국

따라서 2023년에 네덜란드에서 가이드를 한 C는 첫 번째 조건에 의해 2024년은 독일에서 가이드를 한다.

오답분석

① 2022년에 A와 2021년에 B는 네덜란드에서 가이드를 하였으므로 옳지 않다.
② 2023년에 B는 프랑스에서 가이드를 하였다.
③ 2021 ~ 2023년에 A는 영국, 네덜란드, 독일에서 가이드를 하였고, D는 독일, 프랑스, 영국에서 가이드를 하였으므로 옳지 않다.

33

정답 ③

김대리의 10월 일정을 달력에 정리하면 다음과 같다.

〈10월 일정〉

일	월	화	수	목	금	토
				1 추석	2 추석연휴, 제주도 여행	3 개천절, 제주도 여행
4 제주도 여행	5 제주도 여행	6 제주도 여행, 휴가 마지막 날	7	8	9 한글날	10
11	12	13	14	15	16	17
18	19	20 외부출장	21 외부출장	22 외부출장	23 외부출장	24
25	26	27	28 프로젝트 발표	29 프로젝트 발표	30	31

따라서 12일 월요일부터 그 주에 스케줄이 없으므로 이틀간 연차를 쓰고 할머니댁 방문이 가능하다.

오답분석

① 제주도 여행 기간이며, 주말에는 할머니댁에 가지 않는다고 하였다.
② 6일은 제주도 여행에서 돌아오는 날로 휴가기간이다.
④ 20 ~ 23일까지 외부출장이 있다.

34

정답 ③

주어진 조건에 따라 각 여행지의 항목별 점수를 계산하면 다음과 같다.

여행지	접근점수	입지점수	숙소점수	날씨점수	최종점수
A	15	15	15	20	65
B	20	12	15	15	62
C	30	12	20	5	67
D	15	15	15	5	50

따라서 최종점수가 가장 높은 C로 여행을 떠날 것이다.

35

정답 ①

변경된 조건에 따라 각 여행지의 항목별 점수를 계산하면 다음과 같다.

여행지	접근점수	입지점수	숙소점수	날씨점수	최종점수
A	27	15	18	20	80
B	27	12	18	15	72
C	30	12	20	5	67
D	21	15	18	5	59

따라서 최종점수가 가장 높은 A로 여행을 떠날 것이다.

PART 3

36

정답 ②

발급방식상 뒤 네 자리는 아이디가 아닌 개인정보와 관련이 있다. 따라서 아이디를 구하기 위해서는 뒤 네 자리를 제외한 문자를 통해 구해야 한다.

- 'HW688'에서 방식 1의 역순을 적용하면 HW688 → hw688
- 'hw688'에서 방식 2의 역순을 적용하면 hw688 → hwaii

따라서 직원 A의 아이디는 'hwaii'임을 알 수 있다.

37

정답 ④

1. 아이디의 알파벳 자음 대문자는 소문자로, 알파벳 자음 소문자는 대문자로 치환한다.
   JAsmIN → jASMIn
2. 아이디의 알파벳 중 모음 A, E, I, O, U, a, e, i, o, u를 각각 1, 2, 3, 4, 5, 6, 7, 8, 9, 0으로 치환한다.
   jASMIn → j1SM3n

3·4. 1과 2의 내용 뒤에 덧붙여 본인 성명 중 앞 두 자리와 본인 생일 중 일자를 덧붙여 입력한다.
   j1SM3n → j1SM3n김리01

38

정답 ③

발급방식상 알파벳 모음만 숫자로 치환되므로 홀수가 몇 개인지 구하기 위해서는 전체를 치환하는 것보다 모음만 치환하는 것이 효율적이다.

제시된 문장에서 모음을 정리하면 IE i oo O o e IE이다.

이어서 방식 2를 적용하면 IE i oo O o e IE → 32 8 99 4 9 7 32이다.

따라서 홀수는 모두 6개이다.

39

정답 ④

공정별 순서는 A → B ↘ C → F이고, D → E ↗ C공정을 시작하기 전에 B공정과 E공정이 선행되어야 하는데 B공정까지 끝나려면 4시간이 소요되고 E공정까지 끝나려면 3시간이 소요된다. 선행공정이 완료되어야 이후 작업을 할 수 있으므로, C공정을 진행하기 위해서는 최소 4시간이 걸린다. 따라서 완제품은 F공정이 완료된 후 생산되므로 첫 번째 완제품 생산의 소요시간은 9시간이다.

40

정답 ①

- 치과 진료 : 수요일 3주 연속으로 진료를 받는다고 하였으므로 13일, 20일은 무조건 치과 진료가 있다.
- 신혼여행 : 8박 9일간 신혼여행을 가고 휴가는 5일 사용할 수 있으므로 주말 4일을 포함해야 한다.

이 사실과 두 번째 조건을 종합하면, 2일(토요일)부터 10일(일요일)까지 주말 4일을 포함하여 9일 동안 신혼여행을 다녀오게 되고, 치과는 6일이 아닌 27일에 예약되어 있다. 신혼여행은 결혼식 다음 날 간다고 하였으므로 주어진 일정을 달력에 표시하면 다음과 같다.

일	월	화	수	목	금	토
					1 결혼식	2 신혼여행
3 신혼여행	4 신혼여행 / 휴가	5 신혼여행 / 휴가	6 신혼여행 / 휴가	7 신혼여행 / 휴가	8 신혼여행 / 휴가	9 신혼여행
10 신혼여행	11	12	13 치과	14	15	16
17	18	19	20 치과	21	22	23
24	25	26	27 치과	28 회의	29	30 추석연휴

따라서 A대리의 결혼 날짜는 9월 1일이다.

41

정답 ③

상별로 수상 인원을 고려하여, 상패 및 물품별 총수량과 비용을 계산하면 다음과 같다.

상패 혹은 물품	총수량(개)	개당 비용(원)	총비용(원)
금 도금 상패	7	49,500(10% 할인)	7×49,500=346,500
은 도금 상패	5	42,000	42,000×4(1개 무료)=168,000
동 상패	2	35,000	35,000×2=70,000
식기 세트	5	450,000	5×450,000=2,250,000
신형 노트북	1	1,500,000	1×1,500,000=1,500,000
태블릿 PC	6	600,000	6×600,000=3,600,000
만년필	8	100,000	8×100,000=800,000
안마의자	4	1,700,000	4×1700,000=6,800,000
합계	–	–	15,534,500

따라서 총상품구입비용은 15,534,500원이다.

42

정답 ④

성과급 기준표를 토대로 A～D교사에 대한 성과급 배점을 정리하면 아래와 같다.

구분	주당 수업시간	수업 공개 유무	담임 유무	업무 곤란도	호봉	합계
A교사	14점	–	10점	20점	30점	74점
B교사	20점	–	5점	20점	30점	75점
C교사	18점	5점	5점	30점	20점	78점
D교사	14점	10점	10점	30점	15점	79점

따라서 D교사가 가장 높은 배점을 받게 된다.

43

정답 ④

제품군별 지급해야 할 보관료는 다음과 같다.

- A제품군 : 300억×0.01=3억 원
- B제품군 : 2,000CUBIC×20,000=4천만 원
- C제품군 : 500톤×80,000=4천만 원

따라서 K기업이 보관료로 지급해야 할 총금액은 3억+4천만+4천만=3억 8천만 원이다.

44

정답 ④

i) 사용목적이 '사업 운영'인 경우에 지출할 수 있다고 하였으므로 '인형탈' 품목에 사업비 지출이 허용된다.

ii) 품목당 단가가 10만 원 이하로 사용목적이 '서비스 제공'인 경우에 지출할 수 있다고 하였으므로 '블라인드' 품목에 사업비 지출이 허용된다.

iii) 사용연한이 1년 이내인 경우에 지출할 수 있다고 하였으므로 '프로그램 대여' 품목에 사업비 지출이 허용된다.

45

정답 ④

제시된 조건을 정리하면 다음과 같다.

- 최소비용으로 가능한 많은 인원 채용
- 급여는 희망임금으로 지급
- 6개월 이상 근무하되, 주말 근무시간은 협의 가능
- 지원자들은 주말 이틀 중 하루만 출근하길 원함
- 하루 1회 출근만 가능

위 조건을 모두 고려하여 근무스케줄을 작성하면 총 5명의 직원을 채용할 수 있다.

<table>
<tr><th>근무시간</th><th>토요일</th><th>일요일</th></tr>
<tr><td>11:00～12:00</td><td rowspan="7">최지홍(7,000원)
3시간</td><td rowspan="4">박소다(7,500원)
3시간</td></tr>
<tr><td>12:00～13:00</td></tr>
<tr><td>13:00～14:00</td></tr>
<tr><td>14:00～15:00</td></tr>
<tr><td>15:00～16:00</td><td rowspan="5">우병지(7,000원)
3시간</td></tr>
<tr><td>16:00～17:00</td></tr>
<tr><td>17:00～18:00</td></tr>
<tr><td>18:00～19:00</td><td rowspan="4">한승희(7,500원)
2시간</td></tr>
<tr><td>19:00～20:00</td></tr>
<tr><td>20:00～21:00</td><td rowspan="2">김래원(8,000원)
2시간</td></tr>
<tr><td>21:00～22:00</td></tr>
</table>

※ 김병우 지원자의 경우에는 희망근무기간이 4개월이므로 채용하지 못한다.

46

정답 ④

완성품 납품 수량은 총 100개이다. 완성품 1개당 부품 A는 10개가 필요하므로 총 1,000개가 필요하고, B는 300개, C는 500개가 필요하다. 그런데 A는 500개, B는 120개, C는 250개의 재고를 가지고 있으므로, 모자라는 나머지 부품, 즉 각각 500개, 180개, 250개를 주문해야 한다.

47

정답 ①

계산편의를 위하여 항공편별 소요시간을 분으로 나타내고, 경로별 항공편에 소요되는 총시간을 계산하면 다음과 같다.

① 145+20+110+135+65=475분

② 145+120+110+245+65=685분

③ 45+110+20+250+65=490분

④ 45+110+245+250+145=795분

따라서 ①~④ 중 항공편 이동소요시간이 가장 짧은 경로는 475분이 걸리는 ①이다.

48

정답 ④

마지막 방문지에 방문할 때까지의 항공편 경비를 묻고 있으므로, 부산으로 돌아오는 경비는 계산할 필요가 없다. 경로별 항공편 총 경비를 계산하면 다음과 같다.

① 520,000+45,000+331,000+310,000=1,206,000원

② 542,000+331,000+350,000+1,125,000=2,348,000원

③ 117,000+331,000+45,000+1,125,000=1,618,000원

④ 205,000+310,000+331,000+45,000=891,000원

따라서 ①~④ 중 항공편 총 경비가 가장 저렴한 경로는 891,000원인 ④이다.

49

정답 ④

직급에 따른 업무항목별 계산 기준에 따르면, B차장의 업무평점은 (80×0.3)+(85×0.2)+(90×0.5)=86점이다.

50

정답 ③

직급에 따른 업무항목별 계산 기준에 따르면, A사원의 업무평점은 (86×0.5)+(70×0.3)+(80×0.2)=80점이다.

승진심사 평점은 [업무(80%)]+[능력(10%)]+[태도(10%)]로 계산하므로 A사원의 승진심사 평점은 (80×0.8)+(80×0.1)+(60×0.1)=78점이다.

02 직무능력평가

| 01 | 경영

01	02	03	04	05	06	07	08	09	10	11	12	13	14	15	16	17	18	19	20
②	①	②	③	③	①	⑤	④	③	⑤	③	②	⑤	①	②	②	③	②	⑤	②
21	22	23	24	25	26	27	28	29	30	31	32	33	34	35	36	37	38	39	40
⑤	⑤	①	⑤	⑤	②	①	②	⑤	②	⑤	⑤	④	⑤	②	②	①	①	③	⑤

01

정답 ②

5가지 성격 특성 요소(Big Five Personality Traits)

1. 개방성(Openness to Experience) : 상상력, 호기심, 모험심, 예술적 감각 등으로 보수주의에 반대하는 성향이다.
2. 성실성(Conscientiousness) : 목표를 성취하기 위해 성실하게 노력하는 성향이다. 과제 및 목적 지향성을 촉진하는 속성과 관련된 것으로, 심사숙고, 규준이나 규칙의 준수, 계획 세우기, 조직화, 과제의 준비 등과 같은 특질을 포함한다.
3. 외향성(Extraversion) : 다른 사람과의 사교, 자극과 활력을 추구하는 성향이다. 사회와 현실 세계에 대해 의욕적으로 접근하는 속성과 관련된 것으로, 사회성, 활동성, 적극성과 같은 특질을 포함한다.
4. 수용성(Agreeableness) : 타인에게 반항적이지 않은 협조적인 태도를 보이는 성향이다. 사회적 적응성과 타인에 대한 공동체적 속성을 나타내는 것으로, 이타심, 애정, 신뢰, 배려, 겸손 등과 같은 특질을 포함한다.
5. 안정성(Emotional Stability) : 스트레스를 견디는 개인의 능력으로, 정서가 안정적인 사람들은 온화하고 자신감이 있다.

02

정답 ①

테일러(Tailor)의 과학적 관리론은 노동자의 심리상태와 인격은 무시하고, 노동자를 단순한 숫자 및 부품으로 바라본다는 한계점이 있다. 이러한 한계점은 직무특성이론과 목표설정이론이 등장하는 배경이 되었다.

03

정답 ②

제품 – 시장 매트릭스

구분	기존제품	신제품
기존시장	시장침투 전략	신제품개발 전략
신시장	시장개발 전략	다각화 전략

04

정답 ③

형식적 지식은 정형화 혹은 문서화되어 있는 지식으로, 경쟁기업이 쉽게 모방하거나 유출되기 쉽다. 따라서 경쟁우위를 유지하기 위해서는 지식보안에도 각별히 신경을 써야 한다.

05

정답 ③

노동자 한 명을 더 고용했을 때 추가적으로 발생하는 수입인 한계생산가치는 요소의 한계생산에 산출물의 시장가격을 곱하여 구한다. 4번째 노동자의 한계생산가치는 70켤레×1만=70만 원이 되어 임금보다 크므로 고용을 하는 것이 기업에게 유리하다. 그러나 5번째 노동자의 한계생산가치는 60켤레×1만=60만 원이 되어 임금보다 작으므로 고용하지 말아야 한다.

06

정답 ①

MBO의 실행절차 중 목표에 대한 합의는 가장 중요한 단계이다. 평가자와 피평가자가 합의를 도출하여 목표가 확정되는 과정이기 때문이다. 이러한 과정에서 드러커(Drucker)는 로크(Locke)의 좋은 목표의 조건을 발전시켜 SMART 기법을 개발하였다. 목표는 커다란 범위에서 추상적이기보다 최대한 상세하고 구체적이어야 한다.

SMART 기법

- Specific : 목표는 최대한 상세하고 구체적이어야 한다.
- Measurable : 목표는 그 결괏값이 측정 가능해야 한다.
- Achievable : 목표는 적당히 도전적이어야 한다(로크는 성공 확률이 0.5 ~ 0.75%일 때 가장 높은 동기가 부여된다고 하였다).
- Result-Oriented : 목표는 결과지향적이어야 한다.
- Time-Bound : 목표는 통상 6개월에서 1년 내에 달성이 가능해야 한다.

07

정답 ⑤

보기에 제시된 방법 모두 불공정성 해소방법에 해당한다.

애덤스의 공정성이론 중 불공정성 해소방법

- 투입의 변경 : 직무에 투입하는 시간, 노력, 기술, 경험 등을 줄인다.
- 산출의 변경 : 임금인상이나 작업조건의 개선 등을 요구한다.
- 준거대상의 변경 : 자신과 비교대상이 되는 인물, 집단 등을 비슷한 수준의 대상으로 변경한다.
- 현장 또는 조직으로부터의 이탈 : 직무환경에 불평등을 느낀 사람은 직무를 전환하거나 조직을 이탈한다.

08

정답 ④

BPR은 품질, 비용, 속도, 서비스와 같은 업무성과의 과감한 개선을 목표로 한다.

비즈니스 프로세스 리엔지니어링(BPR)

마이클 해머에 의해 제창된 기법으로, 기존의 업무방식을 근본적으로 재고려하여 과격하게 비즈니스 시스템 전체를 재구성하는 것이다. 프로세스를 근본 단위로부터 업무, 조직, 기업문화까지 전 부분에 대하여 대폭적으로 성과를 향상시키는 것을 말한다.

09

정답 ③

시장지향적 마케팅이란 고객지향적 마케팅의 장점을 포함하면서 그 한계점을 극복하기 위한 포괄적 마케팅을 말하며, 기업이 최종 고객들과 원활한 교환을 통하여 최상의 가치를 제공하기 위해 기업 내외의 모든 구성요소들 간 상호 작용을 관리하는 총체적 노력이 수반되기도 한다. 그에 따른 노력으로 외부사업이나 이익 기회들을 확인해 다양한 시장 구성요소들이 원만하게 상호작용하도록 관리하며, 외부시장의 기회에 대해 적시하고 정확하게 대응한다. 때에 따라 기존 사업시장을 포기하고 전혀 다른 사업부분으로 진출하기도 한다.

10

정답 ⑤

복수 브랜드 전략은 동일한 제품 범주에서 시장을 세분화하여 소비자들의 기대와 욕구의 동질성을 파악한 후, 세분 시장마다 별도의 개별 브랜드를 도입하는 것이다. 대표적으로 농심 신라면, 농심 너구리, 농심 짜파게티 등을 예시로 들 수 있다.

⑤는 혼합 브랜드 전략(Mixed Brand Strategy)에 대한 설명이다.

11

정답 ③

측정도구를 구성하는 측정지표(측정문항) 간 일관성은 신뢰도를 의미한다. 내용 타당성이란 처치와 결과 사이의 관찰된 관계로부터 도달하게 된 인과적 결론의 적합성 정도를 말한다.

12

정답 ②

라인 확장(Line Extension)이란 기존 상품을 개선한 신상품에 기존의 상표를 적용하는 브랜드 확장의 유형이다. 라인 확장은 적은 마케팅 비용으로 매출과 수익성 모두 손쉽게 높일 수 있고, 제품의 타겟이 아닌 소비자층을 타겟팅함으로써 소비자층을 확대할 수 있다는 장점이 있다. 하지만 무분별한 라인 확장은 브랜드 이미지가 약해지는 희석효과나 신제품이 기존제품 시장에 침범하는 자기잠식효과를 유발하는 등 역효과를 일으킬 수도 있기 때문에 주의해야 한다.

13

정답 ⑤

재고부족 현상이 발생하게 되면 EOQ 모형을 적용하기 어렵다. 하지만 실제 상황에서는 갑작스러운 수요 상승으로 인한 재고부족이 나타날 수 있고, 이러한 단점으로 인해 실제로는 추가적으로 여러 가지 요소들을 함께 고려해야 EOQ 모형을 적절하게 사용할 수 있다. 따라서 EOQ 모형을 사용하기 위해서는 재고부족 현상은 발생하지 않고, 주문 시 정확한 리드타임이 적용된다는 것을 가정으로 계산한다.

PART 3

14

정답 ①

적시생산시스템(JIT: Just In Time)은 무재고 생산방식 또는 도요타 생산방식이라고도 하며, 필요한 것을 필요한 양만큼 필요한 때에 만드는 생산방식으로 설명된다. 재고가 생산의 비능률을 유발하는 원인이기 때문에 이를 없애야 한다는 사고방식에 의해 생겨난 기법이다. 고품질, 저원가, 다양화를 목표로 한 철저한 낭비제거 사상을 수주로부터 생산, 납품에 이르기까지 적용하는 것으로, 풀(Pull) 시스템을 도입하고 있다.

15

정답 ②

㉠ 고전학파는 금리가 통화량 변동과 아무 관계없이 생산성 변동, 소비절약과 같은 실물요인에 의해서만 영향을 받는다고 주장했다.
㉢ 케인스는 유동성선호설을 근거로 화폐수요에 의해 이자율이 결정된다고 주장했다.

오답분석

㉡ 통화량의 변동이 장기적으로 물가수준의 변동만을 가져온다고 주장하는 것은 고전학파 이론이다.
㉣ 대부자금의 공급을 결정하는 요인으로 실물부분의 저축과 통화공급의 증감분을 주장하였다.

16

정답 ②

- 연구개발에 착수해야 하는지의 결정
  연구개발 후 예상되는 기대수익은 0.7×2,500만=1,750만 달러로 초기 연구개발비 200만 달러보다 훨씬 많기 때문에 투자를 하는 것이 유리하다.
- 특허를 외부에 팔아야 할지의 결정
  1,000만 달러를 추가 투자해 얻을 수 있는 기대수익은 (0.25×5,500만)+(0.55×3,300만)+(0.20×1,500만)=3,490만 달러이고, 추가 투자비용 1,000만 달러를 빼면 2,490만 달러를 얻을 수 있다. 이는 기술료를 받고 특허를 팔 경우에 얻을 수 있는 수익 2,500만 달러보다 적다(이미 투자한 연구개발비 200만 달러는 이 단계에서 매몰비용이므로 무시).

따라서 상품화하는 방안보다 기술료를 받고, 특허를 외부에 판매하는 것이 옳은 선택이다.

17

정답 ③

원가우위전략은 경쟁사보다 저렴한 원가로 경쟁하며 동일한 품질의 제품을 경쟁사보다 낮은 가격에 생산 및 유통한다는 점에 집중되어 있다. 디자인, 브랜드 충성도 또는 성능 등으로 우위를 점하는 전략은 차별화 전략이다.

18

정답 ②

제도화 이론은 조직이 생존하기 위해서는 이해관계자들로부터 정당성을 획득하는 것이 중요하다고 주장한다. 즉, 환경에서 어떤 조직의 존재가 정당하다고 인정될 때에만 조직이 성공할 수 있다는 것이다. 또한 다른 조직을 모방하려는 모방적 힘이나 규제와 같은 강압적 힘 등이 작용하기 때문에 유사한 산업에 속한 조직들이 서로 간에 유사한 시스템을 구축한다고 본다.

오답분석

① 대리인 이론 : 기업과 관련된 이해관계자들의 문제는 기업 내의 계약관계에 의하여 이루어진다는 이론이다.
③ 자원의존 이론 : 자원을 획득하고 유지할 수 있는 능력을 조직생존의 핵심요인으로 보는 이론이다.
④ 전략적 선택 이론 : 조직구조는 재량을 지닌 관리자들의 전략적 선택에 의해 결정된다는 이론이다.
⑤ 조직군 생태학 이론 : 환경에 따른 조직들의 형태와 그 존재 및 소멸 이유를 설명하는 이론이다.

19

정답 ⑤

무형성, 비분리성, 소멸성, 변동성 모두 서비스의 특성이다.

서비스의 특성

- 무형적이며 재판매가 불가능하다.
- 소유는 일반적으로 이전되지 않으며 저장할 수 없다.
- 생산과 소비를 동시에 하며 같은 장소에서 발생한다.
- 운송할 수 없으며 구매자가 직접 생산에 참가한다.
- 대부분 직접적인 접촉이 요구되며 생산과 판매는 기능적으로 분리될 수 없다.

20

정답 ②

통제범위란 관리자 대 작업자의 비율을 뜻한다. 스텝으로부터의 업무상 조언과 지원의 횟수는 통제의 범위와는 직접적 관련이 없다.

통제범위(Span of Control)

권한계층(Hierarchy of Authority)과 동일하며, 관리자가 직접 관리·감독하는 부하의 수를 말한다. 통제범위가 좁으면 조직계층이 높아지고, 통제범위가 넓으면 조직계층이 낮아져 조직이 수평적으로 변한다.

21

정답 ⑤

A팀장은 평소 팀원들과 돈독한 관계를 맺으며 충성심과 존경을 바탕으로 부하들로부터 헌신과 동일화, 내재화를 이끌어내고 있으므로 준거적 권력의 사례에 해당한다.

준거적 권력(Reference Power)

개인적인 매력과 존경심 등을 바탕으로 한 준거적 권력은 부하들로부터 헌신과 동일화, 내재화를 지속적으로 이끌어낼 수 있는 가장 훌륭한 권력의 원천이 된다. 자신이 알고 있는 지식이나 기술 노하우 등은 업무가 바뀌거나 환경이 바뀌면 그 가치가 없어질 수도 있지만, 개인적 특성은 상황에 따라 변하거나 사라지는 성질이 아니다. 따라서 장기적이고 지속적으로 부하나 주위 사람들에게 영향력을 행사하고 싶다면 준거적 권력이 전문적 권력보다 더 바람직하다.

22

정답 ⑤

샤인(Schein)의 경력 닻 모형

- 닻Ⅰ : 관리역량 – 복잡한 경영 문제를 인지, 분석하고 해결하는 능력
- 닻Ⅱ : 전문역량 – 직무의 내용에 관심, 도전적 업무, 자율성, 전문화된 영역 선호
- 닻Ⅲ : 안전지향 – 직업안정과 및 고용안정 욕구, 조직가치와 규범에 순응, 보수・작업조건・복리후생 등 외재적 요인에 관심
- 닻Ⅳ : 사업가적 창의성 지향 – 신규조직・서비스 등 창의성 중시, 창조욕구, 새로운 도전
- 닻Ⅴ : 자율지향 – 규칙에 얽매인 조직보다 자유로운 계약직・파트타임 선호, 성과에 의한 보상 선호

23

정답 ①

자존적 편견이란 자신의 성공에 대해서는 능력이나 성격 등과 같은 내적인 요소에 귀인하고, 자신의 실패에 대해서는 상황이나 외적인 요소에 귀인하는 것을 말한다.

오답분석

② 후광 효과 : 한 사람의 두드러진 특성이 그 사람의 다른 특성을 평가하는 데 영향을 미치는 것을 말한다.
③ 투사 : 자신의 불만이나 불안을 해소하기 위해 그 원인을 다른 사람에게 뒤집어씌우는 심리적 현상이다.
④ 통제의 환상 : 사람들이 그들 자신을 통제할 수 있다고 믿는 경향 혹은 외부환경을 자신이 원하는 방향으로 이끌어갈 수 있다고 믿는 심리적 상태를 말한다.
⑤ 대비 효과 : 대상을 객관적으로 보지 않고 다른 대상과의 비교를 통해 평가하는 것을 말한다.

PART 3

24

정답 ⑤

대량생산・대량유통으로 규모의 경제를 실현하여 비용절감을 하는 전략은 비차별화 전략으로, 단일제품으로 단일화된 세분시장을 공략하는 집중화 전략과는 반대되는 전략이다.

25

정답 ⑤

판매 촉진에 대응하는 것은 커뮤니케이션이다.

4P와 4C의 비교

4P	4C
기업 관점	소비자 관점
제품	고객 솔루션
유통	편의성
판매 촉진	커뮤니케이션
가격	고객 부담 비용

26

정답 ②

단순 지수평활법 공식

$Ft = Ft-1+a[(At-1)-(Ft-1)] = a\times(At-1)+(1-a)\times(Ft-1)$

[Ft=차기 예측치, $(Ft-1)$=당기 예측치, $(At-1)$=당기 실적치]

- 2월 예측치 : 220+0.1×(240−220)=222만 원
- 3월 예측치 : 222+0.1×(250−222)=224.8만 원
- 4월 예측치 : 224.8+0.1×(230−224.8)=225.32≒225.3만 원
- 5월 예측치 : 225.3+0.1×(220−225.3)=224.77≒224.8만 원
- 6월 예측치 : 224.8+0.1×(210−224.8)=223.32≒223.3만 원

따라서 6월 매출액 예측치는 223.3만 원이다.

27

정답 ①

침투가격전략은 기업이 신제품을 출시할 때 처음에는 경쟁제품보다 낮은 가격을 제시한 후 점차적으로 가격을 올리는 전략이다. 이는 수요탄력성이 클 때, 규모의 경제가 가능할 때, 원가 경쟁력이 있을 때, 가격 민감도가 높을 때, 낮은 가격으로 잠재경쟁자들의 진입을 막거나 후발 주자가 기존 경쟁제품으로부터 저가 정책으로 고객을 가져오고 시장점유율을 확보할 수 있을 때 적절하다.

28

정답 ②

생산시스템 측면에서 신제품 개발 프로세스는 아래의 순서로 진행된다.
아이디어 창출 → 제품선정 → 예비설계 → 설계의 평가 및 개선 → 제품원형 개발 및 시험마케팅 → 최종설계

29

정답 ⑤

최소납기일우선법은 주문받은 작업 가운데서 가장 납기일이 빠른 작업을 최우선 순서로 정하는 방법으로 단순하지만 주문의 긴급도, 작업지연을 고려하지 않기 때문에 합리성이 부족한 방법이다. 따라서 5가지 주문작업 중 납기일이 가장 빠른 E를 최우선으로 시작한다.

30

정답 ②

데이터 웨어하우스란 정보(Data)와 창고(Warehouse)를 합성한 말로, 여러 개로 분산 운영되는 데이터베이스 시스템들을 효율적으로 통합하여 조정·관리하며 효율적인 의사결정 정보를 제공하는 것을 의미한다.

31

정답 ⑤

주어진 매트릭스에서 시장 지위를 유지하며 집중 투자를 고려해야 하는 위치는 사업의 강점과 시장의 매력도가 높은 프리미엄이다. 프리미엄에서는 성장을 위하여 투자를 적극적으로 하며, 사업 다각화 전략과 글로벌 시장 진출 고려 또한 너무 미래지향적인 전략보다는 적정선에서 타협을 하는 단기적 수익을 수용하는 전략이 필요하다.

> **GE 맥킨지 매트릭스**
> 3×3 형태의 매트릭스이다. Y축 시장의 매력도에 영향을 끼치는 요인은 시장 크기, 시장성장률, 시장수익성, 가격, 경쟁강도, 산업평균 수익률, 리스크, 진입장벽 등이 있으며, X축 사업의 강점에 영향을 끼치는 요인은 자사의 역량, 브랜드 자산, 시장점유율, 고객충성도, 유통 강점, 생산 능력 등이 있다.

32

정답 ⑤

마이클 포터(Michael Porter)의 산업구조 분석모델은 산업에 참여하는 주체를 기존기업(산업 내 경쟁자), 잠재적 진입자(신규 진입자), 대체재, 공급자, 구매자로 나누고 이들 간의 경쟁 우위에 따라 기업 등의 수익률이 결정되는 것으로 본다.

오답분석

① 정부의 규제 완화 : 정부의 규제 완화는 시장 진입장벽이 낮아지게 만들며, 신규 진입자의 위협으로 볼 수 있다.
② 고객의 충성도 : 고객의 충성도 정도에 따라 진입자의 위협도가 달라진다.
③ 공급업체의 규모 : 공급업체의 규모에 따라 공급자의 교섭력에 영향을 준다.
④ 가격의 탄력성 : 소비자들은 가격에 민감할 수도, 둔감할 수도 있기에 구매자 교섭력에 영향을 준다.

33

정답 ④

분석 결과에 따라 초기 기업 목적과 시작 단계에서의 평가수정이 가능하다는 것이 앤소프 의사결정의 장점이다.

앤소프의 의사결정 유형

전략적 의사결정	운영적 의사결정	관리적 의사결정
• 기업의 목표 목적을 설정하고 그에 따른 각 사업에 효율적인 자원 배분을 전략화한다. • 비일상적이며 일회적인 의사결정이다.	• 기업 현장에서 일어나는 생산 판매 등 구체적인 행위에 대한 의사결정이다. • 일상적이면서 반복적인 의사결정이다.	• 결정된 목표와 전략을 가장 효과적으로 달성하기 위한 활동들과 관련되어 있다. • 전략적 의사결정과 운영적 의사결정의 중간 지점이다.

34

정답 ⑤

GE 매트릭스는 기업이 그리드에서의 위치에 따라 제품 라인이나 비즈니스 유닛을 전략적으로 선택하는 데 사용하는 다중 요인 포트폴리오 매트릭스라고도 부른다.

35

정답 ②

- (ㄱ) 집약적 유통 : 가능한 많은 중간상들에게 자사의 제품을 취급하도록 하는 것이다.
- (ㄴ) 전속적 유통 : 일정 지역 내에서의 독점판매권을 중간상에게 부여하는 방식이다.
- (ㄷ) 선택적 유통 : 집약적 유통과 전속적 유통의 중간 형태이다.

36

정답 ②

허즈버그(Herzberg)는 직무만족에 영향을 주는 요인을 동기요인(Motivator)으로, 직무불만족에 영향을 주는 요인을 위생요인(Hygiene Factor)으로 분류했다. 동기요인에는 성취, 인정, 책임소재, 업무의 질 등이 있으며, 위생요인에는 회사의 정책, 작업조건, 동료직원과의 관계, 임금, 지위 등이 있다. 그리고 인간이 자신의 일에 만족감을 느끼지 못하게 되면 위생요인에 관심을 기울이게 되고, 이에 만족하지 못할 경우에는 일의 능률이 크게 저하된다고 주장했다.

37

정답 ①

스캔론 플랜은 보너스 산정방식에 따라 3가지로 분류된다. 단일비율 스캔론 플랜은 노동비용과 제품생산액의 산출 과정에서 제품의 종류와 관계없이 전체 공장의 실적을 보너스 산출에 반영한다. 분할비율 스캔론 플랜은 노동비용과 제품생산액을 산출할 때 제품별로 가중치를 둔다. 그리고 다중비용 스캔론 플랜은 노동비용뿐만 아니라 재료비와 간접비의 합을 제품생산액으로 나눈 수치를 기본비율로 사용한다. 이러한 모든 공식에는 재료 및 에너지 등을 포함하여 계산한다.

오답분석

② 럭커 플랜(Rucker Plan) : 럭커(Rucker)는 스캔론 플랜에서의 보너스 산정 비율은 생산액에 있어서 재료 및 에너지 등 경기 변동에 민감한 요소가 포함되어 있어, 종업원의 노동과 관계없는 경기 변동에 따라 비효율적인 수치 변화가 발생할 수 있는 문제점이 있다고 제시하였다. 노동비용을 판매액에서 재료 및 에너지, 간접비용을 제외한 부가가치로 나누는 것을 공식으로 하였다.

③ 임프로쉐어 플랜(Improshare Plan) : 회계처리 방식이 아닌 산업공학의 기법을 사용하여 생산단위당 표준노동시간을 기준으로 노동생산성 및 비용 등을 산정하여 조직의 효율성을 보다 직접적으로 측정, 집단성과급제들 중 가장 효율성을 추구한다.

④ · ⑤ 커스토마이즈드 플랜(Customized Plan) : 집단성과배분제도를 각 기업의 환경과 상황에 맞게 수정하여 사용하는 방식이다. 커스토마이즈드 플랜은 성과측정의 기준으로서 노동비용이나 생산비용, 생산 이외에도 품질향상, 소비자 만족도 등 각 기업이 중요성을 부여하는 부분에 초점을 둔 새로운 지표를 사용한다. 성과를 측정하는 항목으로 제품의 품질, 납기준수실적, 생산비용의 절감, 산업 안전 등 여러 요소를 정하고, 분기별로 각 사업부서의 성과를 측정하고 성과가 목표를 초과하는 경우에 그 부서의 모든 사원들이 보너스를 지급받는 제도이다.

38

정답 ①

직무현장훈련(OJT; On-the Job Training)이란 업무와 훈련을 겸하는 교육훈련 방법을 의미한다. 실습장 훈련, 인턴사원, 경영게임법 등은 직장외훈련(OJT; Off-the Job Training)에 해당한다.

39

정답 ③

사업부 조직의 단점은 연구개발, 회계, 판매, 구매 등의 활동이 중복되기 때문에 공통비가 증대된다는 것이다.

소집단의 장·단점

장점	단점
• 불안정한 환경에서 신속한 변화에 적합 • 몇 개의 제품을 가진 대규모 기업에 적합	• 기능부서 내에서 규모의 경제 효과 감소 • 특정 분야에 대한 지식과 능력의 전문화가 곤란

40

정답 ⑤

측정도구와 관계없이 측정상황에 따라 발생하는 오차는 비체계적 오차이다. 비체계적 오차가 적다는 것은 신뢰성이 높다고 볼 수 있다.

| 02 | 경제

01	02	03	04	05	06	07	08	09	10	11	12	13	14	15	16	17	18	19	20
④	②	②	②	②	④	③	⑤	⑤	④	⑤	③	②	④	③	⑤	②	③	⑤	④
21	22	23	24	25	26	27	28	29	30	31	32	33	34	35	36	37	38	39	40
③	④	①	④	②	②	①	④	②	⑤	④	⑤	④	⑤	②	①	②	⑤	①	①

01

정답 ④

㉡ 의무발행업종이 현금영수증을 발급하지 않은 경우 미발급금액의 20%(2019년 1월 1일 이후)의 가산세를 부과한다.
㉣ 현금영수증 자진발급 기한은 현금을 받은 날부터 5일 이내이다.

오답분석

㉠ 최종 소비자에게는 현금(소득공제)을, 사업자에게는 현금(지출증빙)을 표기한다.
㉢ 의무발행업종 사업자는 건당 거래금 10만 원 이상인 재화 또는 용역을 공급하고 그 대금을 현금으로 받은 경우 현금영수증가맹점 가입여부와 관계없이 의무적으로 현금영수증을 발급해야 한다.

PART 3

02

정답 ②

표에 제시된 'A국 통화로 표시한 B국 통화 1단위의 가치'란 A국 통화의 명목환율을 의미한다.

명목환율을 e, 실질환율을 ε, 외국 물가를 P_f, 국내 물가를 P라고 할 때, 실질환율은 $\varepsilon=\frac{e\times P_f}{P}$로 표현된다.

이것을 각 항목의 변화율에 대한 식으로 바꾸면, $\frac{\Delta\varepsilon}{\varepsilon}=\frac{\Delta e}{e}+\frac{\Delta P_f}{P_f}-\frac{\Delta P}{P}$이 된다.

제시된 자료에서 명목환율은 15%, A국(자국) 물가지수는 7%, B국(외국) 물가지수는 3% 증가하였으므로, 앞의 식에 대입하면 실질환율(ε)의 변화율은 15+3−7=11%(상승)이다. 실질환율이 상승하면 수출품의 가격이 하락하게 되므로 수출량은 증가한다.

03

정답 ②

ㄱ. 모형의 가정상 각 기업은 상대방이 생산량을 결정했을 때 이를 주어진 것으로 보고 자신의 이윤을 극대화하는 산출량을 결정한다.
ㄹ. 기업이 시장에 더 많이 진입하는 경우 시장은 과점의 형태에서 완전경쟁의 형태로 근접하게 되므로 균형가격은 한계비용에 접근한다.

오답분석

ㄴ. 쿠르노 모형은 독자적 행동을 가정하는 비협조적 과점모형의 대표적인 예이다.
ㄷ. 甲, 乙 두 기업이 완전한 담합을 이루는 경우 하나의 독점기업처럼 행동하게 되므로 쿠르노 균형의 결과는 달라진다.

04

정답 ②

ㄱ. 이부가격제에 대한 기본적인 개념 설명이다.
ㄷ. 소비자잉여에서 사용료를 제한 부분에서 가입비를 부과할 수 있으므로, 사용료를 아예 부과하지 않는다면 소비자잉여는 독점기업이 부과할 수 있는 가입비의 한도액이 된다.

오답분석

ㄴ. 적은 수량을 소비하더라도 가입비는 동일하게 지급하므로 적은 수량을 소비할수록 소비자의 평균지불가격이 높아진다.
ㄹ 자연독점 하에서 기업이 평균비용 가격설정으로 인한 손실을 보전하기 위해 선택하는 것이 아니라, 종량요금이 얼마이든 소비자잉여를 가입비로 흡수할 수 있으므로 1차 가격차별과 근접한 방식으로 독점기업의 이윤을 늘리기 위해 선택한다.

05

정답 ②

i) P_e가 3에서 5로 증가할 때 총수요곡선은 그대로이고 총공급곡선은 왼쪽으로 이동하므로 균형소득수준(ㄱ)은 하락하고 균형물가수준(ㄴ)은 상승함을 알 수 있다.

ii) $P_e=3$을 직접 대입해서 풀 경우 $Y=1.5$, $P=2.5$가 도출되며, $P_e=5$를 대입해서 풀 경우 $Y=0.5$, $P=3.5$가 도출되므로 동일한 결론을 얻을 수 있다.

06

정답 ④

벤담, 제임스 밀, 존 스튜어트 밀 등이 대표적인 학자인 공리주의는 최대 다수의 최대 행복을 목적으로 한다. 따라서 공리주의에 따르면 구성원들의 소득 합이 가장 많아서 효용이 가장 큰 대안을 선택해야 하므로 A안(13억 원), B안(8억 원), C안(12억 원) 중 A안을 선택한다. 반면 롤스는 최소 수혜자의 최대 행복을 목적으로 하기 때문에 전체 효용이 아니라 최소 수혜자가 얼마만큼 효용을 얻는지 살펴야 한다. A안은 구성원 2가 0억 원을, B안은 구성원 3이 1억 원을, C안은 구성원 1이 3억 원을 얻으므로 최소 수혜자가 가장 많은 행복을 얻을 수 있는 C안이 가장 바람직한 선택이다. 결론적으로 공리주의를 따르면 A안, 롤스를 따르면 C안을 선택하는 것이 바람직하다.

07

정답 ③

불확실한 상황에서 지혜의 재산의 기대 수익과 기대효용을 계산해보면 각각 다음과 같다.

$$E(X)=\left(\frac{3}{10}\times 400\right)+\left(\frac{7}{10}\times 900\right)=120+630=750$$

$$E(U)=\left(\frac{3}{10}\times \sqrt{400}\right)+\left(\frac{7}{10}\times \sqrt{900}\right)=6+21=27$$

재산의 크기가 900만 원이고 재산의 기대 수익이 750만 원이므로 기대손실액(PI)은 150만 원(=0.3×500만)이다. 이제 불확실한 상황에서와 동일한 효용을 얻을 수 있는 확실한 현금의 크기인 확실성등가(CE)를 구하면 $\sqrt{CE}=27$이므로 $CE=729$만 원임을 알 수 있다.

지혜의 위험프리미엄(π)은 기대수익에서 확실성등가(CE)를 뺀 21만 원이다.

그러므로 지혜가 지불할 용의가 있는 최대 보험료는 기대손실액(PI)과 위험프리미엄(π)을 합한 171만 원이다.

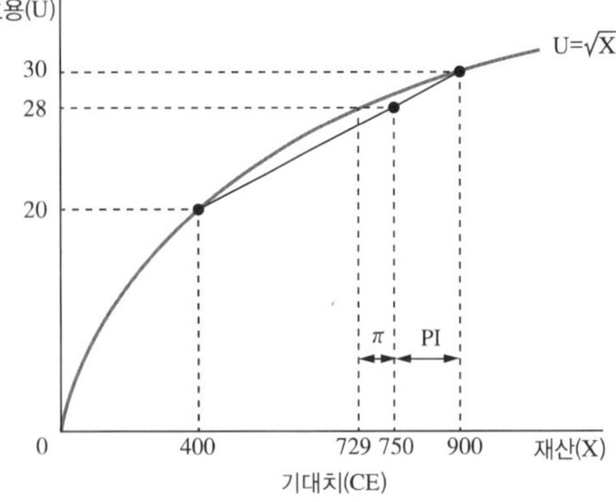

08

정답 ⑤

양의 외부성으로 인한 과소생산 문제는 보조금을 통해 내부화시킴으로써 해결할 수 있다.

09

정답 ⑤

A의 소득이 10,000원, X재와 Y재에 대한 총지출액이 10,000원, X재 가격이 1,000원이고 극대화되는 소비량이 $X=6$, $Y=10$이라고 하면 Y재의 가격은 400원이 된다.

예산선의 기본식은 다음과 같다.

$M=P_X \cdot X+P_Y \cdot Y$

$Y=-\frac{P_X}{P_Y}X+\frac{M}{P_Y}$

위 식에 문제에서 주어진 수치들을 대입하면, 아래와 같은 제약식을 얻을 수 있다.

$Y=-\frac{1,000}{400}X+\frac{10,000}{400}$

$\rightarrow$ $Y=-2.5X+25$

균형에서 예산선과 무차별곡선이 접하므로 무차별곡선의 기울기(MRS_{XY})와 예산선의 기울기$\left(\frac{P_X}{P_Y}\right)$는 같다. 따라서 문제에서 구하는 한계대체율은 예산선의 기울기의 절대값인 2.5이다.

10

정답 ④

보조금이 지급되어 공급곡선이 $S_1 \rightarrow S_2$로 이동하면, 재화의 시장가격이 $P_1 \rightarrow P_2$로 낮아지므로 소비자 잉여는 (d+e)만큼 증가한다. 보조금 지급 이후의 시장가격은 P_2이나 생산자는 공급곡선 S_1과 S_2의 수직거리에 해당하는 단위당 보조금을 지급받으므로 생산자가 실제로 받는 가격은 P_3이다. 보조금 지급으로 인해 생산자가 받는 가격이 $P_1 \rightarrow P_3$로 상승하면 생산자잉여는 (a+b)만큼 증가한다. 한편, 단위당 보조금의 크기가 공급곡선 S_1과 S_2의 수직거리이고, 보조금 지급이후의 거래량은 Q_2이므로 정부가 지급한 보조금의 크기는 (a+b+c+d+e+f)이다. 정부가 지급한 보조금 중에서 소비자와 생산자에게 귀속되지 않은 부분인 (c+f)가 보조금 지급에 따른 사회적 후생손실에 해당한다.

11

정답 ⑤

나. 코즈의 정리에 의하면 외부성이 존재하는 경우 재산권이 명확하게 설정되면 이해관계 당사자 간의 협상을 통해 파레토 효율을 달성할 수 있다.

다. 공공재는 배제가 불가능하여 생산비를 내지 않은 개인도 소비할 수 있으므로 공공재 공급을 사기업에 맡기면 생산이 전혀 이루어지지 않을 수 있다.

라. 공공재는 비경합성과 비배재성이라는 두 가지 특징을 지니고 있다. 공공재에 대한 어떤 사람의 소비가 다른 사람들이 소비할 수 있는 양을 감소시키지 않고, 재화 사용에 대가를 내지 않아도 소비를 막을 수 없다는 것이다. 그러나 이러한 특징은 공유지의 비극과 같은 단점으로 인해 시장실패의 원인이 될 수 있다.

마. 시장실패의 원인은 크게 정보의 비대칭, 불완전 경쟁시장, 공공재, 외부효과로 나눌 수 있다. 그중에서 외부효과는 거래에 직접 관련되지 않은 당사자에게 거래가 이익 또는 비용을 생성될 때 발생한다.

12

정답 ③

A는 비경제활동인구를 나타낸다. 이는 일할 능력은 있지만 일할 의사가 없거나, 아예 일할 능력이 없는 사람들을 의미한다. 가정주부, 학생, 취업준비자, 고령자, 심신장애자, 실망노동자 등이 비경제활동인구에 해당한다.

B는 취업자를 나타낸다. 수입을 목적으로 1주일에 1시간 이상 일을 하는 사람, 가족이 경영하는 사업체에서 일하는 사람, 일시적으로 휴직하는 사람 등이 취업자에 해당한다.

13

정답 ②

오답분석

① 토빈의 q는 장기적으로 투자와 주식시장 간의 관계를 설명하는 지표이다.

③ (토빈의 q)$=\frac{\text{(주식시장에서 평가된 기업의 시장가치)}}{\text{(기업의 실물자본의 대체비용)}}$

④ q값은 주식시장의 상황으로 신규투자를 이끌어 낼 수 있어 신규투자의 변화와 관계가 있다.

⑤ 자본재시장 및 주식시장이 완전경쟁이고 효율적이라면 기업의 시장가치는 실물자본의 대체비용과 일치하므로 토빈의 q는 1로 수렴하게 된다고 주장한다.

14

정답 ④

비교우위는 같은 상품을 다른 나라에 비해 더 적은 기회비용으로 생산할 수 있는 능력을 말하며, 절대우위는 더 적은 양의 생산요소를 투입해 생산할 수 있는 능력을 말한다. 실제 두 국가 간의 교역은 절대우위에 의해 이루어지기도 하지만 사실상 비교우위에 의해 교역이 유발되는 경우가 더 많다. 절대우위 또는 비교우위가 있는 상품 생산에 특화하면 두 나라 모두 경제의 총 생산량과 소비자 잉여는 증가한다. 한편, 절대우위는 모든 재화에 대하여 가질 수 있지만 비교우위는 모든 재화에 대해 가질 수 없다. 즉, 절대우위에 있어도 비교열위에 놓일 수 있고, 절대열위에 있어도 비교우위에 놓일 수 있다.

15

정답 ③

금리는 수익률에 따라 필요한 곳에 합리적으로 자금이 배분되어 자금시장의 효율성을 제고하는 역할을 한다(자원배분 기능).

오답분석

① 금리는 소득을 현재 소비할지 미래에 소비할지 결정하는 대가로 작용한다.

②·④·⑤ 경기가 과열되면 금리 인상을 통해 시중자금 수급을 줄일 수 있고, 경기가 침체되면 금리 인하를 통해 시중자금 수급을 늘려 경기를 부양할 수 있다.

16

정답 ⑤

정부가 확장적 재정정책을 시행하더라도 고전학파 모형에서는 국민소득이 변하지는 않는다. 하지만 확장적 재정정책을 실시하면 실질이자율이 상승하므로 민간투자와 민간소비가 감소하게 된다.

17

정답 ②

통신비(X재)가 항상 소득의 $\frac{1}{5}$이면, $P_X \cdot X=\frac{1}{5}M$이 성립한다. 즉, X재의 수요함수는 $X=\frac{0.2M}{P_X}$(X : 상승)이므로 X재 수요곡선이 직각쌍곡선이다. 수요곡선이 직각쌍곡선이면 수요의 가격탄력성은 항상 1이고, X재 수요의 소득탄력성도 1이다. 따라서 X재는 기펜재가 아니라 정상재이다.

18

정답 ③

독점기업이 생산하는 재화에 단위당 T원의 물품세를 부과하면 한계비용이 T원 높아지므로 한계비용곡선이 T원만큼 상방으로 이동한다. 한계비용곡선이 상방으로 이동하면 독점기업의 생산량은 감소하고, 가격은 상승한다. 조세부과로 재화가격이 상승하면 소비자잉여가 감소하고 생산자잉여도 함께 감소한다.

오답분석

① 독점기업은 단기에 초과이윤을 얻을 수도 있지만 손실을 볼 수도 있다.

② 독점기업의 가격차별은 사회적 후생을 증가시키지 않는다.

④ 독점기업의 경우 시장은 때때로 효율적인 결과를 스스로 도출하지 못하므로 정부 개입이 필요하다.

⑤ 물품세가 부과되어 생산량이 감소하면 자원배분이 비효율적으로 되므로 사회 전체의 총잉여도 감소한다.

19

정답 ⑤

인플레이션이 발생하면 실질적인 조세부담이 커지게 된다. 그리고 피셔효과의 '(명목이자율)=(실질이자율)+(예상인플레이션율)'이라는 관계식에 의해 인플레이션 발생으로 인한 예상인플레이션율 상승으로 명목이자율도 비례적으로 상승하게 된다. 명목소득이 불변일 때 인플레이션이 발생하면 실질소득은 감소한다. 또한 실질임금이 불변일 때 인플레이션이 발생하면 명목임금은 물가상승율에 비례하여 증가한다.

20

정답 ④

오답분석

① 새고전학파와 새케인스학파 모두 합리적 기대를 전제로 경기변동이론을 전개한다.
② 새고전학파는 경기변동을 완전고용의 국민소득수준 자체가 변하면서 발생하는 현상으로 보는 반면, 새케인스학파는 완전고용의 국민소득수준에서 이탈하면서 발생하는 현상으로 본다.
③ 새고전학파는 경기안정화를 위한 정부개입이 불필요하다고 보는 반면, 새케인스학파는 정부개입이 필요하다고 주장한다.
⑤ 새고전학파는 가격변수가 신축적으로 조정된다고 보는 반면, 새케인스학파는 가격변수가 단기에는 경직적이라고 본다.

PART 3

21

정답 ③

공공재란 재화와 서비스에 대한 비용을 지불하지 않더라도 모든 사람이 공동으로 이용할 수 있는 재화 또는 서비스를 말한다. 공공재는 비경합성과 비배제성을 동시에 가지고 있으며, 공공재의 비배제성 성질에 따르면 재화와 서비스에 대한 비용을 지불하지 않더라도 공공재의 이익을 얻을 수 있는 '무임승차의 문제'가 발생한다. 한편, 공공재라도 민간이 생산, 공급할 수 있다.

22

정답 ④

일반적인 폐쇄경제 모형에서 정부저축은 이자율의 함수로 표현되지 않는다. 이자율이 하락할 경우 투자가 증가하지만 $S_P+S_G=I$에 따르면 민간저축이 증가한 상태에서 정부저축이 증가했는지 감소했는지를 단정하기 어렵다.

23

정답 ①

자본투입을 늘리고 노동투입을 줄일 경우 생산성도 높아지고 비용도 줄어들기 때문에 동일한 양의 최종생산물을 산출하면서도 비용을 줄일 수 있다.

24

정답 ④

총수요의 변동으로 경기변동이 발생하면 경기와 물가는 같은 방향으로 움직이므로 경기 순응적이 된다.

25

정답 ②

• 수요곡선 : $2P=-Q+100$, $P=-\frac{1}{2}Q+50$

• 공급곡선 : $3P=Q+20$, $P=\frac{1}{3}Q+\frac{20}{3}$

$-\frac{1}{2}Q+50=\frac{1}{3}Q+\frac{20}{3}$

$\rightarrow \frac{5}{6}Q=\frac{130}{3}$

$\therefore Q=52$, $P=24$

그러므로 물품세 부과 전 균형가격 $P=24$, 균형생산량 $Q=52$이다.

공급자에게 1대당 10의 물품세를 부과하였으므로, 조세부과 후 공급곡선은 $P=\frac{1}{3}Q+\frac{50}{3}$이다.

$-\frac{1}{2}Q+50=\frac{1}{3}Q+\frac{50}{3}$

$\rightarrow \frac{5}{6}Q=\frac{100}{3}$

$\therefore Q=40$

조세부과 후 생산량이 40이므로, $Q=40$을 수요곡선에 대입하면 조세부과 후의 균형가격 $P=30$이다.
이와 같이 조세가 부과되면 균형가격은 상승(24 → 30)하고, 균형생산량은 감소(52 → 40)함을 알 수 있으며, 소비자가 실제로 지불하는 가격이 6원 상승하고 있으므로 10의 물품세 중 소비자 부담은 6원, 공급자 부담은 4원임을 알 수 있다.
이때 공급자가 부담하는 총 조세부담액은 (거래량)×(단위당조세액)=40×4=160이 된다.

26

정답 ②

절대우위는 다른 생산자에 비해 더 적은 생산요소를 투입해 같은 상품을 생산할 수 있는 능력이고 비교우위는 다른 생산자보다 더 적은 기회비용으로 생산할 수 있는 능력이다. A사는 B사보다 모터, 펌프 모두 시간당 최대 생산량이 많으므로 모터, 펌프 모두에 절대우위가 있다. 반면, A사의 펌프 생산 기회비용은 모터 1개지만 B사의 펌프 생산 기회비용은 모터 $\frac{2}{3}$개다. 따라서 B사는 펌프 생산에 비교우위가 있다.

27

정답 ①

산업 내 무역이론의 발생 원인으로는 규모의 경제, 독점적 경쟁 등이 있다. 리카도의 비교우위론과 헥셔 – 올린 정리, 요소가격균등화 정리는 모두 산업 간 무역을 설명하는 이론이며, 레온티에프의 역설은 헥셔 – 올린 정리와 정반대되는 레온티에프의 실증분석을 의미한다.

28

정답 ④

담배 수요의 가격탄력성이 단위탄력적이라는 것은 가격의 변화율에 따라 수요량도 반대 방향의 같은 수치로 변화한다는 것을 의미한다. 예를 들어 가격이 1% 상승하면 수요량은 1%로 감소하는 것이다. 문제의 경우 담배수요량을 10% 줄이려고 할 때 담배수요의 가격탄력성이 단위탄력적이면 담배의 가격을 10% 올리면 될 것이다. 따라서 담배 가격은 4,500원이므로 담배가격의 인상분은 4,500원의 10%인 450원이 된다.

29

정답 ②

소득증가비율보다 X재 구입량의 증가율이 더 작으므로 X재는 필수재이다.

30

정답 ⑤

밀 가격이 하락하기 전에 정부가 가격통제정책(가격상한제)을 통해 밀가루 가격을 통제한다면 공급자는 자신이 원하는 가격을 받을 수 없어 공급량이 줄어든다. 반면, 소비자는 원래의 균형가격보다 싸기 때문에 수요량을 늘리게 된다. 따라서 ($Q_1 \sim Q_2$)만큼의 밀가루에 대한 초과수요가 존재한다.

오답분석

① 가격상한제의 예로는 분양가상한제, 임대료 상한제 등이 있다. 최저임금제는 가격하한제의 예이다.
② 밀 가격이 하락한 후에는 통제가격이 균형가격보다 높기 때문에 암시장이 나타나기 어렵다.
③ 밀 가격이 하락한 후에는 밀가루 시장의 균형거래량은 Q_2와 Q_3 사이에서 결정된다.
④ 밀 가격이 하락하면 밀가루는 가격상한제 가격보다 아래인 수요곡선(D)과 새로운 공급곡선(S_1)이 만나는 곳에서 결정된다.

31

정답 ④

오답분석

① $(10\text{분위분배율}) = \dfrac{(\text{최하위 } 40\% \text{ 소득계층의 소득})}{(\text{최상위 } 20\% \text{ 소득계층의 소득})} = \dfrac{12\%}{(100-52)\%} = \dfrac{1}{4}$

② 지니계수는 면적 A를 삼각형 OCP 면적(A+B)으로 나눈 값이다. 즉, $\dfrac{\text{A 면적}}{\triangle\text{OCP 면적}} = \dfrac{A}{A+B}$의 값이 지니계수이다.

③ 중산층 붕괴 시 A의 면적은 증가하고, B의 면적은 감소한다.

⑤ 미국의 서브프라임모기지 사태는 로렌츠곡선을 대각선에서 멀리 이동시킨다.

32

정답 ⑤

국내총생산(GDP)에 포함되는 것은 최종재의 가치이다. 최종재란 생산된 후 소비자에게 최종 소비되는 재화를 의미하므로 최종재 생산에 투입되는 중간재의 가치는 포함되지 않는다.

ㄷ. 요리를 위해 분식점에 판매된 고추장은 최종재인 떡볶이를 만드는 재료로 쓰이는 중간재이므로 GDP 측정 시 포함되지 않는다.

ㅁ. 토지가격 상승에 따른 자본이득은 아무런 생산과정이 없기 때문에 토지가 매매되기 전까지는 GDP에 포함되지 않는다.

33

정답 ④

독점시장의 시장가격은 완전경쟁시장의 가격보다 높게 형성되므로 소비자잉여는 줄어든다.

34

정답 ⑤

IS-LM 모형은 이자율과 국민소득과의 관계를 분석하는 경제모형이다. 이 모형은 물가가 고정되어 있다는 한계점을 가지고 있긴 하나, 여전히 유용한 경제모형으로 활용되고 있다. IS 곡선은 생산물시장의 균형을 달성하는 이자율과 국민소득을 나타내며, LM 곡선은 화폐시장의 균형을 달성하는 이자율과 국민소득을 나타낸다. IS-LM 모형에서 균형이 $Y=25$, $r=2.5$이고, 현재 $Y=30$, $r=2.5$이므로, 현재상태가 IS 곡선 상방에 있어 상품시장에서 초과공급, LM 곡선 하방에 있어 화폐시장에서 초과수요이다.

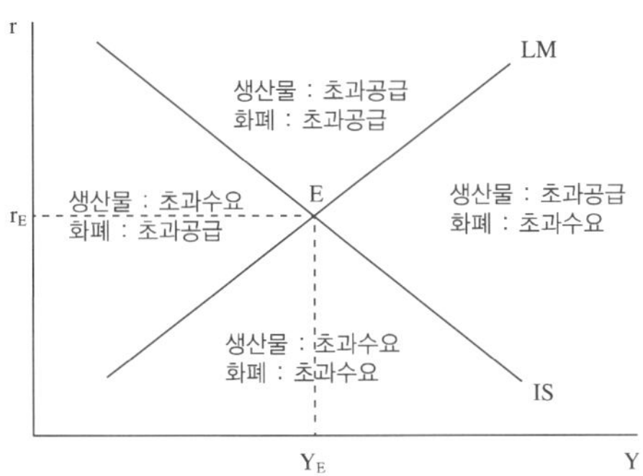

35

정답 ②

시장구조가 완전경쟁이라고 하더라도 불완전경쟁, 외부성, 공공재 등 시장실패 요인이 존재한다면 파레토효율적인 자원배분이 이루어지지 않는다.

36

정답 ①

중첩임금계약은 명목임금이 경직적인 이유를 설명한다. 케인스학파는 화폐에 대한 착각현상으로 임금의 경직성이 나타난다고 설명하며, 새케인스학파는 노동자가 합리적인 기대를 가지나 현실적으로는 메뉴비용 등의 존재로 임금 경직성이 발생한다고 설명한다.

37

정답 ②

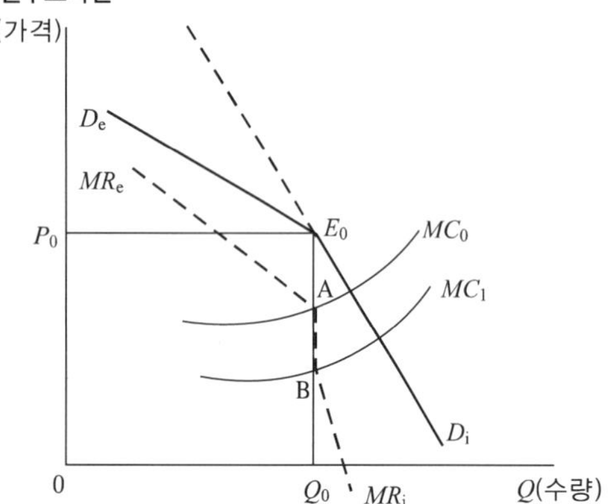

어떤 과점기업의 생산물 가격이 P_0라고 가정한다면 그보다 가격을 인상하여도 다른 기업은 가격을 유지할 것이며, 이 과점기업에 대한 수요곡선은 P_0점보다 위에서는 매우 탄력적이다. 그러나 이 기업이 가격을 내리면 다른 기업도 따라서 가격을 내릴 것이므로 P_0점보다 아래의 수요곡선은 비탄력적으로 될 것이다. 따라서 수요곡선은 P_0점에서 굴절하고, 굴절수요곡선(D_e D_i)에서 도출되는 한계수입곡선(MR_e MR_i)은 불연속이 된다.

38

정답 ⑤

희생비율이란 인플레이션율을 1% 낮추기 위해 감수해야 하는 GDP 감소율을 말한다. 필립스곡선의 기울기가 매우 가파르다면 인플레이션율을 낮추더라도 실업률은 별로 상승하지 않으므로 GDP 감소율이 작아진다. 극단적으로 필립스곡선이 수직선이라면 인플레이션율을 낮추더라도 실업률은 전혀 상승하지 않으므로 GDP 감소율은 0이 되어 희생비율도 0이 된다. 그러므로 필립스곡선의 기울기가 가파를수록 희생비율은 작아진다.

오쿤의 법칙(Okun's Law)
- 미국의 경제학자 오쿤이 발견한 현상으로 실업률과 GDP의 관계를 나타낸다.
- 경기회복기에는 고용의 증가속도보다 국민총생산의 증가속도가 더 크고, 불황기에는 고용의 감소속도보다 국민총생산의 감소속도가 더 큰 법칙을 말한다.

39

정답 ①

- (가) 마찰적 실업 : 직장을 옮기는 과정에서 일시적으로 실업상태에 놓이는 것을 의미하며, 자발적 실업으로서 완전고용상태에서도 발생한다.
- (나) 오쿤의 법칙 : 한 나라의 산출량과 실업 간에 경험적으로 관찰되는 안정적인 음(−)의 상관관계를 의미한다.
- (다) 이력 현상 : 경기 침체로 인해 한번 높아진 실업률이 일정기간이 지난 이후에 경기가 회복되더라도 낮아지지 않고 계속 일정한 수준을 유지하는 현상을 의미한다.
- (라) 경기적 실업 : 경기 침체로 유효수요가 부족하여 발생하는 실업을 의미한다.

40

정답 ①

소규모 경제에서 자본이동과 무역이 완전히 자유롭고 변동환율제도를 채택한다면 확대재정정책이 실시되더라도 국민소득은 불변이고, 이자율의 상승으로 K국 통화는 강세가 된다.

| 03 | 회계

01	02	03	04	05	06	07	08	09	10	11	12	13	14	15	16	17	18	19	20
⑤	⑤	②	①	④	⑤	①	⑤	①	①	⑤	①	③	③	③	②	②	③	④	⑤
21	**22**	**23**	**24**	**25**	**26**	**27**	**28**	**29**	**30**	**31**	**32**	**33**	**34**	**35**	**36**	**37**	**38**	**39**	**40**
⑤	④	④	④	②	①	⑤	②	①	①	⑤	⑤	④	②	⑤	②	③	③	③	①

01

정답 ⑤

오답분석

①·② 유형자산의 공정가치가 장부금액을 초과하면 기타포괄손익 및 정상적인 감가상각을 하며, 손상금액은 손상차손 및 손상차손 누계액에서 회계처리한다.

③·④ 유형자산을 재평가모형으로 평가하는 경우 감가상각하고, 재평가손익은 당기손익으로 처리할 수 없으며 이익잉여금으로 대체한다.

02

정답 ⑤

예대금리차는 은행연합회에서 소비자포털을 통해 공시한다.

오답분석

② 시중에 유동성이 풍부해지면 은행에서는 예금금리를 낮추고 대출금리는 고정시켜 예대금리 차이를 높일 수 있다.

③ 은행은 예대금리 차이가 크면 클수록 이익이지만, 지나치게 차이가 나면 언론, 국민여론 등 불만을 제기할 소지가 그만큼 커진다.

④ 전액기준 예대금리차는 한국은행의 금융기관 가중평균금리와 동일하게 산정되며, 요구불예금, 마이너스통장대출 등도 포함된다.

03

정답 ②

배당금 수령액은 수익이기 때문에 당기손익으로 계상한다.

04

정답 ①

오답분석

②·③ 재무활동에 해당한다.

④·⑤ 영업활동에 해당한다.

05

정답 ④

조업도차이는 조업도의 통제가 잘못되어 발생한 것이지, 고정제조간접원가 자체의 통제가 잘못되어 발생한 것은 아니다.

06

정답 ⑤

오답분석

① 수익은 자산의 증가나 부채의 감소와 관련하여 미래경제적 효익이 증가하고 이를 신뢰성 있게 측정할 수 있을 때 포괄손익계산서에서 인식한다.

② 용역제공거래의 수익은 완료된 시점이 아닌 진행기준에 의하여 인식한다.

③ 판매자가 판매대금의 회수를 확실히 할 목적만으로 해당 재화의 법적 소유권을 계속 가지고 있다면 소유에 따른 중요한 위험과 보상이 이전된 경우 해당 거래를 수익으로 인식한다.

④ 수익으로 인식한 금액이 추후에 회수가능성이 불확실해지는 경우에는 인식한 수익금액을 조정할 수 없다.

07

정답 ①

• (매출원가)=(매출액)×[1−(매출총이익률)]=400,000×(1−0.2)=320,000원
• (기말재고)=(기초재고)+(매입액)−(매출원가)=100,000+600,000−320,000=380,000원
• (소실재고자산)=(기말재고)−(재고자산)=380,000−110,000=270,000원

08

정답 ⑤

내용연수가 유한한 무형자산의 잔존가치는 원칙적으로는 0이지만, 내용연수 종료 시점에 제3자가 자산을 구입하기로 한 약정이 있거나, 무형자산의 활성시장이 있는 경우에는 잔존가치가 0이 아니다. 즉, 무형자산의 잔존가치가 0이 아닌 경우가 있으므로 옳은 내용이다.

오답분석

① 무형자산에 대한 손상차손은 인식한다.
② 내용연수가 한정인(유한한) 무형자산의 상각대상금액은 내용연수 동안 체계적인 방법으로 배분하여야 한다.
③ 내용연수가 비한정인 무형자산은 정액법에 따라 상각하지 아니한다.
④ 무형자산의 인식 후의 측정은 회계정책으로 원가모형이나 재평가모형을 선택할 수 있다.

09

정답 ①

(현금 및 현금성자산)=(현금)+(당좌예금)=(보통예금)=(현금성자산)이다(취득일로부터 만기가 3개월 이내에 도래하는 금융상품). 단, 이때 주의해야 할 것은 만기가 보고기준일로부터 3개월이 아니라 취득일로부터 3개월 이내여야 한다는 것이다. 따라서 주어진 자료에서 양도성 예금증서는 취득시 만기 90일이므로 포함시키고, 만기 2개월 남은 정기예금은 포함시키지 않는다.
그러므로 (현금 및 현금성자산)=50,000(통화)+20,000(양도성 예금증서)=70,000원이다.

10

정답 ①

(현금 및 현금성자산)=30,000+1,000+2,000=33,000원이다.

11

정답 ⑤

영구계정(실재계정)은 자산, 부채, 자본계정이다. 이자비용은 비용으로서 임시계정이다.

12

정답 ①

• 계정분석

2021년 충당부채

지출액	14,000원	기초	0원
기말	4,000원	설정액	18,000원

2022년 충당부채

지출액	6,000원	기초	4,000원
기말	0원	설정액	2,000원

• (2021년 손익계산서상의 설정액)=600,000×0.03=18,000원
• (2년간 실제보증 지출액)=14,000+6,000=20,000원
• (2022년 보증비용 추가설정액)=6,000−4,000=2,000원

13

정답 ③

(1) 반품가능성 예측 불가능한 재고자산은 원가로 계상(10,000−8,500=1,500원)
(2) 도착지 인도조건의 운송 중인 상품은 기말재고자산금액에 포함되는 것이 맞음
(3) 수탁상품은 전액 감액대상(6,500원)
(4) 시송품은 원가로 계상(4,000−3,500=500원)
따라서 감액할 재고자산금액은 1,500+6,500+500=8,500원이다.

14

정답 ③

$$(\text{매출채권회전율})=\frac{(\text{매출액})}{(\text{평균매출채권잔액})}=\frac{2{,}000{,}000}{(120{,}000+280{,}000)\div 2}=\frac{2{,}000{,}000}{400{,}000\div 2}=\frac{2{,}000{,}000}{200{,}000}=10\text{회}$$

매출채권회전율이 10회이므로 365일을 10회로 나누면 1회전하는 데 소요되는 기간은 36.5일이다.

15

정답 ③

만기보유 채무증권은 상각기간 동안 당기손익으로 평가손익을 처리하는 상각 후 원가법으로 평가한다.

오답분석

①·②·④·⑤ 공정가치법으로 평가손익을 처리한다.

16

정답 ②

고저점법이란 조업도(생산량, 판매량, 노동시간, 기계작업시간, 기계수리시간 등)의 최고점과 최저점으로 원가함수 $y=a+bx$를 추정하여 회계정보를 분석하는 방법이다.
이 문제에서 x는 생산량의 변화, y는 원가의 변화량을 나타내며, a는 변동비율, b는 고정비를 나타낸다.
$y=ax+b$에서 변동비율 a는 함수의 기울기이므로 다음과 같이 구한다.

$$[\text{변동비율 } a(\text{기울기})]=\frac{(y\text{의 변화량})}{(x\text{의 변화량})}=\frac{(800{,}000-600{,}000)}{(300-200)}=2{,}000\text{원}$$

고정비 b는 a에 2,000, x와 y에 각각 (300, 800,000) 또는 (200, 600,000)을 대입해 구한다.
[고정비(b)]=800,000−(300×20,000)=200,000원
총제조원가 10% 증가 → 고정비 10% 증가 → b=220,000
생산량 400단위 가정 시 → x에 400 대입
y(총원가)=(2,000×400)+220,000=1,020,000원

17

정답 ②

부채는 과거의 거래나 사건의 결과로 현재 기업실체가 부담하고 있고(현재의무), 미래에 자원의 유출 또는 사용이 예상되는 의무이다.

18

정답 ③

- 계속기록법(Perpetual Inventory System)은 상품을 구입할 때마다 상품계정에 기록하며 상품을 판매하는 경우에 판매시점마다 매출액만큼을 수익으로 기록하고 동시에 상품원가를 매출원가로 기록하는 방법이다.
- 실지재고조사법(Periodic Inventory System)은 기말실사를 통해 기말재고수량을 파악하고 판매가능수량[(기초재고수량)+(당기매입수량)]에서 실사를 통해 파악된 기말재고수량을 차감하여 매출수량을 결정하는 방법이다.

19

정답 ④

대여금은 자금을 빌려준 경우 발생하는 채권으로 자산에 해당하고, 차입금은 자금을 빌린 경우 발생하는 확정된 채무로 부채에 해당한다. 따라서 채권에 들어갈 계정과목은 차입금이 아닌 대여금이다.

20

정답 ⑤

- 12월 1일 매출 : 할부판매 시 전액 매출로 계상한다.
  200개×100=20,000원
- 12월 17일 매출 : 100개×100=10,000원
- 12월 28일 매출 : 위탁상품으로 수탁자가 보관 중인 상품은 매출로 인식하지 않는다.
- 12월 30일 매출 : 도착지 인도 조건으로 아직 도착하지 않은 상품은 매출로 인식하지 않는다.

∴ (매출액)=20,000+10,000=30,000원

21

정답 ⑤

증권시장선은 효율적 자산뿐 아니라 비효율적 자산에 대해서도 체계적 위험(베타)과 기대수익률의 선형관계를 설명할 수 있다. 따라서 비효율적 자산도 증권시장선상에 위치한다.

오답분석

① CAPM에 의하면 $E(R_i)=R_f+[E(R_m)-R_f]\beta_i$이고 시장포트폴리오의 베타는 1이다. 따라서 5+(12−5)×1=12%이므로 주식 A의 기대수익률은 5+(12−5)×2=19%이다.

② 개별자산의 베타는 양수일 수도, 0일 수도, 음수일 수도 있다.

③·④ 자본시장선은 효율적 자산의 총위험과 기대수익률의 선형관계를 설명한다. 따라서 효율적 자산은 모두 자본시장선상에 위치하고, 비효율적 자산은 자본시장선 아래에 위치한다.

22

정답 ④

선수금, 미지급법인세, 소득세예수금은 비금융부채이나, 차입금과 미지급비용은 금융부채이다.

23

정답 ④

유동자산은 정상영업주기 및 보고기간 후 12개월 이내에 실현될 것으로 예상하는 자산이다.

24

정답 ④

오답분석

가. 재무상태표상에 자산과 부채를 표시할 때는 유동자산과 비유동자산, 유동부채와 비유동부채로 구분하지 않고 유동성 순서에 따라 표시하는 방법도 있다.

다. 비용의 성격에 대한 정보가 미래현금흐름을 예측하는 데 유용하기 때문에 비용별 포괄손익계산서를 사용하는 경우에는 성격별 분류에 따른 정보를 추가로 공시하여야 한다.

라. 포괄손익계산서와 재무상태표를 연결시키는 역할을 하는 것은 총포괄이익이다.

25

정답 ②

(공헌이익)=(가격)−(변동비용)=5,000−2,000=3,000원

$$(\text{공헌이익률})=\frac{(\text{공헌이익})}{(\text{가격})}=\frac{3,000}{5,000}=0.6$$

26

정답 ①

자기자본이익률(ROE)은 당기순이익을 자기자본으로 나누고 100을 곱하여 % 단위로 나타낼 수 있다.

재무비율 분석은 재무제표를 활용, 기업의 재무상태와 경영성과를 진단하는 것으로 안정성, 수익성, 성장성 지표 등이 있다. 안정성 지표는 부채를 상환할 수 있는 능력을 나타내며, 유동비율[(유동자산)÷(유동부채)], 부채비율[(부채)÷(자기자본)], 이자보상비율[(영업이익)÷(지급이자)] 등이 해당한다. 유동비율과 이자보상비율은 높을수록, 부채비율은 낮을수록 재무상태가 건실한 것으로 판단한다. 성장성 지표에는 매출액증가율, 영업이익증가율 등이 있으며, 매출액순이익률[(순이익)÷(매출액)], 자기자본이익률 등은 수익성 지표이다.

$$[\text{자기자본이익률(ROE)}]=\frac{(\text{당기순이익})}{(\text{자기자본})}\times 100$$

$$\therefore\ (\text{자기자본이익률})=\frac{150}{300}\times 100=50\%$$

27

정답 ⑤

NPV곡선이란 가로축을 자본비용, 세로축을 NPV로 하여 자본비용의 변화에 따른 투자안 NPV의 변화를 도시한 것이다. 상호배타적인 두 투자안의 NPV곡선이 교차하는 지점의 수익률을 피셔수익률이라고 한다. 피셔수익률보다 자본비용이 낮은 경우, 즉 NPV곡선의 교차점 좌측에서는 NPV법과 IRR법의 의사결정이 불일치하게 된다.

오답분석

① NPV법은 가치가산의 원리가 성립하는데, 이는 여러 투자안 전체의 NPV는 각각의 투자안 NPV의 합과 같다는 의미이다. IRR은 수익률로 표현되므로 가치가산의 원리가 성립하지 않는다.
② IRR법은 수익률로 표현되므로 투자자가 이해하기 쉽다는 장점이 있다.
③ IRR법은 미래에도 계속 내부수익률로 재투자를 가정하는데, 이는 과도하게 낙관적인 가정이라는 단점이 존재한다.
④ 상호배타적인 두 투자안의 경우, 피셔수익률보다 자본비용이 크다면 NPV법과 IRR법의 의사결정이 일치한다.

28

정답 ②

(매출총이익)=(순매출액)−(매출원가)이다.

- 순매출액 : 500,000−5,000−20,000=475,000원
- 매출원가 : 100,000+200,000−5,000−5,000−110,000=180,000원
- 매출총이익 : 475,000−180,000=295,000원

29

정답 ①

2023년 감가상각비 : 100,000원×30%=30,000원
2024년 감가상각비 : (100,000원−30,000원)×30%=21,000원

30

정답 ①

실질재고조사법은 총평균법을 적용한다.
(총평균단가)=(10,000원+22,000원+12,000원)÷(1,000개+2,000개+1,000개)=11원
따라서 매출원가는 11원×1,500개=16,500원이다.

31

정답 ⑤

• $(\text{유동비율})=\dfrac{(\text{유동자산})}{(\text{유동부채})}\times 100$

• $(\text{당좌비율})=\dfrac{(\text{당좌자산})}{(\text{유동부채})}\times 100=\dfrac{[(\text{유동자산})-(\text{재고자산})]}{(\text{유동부채})}\times 100$

문제에서 유동부채가 불변인 상태에서 유동자산만 감소하면 유동비율이 감소하고, 유동자산이 증가하거나 재고자산이 감소하면 당좌비율이 증가한다.

따라서 재고자산 판매를 통해 현금을 조기 확보하고 재고자산을 줄이는 경우 유동비율은 불변이고, 당좌비율은 증가한다.

32

정답 ⑤

공정가치모형은 최초 측정 시 원가로 기록한 후 감가상각을 하지 않고, 회계연도 말에 공정가치로 평가하여 평가손익을 '당기손익'에 반영하는 방법이다. 즉, 투자부동산에 대해 공정가치모형을 적용할 경우 공정가치 변동으로 발생하는 손익은 발생한 기간의 당기손익에 반영한다.

33

정답 ④

부채 대리비용은 채권자와 주주의 이해상충관계에서 발생하며, 부채 대리비용은 부채비율이 높을수록 커진다.

오답분석

① 위임자는 기업 운영을 위임한 투자자 등을 의미하고, 대리인은 권한을 위임받아 기업을 경영하는 경영자를 의미한다. 대리인은 위임자에 비해 기업 운영에 대한 정보를 더 많이 얻게 되어 정보비대칭 상황이 발생한다.

② 기업의 자금조달의 원천인 자기자본과 부채 각각에서 대리비용이 발생할 수 있다.

③ 자기자본 대리비용은 외부주주와 소유경영자(내부주주)의 이해상충관계에서 발생한다. 지분이 분산되어 있어서 외부주주의 지분율이 높을수록 자기자본 대리비용은 커진다.

⑤ 대리비용이론에 따르면 최적 자본구조가 존재하는데, 이는 전체 대리비용의 합이 최소화되는 지점을 의미한다.

34

정답 ②

관련범위 내에서 조업도가 0이라도 일정액이 발생하는 원가를 혼합원가라 한다.

오답분석

① 기회원가는 현재 기업이 보유하고 있는 자원을 둘 이상의 선택가능한 대체안에 사용할 수 있는 경우, 최선의 안을 선택함으로써 포기된 대체안으로부터 얻을 수 있었던 효익을 의미하며, 의사결정 시 고려할 수 있다.

③ 관련범위 내에서 생산량이 감소하면 단위당 고정원가는 증가한다.

④ 관련범위 내에서 생산량이 증가하면 단위당 변동원가는 변함이 없다.

⑤ 통제가능원가란 특정 관리자의 통제범위 내에 있는 원가를 말한다.

35

정답 ⑤

상장기업은 의무적으로 한국채택국제회계기준에 의거하여 재무제표를 작성하여야 하며, 비상장기업은 선택적 사항이다.

36

정답 ②

수선충당부채 및 퇴직급여부채는 비유동부채에 해당된다.

유동부채와 비유동부채

유동부채	비유동부채
• 매입채무 • 미지급비용 • 단기차입금 • 선수금 • 미지급금 • 유동성장기부채 등	• 장기차입금 • 사채 • 수선충당부채 • 장기매입채무 • 장기미지급금 • 퇴직급여부채

37

정답 ③

수정전시산표는 결산 이전의 오류를 검증하는 절차로 '필수적' 절차가 아니라 '선택적' 절차에 해당한다.

38

정답 ③

• $(\text{매출원가}) = \dfrac{(\text{당기매출액})}{[1+(\text{원가에 대한 이익률})]} = \dfrac{6,000}{1+0.2} = 5,000$원

• (기말재고액)=(기초재고액)+(당기매입액)−(매출원가)=2,200+4,300−5,000=1,500원

39

정답 ③

오답분석

① 재평가가 단기간에 수행되며 계속적으로 갱신된다면, 동일한 분류에 속하는 자산이라 하더라도 순차적으로 재평가할 수 있다.
② 유형자산을 재평가할 때, 그 자산의 장부금액을 재평가금액으로 조정한다.
④ 자산의 장부금액이 재평가로 인하여 감소된 경우에 그 감소액은 당기손익으로 인식한다. 그러나 그 자산에 대한 재평가잉여금의 잔액이 있다면 그 금액을 한도로 재평가감소액을 기타포괄손익으로 인식한다.
⑤ 자본에 계상된 재평가잉금은 자산이 제거될 때 전액 이익잉여금으로 대체한다.

40

정답 ①

단기매매금융자산의 취득과 직접 관련되는 거래원가는 최초 인식하는 공정가치에 가산하지 않고, 당기비용으로 처리한다.

PART 3

| 04 | 법

01	02	03	04	05	06	07	08	09	10	11	12	13	14	15	16	17	18	19	20
②	①	②	⑤	④	③	④	④	④	①	④	⑤	①	③	①	②	④	③	①	③
21	22	23	24	25	26	27	28	29	30	31	32	33	34	35	36	37	38	39	40
①	①	③	③	④	②	③	③	④	③	②	②	④	⑤	③	④	③	④	③	④

01

정답 ②

법률행위의 취소에 대한 추인은 취소의 원인이 소멸된 후에 하여야 한다(민법 제144조 제1항).

02

정답 ①

사실인 관습은 그 존재를 당사자가 주장·입증하여야 하나, 관습법은 당사자의 주장·입증을 기다림이 없이 법원이 직권으로 이를 판단할 수 있다.

03

정답 ②

다른 사람이 하는 일정한 행위를 승인해야 할 의무는 수인의무이다.

오답분석

① 작위의무 : 적극적으로 일정한 행위를 하여야 할 의무이다.
③ 간접의무 : 통상의 의무와 달리 그 불이행의 경우에도 일정한 불이익을 받기는 하지만, 다른 법률상의 제재가 따르지 않는 것으로 보험계약에서의 통지의무가 그 대표적인 예이다.
④ 권리반사 또는 반사적 효과(이익) : 법이 일정한 사실을 금지하거나 명하고 있는 결과, 어떤 사람이 저절로 받게 되는 이익으로서 그 이익을 누리는 사람에게 법적인 힘이 부여된 것은 아니기 때문에 타인이 그 이익의 향유를 방해하더라도 그것의 법적보호를 청구하지 못함을 특징으로 한다.
⑤ 평화의무 : 노동협약의 당사자들이 노동협약의 유효기간 중에는 협약사항의 변경을 목적으로 하는 쟁의를 하지 않는 의무이다.

04

정답 ⑤

오답분석

① 강행법과 임의법은 당사자 의사의 상관성 여부에 따른 구분이다.
② 고유법과 계수법은 법이 생성된 근거에 따른 구분이다.
③ 실체법과 절차법은 법이 규정하는 내용상의 구분이다.
④ 공법과 사법은 법이 규율하는 생활관계에 따라 분류하는 것으로 대륙법계의 특징에 해당한다.

05

정답 ④

의무를 위반한 거래 행위라도 상거래의 안정을 위하여 거래 행위 자체는 유효한 것으로 본다. 단, 영업주는 손해배상청구권, 해임권, 개입권의 행사가 가능하다.

오답분석

①·②·⑤ 상법 제17조

06

정답 ③

사법은 개인 상호 간의 권리·의무관계를 규율하는 법으로 민법, 상법, 회사법, 어음법, 수표법 등이 있으며, 실체법은 권리·의무의 실체, 즉 권리나 의무의 발생·변경·소멸 등을 규율하는 법으로 헌법, 민법, 형법, 상법 등이 이에 해당한다. 부동산등기법은 절차법으로 공법에 해당한다는 보는 것이 다수의 견해이나, 사법에 해당한다는 소수 견해도 있다. 따라서 ③은 사법에 해당하는지 여부와 관련하여 견해 대립이 있으나 부동산등기법은 절차법이므로 옳지 않다.

07

정답 ④

을(乙)은 의무이행심판 청구를 통하여 관할행정청의 거부처분에 대해 불복의사를 제기할 수 있다. 의무이행심판이란 당사자의 신청에 대한 행정청의 위법 또는 부당한 거부처분이나 부작위에 대하여 일정한 처분을 하도록 하는 행정심판을 말한다(행정심판법 제5조 제3호).

08

정답 ④

법규의 명칭에 따른 구별기준에 대한 학설은 존재하지 않는다.

공법과 사법의 구별기준에 대한 학설

학설	내용
이익설(목적설)	관계되는 법익에 따른 분류로 공익보호를 목적으로 하는 것을 공법, 사익보호를 목적으로 하는 것을 사법으로 본다.
주체설	법률관계의 주체에 따른 분류기준을 구하여 국가 또는 공공단체 상호 간, 국가·공공단체와 개인 간의 관계를 규율하는 것을 공법, 개인 상호 간의 관계를 규율하는 것을 사법으로 본다.
성질설(법률관계설)	법이 규율하는 법률관계에 대한 불평등 여부에 따른 분류기준으로 불평등관계(권력·수직관계)를 규율하는 것을 공법, 평등관계(비권력·대등·수평관계)를 규율하는 것을 사법으로 본다.
생활관계설	사람의 생활관계를 표준으로 삼아 국민으로서의 생활관계를 규율하는 것을 공법, 국가와 직접적 관계가 없는 사인 간의 생활관계를 규율하는 것을 사법으로 본다.
통치관계설	법이 통치권의 발동에 대한 것이냐 아니냐에 따라 국가통치권의 발동에 대한 것을 공법, 그렇지 않은 것을 사법으로 본다.
귀속설(신주체설)	행정주체에 대해서만 권리·권한·의무를 부여하는 것을 공법, 모든 권리주체에 권리·의무를 부여하는 것을 사법으로 본다.

09

정답 ④

형법에서는 유추해석과 확대해석을 동일한 것으로 보아 금지하며(죄형법정주의의 원칙), 피고인에게 유리한 유추해석만 가능하다고 본다.

10

정답 ①

사회법은 자본주의의 문제점(사회적 약자 보호)을 합리적으로 해결하기 위해 근래에 등장한 법으로, 사법 영역에 공법적 요소를 가미하는 제3의 법영역으로 형성되었으며 법의 사회화·사법의 공법화 경향을 띤다.

11

정답 ④

사원총회는 정관으로 이사 또는 기타 임원에게 위임한 사항 외의 법인사무 전반에 관하여 결의한다. 사단법인의 이사는 매년 1회 이상 통상총회를 소집하여야 하며, 임시총회는 총사원의 5분의 1 이상의 청구로 이사가 소집한다(민법 제68조~제70조).

12

정답 ⑤

이사가 없거나 결원이 있는 경우에 이로 인하여 손해가 생길 염려 있는 때에는 법원은 이해관계인이나 검사의 청구에 의하여 임시이사를 선임하여야 한다(민법 제63조).

오답분석

① 민법 제61조
② 민법 제62조
③ 민법 제66조
④ 민법 제81조

13

정답 ①

혼인과 같은 신분행위는 미성년자 단독으로 할 수 없다. 만약, 미성년자가 법정대리인의 동의 없이 법률행위를 하였다면, 이는 취소(소급무효) 또는 추인(정상적 효력 발생)의 사유에 해당된다. 취소는 미성년자 본인과 법정대리인 둘 다 가능하나 추인은 법정대리인만 가능하다.

14

정답 ③

법정과실은 반드시 물건의 사용대가로서 받는 금전 기타의 물건이어야 하므로 사용에 제공되는 것이 물건이 아닌 근로의 임금·특허권의 사용료, 사용대가가 아닌 매매의 대금·교환의 대가, 받는 것이 물건이 아닌 공작물의 임대료청구권 등은 법정과실이 아니다.

오답분석

①·②는 법정과실, ④·⑤는 천연과실에 해당한다.

15

정답 ①

해제조건이 있는 법률행위는 조건이 성취한 때로부터 그 효력을 잃고, 정지조건이 있는 법률행위는 조건이 성취한 때로부터 그 효력이 생긴다(민법 제147조).

오답분석

② 민법 제151조 제1항
③ 민법 제149조
④ 정지조건 법률행위란 장래의 불확실한 사실의 발생에 효력의 발생 여부가 결정되는 법률행위이므로 옳은 설명이다.
⑤ 민법 제151조 제2항

16

정답 ②

의사표시의 효력발생시기에 관하여 우리 민법은 도달주의를 원칙으로 하고(민법 제111조 제1항), 격지자 간의 계약의 승낙 등 특별한 경우에 한하여 예외적으로 발신주의를 취하고 있다.

17

정답 ④

의사표시자가 그 통지를 발송한 후 사망하거나 제한능력자가 되어도 의사표시의 효력에 영향을 미치지 아니한다(민법 제111조 제2항).

18

정답 ③

법규범은 자유의지가 작용하는 자유법칙으로 당위의 법칙이다.

19

정답 ①

모든 자연인은 권리능력의 주체가 될 수 있다. 그러나 건전한 판단력을 갖지 못한 자의 행위는 유효하지 못하다. 단독으로 유효한 법률행위를 할 수 있는 자를 행위능력자라고 부르고 이러한 능력이 없는 자를 제한능력자라 한다. 행위능력이 없으면 원칙적으로 취소 사유가 된다.

20

정답 ③

무효란 그 행위가 성립하던 당초부터 당연히 법률효과가 발생하지 못하는 것이다. 비진의 표시(심리유보), 통정허위표시, 강행법규에 반하는 법률행위 등이 그 예이다.

21

정답 ①

회사의 자본금은 상법에서 달리 규정한 경우 외에는 발행주식의 액면총액으로 한다(상법 제451조 제1항).

오답분석

② 상법 제329조 제1항 · 제3항
③ 상법 제331조
④ 상법 제335조 제3항 반대해석
⑤ 상법 제333조 제2항

PART 3

22

정답 ①

사장단이 아닌 사원의 동의 또는 결의가 있어야 한다.

회사의 해산원인(상법 제227조)

회사는 다음의 사유로 인하여 해산한다.

1. 존립기간의 만료 기타 정관으로 정한 사유의 발생
2. 총사원의 동의
3. 사원이 1인으로 된 때
4. 합병
5. 파산
6. 법원의 명령 또는 판결

23

정답 ③

주식회사의 지배인 선임방법은 이사회의 결의로 해야 한다.

회사별 지배인 선임방법

회사	선임방법
합명회사	총사원 과반수의 결의(업무집행사원이 있는 경우에도, 상법 제203조)
합자회사	무한책임사원 과반수의 결의(업무집행사원이 있는 경우에도, 상법 제274조)
주식회사	이사회 결의(상법 제393조 제1항)
유한회사	이사 과반수 결의 또는 사원총회의 보통결의(상법 제564조 제1항 · 제2항)
유한책임회사	정관 또는 총사원의 동의(상법 제287조의19 제2항 · 제3항)

24

 ③

지방자치단체는 법령의 범위 안에서 그 사무에 관하여 조례를 제정할 수 있다(지방자치법 제28조).

오답분석

① 지방자치법 제37조
② 지방자치법 제107조
④ 헌법 제117조 제2항
⑤ 지방자치법 제108조

25

정답 ④

유효한 행정행위가 존재하는 이상 모든 국가기관은 그 존재를 존중하고 스스로의 판단에 대한 기초로 삼아야 한다는 것은 구성요건적 효력이다.

<table>
<tr><td>공정력</td><td colspan="2">비록 행정행위에 하자가 있는 경우에도 그 하자가 중대하고 명백하여 당연무효인 경우를 제외하고는, 권한 있는 기관에 의해 취소될 때까지는 일응 적법 또는 유효한 것으로 보아 누구든지(상대방은 물론 제3의 국가기관도) 그 효력을 부인하지 못하는 효력이다.</td></tr>
<tr><td>구속력</td><td colspan="2">행정행위가 그 내용에 따라 관계행정청, 상대방 및 관계인에 대하여 일정한 법적 효과를 발생하는 힘으로, 모든 행정행위에 당연히 인정되는 실체법적 효력이다.</td></tr>
<tr><td rowspan="2">존속력</td><td>불가쟁력
(형식적)</td><td>행정행위에 대한 쟁송제기기간이 경과하거나 쟁송수단을 다 거친 경우에는 상대방 또는 이해관계인은 더 이상 그 행정행위의 효력을 다툴 수 없게 되는 효력이다.</td></tr>
<tr><td>불가변력
(실질적)</td><td>일정한 경우 행정행위를 발한 행정청 자신도 행정행위의 하자 등을 이유로 직권으로 취소·변경·철회할 수 없는 제한을 받게 되는 효력이다.</td></tr>
</table>

26

 ②

오답분석

① 독임제 행정청이 원칙적인 형태이고, 지자체의 경우 지자체장이 행정청에 해당한다.
③ 자문기관은 행정기관의 자문에 응하여 행정기관에 전문적인 의견을 제공하거나, 자문을 구하는 사항에 관하여 심의·조정·협의하는 등 행정기관의 의사결정에 도움을 주는 행정기관을 말한다.
④ 의결기관은 의사결정에만 그친다는 점에서 외부에 표시할 권한을 가지는 행정관청과 다르고, 행정관청을 구속한다는 점에서 단순한 자문적 의사의 제공에 그치는 자문기관과 다르다.
⑤ 집행기관은 의결기관 또는 의사기관에 대하여 그 의결 또는 의사결정을 집행하는 기관이나 행정기관이며, 채권자의 신청에 의하여 강제집행을 실시할 직무를 가진 국가기관이다.

27

정답 ③

모든 제도를 정당화시키는 최고의 헌법원리는 국민주권의 원리이다.

28

정답 ③

도로·하천 등의 설치 또는 관리의 하자로 인한 손해에 대하여는 국가 또는 지방자치단체는 국가배상법 제5조의 영조물책임을 진다.

오답분석

① 도로건설을 위해 토지를 수용당한 경우에는 위법한 국가작용이 아니라 적법한 국가작용이므로 개인은 손실보상청구권을 갖는다.
② 공무원이 직무수행 중에 적법하게 타인에게 손해를 입힌 경우 국가는 배상책임이 없다.

④ 공무원도 국가배상법 제2조나 제5조의 요건을 갖추면 국가배상청구권을 행사할 수 있다. 다만, 군인·군무원·경찰공무원 또는 예비군대원의 경우에는 일정한 제한이 있다.
⑤ 국가배상법에서 규정하고 있는 손해배상은 불법행위로 인한 것이므로 적법행위로 인하여 발생하는 손실을 보상하는 손실보상과는 구별해야 한다.

29

정답 ④

자유민주적 기본질서는 모든 폭력적 지배와 자의적 지배, 즉 반국가단체의 일인독재 내지 일당독재를 배제하고 다수의 의사에 의한 국민의 자치·자유·평등의 기본원칙에 의한 법치주의적 통치질서이다. 구체적으로는 기본적 인권의 존중, 권력분립, 의회제도, 복수정당제도, 선거제도, 사유재산과 시장경제를 골간으로 한 경제질서 및 사법권의 독립 등이 있다. 그러므로 법치주의에 위배되는 포괄위임입법주의는 자유민주적 기본질서의 원리와 거리가 멀다.

30

정답 ③

정당의 목적이나 활동이 민주적 기본질서에 위배될 때 '정부'는 헌법재판소에 그 해산을 제소할 수 있고, 정당은 헌법재판소의 심판에 의하여 해산된다(헌법 제8조 제4항).

오답분석

① 헌법 제8조 제1항
②·⑤ 헌법 제8조 제2항
④ 헌법 제8조 제3항

31

정답 ②

근대 입헌주의 헌법은 국법과 왕법을 구별하는 근본법(국법) 사상에 근거를 두고, 국가권력의 조직과 작용에 대한 사항을 정함과 동시에 국가권력의 행사를 제한하여 국민의 자유와 권리 보장을 이념으로 하고 있다.

32

정답 ②

비례대표제는 각 정당에게 그 득표수에 비례하여 의석을 배분하는 대표제로 군소정당의 난립을 가져와 정국의 불안을 가져온다.

33

정답 ④

기본권의 제3자적 효력에 관하여 간접적용설(공서양속설)은 기본권 보장에 대한 헌법 조항을 사인관계에 직접 적용하지 않고, 사법의 일반규정의 해석을 통하여 간접적으로 적용하자는 설로 오늘날의 지배적 학설이다.

34

정답 ⑤

영미법계 국가에서는 선례구속의 원칙에 따라 판례의 법원성이 인정된다.

35

정답 ③

기본권은 국가안전보장, 질서유지 또는 공공복리라고 하는 세 가지 목적을 위하여 필요한 경우에 한하여 그 제한이 가능하며 제한하는 경우에도 자유와 권리의 본질적인 내용은 침해할 수 없다(헌법 제37조 제2항).

36

정답 ④

헌법 제11조 제1항은 차별금지 사유로 성별·종교·사회적 신분만을 열거하고 있고 모든 사유라는 표현이 없어 그것이 제한적 열거규정이냐 예시규정이냐의 문제가 제기된다. 열거규정은 헌법에 규정된 열거 사유 이외의 사안(인종, 지역, 학력, 연령, 정치적 신념 등)은 차별이 가능하다고 보는 것이고, 예시규정은 자의적이거나 불합리한 것이면 허용되지 아니한다고 보는 것이다. 우리 학설과 판례의 입장은 예시규정을 따르고 있다.

37

정답 ③

민사·형사소송법은 절차법으로서 공법에 해당한다.

38

정답 ④

마그나 카르타(1215년) → 영국의 권리장전(1689년) → 미국의 독립선언(1776년) → 프랑스의 인권선언(1789년)

39

정답 ③

'공소가 취소되었을 때'는 공소기각의 결정을 해야 하는 경우이다(형사소송법 제328조).

공소기각 판결과 공소기각 결정의 사유

공소기각의 판결(형사소송법 제327조)	공소기각의 결정(형사소송법 제328조)
1. 피고인에 대하여 재판권이 없는 때 2. 공소제기의 절차가 법률의 규정에 위반하여 무효일 때 3. 공소가 제기된 사건에 대하여 다시 공소가 제기되었을 때 4. 공소취소와 재기소를 위반하여 공소가 제기되었을 때 5. 고소가 있어야 공소를 제기할 수 있는 사건에서 고소가 취소되었을 때 6. 피해자의 명시한 의사에 반하여 죄를 논할 수 없는 사건에 대하여 처벌을 원하지 아니하는 의사표시가 있거나 처벌을 원하는 의사표시를 철회하였을 때	1. 공소가 취소되었을 때 2. 피고인이 사망하거나 피고인인 법인이 존속하지 아니하게 되었을 때 3. 동일사건과 수개의 소송계속 또는 관할의 경합의 규정에 의하여 재판할 수 없는 때 4. 공소장에 기재된 사실이 진실하다 하더라도 범죄가 될 만한 사실이 포함되지 아니하는 때

40

정답 ④

절대적 부정기형은 형기를 전혀 정하지 않고 선고하는 형이며, 이는 죄형법정주의에 명백히 위배되므로 금지된다. 반면 상대적 부정기형은 형기의 상한을 정하여 선고하는 것으로, 우리나라의 경우 소년법 제60조(부정기형)에서 확인할 수 있다.

한국관광공사 필기전형 답안카드

성 명

지원 분야

문제지 형별기재란	
(　　　)형	Ⓐ Ⓑ

수 험 번 호						
⓪	⓪	⓪	⓪	⓪	⓪	⓪
①	①	①	①	①	①	①
②	②	②	②	②	②	②
③	③	③	③	③	③	③
④	④	④	④	④	④	④
⑤	⑤	⑤	⑤	⑤	⑤	⑤
⑥	⑥	⑥	⑥	⑥	⑥	⑥
⑦	⑦	⑦	⑦	⑦	⑦	⑦
⑧	⑧	⑧	⑧	⑧	⑧	⑧
⑨	⑨	⑨	⑨	⑨	⑨	⑨

감독위원 확인
㊞ 인

직업기초능력평가															직무능력평가											
문번	1	2	3	4	문번	1	2	3	4	문번	1	2	3	4	문번	1	2	3	4	5	문번	1	2	3	4	5
1	①	②	③	④	21	①	②	③	④	41	①	②	③	④	1	①	②	③	④	⑤	21	①	②	③	④	⑤
2	①	②	③	④	22	①	②	③	④	42	①	②	③	④	2	①	②	③	④	⑤	22	①	②	③	④	⑤
3	①	②	③	④	23	①	②	③	④	43	①	②	③	④	3	①	②	③	④	⑤	23	①	②	③	④	⑤
4	①	②	③	④	24	①	②	③	④	44	①	②	③	④	4	①	②	③	④	⑤	24	①	②	③	④	⑤
5	①	②	③	④	25	①	②	③	④	45	①	②	③	④	5	①	②	③	④	⑤	25	①	②	③	④	⑤
6	①	②	③	④	26	①	②	③	④	46	①	②	③	④	6	①	②	③	④	⑤	26	①	②	③	④	⑤
7	①	②	③	④	27	①	②	③	④	47	①	②	③	④	7	①	②	③	④	⑤	27	①	②	③	④	⑤
8	①	②	③	④	28	①	②	③	④	48	①	②	③	④	8	①	②	③	④	⑤	28	①	②	③	④	⑤
9	①	②	③	④	29	①	②	③	④	49	①	②	③	④	9	①	②	③	④	⑤	29	①	②	③	④	⑤
10	①	②	③	④	30	①	②	③	④	50	①	②	③	④	10	①	②	③	④	⑤	30	①	②	③	④	⑤
11	①	②	③	④	31	①	②	③	④						11	①	②	③	④	⑤	31	①	②	③	④	⑤
12	①	②	③	④	32	①	②	③	④						12	①	②	③	④	⑤	32	①	②	③	④	⑤
13	①	②	③	④	33	①	②	③	④						13	①	②	③	④	⑤	33	①	②	③	④	⑤
14	①	②	③	④	34	①	②	③	④						14	①	②	③	④	⑤	34	①	②	③	④	⑤
15	①	②	③	④	35	①	②	③	④						15	①	②	③	④	⑤	35	①	②	③	④	⑤
16	①	②	③	④	36	①	②	③	④						16	①	②	③	④	⑤	36	①	②	③	④	⑤
17	①	②	③	④	37	①	②	③	④						17	①	②	③	④	⑤	37	①	②	③	④	⑤
18	①	②	③	④	38	①	②	③	④						18	①	②	③	④	⑤	38	①	②	③	④	⑤
19	①	②	③	④	39	①	②	③	④						19	①	②	③	④	⑤	39	①	②	③	④	⑤
20	①	②	③	④	40	①	②	③	④						20	①	②	③	④	⑤	40	①	②	③	④	⑤

※ 본 답안지는 마킹연습용 모의 답안지입니다.

〈절취선〉

한국관광공사 필기전형 답안카드

성 명

지원 분야

문제지 형별기재란	
( )형	Ⓐ Ⓑ

수 험 번 호						
⓪	⓪	⓪	⓪	⓪	⓪	⓪
①	①	①	①	①	①	①
②	②	②	②	②	②	②
③	③	③	③	③	③	③
④	④	④	④	④	④	④
⑤	⑤	⑤	⑤	⑤	⑤	⑤
⑥	⑥	⑥	⑥	⑥	⑥	⑥
⑦	⑦	⑦	⑦	⑦	⑦	⑦
⑧	⑧	⑧	⑧	⑧	⑧	⑧
⑨	⑨	⑨	⑨	⑨	⑨	⑨

감독위원 확인
인

직업기초능력평가															직무능력평가											
문번	1	2	3	4	문번	1	2	3	4	문번	1	2	3	4	문번	1	2	3	4	5	문번	1	2	3	4	5
1	①	②	③	④	21	①	②	③	④	41	①	②	③	④	1	①	②	③	④	⑤	21	①	②	③	④	⑤
2	①	②	③	④	22	①	②	③	④	42	①	②	③	④	2	①	②	③	④	⑤	22	①	②	③	④	⑤
3	①	②	③	④	23	①	②	③	④	43	①	②	③	④	3	①	②	③	④	⑤	23	①	②	③	④	⑤
4	①	②	③	④	24	①	②	③	④	44	①	②	③	④	4	①	②	③	④	⑤	24	①	②	③	④	⑤
5	①	②	③	④	25	①	②	③	④	45	①	②	③	④	5	①	②	③	④	⑤	25	①	②	③	④	⑤
6	①	②	③	④	26	①	②	③	④	46	①	②	③	④	6	①	②	③	④	⑤	26	①	②	③	④	⑤
7	①	②	③	④	27	①	②	③	④	47	①	②	③	④	7	①	②	③	④	⑤	27	①	②	③	④	⑤
8	①	②	③	④	28	①	②	③	④	48	①	②	③	④	8	①	②	③	④	⑤	28	①	②	③	④	⑤
9	①	②	③	④	29	①	②	③	④	49	①	②	③	④	9	①	②	③	④	⑤	29	①	②	③	④	⑤
10	①	②	③	④	30	①	②	③	④	50	①	②	③	④	10	①	②	③	④	⑤	30	①	②	③	④	⑤
11	①	②	③	④	31	①	②	③	④						11	①	②	③	④	⑤	31	①	②	③	④	⑤
12	①	②	③	④	32	①	②	③	④						12	①	②	③	④	⑤	32	①	②	③	④	⑤
13	①	②	③	④	33	①	②	③	④						13	①	②	③	④	⑤	33	①	②	③	④	⑤
14	①	②	③	④	34	①	②	③	④						14	①	②	③	④	⑤	34	①	②	③	④	⑤
15	①	②	③	④	35	①	②	③	④						15	①	②	③	④	⑤	35	①	②	③	④	⑤
16	①	②	③	④	36	①	②	③	④						16	①	②	③	④	⑤	36	①	②	③	④	⑤
17	①	②	③	④	37	①	②	③	④						17	①	②	③	④	⑤	37	①	②	③	④	⑤
18	①	②	③	④	38	①	②	③	④						18	①	②	③	④	⑤	38	①	②	③	④	⑤
19	①	②	③	④	39	①	②	③	④						19	①	②	③	④	⑤	39	①	②	③	④	⑤
20	①	②	③	④	40	①	②	③	④						20	①	②	③	④	⑤	40	①	②	③	④	⑤

※ 본 답안지는 마킹연습용 모의 답안지입니다.

2024 최신판 SD에듀 한국관광공사
NCS + 전공 + 최종점검 모의고사 4회 + 무료NCS특강

개정2판1쇄 발행	2024년 03월 20일 (인쇄 2024년 01월 22일)
초 판 발 행	2022년 04월 20일 (인쇄 2022년 03월 22일)
발 행 인	박영일
책 임 편 집	이해욱
편 저	SDC(Sidae Data Center)
편 집 진 행	김재희
표지디자인	조혜령
편집디자인	최미란 · 장성복
발 행 처	(주)시대고시기획
출 판 등 록	제10-1521호
주 소	서울시 마포구 큰우물로 75 [도화동 538 성지 B/D] 9F
전 화	1600-3600
팩 스	02-701-8823
홈 페 이 지	www.sdedu.co.kr
I S B N	979-11-383-6561-1 (13320)
정 가	24,000원

한국관광공사

정답 및 해설

기업별 맞춤 학습 "기본서" 시리즈

공기업 취업의 기초부터 심화까지! 합격의 문을 여는 **Hidden Key!**

기업별 시험 직전 마무리 "봉투모의고사" 시리즈

실제 시험과 동일하게 마무리! 합격을 향한 **Last Spurt!**

※기업별 시리즈 : HUG 주택도시보증공사/LH 한국토지주택공사/강원랜드/건강보험심사평가원/국가철도공단/국민건강보험공단/국민연금공단/근로복지공단/발전회사/부산교통공사/서울교통공사/인천국제공항공사/코레일 한국철도공사/한국농어촌공사/한국도로공사/한국산업인력공단/한국수력원자력/한국수자원공사/한국전력공사/한전KPS/항만공사 등

※도서의 이미지 및 구성은 변동될 수 있습니다.